決 定 版

# 語源ですぐに覚える
# Quick
# 英単語

<small>河合塾講師</small>
石川勝弘

明日香出版社

# はじめに

　長年、英語を予備校で教えておりますが、生徒から様々な相談や質問を受けます。彼らの多くが抱えている悩みが「どうしたら英単語を覚えられるか」ということです。私が受験生の時も、同じ悩みを抱えた受験生が私を含め、数多くいました。あれから英語の学習環境は大きく変化しました。持ち運びやすい電子辞書が登場し、解説が詳しい参考書が数多く出版されるなど、学習環境ははるかに良いものになっています。それにもかかわらず、単語を覚えられない人が昔と同様に数多くいるのです。

　私が受験生の時から現在に至るまで、受験用の英単語集の主流は「出る順」を重視したものです。当然そこでは、単語が「出る順」に並んでいます。単語が持つ複数の意味も「出る順」に並んでいます。「出る順」を最優先した結果、単語の本来持っている語義は無視され、単語は単なる記号と化し、単語が持つ複数の意味のつながりも分断されています。英語であれ日本語であれ、言葉は私たち人間が作り出した「意味あるもの」です。「意味あるもの」を持たず記号と化した単語を、受験生が覚えにくいと思うのも無理はないのです。

　単語が覚えられないと悩んでいる方に、そして単語を丸暗記するのではなく、きちんと学習したい方に、単語の「意義や意味」をきちんと伝える単語集を届けたいと思い、この本を書きました。

　この本は単語1語1語を「意味あるもの」として扱い、語源や語根を学びながら単語の意味が身につけられるように書いてあります。最初から徹底的に覚えるぞと意気込まずに、まずは気楽な読み物のつもりで接してほしいと思います。

　そしてこの本を手にした方に、丸暗記よりも『早く』単語を覚えてもらえるように、最終的に単語の quick learner（覚えるのが早い人）になってもらえるように、という願いを込めてこの本を『Quick（クイック）英単語』と名付けました。

　学生、社会人、TOEIC などの試験を受ける人や英語の再学習をしたい人にもぜひ利用していただき、英単語の持つ面白さを知っていただけたらうれしく思います。

## 本書の7つの特徴

### 1.「語源」や「語根」から学習すると、丸暗記せずに興味深く単語が覚えられる。

opportunity「機会、好機」という単語があります。port という語根〔運ぶ、港〕に接頭辞の op〔～に向かって〕が結びついてできています。〔op(～に向かって)＋運べること⇒港に向かって風が吹き、船が入ることができること〕⇒「機会、好機」という意味が生まれました。昔の帆船では、港に向かって都合よく風が吹かないと入港できなかったので、港に向かって風が吹いた時が入港する「絶好の機会」だったことからこの意味が生まれました。

こういうことを知ると、丸暗記しなくても単語の意味が頭の中にスーッと入ってきます。さらに英単語の歴史にも触れることができ、「英語って面白い！」と感じてもらえると思います。

### 2．語源や語根から学習するのが英単語学習の「近道」である。

語源や語根から学習するのは遠回りだと感じている人が多いかもしれませんが、語源や語根を知ることによって単語のネットワークが広がるので、実は単語を覚える近道なのです。

先ほどの port〔運ぶ、港〕という語根を知っていると、同じ語根を持つ単語が覚えやすくなります。

import は im〔中に〕＋ port〔運ぶ〕⇒「輸入する」「輸入（品）」という意味。
export は ex〔外に〕＋ port〔運ぶ〕⇒「輸出する」「輸出（品）」という意味。
transport は trans〔別の場所へ〕＋ port〔運ぶ〕⇒「輸送する」という意味。

一つの語根を知ると、同じ語根を持つ単語がどんどん覚えやすくなります。

### 3．単語の個々の意味にも語源や語義からの連想ができるような説明を付けている。

例えば stand に「～を我慢する」という意味があります。語源の〔立っている〕から連想しやすいように〔立ち続ける〕という説明を意味の直前に付けておきました。このちょっとした説明によって、読者は「立ち続ける⇒～を我慢する」という連想がしやすくなります。

## 4. 多義語（意味的に関連の認められる異なった2つ以上の意味を持つ語）が無理なく覚えられる。

　学習者の多くが苦手なものに多義語があります。実は多義語も、語源や語根を知ると覚えやすくなります。

　例えば、address という単語があります。「住所」という意味は誰でもご存じでしょう。address で他に受験生が覚えておきたい動詞の意味に「演説する」があります。「住所」と「演説する」では繋がりが見えません。そこで address の語源を見てみると、ad〔～のほうに〕+ dress〔向ける〕⇒「言葉や心を向ける」となっています。〔人に向けて言葉を向ける〕という語源を知ると address の「演説する」という意味を連想して覚えることができます。

## 5. 単語の個々の意味は「出る順」ではなく「覚えやすい順」に並べてある。

　sound という形容詞には覚えてほしい意味が4つあります。「①健全な　②適切な　③確かな　④堅実な」です。この①から④の順番は〔健全な〕という語源から学習者が覚えやすい順番になっています。

## 6. 覚えやすさを重視してフレーズ（句）を付けた。

　学習者の覚えやすさを重視して、長いセンテンス（例文）ではなくフレーズや短いセンテンスを付けました。

## 7. 語源から意味が連想できない場合、語源の代わりに現在の「中心義」（単語の中心となる意味）を記した。

　例えば spoil の語源は〔略奪する〕ですが、「～を台なしにする、～を甘やかす」という意味を容易に連想できません。覚えやすさに配慮して、〔略奪する〕という語源の代わりに〔だめにする〕という中心義を記しました。同様の理由で、一部の単語においては中心義を記しました。

＜注＞　本書では、例えば withdraw のように、W の項目の with〔離れて〕と D の項目の draw〔引く〕の2ヶ所に載せてある単語が一部あります。withdraw は「with + draw」という2つの語根を持っている性質上、両方の語根をイメージしながら「～を撤回する、～を引き出す」という意味を覚えられるように工夫しています。

# Contents

はじめに
本書の7つの特徴
本書で用いられている記号

## ■ a- から始まる語源・語根をもつ単語　　12

able, academ, ache, act / age, acu / aci, aesthetic, afford, age, air / oar, al, alert, ali, allergy, alter, altitude, am, amaze, ambassador / embassy, ambi, ambulance, ample, amuse, ana, ang / anxi, angle / ankle / anchor, anima, ann, annoy, anonymous, anthropo, anti / ant(e) / anc(e) / anci, ant(i), apt, arbitrary, arch / archae, area, argue, arithmetic, arm / art, arrogant, ast(e)r, athletic, auc / auth, audi / edi, auto, average, awe

## ■ b- から始まる語源・語根をもつ単語　　30

baggage, ban, bank, bar, bare, base / basis, bat / beat, be, bear / bir / bur, beard, beast, beg, bel, bend, benefit, bet, bias, bible, bill, bind / bond, bio, bite / bit / beet, blame, blan / ble / blu, blem, blind, blo / ble / bol, board / borde, boast, bomb / boom / boos, book, bore, borrow, boss, bother, bound(1), bound(2), bow, brace, branch, brave, bre / bree / bri / bro, breakthrough, brief, bright, brute, budget, bulk, bullet, bully, bump, bureau, burst, bury, but

## ■ c- から始まる語源・語根をもつ単語　　46

cab / cav / cag, calculate, calm / calorie, call, camp / champ, canal / channel, cancer, cand, cap / case / chap / chief / ceive / cept / cip / cupy / chase, car / char, card / chart, care, carve, cast, cata / cat, cau, cause / cuse, ceal / cell, ce(e)d / cede / cess / ceas, cel, celebr, celer, censor, cent, cent(e)r, ceremony, cern, cert, challenge, change, chaos, character, charity / che, charm, chatter, cheat, chemist, chest, choke, choose, chore, chron, cid / incide / cas / cha / cay, cid / cis, cil / sult (1), cir(cle) / circum, cyclo, cite, civi / citi, cla(i)m, clari / clare / clear, class, clerk, clin / clim /

clie, cling, cloth, clud(e) / close, clue, clumsy, coin, cold / cool / chilly, collar, colo / cult, come, commend, condition, contempt, copy, cord / core / cour, corp, cosmos, cost, cough, count, counte(r), court, cover, coward, cracy, craft, cram, crash, crawl, crease / crete / cruit, creat, cred, creep, cri / cre, crop, cross / crus / cruc, crowd, cru, crush, cumulate, cur(r) / course / corrid, cur / care, curv, curse, cuss, custom

## ■ d- から始まる語源・語根をもつ単語　　90

dam / dem, dawn, deaf, debt / du(e) / deavor, decent, delicate, demo / demi, dense, deteriorate, dia, dict / dicate, die, diet(1), diet(2), dign, dim, dinosaur, disguise, disgust, dismal, div, divide / devise / deal, dizzy, do, doc(t) / docu, dom(1) / domin / danger, dom(2), don / dow / data / date / dit / dose / der, doom, dra, drastic, dread, dress, dri, drown, duce / duct, dumb / dull, dure, dwell

## ■ e- から始まる語源・語根をもつ単語　　105

earn, earnest, ease, economy, edge, eld / old, electr, element, embark, embody, empt / mpt, end, engage, enhance, enough, enter, equ, equip, erase, ercise, erode, ess, estimate, eternal, ethic, ethnic, evil, exaggerate, examine, exhaust, exotic, exter / extre

## ■ f- から始まる語源・語根をもつ単語　　114

fabric, face, fact / fac / fair / fect / fig / funct / fit / fash / fic / feat, fade, faint, fair, fake, fall / fail / fault, false, family, famine, fan / focus, far / fare, fascinate, fast, fate / fame / fant, fatigue, feast, federal, fee / feud, female, fend / fens, fer, fess, fetch, fev / fav, fid / fai / fy, fierce, fill, fin, fire, firm, fix, flame, flat, flavor, flaw, flect / flex, flee / flight / float, flesh, flict, flo / flour, flock, flu / flo, fold, folk, follow, food / feed / foster, forbid, force / fort, fore(1) / for, fore(2) forgive, form, fortune, fossil, found / fund, frag / frac, fraud, free / fri, frequent, friction, fright, front, fro, frustrate, fuel, fug, full, funeral, furnish, fury, fuse / fut, fuss

## ■ g- から始まる語源・語根をもつ単語　　146

gain, galaxy, gap, gard, garbage, gather, gaze, gen(er), geo, gest / gist, get, gift, gigantic, given, gl, globe, gno / gni / nar / kno / quaint, govern, gr, grab, grad / gree, grain, gram, grant, graph / graphy, grasp, grat(e) / grace / gree, grave(1) / griev, grave(2), greet, gress / gredi / greedy, grocery, gross, ground, guarantee, guest, guilt

## ■ h- から始まる語源・語根をもつ単語　　160

hab(it) / hibit / have, halt, hand, hang, hap, harass, hard, harm, harsh, harvest, hate, haunt, hazard, heap, heir / here, help, here / hesitate, hide, hind, hire, history, hold, hole / heal, horr, household, host(1), host(2), huge, hum, human, hum(i), hunger, hypocrisy

## ■ i- から始まる語源・語根をもつ単語　　170

idea, identi, idle, im, i(e)mper, indulge, infer, initi, internal, internet, interval, intimate, investigate, irony, irritate, island, it / ish, item

## ■ j- から始まる語源・語根をもつ単語　　176

jeal, ject, job, join, jour, joy, just / ju, juvenile

## ■ k- から始まる語源・語根をもつ単語　　180

keen, keep, key

## ■ l- から始まる語源・語根をもつ単語　　181

label, labor, lack, ladder, lament, land, lane, langu / lingu / tongue, lapse, late(1), late(2), launch, lax / lease / loose, lay / law / lie, lead, leak, leap, leave, lect / les / leg / lig, leg, legacy, leisure, lend, let, lev / lieve, liber(1) / liver, liber(2), liber(3), lice / light(1), lide, life, lift, lig / li / ly, light(2), like, limb, limi(t), line, link, liquid, litera / letter, litter, live, load, loaf, loc / low, log / loq, long / leng / ling, lot, loyal, lu, luct, lumin / lustr, lute, luxury

## ■ m- から始まる語源・語根をもつ単語　202

machine / mechan, magni / major / mayor / max, make, male, mamma, man(u), man, mand, margin, marry, mass, match, mater / metro, matur, may, medi(c), meet, melt, mend, ment / member / memory / mind / mean(1) / mon / medi / mood, merc, mere, merg, met / mens / meas / mea, metaphor, method, mid / medi / mean(2), mig(r), military, min(1) ,min(2) / men, mine, mir / mar, miserable, miss, mit / miss / mess, mod, moist, molecule, mon / muni / mune / mute, moral, moreover, mort / murder, most, mot(e), mount, mourn, move / mob, much, multi, mus / mouse, myth

## ■ n- から始まる語源・語根をもつ単語　230

naked, name / nomin, narrow, nat / naiss, nav, ne, neat, nect / ne, neg / ne / ny, nightmare, nocent / nuis, nod, norm, not, nounce, nov / new, nuclear, number / numer, nurt

## ■ o- から始まる語源・語根をもつ単語　238

obsolete, odd, olesc / olish, oper, opt, or, ord / ordin, organ, ori, ornament, otherwise, outbreak, outcome, overall, overlook, overtake, overwhelm, owe / own

## ■ p- から始まる語源・語根をもつ単語　244

pac / peace / pay, palm, pan, pand, paper, par(1) / pear, par(2) / peer / pire, para, pare, part / par / port, pass, pati / path / pass, path, patri / pater / pasture, peas, peculiar, ped, pel / pulse / peal, pen / pain / pun, pend / pens, peri(1), peri(2), person, pessim, pete / petite / peat, petr, pha(n) / phen / photo, phe, phil, physic, pict, pile, pioneer, pity, place, plague, plain, plan, planet, plant, plaud / plode, pleas, pledge, plore, plunge, ply(1) / plic / plex / ploit / play / ploy / ple, ply(2) / pli / ple, poem / poet, pole, poli, polic / polit, poll, poor, popula / people, port, pose / posit / post / pone / pound / pause, poss / potent, pour, practice, pray, preach, prehend / prise, press, price / preci / prize / praise / pret, priest, prim / pri, priv, proach / proxim, prone, propri / proper, proud, prove / probe, psych, public, punct / point, pute, puzzle

## ■ q- から始まる語源・語根をもつ単語　286

quali, quant, quarrel, quire / quest / quer, quiet / quit, quote

## ■ r- から始まる語源・語根をもつ単語　288

race, radio / radic / ray / root, rage, random, range / rank, rap, rare, rat / rea, raw, reach, real, recent, reck, reconcile, rect, refrain, reg(ul) / reig / right / rule, regret, remark, rescue, retire, retrieve, ride / road, ridicule, rigid, riot, ripe, rise / raise / rear / rouse, risk, ritual, rive, roam, roar, rob, rol / rot / round, room, rot, route, row, roy / rea, rub, rubbish, rude, ruin, rumor, run, rupt, rur

## ■ s- から始まる語源・語根をもつ単語　302

sacr / saint / sanct, sal / sold, sanit / safe / save, satis / sad / set, say, scale, scape, scarce, scare, scend, scent, scheme, schol, sci, scope, scorn, scratch, scribe / script, se / so / sin, search, sec(t) / seg / sc / sh / sk, seek, seize, seldom, sem(i) / hemi, seni, sens, sequent / (se)cute / sue / suit, ser(t), serious, serve(1) / sert, serve(2), severe, sew, sewage, shad, shallow, shame, sharp, sheer, shelter, shift, shrink, shrug, side / site / sit / seat / sess / set, sider / sire, sigh, sight, sign, silly, sim / sem / sy(m) / sam, sin, sincere, sist, sk / sc, skeptical, slap, slav, slight smart, sn, soak / sorb / suck, sob, soci, soil, sole(1) / soli(1), sole(2) / soli(2), sole(3), solve / solute, somehow, somewhat, soothe, soph, sore, sorrow, sort(1), sort(2), soul, sound(1),sound(2), source, sp, spare, spect / spec / spic, sper, sphere, spire, spoil, spond / spons, spontaneous, spot, spur, squeeze, sta(n) / stitute / stine / st, staff, stare, start, starve, stead, steal, steep, stem, step, stern, sti(mul), stiff, stock, store, storm / stir, story, str, strange, strategy, strike, strive, stroll, struct / stry, struggle, stubborn, stuff, stumble, stupid, suade, sult(2) / sault / sal, sum, sume, super / sur, surd, sure, surgeon, swear, swell

## ■ t- から始まる語源・語根をもつ単語　357

tach / tack(1), tact / tack(2) / take / tegral / tire / tain / tax / taminate / taste / touch, tail, tain / tinue, tal / tel, talent, tame, tap, tear, tease, techn, tect, temper, temple, tempor, tempt, tend / tens /

tent / tone / tune, term, terr, terri / terra, test(1), test(2), text / tle, the(1), the(2), thus, thick, thirsty, thread, threat, thrive, through, thunder / ton / tun, tidy, tight, timid, tiny, tire, title, toler, toll, tom, tool, tort, tough, toxic, tract / trace / track / trail / trait / treat, trade, tragedy, trap, trash, travel, treasure, trem, trend, trib(ute), tric / trig, trigger, triumph, troop, tru / tre, trud / thrus, try, tuit, tum / tom / thum / thous / thigh, turb / tur, turn, typical, tyrant

## ■ u- から始まる語源・語根をもつ単語　　382

ultimate, un＋動詞 , unda / ound, under, uneasy, unless, upset, urb, urge, use / uti, ut

## ■ v- から始まる語源・語根をもつ単語　　386

vac / van / vain / void / vita, vade, vague / vagant, val / vail, vapor, vari, vast, veal, vehicle, velop, vent / ven, ver, verb, verse / versa / vert, vorce, vest, via / vi / voy / vey, vic(t), vice, vio, viron, virt, virus, vis(e) / vide, vey / view, vy, vite, viv / vit / vig / veg, voc / voi / vok, vol (unt), volve / volume / volt, vote / vow, vulnerable

## ■ w- から始まる語源・語根をもつ単語　　404

wage, wand / wind, ward(1) / ware, ward(2), wast / vast, way, weapon, wear, weary, weave / web, weed, weigh, wheat, wheel, whisper, wi / we, will / wel / weal, win, wipe, wit / wis / wiz, with, wonder, worth, wound, wr / wor

## ■ y- から始まる語源・語根をもつ単語　　412

yawn, yearn, yell, yield

## ■ 数を表す語源・語根をもつ単語　　413

one, uni, mono, two, du / dou / bi, di, tri, four, quart, five, deca, cent, mill, micro, billion

索引
おわりに

　　　　　　　　　　　カバーデザイン　西垂水敦・坂川朱音（krran）

# 本書で用いられている記号

## 1．品詞の記号

動：動詞　　名：名詞　　形：形容詞　　副：副詞

代：代名詞　接：接続詞　前：前置詞

<注>　動で「～を」と書いてあるものは他動詞（後ろに目的語を置く）であり、「～を」と書いてないものは自動詞（後ろに目的語を置かない）である。

## 2．その他の記号

〔　〕：語源・中心義・語根・語義　　複：複数形
（　）：省略可能または補足説明　　　関：関連語（同じ語源・語根の語）
[　]：言い換え可能　　　　　　　　発：発音注意
✍：語源に関する情報　　　　　　　アク：アクセント注意
★：コメント　　　　　　　　　　　to do　to 不定詞
▶：フレーズ・センテンス　　　　　doing　動名詞
◆：語法・熟語　　　　　　　　　　≪米≫：米国用法
☞：参照箇所の情報　　　　　　　　≪英≫：英国用法

## 3．単語の説明

（例）**angle**〔曲がったもの⇒角度〕名「①角度　②〔物事を見る角度〕観点」

　英単語の直後の〔曲がったもの⇒角度〕は「語源から現在の語義への変遷」を表しています。「観点」という意味の直前の〔物事を見る角度〕という説明は、読者が「観点」という意味を、〔角度〕という語義から連想しやすくするために付けてあります。

## 4．単語のレベルを示す記号

　　＊＊＊　　初級レベル　　　　　　＊　　　上級レベル

　　＊＊　　　中級レベル　　　　　無印　　最上級レベル

# A

## able 〔能力がある〕 語根

**1 able** [éibl]
〔能力がある〕
形「(〜することが) **できる** (to do)」
▶ be **able** to speak English「英語を話すことが**できる**」

**2 unable** [ʌnéibl]
〔un (ない) + 能力がある〕
形「(〜することが) **できない** (to do)」

**3 ability** [əbíləti]
〔able (能力がある) + ity (状態)〕
名「(〜する) **能力** (to do)」
▶ have the **ability** to learn「学習する**能力がある**」

**4 inability** [inəbíləti]
〔in (ない) + 能力〕
名「(〜することが) **できないこと** (to do)」

**5 enable** [inéibl]
〔en (〜にする) + able (可能な)〕
動「**可能にする**」
▶ The loan **enabled** me to buy the house.
「ローンのおかげで私は家を買うことが**できた**」
◆ enable A to do「A が〜することを可能にする」

**6 disabled** [diséibld]
〔dis (ない) + able (できる)〕
形「(身体や精神に) **障害がある**」
▶ physically **disabled**「身体に**障害がある**」

**7 disability** [disəbíləti]
名「**障害**」
▶ children with **disabilities**「**障害**を持った子供」

## academ 〔学園〕 語根

📖 プラトンが学園を開いた古代アテネの Academeia と呼ばれる小さな森に由来

**8 academy** [əkǽdəmi]
〔学園〕
名「(特定の科目・技能を教える) **学校**、(文学・芸術などの発展を目的とした) **学士院**」
▶ a military **academy**「陸軍士官**学校**」

**9 academic** [æ̀kədémik]
形「**学問の**」
▶ **academic** achievements「**学問上の業績**」

## ache 〔痛む〕 語根

**10 ache** [éik]
〔痛む〕
動「**痛む**」 名「**痛み**」
▶ My legs **ache**.「脚が**痛む**」

11 **headache**
[hédeik]
〔head（頭）+ ache（痛み）〕
图「頭痛」
▶ have a headache「頭痛がする」
★「頭痛」の意味では冠詞のaを付ける。

12 **toothache**
[túːθeik]
〔tooth（歯）+ 痛み〕
图「歯痛」

## act / age 〔行動する〕 　　　　　　　　　　　　　　　語根

13 **act**
[ækt]
〔行動する〕
動「①行動する ②（〜を）演じる」 图「行為」
▶ act like a man「男らしく行動する」

14 **action**
[ǽkʃən]
〔act（行動する）+ ion（こと）〕
图「行動」
▶ take action「行動をとる」

15 **active**
[ǽktiv]
〔act（活動）+ ive（の性質をもつ）〕
形「活動的な」
▶ an active lifestyle「活動的なライフスタイル」

16 **activity**
[æktívəti]
〔active（活動的な）+ ity（状態）〕
图「活動」
▶ leisure activities「余暇の活動」

17 **actor**
[ǽktər]
〔act（演じる）+ or（人）〕
图「俳優」
▶ a movie actor「映画俳優」

18 **actress**
[ǽktris]
〔演じる + ess（女性）〕
图「女優」

19 **interact**
[ìntərǽkt]
〔inter（間で）+ act（行動する）〕
動「（Aと）交流する、相互に影響し合う (with A)」
▶ interact with my colleagues「同僚と交流する」
图「交流、相互作用」

20 **interaction**
[ìntərǽkʃən]
▶ interaction with students from other colleges
「他大学の学生との交流」

21 **react**
[riǽkt]
〔re（戻して）+ act（行動する）⇒ 〜に応えて行動する〕
動「（Aに）反応する (to A)」
▶ react to the current situation「現在の状況に対応する」

22 **reaction**
[riǽkʃən]
图「反応」
▶ a negative reaction「否定的な反応」

## A

**23 exact** [igzǽkt]
〔ex（完全に）+ act（行動する）⇒ 正確に測る〕
形「**正確な**」
▶ the exact time「**正確な**時間」

**24 exactly** [igzǽktli]
副「**正確に、**（相手の発言や質問に対して）**その通り**」
▶ exactly 10 o'clock「**ちょうど 10 時**」

**25 transaction** [trænsǽkʃən]
〔trans（超えて）+ act（行動する）+ tion（こと）〕
名「**取引**」
▶ perform business transactions with the company「その会社と商**取引**をする」

**26 actual** [ǽktʃuəl]
〔act（行動）+ al（〜の）⇒ 実際に行う〕
形「**実際の**」
▶ actual cost「**実際の**費用」

**27 actually** [ǽktʃuəli]
副「**実は**」
▶ She looks 30, but she's actually 40.「彼女は 30 歳に見えるが、**実は** 40 歳だ」

**28 agent** [éidʒənt]
〔age（行動する）+ ent（人）⇒（実際の交渉をする）代理人〕
名「**代理人、業者**」
▶ an agent for Ichiro「イチローの**代理人**」
▶ a travel agent「旅行**業者**」
★ agency と違い、「人」に重点がある。

**29 agency** [éidʒənsi]
名「**代理店**」
▶ a travel agency「旅行**代理店**」

**30 outrage** [áutreidʒ]
〔outr（度を越えた）+ age（行動）⇒ 度を越えた行動によって生まれる激怒〕
名「**激怒**」
動「（人）**を激怒させる**」
▶ public outrage「大衆の**激怒**」

**31 outraged** [áutreidʒd]
形「（人が）**激怒した**」
▶ outraged spectators「**激怒した**観客たち」

### acu / aci 〔鋭い〕 語根

**32 acute** [əkjúːt]
〔acute（鋭い）〕
形 ①〔痛みが鋭い〕（痛みなどが）**激しい** ②〔問題などが急激で深刻な〕（問題・事態が）**深刻な** ③（感覚などが）**鋭い**
▶ acute pain「**激しい痛み**」
▶ an acute shortage of oil「**深刻な**石油不足」

33 □*__acid__
[ǽsid]
〔acid（鋭い）⇒ 味覚を鋭く刺激する味⇒酸っぱい味〕
形「酸性の」 名「酸」
▶ acid rain「酸性雨」

## aesthetic 〔感覚学〕　　　　語源

34 □*__aesthetic__
[esθétik] 発
〔感覚学 ⇒ 美学〕
形「美学の、美的な」
▶ aesthetic appeal「美的魅力」

## afford 〔前進する〕　　　　語源

35 □*__afford__
[əfɔ́ːrd]
〔af（強意）+ ford（前進する）⇒ 前進する ⇒ 何とか得られる〕
動「（～する）余裕がある」
★ can afford to do の形で。主に否定文。
▶ can't afford to buy new clothes
「新しい服を買う余裕がない」

## age 〔年齢〕　　　　語源

36 □*__age__
[éidʒ]
〔年齢〕
名「①年齢　②〔歴史上の年齢〕時代」　動「年を取る」
▶ retire at the age of 60「60歳で退職する」
▶ the Stone Age「石器時代」

37 □__aging__
[éidʒiŋ]
名「老化」　形「高齢の」
▶ Aging happens to us all.
「老化は我々すべてに起こるものだ」
◆ an aging society「高齢化社会」
◆ an aging population「人口の高齢化」

38 □*__aged__
[éidʒiŋ]
形「年老いた」
▶ my aged parents「私の年老いた両親」
◆ the aged「（集合的に）老人たち」

## air / oar 〔空気、雰囲気〕　　　　語根

39 □*__air__
[éər]
〔空気、雰囲気〕
名「①空気　②〔空を飛ぶもの〕飛行機　③〔場の雰囲気・人の様子や態度〕雰囲気、様子、気取った態度」
▶ travel by air「飛行機で旅行する」
▶ have an air of confidence「自信がある様子である」
▶ put on airs「気取った態度をとる」

## A

**40 malaria**
[məléəriə]
〔mal（悪い）+ aria（空気）〕
② 「マラリア」
▶ the symptoms of malaria「マラリアの症状」
△「マラリア」は湿地などの悪い空気から発生すると考えられていたので、mala aria（悪い空気）というイタリア語が語源である。

**41 *soar**
[sɔ́ːr]
〔s（= ex：外に）+ oar（大気）⇒空高く舞い上がる〕
動「①舞い上がる ②（価格・温度などが）急上昇する」
▶ His temperature soared.「彼の熱が急に上がった」

### al 〔全く、全て〕　　　　　　　　　　　　　　　　　　　　　語根

**42 almost**
[ɔ́ːlmoust]
〔al（=all：全て）+ most（大多数）〕
副「ほとんど、もう少しで」
▶ almost all of our company employees
「私たちの会社の従業員のほとんど全員」

**43 alone**
[əlóun]
〔al（= all：全く）+ one（一人）〕
副「たった一人で」
▶ She lives alone.「彼女は一人で暮らしている」
★ 2人以上にも用いる。
▶ She was alone with Tom.「彼女はトムと2人きりだった」

**44 already**
[ɔːlrédi]
〔全く + ready（準備ができた）〕
副「既に」
▶ The man was already dead.「その男は既に死んでいた」

**45 also**
[ɔ́ːlsou]
〔全く + so（そのようで）⇒全く同様で〕
副「また同様に」
▶ He is a teacher and also a writer.
「彼は教師でありそのうえ作家でもある」

**46 although**
[ɔːlðóu]
〔全く + though（けれども）〕
接「〜だけれども」
★ though とほぼ同意。
▶ Although my car is old, it still runs well.
「私の車は古いけれど、まだよく走る」

**47 always**
[ɔ́ːlweiz]
〔全て + ways（道で）⇒道中の間ずっと⇒いつも〕
副「いつも、ずっと」
▶ He always jogs in the morning.
「彼はいつも朝ジョギングをする」

## alert 〔見張り台の上に立っている〕　　　語源

48 **alert**
[ələ́ːrt]
〔見張り台の上に立っている〕
形「(A に) 警戒している (to A)」 名「警報」
▶ be alert to the danger of an approaching typhoon
「接近中の台風に対し、警戒している」

## ali 〔他の〕　　　語根

49 **alien**
[éiljən] 発
〔alien（他の）⇒外国の〕
形「外国の、異質な」 名「外国人」
▶ an alien culture「外国の文化」

50 **alienate**
[éiljənèit]
〔alien（他の）+ ate（にする）⇒疎外する〕
動「疎外する」
圏 alibi〔どこか他の所〕「アリバイ」も同語源。

## allergy 〔他のものに作用する反応〕　　　語源

51 **allergy**
[ǽlərdʒi] 発
〔alle（他の）+ ergy（作用）⇒他のものに対する反応〕
名「アレルギー」

52 **allergic**
[ələ́ːrdʒik]
形「(A に) アレルギーのある (to A)」
▶ be allergic to pollen「花粉にアレルギーがある」

## alter 〔他の⇒(他のものに) 変える〕　　　語根

53 **alter**
[ɔ́ːltər]
〔変える〕
動「～を（部分的に）変える」
▶ alter our travel plans「旅行計画を変更する」
★ alter a plan は「計画を一部変更する」という意味で、change a plan は「計画を全面変更する」という意味。

54 **alteration**
[ɔ̀ːltəréiʃən]
名「変更」
▶ make an alteration to the text「文章に変更を加える」

55 **alternate**
[ɔ́ːltərnèit]
〔交代する〕
形「交互の、1 つおきの」
▶ on alternate days「1 日おきに」

56 **alternative**
[ɔːltə́ːrnətiv] アク
〔alter（代替となる）+ ive（性質を持つ）⇒代替となるもの〕
名「(A の) 代わりとなるもの (to A)、選択肢」
形「代わりの、代替の」
▶ The alternative to surrender is fighting.
「降伏に代わるものは戦うことだ」
▶ alternative energy sources「代替エネルギー源」

17

## altitude〔高いこと〕 語源

57 □**altitude**
[ǽltət(j)ùːd]
〔alti（高い）+ tude（こと）〕
名「**高度**」 ☞ enhance
▶ We are flying at an **altitude** of 30,000 feet.
「当機は**高度**3万フィートを飛行しております」

## am〔（ラテン語）愛、友人〕 語根

☞ phil

58 □\***amateur**
[ǽmətʃʊər]アク
〔amat（愛する）+ eur（人）⇒愛好家〕
名「**愛好家、アマチュア**」 形「**アマチュアの**」
▶ **amateur** musicians「**アマチュアの**音楽家」

59 □\***enemy**
[énəmi]
〔en（ない）+ emy（友人）〕
名「**敵**」
▶ an old **enemy**「宿**敵**」

## amaze〔まごつかせる〕 語源

60 □**amaze**
[əméiz]
〔まごつかせる⇒びっくりさせる〕
動「（人）**をびっくりさせる**」

61 □\***amazing**
[əméiziŋ]
形「**驚くべき、見事な**」
▶ an **amazing** discovery「**驚くべき**発見」

62 □**amazed**
[əméizd]
形「（人が）**驚いている**」
▶ be **amazed** at his success「彼の成功に**驚いている**」

## ambassador / embassy〔臣下〕 語源

63 □\***ambassador**
[æmbǽsədər]
〔臣下⇒使命を帯びて行く者〕
名「**大使**」
▶ the American **ambassador** to Japan「駐日アメリカ**大使**」

64 □\***embassy**
[émbəsi]アク
〔臣下⇒大使〕 名「**大使館**」
▶ the Japanese **embassy** in London「在ロンドン日本**大使館**」

## ambi〔両方の、周りの〕 語根

65 □\***ambiguous**
[æmbígjuəs]
〔ambi（両方に）+ iguous（動く）⇒どちらとも取れる〕
形「**どちらとも取れる、あいまいな**」
▶ an **ambiguous** reply「**どちらとも取れる**返事」
★ ambiguous は語源からわかるように「2つ（以上）の意味に取れる」という意味で、vague は「漠然とした」という意味。

| 66 | **ambiguity**<br>[æ̀mbigjúːəti] | 名「あいまいさ」<br>▶ speak with ambiguity「あいまいな話し方をする」 |
|---|---|---|
| 67 | **ambition**<br>[æmbíʃən] | 〔ambi（周りに）+ it（行く）+ ion（こと）⇒歩き回る⇒ローマでは、公職立候補者は町を歩き回って民衆に投票を訴えた⇒野望〕<br>名「（～しようとする）野心、夢 (to do)」 ☞ it / ish<br>▶ achieve his ambition of breaking the world record<br>「世界記録を破るという夢をかなえる」 |
| 68 | **ambitious**<br>[æmbíʃəs] | 形「野心的な」<br>▶ an ambitious young lawyer「野心を抱く青年弁護士」 |
| 69 | **ambivalent**<br>[æmbívələnt] | 〔ambi（両方の）+ valen（価値がある）⇒どちらか決めかねる〕<br>形「（判断がつかなくて）どちらか決めかねる」<br>▶ She is ambivalent about the marriage to him.<br>「彼女は彼との結婚を決めかねている」 |
| 70 | **ambivalence**<br>[æmbívələns] | 名「どちらとも決めかねる状態」 |

## ambulance 〔歩く病院〕　語源

| 71 | **ambulance**<br>[ǽmbjuləns] | 〔歩く病院⇒軍隊と共に移動する野戦病院⇒負傷兵の輸送車〕<br>名「救急車」<br>▶ Please call an ambulance.「救急車を呼んでください」 |

## ample 〔取る〕　語根

| 72 | **example**<br>[igzǽmpl] | 〔ex（外に）+ ample（取る）⇒（見本として）多くの中から取り出されたもの〕<br>名「①（代表的な）例　②手本」<br>▶ a good example「好例」<br>▶ His diligence is a good example to us all.<br>「彼の勤勉さは私たち皆の良い手本である」 |
| 73 | **sample**<br>[sǽmpl] | 〔example の語頭 ex が s に変化したもの〕<br>名「サンプル、見本」<br>▶ a free sample「無料サンプル」 |

## amuse 〔呆けたように見つめさせる〕　語源

74 **amuse**
[əmjúːz]
〔呆けたように見つめさせる⇒おもしろがらせる〕
動「(人) をおもしろがらせる」
▶ His jokes always **amuse** me.
「彼の冗談はいつも私を楽しませる」

75 **amusing**
[əmjúːziŋ]
形「おもしろい」(= funny)
★ funny のほうがよく用いられる。
▶ an **amusing** story「おもしろい話」

76 **amused**
[əmjúːzd]
形「(人が) おもしろがっている」

77 **amusement**
[əmjúːzmənt]
名「おもしろさ」
◆ amusement park「遊園地」

## ana 〔さかのぼって、徹底的に〕　語根

78 **analysis**
[ənǽləsis]
〔ana (徹底的に) + lysis (ほぐす)〕
名「分析」
▶ an **analysis** of the political situation「政治情勢の分析」

79 **analyze**
[ǽnəlàiz]
〔analy(sis) (分析) + ize (〜にする)〕
動「〜を分析する」
▶ **analyze** the information of heredity in human DNA
「人間の DNA の中の遺伝子情報を分析する」

80 **analyst**
[ǽnəlist]
名「アナリスト、評論家」
▶ a political **analyst**「政治評論家」

81 **analogy**
[ənǽlədʒi]
〔ana (さかのぼって) + logy (論じること)〕
名「類推、類似」
▶ There is an **analogy** between an eye and a camera.
「目とカメラは似ている」

## ang / anxi 〔首を絞める⇒苦しみ⇒怒り〕　語根

82 **angry**
[ǽŋgri]
〔angr (怒り) + y (〜の多い)〕
形「(A に) 怒って (with [at] A)」
▶ be **angry** with him「彼に怒っている」

83 **anger**
[ǽŋgər]
名「怒り」
▶ public **anger**「国民の怒り」

84 □ˣ**anxious**
[ǽŋkʃəs]
〔anxi（首を絞められるほどの苦しみ）+ ous（〜の多い）⇒ 不安な〕
形「①（Aのことで）**不安な、心配な**（about A）②〔不安なほど切望して〕（Aを／〜することを）**切望する**（for A / to *do*）」
▶ be anxious about the future「将来について**不安だ**」
▶ be anxious to see TOKYO SKYTREE「東京スカイツリーを見たいと**切望している**」

85 □ˣ**anxiety**
[æŋzáiəti]
名「**不安**」
▶ feelings of anxiety「**不安**感」

## angle / ankle / anchor 〔曲がったもの〕　語根

86 □ˣ**angle**
[ǽŋgl]
〔曲がったもの⇒角度〕
名「①**角度** ②〔物事を見る角度〕**観点**」
▶ Look at the issue from my angle.
「私の**観点**からその問題を見てください」

87 □ˣ**ankle**
[ǽŋkl]
〔曲がったもの〕名「**足首**」
▶ twist his ankle「**足首をねんざする**」

88 □ˣ**anchor**
[ǽŋkər]
〔曲がったもの〕
名「（船を留めておく）**錨**」

## anima 〔息をする〕　語根

89 □ˣ**animal**
[ǽnəməl]
〔息をするもの⇒生きているもの〕
名「**動物**」
▶ a wild animal「野生**動物**」

90 □**animation**
[æ̀nəméiʃən]
〔animat（息を吹き込む）+ ion（状態）⇒生命・活気を与えられた状態〕
名「①〔絵に生命を与えて動かすこと〕**アニメーション** ②**活気、活発**」
▶ talk with animation「**活発**に話す」

91 □**animate**
[ǽnəmèit]
〔息を吹き込む⇒生命・活気を与える〕
動「**〜に活気を与える**」
▶ an animated discussion「**活発な討論**」

## ann 〔毎年の〕　語根

92 □ˣ**annual**
[ǽnjuəl]
〔annual（毎年の）〕
形「**毎年の、年1回の**」
▶ annual membership fee「**年**会費」

21

# A

93 **annually** [ǽnjuəli]
副「毎年」
▶ The festival is held **annually** in September.
「そのお祭りは**毎年**9月に行われる」

94 **anniversary** [æ̀nəvə́ːrsəri]
〔毎年 + vers（回る）⇒毎年回ってくるもの〕
名「（毎年の）**記念日**」
▶ our twentieth wedding **anniversary**
「私たちの結婚20周年**記念日**」

## annoy 〔悩ませる〕 語源

95 **annoy** [ənɔ́i]
〔悩ませる〕
動「（人）**を悩ませる、いらいらさせる**」
▶ Her questions **annoyed** him.
「彼女の質問は彼**をいらいらさせた**」

96 **annoyed** [ənɔ́id]
形「（人が）**いらいらして**」

97 **annoying** [ənɔ́iiŋ]
形「（人を）**いらいらさせる**」
▶ He has an **annoying** habit of interrupting others.
「彼には他人の話に割って入る**気に障る**癖がある」

98 **annoyance** [ənɔ́iəns]
名「**いらだち**」

## anonymous 〔名前がない〕 語源

99 **anonymous** [ənánəməs]
〔an（ない）+ onymous（名前）〕
形「**匿名の**」
▶ an **anonymous** (phone) call「**匿名の**電話」

## anthropo 〔人〕 語根

☞ 類義語根の demo

100 **anthropology** [æ̀nθrəpálədʒi]
〔anthropo（人）+ logy（学）〕
名「**人類学**」
▶ specialize in **anthropology**「**人類学**を専攻する」

101 **anthropologist** [æ̀nθrəpálədʒist]
名「**人類学者**」

## anti / ant(e) / anc(e) / anci 〔前に〕 語根

102 **anticipate** [æntísəpèit]
〔anti（前に）+ cipate（取る）⇒事前につかむ〕
動「**〜を予期する**」
▶ **anticipate** a change「変化**を予期する**」

| 103 | **anticipation**<br>[æntìsəpéiʃən] | 名「予期」<br>▶ in **anticipation** of an increase in salary「昇給を期待して」 |
|---|---|---|
| 104 | **antique**<br>[æntíːk] | 〔ant（前の）+ ique（〜の性質の）〕<br>形「骨董的価値のある」 名「骨董品」<br>▶ an **antique** shop「骨董品店」 |
| 105 | **antiquity**<br>[æntíkwəti] | 名「古さ、古代」<br>▶ in **antiquity**「古代には」 |
| 106 | **ancestor**<br>[ǽnsestər] | 〔an（前に）+ cestor（行く人）〕<br>名「祖先」 ☞ 語根 ceed<br>▶ worship my **ancestors**「自分の祖先を崇拝する」 |
| 107 | **ancient**<br>[éinʃənt] 発 | 〔ancient（以前の）〕 形「古代の」<br>▶ **ancient** civilizations「古代文明」 |
| 108 | **advance**<br>[ædvǽns] | 〔adv（= ab：離れて）+ ance（前に）⇒前進（する）〕<br>名「前進、進歩」<br>動「進歩する、〜を進歩させる」<br>▶ a major **advance** in the treatment of cancer<br>「ガン治療における大きな進歩」<br>▶ Computer technology is **advancing** rapidly.<br>「コンピュータ技術は急速に進歩している」 |
| 109 | **advanced**<br>[ædvǽnst] | 形「進歩した、上級の」<br>▶ an **advanced** course in English「英語上級コース」 |
| 110 | **advantage**<br>[ædvǽntidʒ] | 〔adv（= ab：離れて）+ ant（前に）+ age（立場）⇒有利な立場〕<br>名「有利さ、利点」<br>▶ the **advantages** of living in a big city「大都市に住む利点」 |
| 111 | **advantageous**<br>[ædvəntéidʒəs] | 形「有利な、都合の良い」 |
| 112 | **disadvantage**<br>[dìsədvǽntidʒ] | 名「不利な点［立場］」<br>▶ be at a **disadvantage**「不利な立場にある」 |

## ant(i) 〔反対の〕 語根

| 113 | **Antarctic**<br>[æntáːrktik] | 〔ant（反対の）+ arctic（北極）〕<br>名「南極地方（the 〜）」 形「南極の」<br>▶ an **Antarctic** expedition「南極探検」 |
|---|---|---|
| 114 | **Arctic**<br>[áːrktik] | 〔北の空に浮かぶおおぐま座〕<br>名「北極地方（the 〜）」 形「北極の」<br>▶ an **Arctic** expedition「北極探検」 |

# A

## apt 〔適する〕 語根

**115 apt**
[ǽpt]
〔固定された・結びついた⇒適合した〕
形「①**適切な** ②〔固定的に内在する傾向〕(〜する) **傾向がある** (to do)」
▶ be **apt** to make mistakes「間違いを犯し**がちである**」
★ be apt to *do* は tend to *do* や be inclined to *do* とほぼ同意。

**116 aptitude**
[ǽptətjùːd]
〔apti（適する）+ tude（性質）〕
名「**適性**」

**117 adapt**
[ədǽpt]
〔ad（〜のほうへ）+ apt（適するようにする）〕
動「①**〜を適合させる** ②（Aに）**順応する** (to A)」
▶ **adapt** to his new life「新しい生活に**順応する**」
◆ adapt A to B「A を B に適合させる」

**118 adaptation**
[æ̀dəptéiʃən]
名「**順応、改作**」

**119 attitude**
[ǽtit(j)ùːd]
〔aptitude（適性）と同語源〕
名「**態度**」
▶ I can't stand that **attitude** of his.
「彼のあの**態度**には耐えられない」

## arbitrary 〔自分の意思で〕 語源

**120 arbitrary**
[ɑ́ːrbətrèri]
〔(他人の意見によらず) 自分の意志で〕
形「**任意の、独断的な、気まぐれな**」
▶ an **arbitrary** decision「**独断的な**決定」

## arch 〔首位の、支配者〕 / archae 〔古代の〕 語根

**121 architect**
[ɑ́ːrkətèkt]
〔arch（首位の）+ tect（大工）⇒棟梁〕
名「**建築家**」

**122 architecture**
[ɑ́ːrkətèktʃər]
名「**建築（様式）**」
▶ medieval **architecture**「中世の**建築様式**」

**123 architectural**
[ɑ̀ːrkətéktʃərəl]
形「**建築の**」

**124 monarch**
[mɑ́ːnərk] 発
〔mon（単独の）+ arch（支配者）〕
名「**君主**」 ☞ 語根 mono
▶ an absolute **monarch**「専制**君主**」

**125 monarchy**
[mɑ́ːnərki]
名「**君主政治**」

126 **archaeology**
[à:rkiálədʒi]
〔archae（古代の）+ ology（学問）〕
名「考古学」 ☞ 語根 log / loq
▶ prehistoric archaeology「先史考古学」

127 **archaeologist**
[à:kiálədʒist]
名「考古学者」

## area 〔特定の場所〕 語源

128 **area**
[éəriə]
〔特定の場所〕
名「①地域 ②〔活動や研究の場所〕領域」
▶ many areas of Africa「アフリカの多くの地域」

## argue 〔証拠を立てて論じる〕 語源

129 **argue**
[á:rgju:]
〔証拠を立てて論じる〕
動「①（〜と）主張する (that + S V) ②（A のことで）言い争う、議論する (about [over] A)」
▶ argue that he is wrong「彼は間違っていると主張する」
▶ argue about money「お金のことで言い争う」

130 **argument**
[á:rgjumənt]
名「口論、議論、論拠」
▶ have an argument「口論する」

## arithmetic 〔計算術〕 語源

131 **arithmetic**
[əríθmətik]
〔計算術〕
名「算数、計算」
▶ be good at arithmetic「算数が得意である」

## arm / art 〔結合する、合わせる〕 語根

132 **arm**
[á:rm]
〔肩に結びついているもの⇒腕〕
名「①腕 ②〔腕の力〕武器 複」
動「武装する (be armed)」
▶ nuclear arms「核兵器」
▶ The suspect was armed with an automatic rifle.
「容疑者は自動小銃で武装していた」

133 **army**
[á:rmi]
〔arm（武装）+ y〕
名「軍隊、陸軍」
▶ join the army「軍隊に入隊する」

25

## A

### 134 alarm
[əlá:rm]

〔イタリア語 all'arme（武器を取れ）⇒驚き〕
图「①警報器、報知器 ②不安、心配」
動「(人を)不安にさせる、驚かせる」
- a fire alarm「火災報知器」
- There is no cause for alarm.「心配する理由はない」
- Sorry to alarm you.「驚かせてごめんなさい」

✎「武器を取れ」という意味から「警報」の意味が生まれ、敵の接近に対する「不安」も意味するようになった。

### 135 alarming
[əlá:rmiŋ]

形「驚くほどの」
- an alarming rate「驚くほどの速さで」

### 136 alarmed
[əlá:rmd]

形「不安を感じて」
- She was alarmed at the news.
  「彼女はそのニュースを聞いて不安になった」

### 137 harmony
[há:rməni]

〔合わせること〕 图「調和」
- live in harmony with nature「自然と調和して暮らす」
  ◆ in harmony with A「Aと調和して」

✎ harmony は元来、音楽用語ではなく大工職用語で「木材をはめ込む」という意味だった。

### 138 art
[á:rt]

〔art（結合する）⇒結合するための技術〕
图「①技術 ②〔技術を駆使した芸術〕美術（作品）」
- a work of art「美術作品」
- the art of building「建築技術」

### 139 artificial
[à:rtəfíʃəl]

〔arti（技術）+ fic（作る）⇒技術で作られた〕
形「人工の」 ☞ 語根 fact
- an artificial heart「人工の心臓」

### 140 article
[á:rtikl]

〔art（つなぐ）+ cle（小さい）⇒小さな部分⇒1つ〕
图「①〔新聞・雑誌などの記事の1つ〕記事 ②〔物の1つ〕品物」
- an article on environmental issues
  「環境問題に関する記事」
- household articles「家庭用品」

## arrogant 〔自分のものだと主張する〕  語源

### 141 arrogant
[ǽrəgənt]

〔自分のものだと主張する〕
形「ごうまんな」
- an arrogant attitude「ごうまんな態度」

### 142 arrogance
[ǽrəgəns]

图「ごうまん」

## ast(e)r 〔星〕　　　語根

143 **astronomy** [əstránəmi]
〔astro（星）+ nomy（法則）〕
名「天文学」
▶ Astrology is the mother of astronomy.
「占星術は天文学の生みの親である」

144 **astronomer** [əstránəmər]
〔天文学 + er（人）〕名「天文学者」

145 **astronaut** [ǽstrənɔ:t]
〔星 + naut（船員）〕名「宇宙飛行士」

146 **astrology** [əstrálədʒi]
〔星 + logy（話）〕名「占星術」

147 **disaster** [dizǽstər]
〔dis（分離）+ aster（星）⇒幸運の星からの分離〕
名「災害、惨事」
▶ a natural disaster「自然災害」

148 **disastrous** [dizǽstrəs]
形「災害を引き起こす、悲惨な」
▶ disastrous consequences「悲惨な結果」
囲 asterisk「星印」も同語根。

## athletic 〔競技の〕　　　語源

149 **athletic** [æθlétik]
〔競技の〕
形「運動競技の」
▶ an athletic meeting「運動競技会」

150 **athlete** [ǽθli:t]
名「運動選手」
▶ a professional athlete「プロの運動選手」

151 **athletics** [æθlétiks]
名「運動競技」
▶ intercollegiate athletics「大学対抗運動競技」

## auc / auth 〔増やす、創造する〕　　　語根

152 **auction** [ɔ́:kʃən]
〔auc（金額を増やす）+ tion（こと）〕
名「競売、オークション」

153 **author** [ɔ́:θər]
〔auth（創造する）+ or（人）⇒話を創造し増やす人〕
名「著者」
▶ the author of this novel「この小説の著者」

27

## A

154 **authority** [əθɔ́ːrəti]
〔author（創始者）+ ity（こと）⇒創始者は権力や権威を持つことから〕
名「①**権力、権限** ②**当局** 複 ③**権威（者）**」
▶ We have the authority to search your house.
「あなたの家を捜索する**権限**が私たちにはあります」
▶ the city authorities「市**当局**」
▶ an authority on criminal law「刑法の**権威**」

### audi / edi〔聴く〕　　　　　　　　　　　　　　　語根

155 **audience** [ɔ́ːdiəns]
〔audi（聴く）+ ence（状態）〕
名「**聴衆、観客**」
▶ There was a large audience in the hall.
「ホールには大勢の**聴衆**がいた」
★ audience の大小は large, small を用いる。

156 **obedient** [oubíːdiənt]
〔ob（〜に）+ edi（耳を傾ける）+ ent（性質のある）⇒人の話に耳を傾ける〕
形「**従順な**」
▶ an obedient child「**従順な**子供」

157 **obey** [oubéi]
動「**〜に従う**」
▶ obey the law「法律**に従う**」

158 **obedience** [oubíːdiəns]
名「**服従**」
▶ blind obedience「**盲従**」

### auto〔自らの〕　　　　　　　　　　　　　　　　語根

159 **automatic** [ɔ̀ːtəmǽtik]
〔automat（自ら動く）+ ic（〜の性質の）〕
形「**自動の、無意識の**」
▶ an automatic response「**無意識の**反応」

160 **automatically** [ɔ̀ːtəmǽtikəli]
副「**自動的に、無意識に**」
▶ The door opens automatically.「そのドアは**自動的に**開く」
圏 ATM「現金自動預け払い機」は、Automated [Automatic] Teller Machine の略称。

161 **automobile** [ɔ̀ːtəməbíːl]
〔auto（自ら）+ mobile（動く）〕
名「**自動車**」
▶ the automobile industry「**自動車**産業」

162 **autobiography** [ɔ̀ːtəbaiágrəfi]
〔auto（自らの）+ biography（伝記）〕
名「**自叙伝**」　☞ bio

163 **autonomy** 〔auto（自らの）+ nomy（法）〕
[ɔ:tánəmi] 名「自治（権）」
▶ local autonomy「地方自治」

164 **autonomous** 形「自治の」
[ɔ:tánəməs] ▶ an autonomous region「自治区」

165 **authentic** 〔aut（本人が）+ hentic（作った）⇒本物の〕
[ɔ:θéntik] 形「本物の」
▶ an authentic Picasso「本物のピカソの作品」

## average 〔損失の平等負担〕  語源

166 **average** 〔損失の平等負担〕
[ǽvəridʒ] アク 名「平均」
形「平均的な」
▶ the national average「全国平均」
▶ the average height of men「男性の平均身長」
✎中世の小作人は、戦時には食料などを供出する義務があり、分担する額（average）は「平等」であった。

## awe 〔恐怖〕  語源

167 **awe** 〔恐怖〕
[ɔ́:] 名「畏敬、畏怖」
動「（人）に畏敬の念を起こさせる」
▶ a feeling of awe「畏敬の念」

168 **awful** 〔aw（恐怖）+ ful（いっぱいの）〕
[ɔ́:fəl] 形「ひどい、ものすごい」
▶ an awful smell of paint「ペンキのひどい臭い」

169 **awfully** 副「すごく」
[ɔ́:fəli]

# B

## baggage 〔旅行かばん〕　語源

170 **baggage**
[bǽgidʒ]
〔bag（旅行かばん）+ age（集合）〕
⑧「（旅行時の）**手荷物**《米》」（= luggage《英》）
▶ **baggage** allowance「（飛行機への）持ち込み可能**手荷物**」

## ban 〔（神によって）話されたこと〕　語根

☞ fate / fame / fant などと同語源

171 **ban**
[bǽn]
〔神による話⇒領主による兵役召集の布告⇒兵役に応じないことに対する禁止令〕
⑩「（公的に）**～を禁止する**」⑧「**禁止（令）**」
▶ **ban** smoking in the street「路上での喫煙**を禁止する**」
▶ a **ban** on fishing for tuna「マグロ漁業の**禁止**」

172 **abandon**
[əbǽndən]
〔a（～に向けて）+ ban（布告）+ don（与える）⇒兵役召集の布告⇒家・家族・故郷を捨てる〕
⑩「①**～を捨てる、見捨てる** ②**～を断念する**」
▶ an **abandoned** child「**捨てられた**子供」

## bank 〔盛り上がった場所〕　語根

173 **bank (1)**
[bǽŋk]
〔盛り上がった場所〕⑧「**岸、土手**」
▶ river **bank**「川**岸**」

174 **bank (2)**
[bǽŋk]
〔盛り上がった場所⇒長いす⇒両替商の長いす⇒銀行〕
⑧「**銀行**」
▶ put money in a **bank**「お金を**銀行**に預ける」
📝イタリアの両替商が仕事をしていた聖堂から追い出され、その前の長いす（bench）に座って仕事を始めたことから bank は「銀行」を意味するようになった。

## bar 〔横木、棒〕　語根

175 **barrier**
[bǽriər]
〔bar（横木）+ ier（もの）⇒横木で作ったもの〕
⑧「**障害、障壁**」
▶ a language **barrier**「言葉の**壁**」

176 **embarrass**
[imbǽrəs]
〔em（=in：中に）+ barrass（障害物）⇒気持ちを妨害する〕
⑩「（人）**に恥ずかしい思いをさせる、を困らせる**」

177 **embarrassed**
[imbǽrəst]
⑲「（人が）**恥ずかしい思いをした**」
▶ She was **embarrassed** when asked her age.
「彼女は年をきかれて**恥ずかしかった**」
★ embarrassed は「（きまりが悪かったり、人前でどぎまぎして）恥ずかしい」の意。

| 178 | **embarrassing** [imbǽrəsiŋ] | 形「(人を) 困惑させる」<br>▶ **embarrassing** situation「厄介な状況」 |
| 179 | **embarrassment** [imbǽrəsmənt] | 名「(気) 恥ずかしさ」 |

## bare 〔覆いがない〕　語源

| 180 | **bare** [béər] | 〔覆いがない〕　形「(体の一部が) 裸の」<br>▶ **bare** feet「裸足」 |
| 181 | **barefoot** [béərfut] | 形副「裸足で」 |
| 182 | **barely** [béərli] | 〔bare（体の一部が裸の）+ ly（副詞語尾）⇒かろうじて覆っている〕<br>副「かろうじて」<br>▶ She **barely** escaped.「彼女はかろうじて逃げた」 |

## base / basis 〔土台、基礎〕　語根

| 183 | **base** [béis] | 〔土台、基礎〕<br>動「(A に) 基づいている (be based on A)」<br>名「土台、基礎」<br>★ base は「具体的な物体・構造物の底〔基礎〕」を意味する。<br>▶ His actions **are based on** love of his country.<br>「彼の行動は祖国を愛する気持ちに**基づいている**」<br>▶ the **base** of a pillar「柱の基部」 |
| 184 | **basic** [béisik] | 形「基礎の」<br>▶ a **basic** understanding of English「英語の基本的な理解力」 |
| 185 | **basically** [béisikəli] | 副「基本的には」<br>▶ **Basically**, he is a nice person.「基本的に彼はいい人だ」 |
| 186 | **basis** [béisis] | 〔基礎〕　名「基礎」<br>★ basis は「抽象的なものの基礎」を意味する。<br>▶ the **basis** of their livelihood「彼らの生活の基盤」 |

## bat / beat 〔打つ〕　語根

| 187 | **bat** [bǽt] | 〔打つ〕<br>名「①〔打つもの〕(野球などの) バット　②〔羽をバタバタする生き物〕コウモリ」<br>動「(~を) バットで打つ」<br>▶ **Bats** are flying mammals.<br>「**コウモリ**は飛ぶことのできる哺乳類である」 |

# B

### 188 battle
[bǽtl]
〔打つこと〕
图「**戦闘**」 動「**戦う**」
▶ the **Battle** of Okinawa in 1945「1945 年の沖縄**戦**」

### 189 battlefield
[bǽtlfiːld]
〔battle（戦闘）+ field（平地）〕
图「**戦地、戦場**」

### 190 battery
[bǽtəri]
〔batter（連続して打つ）+ ery（技術）⇒電極板を入れた容器がいくつも連なっているもの⇒蓄電池〕
图「**電池、（自動車などの）バッテリー**」
▶ charge a **battery**「**バッテリー**を充電する」

### 191 combat
图[kάːmbæt]
動[kəmbǽt]
〔com（一緒に）+ bat（打つ）⇒打ち合う〕
图「**戦闘**」
動「**（犯罪・社会問題・病気など）と闘う**」
▶ **combat** terrorism「テロ**と闘う**」

### 192 debate
[dibéit]
〔de（完全に）+ bate（打つ）⇒相手を打ち負かす〕
图「**討論**」
動「**（〜を）討論する**」
▶ the international **debate** on whaling
「捕鯨に関する国際**討論**」
✍議論の目的は古来、真実を探求するよりも相手を打ち負かすことにあると考えられていた。

### 193 beat
[bíːt]
〔打つ〕
動「①（〜を）**打つ** ②（心臓が）**鼓動する** ③（対戦相手やチームなど）**を打ち負かす**（= defeat）」
▶ **beat** him at tennis「テニスで彼**を打ち負かす**」
★ win は「（競争や戦いなど）に勝つ」という意味である。
▶ win a game「試合に勝つ」

## be 〔〜に、〜のそばに、〜の間に、〜によって、完全に〕　語根

### 194 before
[bifɔ́ːr]
〔〜に + fore（前に）〕
接前「**〜の前に**」

### 195 beforehand
[bifɔ́ːrhænd]
〔before（前に）+ hand（手）⇒事前の行動〕
副「**前もって**」
▶ Please let me know **beforehand**.
「**前もって**知らせてください」

### 196 beside
[bisáid]
〔〜に + side（側）⇒〜のそばに〕
前「**〜のそばに**」
▶ a cabin **beside** the lake「湖**のそばの**丸太小屋」

| | | |
|---|---|---|
| 197 | **besides**<br>[bisáidz] | 〔beside（そばに）+ s（副詞語尾）⇒〜に加えて〕<br>前「**〜に加えて**」<br>副「**そのうえ**」<br>▶ **Besides** being beautiful, she is intelligent.<br>「彼女は美しいこと**に加えて**、聡明でもある」<br>▶ It's too late to go out; **besides**, it's raining.<br>「出かけるには遅すぎる、**そのうえ**雨が降っている」 |
| 198 | **beneath**<br>[biní:θ] | 〔〜に + neath（下）〕<br>前「**〜の下に**」<br>▶ sit **beneath** the tree「木**の下に**座る」 |
| 199 | **between**<br>[bitwí:n] | 〔〜の間に + tween（= two：2つ）〕<br>前「**〜の間に**」<br>▶ a war **between** two nations「2国**間の**戦争」 |
| 200 | **beyond**<br>[biánd] | 〔〜に + yond（向こうに）〕<br>前「**〜の向こうに、〜を超えて**」<br>▶ The village lies **beyond** the mountains.<br>「その村は山**の向こうに**ある」 |
| 201 | **because**<br>[bikɔ́:z] | 〔〜によって + cause（理由）〕<br>接「**〜の理由で**」<br>▶ I'm angry **because** you're late.<br>「君が遅れて来た**ので**怒っているんだ」 |
| 202 | **become**<br>[bikʌ́m] | 〔〜のそばに + come（来る）⇒ぴたっと来る⇒似合う・ふさわしい〕<br>動「①**〜になる** ②（人）**に似合う**」<br>▶ The weather is **becoming** warmer.<br>「天候が暖かく**なってきている**」 |
| 203 | **betray**<br>[bitréi] | 〔完全に + tray（手渡す）〕<br>動「①〔味方を敵に手渡す〕**〜を裏切る** ②〔情報を敵に手渡す〕**〜を暴露する**」<br>▶ **betray** a friend「友人**を裏切る**」<br>▶ **betray** a secret「秘密**を漏らす**」 |
| 204 | **betrayal**<br>[bitréiəl] | 名「**裏切り**」 |

## bear / bir / bur 〔持ち運ぶ〕 語根

☞ fer も同語源

205 **bear**
[béər]
〔(重いものを) 持ち運ぶ〕
動「①（特徴・形跡・関係など）を持つ、がある　②〔重いものに耐える〕~に耐える　③〔責任などに持ちこたえる〕（責任・費用など）を負う　④〔子をお腹の中で持ち運ぶ〕~を産む」
名「熊」
▶ bear resemblance to his father「父親に似ている点がある」
▶ bear the pain「その痛みに耐える」
▶ bear the responsibility「責任を負う」
▶ bear children「子供を産む」(= have children)

206 **birth**
[bə́ːrθ]
〔bir (=bear：産む) + th（こと）⇒生まれること〕
名「誕生、家柄」
▶ a lady of noble birth「高貴な生まれの女性」

207 **burden**
[bə́ːrdn]
〔持ち運ぶもの⇒荷物〕
名「（精神的な）重荷、負担」
▶ be a burden on other people「他人の重荷になる」

## beard 〔ひげ〕 語源

208 **beard**
[bíərd] 発
〔ひげ〕
名「あごひげ」
▶ have a beard「あごひげをはやしている」

## beast 〔獣〕 語源

209 **beast**
[bíːst]
〔獣〕 名「獣」
▶ a wild beast「野獣」

## beg 〔請う〕 語源

210 **beg**
[bég]
〔請う〕
動「~と懇願する、(人に) 頼み込む」
▶ beg his mother to buy the toy
「母親にそのおもちゃを買ってほしいとせがむ」
◆ beg A to *do*「A に~するように懇願する」

211 **beggar**
[bégər]
〔請う + ar（人）〕
名「物乞いする人、こじき」

## bel〔戦争を起こす〕 語根

☞ 反義語の pac

212 □***rebel**
動[ribél]
名[rébl]
〔re（再び）＋戦争を起こす⇒反抗する〕
動「**反乱を起こす**」 名「**反逆者**」
▶ **rebel** forces「**反乱**軍」

213 □***rebellion**
[ribéljən]
名「**反乱**」
▶ put down a **rebellion**「**反乱**を鎮圧する」

## bend〔弓を引く〕 語源

214 □***bend**
[bénd]
〔弓を引く⇒曲げる〕
動「**上体を曲げる、〜を曲げる**」
▶ **bend** over to pick up a coin
「コインを拾おうと**腰をかがめる**」

## benefit〔善行〕 語源

215 □***benefit**
[bénəfit] アク
〔bene（良い）＋ fit（行い）⇒善行⇒利益を生む〕
名「**利益**」
動「（A から）**利益を得る** (from A)」 ☞ 語根 fact
▶ economic **benefits**「経済的**利益**」
▶ **benefit** from the weak yen「円安で**利益を得る**」

216 □***beneficial**
[bènəfíʃəl]
形「**有益な**」
▶ a **beneficial** effect「**有益な**効果」

## bet ※語源不詳 語源

217 □***bet**
[bét]
動「**〜を賭ける、きっと〜だ** (that ＋ S V)」
名「**賭け**」
▶ I **bet** he will be late.「彼は**きっと**遅刻**だよ**」
▶ make a **bet**「**賭け**をする」
✎「賭けてもいいほど自信がある」から「きっと〜だ」という意味が生まれた。

## bias〔斜め〕 語源

218 □***bias**
[báiəs]
〔斜め⇒偏った見方〕 名「**偏見**」
▶ a **bias** against women「女性に対する**偏見**」

## bible〔書物〕 語源

219 □***Bible**
[báibl]
〔書物〕 名「**聖書** (the)」
▶ swear on the **Bible**「**聖書**に手を置いて誓う」

## B

220 **biblical**
[bíblikəl]
形「**聖書の**」

## bill 〔押印された公文書〕 語源

221 **bill**
[bíl]
〔押印された公文書〕
名「①〔請求金額の書かれた文書〕**請求書**　②〔公文書〕**紙幣**　③〔法案の文書〕**法案**」
▶ a phone bill「電話代の**請求書**」
▶ a five-dollar bill「5ドル**紙幣**」
▶ approve a bill「**法案**を承認する」

## bind / bond 〔縛る〕 語根

222 **bind**
[báind]
〔縛る〕
動「**〜を縛る、結びつける**」
▶ Electronic media bind the world together.
「電子メディアが世界**を結びつける**」

223 **bound**
[báund]
〔縛られた〕
形「①**束縛された**　②〔強い結びつき⇒強い見込み〕**きっと〜する** (to do)」
▶ be bound by school regulations「校則に**縛られている**」
▶ We're bound to be late.「**きっと遅刻するぞ**」

224 **bond**
[bánd]
〔縛るもの〕　名「**絆**」
▶ the bond of friendship「友情の**絆**」

## bio 〔生命〕 語根

225 **biology**
[baiálədʒi] アク
〔生命 + logy（学）〕
名「**生物学**」
▶ marine biology「海洋**生物学**」

226 **biological**
[bàiəládʒikəl]
形「**生物学的な**」
▶ biological clock「**生物[体内]時計**」

227 **biologist**
[baiálədʒist]
名「**生物学者**」

228 **biography**
[baiágrəfi] アク
〔生命 + graphy（記述したもの）〕
名「**伝記**」☞ graph
▶ a biography of Princess Diana「ダイアナ妃の**伝記**」

229 **biotechnology**
[bàiəteknálədʒi]
〔生命 + technology（工学）〕
名「**生物工学、バイオテクノロジー**」

## bite / bit / beet 〔かむ、刺す〕　　　　　　　　　　　　　　　語根

230 **bite**
[báit]
〔かむ〕
動「〜をかむ」
▶ **bite** your nails「爪**をかむ**」

231 **bit**
[bít]
〔ひとかみ⇒一口分〕
名「**小片、少し**」
▶ tear the letter to **bits**「手紙を**ビリビリ**に破く」
▶ I have **a bit** of advice for you.
「君に**ちょっと**忠告したいことがある」
◆ a bit of A「少しの A」

232 **bitter**
[bítər]
〔舌を刺すように苦い、刺されるように辛い〕
形「**苦い、辛い**」
▶ a **bitter** experience「**苦い**経験」

233 **beetle**
[bíːtl]
〔かみつく虫〕　名「**カブトムシ**」

## blame 〔悪く言う〕　　　　　　　　　　　　　　　　　　　　語源

234 **blame**
[bléim]
〔悪く言う〕
動「(人・物) **のせいにする**」
▶ **blame** him for the accident = **blame** the accident on him
「その事故を彼**のせいにする**」
◆ blame A for B = blame B on A
「B（悪い事態など）を A（人・物）のせいにする」

## blan / ble / blu 〔白い〕　　　　　　　　　　　　　　　　　語根

✎黒（black）と白（white）は、昔の人にとっては色がないことに関係する言葉で、アングロサクソン語では「黒」が blaec、「白」が blac であった。つまり白も黒も「ブラック」だったのである。後に「黒」は black になり、「白」は小麦（wheat）の粉の白さとの連想から white になった。参考までに Mont Blanc「モンブラン」はフランス語で「白い山」という意味である。

235 **blank**
[blǽŋk]
〔白い〕
形「**空白の、無表情な**」　名「**空欄**」
▶ a **blank** sheet of paper「1 枚の**白紙**」
▶ fill in the **blanks**「**空欄**に記入する」

236 **blur**
[bláːr]
〔白い⇒白くぼやける〕
動「**〜をぼやけさせる、ぼやける**」　名「**ぼんやり見えるもの**」
▶ the **blurred** outline「**ぼやけた**輪郭」

## B

### blem 〔投げられたもの〕 語源

237 **problem**
[prábləm]
〔pro（前に）+ blem（投げられたもの）⇒（行く手を遮る）問題〕
名「（解決すべき困難な）**問題**」
▶ solve a problem「**問題**を解決する」

### blind 〔輝く〕 語源

238 **blind**
[bláind]
〔輝く⇒目がくらむ⇒目が見えない〕
形「①**目の不自由な** ②（Aに）**気づかない** (to A)」
▶ blind people「**目の不自由な人々**」
▶ be blind to your own faults「自分の欠点に**気づかない**」

### blo / ble / bol 〔（風が）吹く、ふくらむ、咲く、噴出する〕 語根

239 **blow (1)**
[blóu]
〔（風が）吹く〕
動「①（風が）**吹く、吹き飛ばす** ②〔人が息を吹きかける〕**息を吐く**」
▶ The wind is blowing south.「風は南へ**吹いている**」

240 **blow (2)**
[blóu]
〔突風が吹く⇒強打〕 名「**打撃、衝撃**」
▶ Her death was a blow to me.
「彼女の死は私にとって**衝撃**だった」
✍「強打」という意味は突風の動きに由来する。

241 **blood**
[blʌ́d] 発
〔噴出するもの〕
名「**血（液）**」
▶ blood pressure「**血圧**」

242 **bloody**
[blʌ́di]
〔blood（血）+ y（〜の多い）〕形「**血まみれの**」

243 **bleed**
[blíːd]
〔噴出する〕 動「**出血する**」
▶ He is bleeding from his lip.「彼は唇から**出血している**」

244 **bloom**
[blúːm]
〔花が咲く〕
名「（主にバラなどの観賞用の）**花、開花**」
動「（観賞用植物が）**花を咲かせる**」
▶ Roses are in bloom.「バラが**開花している**」
◆ in full bloom「満開で」

245 **blossom**
[blásəm]
〔花が咲く〕
名「（主に桜・リンゴなどの食用果樹の）**花**」
動「（果樹などが）**開花する**」
▶ cherry blossoms「桜の**花**」

| 246 | **bless** [blés] | 〔神々への儀式において血（blood）で清めたことから〕<br>動「**〜を祝福する**」<br>▶ God bless you.「神の**祝福がありますように**」 |
|---|---|---|
| 247 | **blessing** [blésiŋ] | 名「**恩恵**」<br>▶ the blessing of God「神の**恩恵**」 |
| 248 | **bold** [bóuld] | 〔(気持ちが) ふくらんだ〕 形「**大胆な**」<br>▶ make a bold decision「**大胆な**決定を行う」 |

## board / borde 〔板、船の舷〕　　語根

| 249 | **board** [bɔ́ːrd] | 〔板〕<br>名「〔会議用の板のテーブルを囲んで行うもの〕**委員会、役員会**」<br>動「〔乗り物の板張りの床〕**〜に乗る**」<br>▶ the school board「教育**委員会**」<br>▶ board a train「電車**に乗る**」 |
|---|---|---|
| 250 | **aboard** [əbɔ́ːrd] | 副「**乗って**」 前「**〜に乗って**」<br>▶ Welcome aboard!「**ご搭乗**ありがとうございます」《乗務員のあいさつ》 |
| 251 | **border** [bɔ́ːrdər] | 〔船の舷⇒へり⇒境を接する〕<br>名「**国境（線）**」 動「**接する**」<br>★ border は主に国境（とその周辺）を指す。<br>▶ the border between the U.S. and Mexico「アメリカとメキシコの**国境**」 |

## boast　※語源不詳　　語源

| 252 | **boast** [bóust] 発 | 動「(A を) **自慢する** (of [about] A)」<br>★ be proud とは異なり、誇らしいと口にすること。<br>▶ boast of his cleverness「頭の良さを**自慢する**」 |
|---|---|---|

## bomb / boom / boos 〔砲弾が飛び出す際のボーンという音の擬音語〕　語根

| 253 | **bomb** [bám] 発 | 〔ボーンという音〕<br>名「**爆弾**」 動「**爆弾を落とす**」<br>▶ an atomic bomb「原子**爆弾**」 |
|---|---|---|
| 254 | **bomber** [bámər] | 〔bomb（爆弾）+ er（人）〕名「**爆撃機、爆弾を仕掛ける人**」<br>▶ suicide bomber「自爆**テロリスト**」 |
| 255 | **bombing** [bámiŋ] | 名「**爆撃**」<br>▶ suicide bombing「自爆**テロ行為**」 |

# B

| 256 | **boom** [búːm] | 〔ボーンという音⇒ブーム〕<br>名「ブーム、好景気」<br>▶ a property **boom**「不動産ブーム」 |
|---|---|---|
| 257 | **boost** [búːst] | 〔boos（ボーンという音）+ (hoi)st（持ち上げる）〕<br>動「〜を押し上げる」<br>▶ **boost** sales「売り上げを伸ばす」 |

## book 〔ブナの木〕 語源

| 258 | **book** [búk] | 〔ブナの木⇒ブナの木の皮を紙代わりにして文字を記した〕<br>名「本」<br>動「〔帳面に書き込むことから〕（部屋・座席・切符など）を予約する」<br>▶ **book** a flight to Hawaii<br>「ハワイへの飛行機の便を予約する」 |
|---|---|---|
| 259 | **booking** [búkiŋ] | 名「予約」 |

## bore ※語源不詳 語源

| 260 | **bore** [bɔ́ːr] | 動「（人）を退屈させる」<br>▶ He says classical music **bores** him.<br>「彼はクラシック音楽は退屈だと言う」 |
|---|---|---|
| 261 | **bored** [bɔ́ːrd] | 形「（人が）退屈している」<br>▶ be **bored** with the lecture「講義に退屈している」 |
| 262 | **boring** [bɔ́ːriŋ] | 形「（人を）退屈させる」<br>▶ a **boring** job「退屈な仕事」 |
| 263 | **boredom** [bɔ́ːrdəm] | 名「退屈」 |

## borrow 〔借りる〕 語源

| 264 | **borrow** [bárou] | 〔借りる〕<br>動「（無料で）〜を借りる」<br>▶ **borrow** a book from the library「図書館から本を借りる」 |
|---|---|---|

## boss 〔主人〕 語源

| 265 | **boss** [bɔ́ːs] | 〔主人〕 名「上司」<br>▶ He is my **boss**.「彼が私の上司です」 |
|---|---|---|

## bother 〔悩ます〕 語源

266 **bother**
[báðər]
〔悩ます⇒面倒がらせる〕
動「① **~をじゃまする、困らせる** ② 〔~するのを面倒がる〕（面倒でも）**わざわざ~する** (to *do*)」
▶ bother me for money「お金をねだって私**を困らせる**」
▶ Don't bother to knock.
「**わざわざノックする**必要はありません」

## bound (1) 〔境界〕 語根

267 **boundary**
[báundəri]
〔境界 + ary（~の場所）〕
名「**境界線**」
★ boundary は国境だけでなく、土地の正式な境目を広く表す。
▶ the boundary between two states「2 つの州の**境界**」

## bound (2) 〔用意ができている〕 語根

268 **bound**
[báund]
〔用意ができている〕
形「(A) **行きの** (for A)」
▶ Japan Airlines flight 123 bound for Fukuoka
「福岡**行き**日本航空 123 便」

## bow 〔曲げられたもの〕 語根

269 **bow (1)**
[bóu] 発
〔曲げられたもの〕
名「**弓**」
▶ shoot an arrow with a bow「**弓**で矢を射る」

270 **bow (2)**
[báu] 発
〔体を曲げる〕
動「**お辞儀をする**」
名「**お辞儀**」
★ bow(1) と bow(2) は発音が異なる。
▶ bow to the king「王様に**お辞儀をする**」

271 **elbow**
[élbou]
〔el（腕）+ bow（弓状に曲がったところ）〕
名「**ひじ**」
▶ rest his elbows on the table「テーブルに両**ひじ**をつく」

272 **rainbow**
[réinbòu]
〔rain（雨）+ bow（弓）⇒雨でできた弓〕
名「**虹**」

## brace 〔腕〕 語根

273 **embrace** [imbréis]
〔em(中に)+両腕⇒両腕の中に入れる〕
動「①~を抱きしめる ②〔考えを頭の中に入れる〕(考えなど)を受け入れる」
▶ embrace his daughter tenderly「優しく娘を抱きしめる」
▶ embrace an offer「申し出を受け入れる」
関 bracelet〔腕+let(飾り)〕 名「ブレスレット、腕輪」

## branch 〔足〕 語源

274 **branch** [bréntʃ]
〔足⇒(木の)枝〕
名「①枝 ②〔組織の枝〕支店 ③〔学問研究の枝〕(研究・学問分野の)部門」
▶ a dead branch「枯れ枝」
▶ the Chicago branch of our company「我が社のシカゴ支店」
▶ a branch of biology「生物学の一部門」

## brave 〔野蛮な〕 語源

275 **brave** [bréiv]
〔野蛮な⇒勇敢な〕
形「勇敢な」
▶ brave soldiers「勇敢な兵士たち」

276 **bravery** [bréivəri]
名「勇敢さ」

## bre / bree / bri / bro 〔ふくらむ〕 語根

277 **breathe** [bríːð] 発
〔(肺を)ふくらませる〕
動「呼吸する」
▶ breathe deeply「深呼吸する」

278 **breath** [bréθ] 発
名「息」
▶ hold your breath「息を止める」

279 **breed** [bríːd]
〔(お腹を)ふくらませる⇒産む〕
動「(動植物を)繁殖させる、繁殖する」 名「品種」
▶ These dogs are bred to fight.
「この犬は闘犬用に繁殖されている」

280 **bread** [bréd]
〔ふくらんだもの〕 名「パン」

281 **bribe** [bráib]
〔bread と同根:人を抱き込むためパンを渡す〕
名「賄賂」 動「(人)に賄賂を贈る」
▶ take bribes「賄賂を受け取る」

### 282 *bride
[bráid]
〔bread, bribe と同根：パンを焼く人〕
② 「花嫁」
▶ You may kiss the bride.「花嫁に誓いのキスをどうぞ」
《結婚式の神父［牧師］の言葉》

### 283 *broad
[brɔ́ːd] 発
〔broad（ふくらんだ）⇒広々した〕
⑱ 「広い」
▶ broad knowledge「広い知識」

### 284 *broaden
[brɔ́ːdn]
〔broad（広い）+ en（〜にする）〕
⑲ 「〜を広げる」
▶ broaden your mind「心を広くする［視野を広げる］」

### 285 breadth
[brédθ]
〔bread（=broad：広い）+ th（こと）〕
② 「幅、（心などの）広さ」
▶ a proof of his breadth of mind
「彼の心の広さを証明するもの」

### 286 *broadcast
[brɔ́ːdkæ̀st]
〔広く + cast（投げる）⇒広範囲に情報を投げる〕
⑲ 「〜を放送する」 ② 「放送」 ☞ 語根 cast
▶ broadcast the news「ニュースを放送する」

### 287 *abroad
[əbrɔ́ːd]
〔a（〜へ）+ broad（広い）⇒広いところへ⇒海外へ〕
⑳ 「海外に［へ］」
▶ travel abroad「海外へ旅行をする」

## breakthrough〔大発見〕 語源

### 288 *breakthrough
[bréikθruː]
〔break（壁を破る）+ through（貫く）⇒大発見〕
② 「大発見」
▶ a breakthrough in cancer treatment
「ガン治療における大発見」

## brief〔短い〕 語根

### 289 *brief
[bríːf]
〔短い〕
⑱ 「短い、簡潔な」
▶ a brief beriod「短い期間」

### 290 *briefly
[bríːfli]
⑳ 「手短に、少しの間」
▶ Briefly, it's nonsense.「要するに、それはばかげたことだ」

### 291 briefing
[bríːfiŋ]
〔brief（要点を伝える）+ ing（こと）〕
② 「（簡潔にまとめた）状況説明」

43

# B

## bright 〔輝く〕 　語源

292 **bright**
[bráit]
〔輝く⇒明るい〕
形「①**明るい**　②〔物事に明るい〕**頭が良い**」
▶ a bright future「**明るい**未来」
▶ a bright child「**頭の良い**子」

293 **brilliant**
[bríljənt]
〔(bright の強意語) きらきら輝く〕
形「①**輝かしい、すばらしい**　②**極めて頭が良い**」
▶ a brilliant idea「**すばらしい考え**」
▶ a brilliant student「**とても頭が良い**学生」
★ bright は「利口な、頭の回転が速い」の意で、brilliant は「極めて知能が高い」の意。

## brute 〔獣〕 　語源

294 **brute**
[brúːt]
〔獣〕　名「**野蛮人、獣**」

295 **brutal**
[brúːtl]
〔brute（獣）+ al（〜の性質の）〕形「**残虐な**」
▶ a brutal murder「**残虐な殺人**」

## budget 〔財布〕 　語源

296 **budget**
[bʌ́dʒit]
〔財布⇒財布の中味〕　名「**予算**」
▶ the national budget「国家**予算**」

## bulk 〔船荷〕 　語根

297 **bulk**
[bʌ́lk]
〔船荷⇒山積み⇒大部分〕　名「**大部分**」
▶ the bulk of the town「町の**大部分**」

## bullet 〔小さい球〕 　語源

298 **bullet**
[búlit]
〔bull (= ball：球) + et（小さい）〕　名「**弾丸**」
▶ bullet hole「**弾痕〔銃で撃たれた跡〕**」

## bully 〔恋人〕 　語源

299 **bully**
[búli]
〔恋人⇒攻撃〕　動「(人)**をいじめる**」　名「**いじめっ子**」
▶ bully the boy into doing things
「その少年を**いじめ**ていろいろなことをさせる」
✎語源は「恋人」だったが、17世紀に強さや攻撃性を象徴する bull（雄牛）の影響を受けて意味が変化した。

300 **bullying**
[búliiŋ]
名「**いじめ**」

## bump〔ドンとぶつかる音〕　語源

301 **bump**
[bʌ́mp]
〔ドンとぶつかる音（重さを含意した擬音語）〕
動「（～にドンと）ぶつかる」
▶ **bump** into him「彼に偶然出会う」

## bureau〔机〕　語源

302 **bureau**
[bjúərou] 発
〔机⇒事務局〕
名「（情報を収集・提供する）局、事務局」　☞ 語根 cracy
🔖 机は役所や官僚の象徴である。
▶ the Federal **Bureau** of Investigation「連邦捜査局（FBI）」

303 **bureaucrat**
[bjúərəkræ̀t]
〔bureau（事務局）＋ crat（一員）〕　名「官僚」
▶ a government **bureaucrat**「政府官僚」

304 **bureaucratic**
[bjùərəkrǽtik]
〔bureaucrat（官僚）＋ ic（～的な）〕
形「官僚的な」

305 **bureaucracy**
[bjuərákrəsi]
〔官僚 ＋ cracy（政治）〕
名「官僚制度」

## burst〔破裂する〕　語源

306 **burst**
[bə́ːrst]
〔破裂する〕　動「破裂する」
▶ One of the tires **burst**.「タイヤの１本がバーストした」

## bury〔隠す〕　語源

307 **bury**
[béri] 発
〔隠す⇒埋める〕　動「～を埋葬する、埋める」
▶ be **buried** in a grave「墓に埋葬される」

308 **burial**
[bériəl]
名「埋葬」

## but〔外で〕　語源

309 **but**
[bʌ́t]
〔外で⇒～以外の〕
接「しかし」　副「ほんの」（= only）
前「～以外の（every / any / no / all / none の後ろで）」
★ 本来は前置詞や副詞で、接続詞の用法ができたのはその後であった。
▶ Cars are useful **but** usually expensive.
「車は便利だが、たいてい高価だ」
▶ Everybody **but** him was tired.「彼以外は皆疲れていた」
▶ **only** a child「ほんの子供」

45

## cab / cav / cag 〔空洞〕　語根

310 **cabin**
[kǽbin]
〔空洞⇒寝泊まりできる小屋〕
名「① (丸太作りの) 小屋　② 〔寝泊まりできる乗り物の中の部屋〕船室、(飛行機の) 客室」
▶ cabin crew「(旅客機の) 客室乗務員」

311 **cabinet**
[kǽbənit]
〔cabin (小屋) + et (小さな) ⇒小さな小屋〕
名「① (飾り) 戸棚　② 〔主要閣僚が小部屋で会合を開いたことから〕内閣」
▶ the new Cabinet「新内閣」

312 **cave**
[kéiv]
〔空洞〕　名「洞窟」
▶ a deep cave「深い洞窟」

313 **cage**
[kéidʒ]
〔空洞⇒鳥かご〕　名「鳥かご、おり」
▶ a bird cage「鳥かご」

## calculate 〔(石を使って) 数える〕　語根

314 **calculate**
[kǽlkjulèit]
〔数える〕　動「〜を計算する」
▶ calculate the cost of the trip「旅行の費用を計算する」

315 **calculation**
[kæ̀lkjuléiʃən]
名「計算」
▶ by my calculations「私の計算では」

## calm / calorie 〔暑さ、熱〕　語根

316 **calm**
[kάːm] 発
〔(日中の) 暑さ⇒仕事を止めて休息⇒動きがない⇒穏やかな〕
形「穏やかな、落ち着いた」
動「〜を落ち着かせる、落ち着く」
▶ keep calm in an emergency「緊急時に落ち着いている」

317 **calorie**
[kǽləri]
〔熱〕　名「熱量、カロリー」
▶ low-calorie food「低カロリー食品」

## call 〔呼ぶ〕　語根

318 **call**
[kɔ́ːl]
〔大声で叫ぶ〕
動「①〜を呼ぶ ② O を C と呼ぶ ③〜に電話をかける」
名「電話をかけること」
▶ Call me Lucy.「ルーシーと呼んでください」
▶ Give me a call.「私に電話してください」

319 **recall**
[rikɔ́ːl]
〔re (再び) + 呼ぶ⇒呼び戻す〕
動「〜を思い出す」
▶ recall my school days「学校時代を思い出す」

## camp / champ 〔野原〕　　　　　　　　　　　　語根

320 **camp** [kǽmp]
〔野原〕
名「(登山者・旅行者などの) 野営地、キャンプ場」

321 **campaign** [kæmpéin]
〔野原⇒戦争⇒流血を伴わない戦い〕
名「(政治的・社会的) 運動」
▶ an election campaign「選挙運動」

322 **campus** [kǽmpəs]
〔野原⇒大学の構内〕
名「(大学などの) 構内、キャンパス」
▶ a college campus「大学のキャンパス」

323 **champion** [tʃǽmpiən]
〔野原〔戦場〕で戦う人〕
名「優勝者」

## canal / channel 〔水路〕　　　　　　　　　　　　語根

324 **canal** [kənǽl] アク
〔水路〕
名「運河、水路」
▶ the Panana Canal「パナマ運河」

325 **channel** [tʃǽnl]
〔水路⇒経路〕
名「①水路　②海峡　③(情報などの) 経路　④〔電波の経路〕(テレビの) チャンネル」
▶ the English channel「イギリス海峡」

## cancer 〔カニ〕　　　　　　　　　　　　語源

326 **cancer** [kǽnsər]
〔カニ⇒ガンに冒された部分の周囲の静脈のはれがカニの脚に似ていることに由来〕
名「ガン」
▶ have cancer「ガンにかかっている」

## cand 〔白い、白く輝く〕　　　　　　　　　　　　語根

327 **candidate** [kǽndidèit]
〔白い服を着た人〕
名「立候補者」
▶ a presidential candidate「大統領候補」
🔎 古代ローマ時代、公職選挙候補者が白いローブを着ていたことに由来する。

328 **candle** [kǽndl]
〔白く輝くもの〕　名「ろうそく」

## C

**cap / case / chap / chief / ceive / cept / cip / cupy / chase**
〔頭、(頭)をつかむ、取る、取り入れる〕　語根

### 329 cap
[kǽp]
〔頭〕 名「帽子」
▶ put on a cap「帽子をかぶる」

### 330 capital
[kǽpətl]
〔capit（頭）+ al（〜の）〕
名「①〔先頭にくる都市〕首都　②〔事業の初頭に必要なもの〕資本（金）　③〔先頭の文字〕大文字、頭文字」
形「①大文字の　②主要な　③〔断頭〕死刑の」
▶ Tokyo is the capital of Japan.「東京は日本の首都である」
▶ foreign capital「外国資本」
▶ a capital letter「大文字」
▶ capital punishment「死刑」

### 331 capitalism
[kǽpətəlizm]
〔capital（資本）+ ism（主義）〕
名「資本主義」

### 332 capitalist
[kǽpətəlist]
名「資本主義者、資本家」

### 333 captain
[kǽptən]
〔頭、長〕　名「船長、キャプテン」

### 334 cattle
[kǽtl]
〔ラテン語 capitalis（資本）⇒財産〕　名「(畜) 牛」
★ cattle は複数扱いをする集合名詞。
▶ a heard of cattle「牛の群れ」
🗒 長らく最も大切な資産・財産といえば cattle「畜牛」であった。

### 335 capable
[kéipəbl]
〔cap（つかむ）+ able（できる）〕
形「(〜する) 能力がある (of *doing*)」
▶ be capable of leading a team
「チームを引っ張ることができる」

### 336 capability
[kèipəbíləti]
名「能力」
▶ have the capability to win the game
「その試合に勝つ能力がある」

### 337 incapable
[inkéipəbl]
〔in（ない）+ 能力がある〕形「能力がない」
▶ She is incapable of hard work.
「彼女は骨の折れる仕事はできない」

### 338 capacity
[kəpǽsəti] 発
〔cap（つかめる）+ ity（状態）⇒受け入れられる能力⇒収容力⇒能力〕
名「①（部屋などの）収容能力　②（潜在的な）能力」
▶ the capacity of the theater「その劇場の収容人数」
▶ a child's capacity for learning「子供の学習能力」

### 339 capture
[kǽptʃər]
〔cap（捕まえる）+ ure（こと）〕
動「（～）を捕らえる」
★ capture, catch, chase は 3 重語である。
▶ capture the hearts of his classmates
「クラスメートの心を捕らえる」

### 340 captive
[kǽptiv]
〔捕まった + ive（性質を持った）〕
形「捕虜になった」
▶ captive soldiers「捕虜になった兵士たち」

### 341 captivity
[kæptívəti]
名「捕らわれた状態」
▶ in captivity「捕らわれて」

### 342 escape
[iskéip]
〔es（外へ）+ cape（頭から被る外套）⇒外套を脱ぎ捨てて逃げる〕
動「① (A から) 逃げる (from A)　②（～すること）を逃れる (doing)」
名「逃亡、脱出」
▶ escape from prison「刑務所から逃げる」
▶ escape meeting his ex-girlfriend
「元カノに会うのを免れる」

### 343 case
[kéis]
〔ラテン語 capsa（箱）が語源〕名「箱、ケース」
▶ a jewelry case「宝石箱」
★ 筆者の想像では、頭 (head) は様々な情報を取り入れる「容器」つまり「箱」と考えられていたのではないかと思います。そう考えると case「箱」、case の同根語 capsule「カプセル」、capacity「収容能力」も自然に理解できます。

### 344 cash
[kǽʃ]
〔case と同根語（箱）⇒お金を入れる箱〕　名「現金」
▶ pay in cash「現金で支払う」

### 345 chapter
[tʃǽptər]
〔chapt（小さい頭）〕　名「章」
▶ the last chapter of the novel「その小説の最終章」

### 346 chief
[tʃíːf]
〔頭⇒（体の）上位⇒重要〕
名「長、首長」　形「①主要な、重要な　②最高位の」
▶ the chief cause of disease「病気の主要な原因」

### 347 mischief
[místʃif]
〔mis（誤った）+ chief（頭＝終わり）⇒悪い終わり〕
名「（子供の）いたずら」
▶ get into mischief「いたずらを始める」

### 348 mischievous
[místʃəvəs]
形「いたずら好きな」
▶ a mischievous boy「いたずら小僧」

## C

349 **achieve** [ətʃíːv]
〔a(〜に達する)+ chieve(頭=頂点)⇒頂点に達する〕
動「〜を達成する、成し遂げる」
▶ achieve a goal「目標を達成する」

350 **achievement** [ətʃíːvmənt]
名「達成、業績」
▶ a sense of achievement「達成感」

351 **conceive** [kənsíːv]
〔con(一緒に)+ ceive(取り入れる)⇒(考えなどを)抱く〕
動「①〔考えなどを抱く〕〜を想像する、思いつく、考える
　　②〔子供を抱く〕(〜を)妊娠する」
▶ conceive an idea for a novel「小説の構想を思いつく」

352 **concept** [kάnsept]
名「概念」
▶ the concept of family「家族の概念」

353 **conception** [kənsépʃən]
名「考え、妊娠」

354 **deceive** [disíːv]
〔de(分離)+ ceive(取る)⇒(わなにかけて)人から物を取る〕
動「(人)をだます」
▶ deceive a lot of elderly people「多くの高齢者をだます」

355 **deception** [disépʃən]
名「だますこと」

356 **perceive** [pərsíːv]
〔per(完全に)+ ceive(つかむ)〕
動「(特に視覚で)〜に気づく、〜を理解する」
▶ perceive him as an honest man
「彼が誠実な人物だとわかる」

357 **perception** [pərsépʃən]
名「認識、知覚」
▶ a public perception「一般大衆の認識」

358 **receive** [risíːv]
〔re(後ろで)+ ceive(取る)〕
動「〜を受け取る」
▶ receive a letter from her「彼女からの手紙を受け取る」

359 **receipt** [risíːt] 発
名「領収書」
▶ Can I have a receipt, please?「領収書をお願いします」

360 **reception** [risépʃən]
〔受け取る + tion(こと)⇒人などを受け入れること〕
名「①歓迎会、披露宴　②歓迎」
▶ a wedding reception「結婚披露宴」
▶ a warm reception「温かい歓迎」

361 **recipient** [risípiənt]
名「受取人」

## 362 recipe
[résəpi] 薬

〔医者が薬剤師に渡す処方箋に書いた「(この処方箋を)受け取りなさい」⇒処方箋⇒「調理法」として料理用語になる〕
名「①〔料理の秘訣〕調理法、レシピ　②(成功や幸福を得る)秘訣」
- a recipe for chicken soup「チキンスープのレシピ」
- a recipe for a happy marriage「幸せな結婚の秘訣」

## 363 accept
[æksépt]

〔ac(〜のほうへ) + cept(取る)〕
動「〜を受け取る、(招待・申し出など)を受諾する」
- accept the invitation to the party「パーティの招待を受諾する」
★ receive the invitation to the party は「パーティの招待状を受け取る」という意味。

## 364 acceptable
[ækséptəbl]

〔受諾 + able(できる)〕　形「容認できる」
- socially acceptable behavior「社会的に容認されるふるまい」

## 365 acceptance
[ækséptəns]

名「受諾、容認」
- gain acceptance「容認される」

## 366 except
[iksépt]

〔ex(外に) + cept(取る) ⇒取り除いて〕
前「〜を除いて」
★ all, every, no などを含む名詞の後ろに置いて用いる。
- We are open every day except Sunday.「日曜日以外は毎日営業しています」

## 367 exception
[iksépʃən]

名「例外」
- Every rule has some exceptions.「例外のない規則はない」

## 368 exceptional
[iksépʃənl]

形「(能力や才能などが)並はずれた、例外的な」
- exceptional talent「並はずれた才能」

## 369 except that
[iksépt ðət]

接「〜ということを除いて」
- He remembers nothing except that her eyes were blue.「彼は彼女の目が青かったということ以外何も覚えていない」

## 370 susceptible
[səséptəbl]

〔sus(下で) + cept(取る) + ible(〜しやすい) ⇒下になって受けやすい〕
形「(Aの)影響を受けやすい (to A)」
- be susceptible to colds「風邪をひきやすい」

## 371 participate
[pɑːrtísəpèit]

〔parti(部分) + cipate(取る) ⇒分担する〕
動「(Aに)参加する (in A)」　☞ 語根 part
- participate in volunteer activities「ボランティア活動に参加する」

## C

**372 *participation** [pɑːrtìsəpéiʃən]
名「参加」
▶ audience participation「視聴者[聴衆]の参加」

**373 *participant** [pɑːrtísəpənt]
名「参加者」
▶ an active participant「積極的な参加者」

**374 *discipline** [dísəplin] アク
〔dis(離して)+cip(取るもの)⇒指導者から教訓を受け取る⇒訓練〕
名「①〔訓練の元になる〕規律、しつけ ②〔学問的訓練〕(学問の)分野、学科」
▶ military discipline「軍隊の規律」
▶ a new academic discipline「新しい学問分野」

**375 disciple** [disáipl]
〔教訓を取る者⇒教訓を学ぶ者〕
名「弟子」

**376 *municipal** [mjuːnísəpəl]
〔muni(公務)+cip(取る)+al(〜の)⇒公務を司る〕
形「地方自治の、市[町]の」
▶ a municipal office「市役所」

**377 municipality** [mjuːnìsəpǽləti]
名「地方自治体」

**378 *occupy** [ákjupài]
〔oc(〜に対して)+cupy(取る)⇒自分のものにする〕
動「(場所・時間・地位・心など)を占める」
▶ The bathroom is occupied.「トイレは使用中だ」

**379 *occupation** [àkjupéiʃən]
〔占有すること〕名「①占領 ②職業」
✎職業は人の時間の大半を占領する。
▶ a dangerous occupation「危険な職業」

**380 *preoccupy** [priːákjəpai]
〔pre(前もって)+占有する〕
動「〜を夢中にさせる」

**381 *preoccupation** [priːàkjəpéiʃən]
名「没頭、大きな関心事」

**382 *preoccupied** [priːákjəpaid]
形「(Aに)夢中になった(with A)」
▶ be preoccupied with my baby「赤ん坊のことで頭が一杯だ」

**383 *chase** [tʃéis]
〔chase(捕える)〕
動「〜を追いかける」(= chase after A)
▶ chase the suspect「容疑者を追いかける」

**384 *purchase** [pə́ːrtʃəs]
〔pur(求めて)+捕える〕
動「〜を購入する」名「購入(品)」
▶ purchase a smart phone「スマートフォンを購入する」

## car / char 〔荷車〕　語根

### 385 career
[kəríər] アク

〔車 (=car) の道⇒人の進む道⇒経歴⇒仕事〕
名「①経歴　②〔生涯の〕仕事」
- ▶ a brilliant career as a lawyer
「弁護士としての輝かしい経歴」
- ▶ a career in journalism「ジャーナリズムの仕事」

### 386 charge
[tʃɑ́:rdʒ]

〔馬車に荷を積む⇒支払いや道義を負わせる〕
動「①〔支払いを負わせる〕（代金）を請求する　②〔罪を負わせる〕（人）を責める、告発する　③〔馬車に荷を詰め込むように充電池に電気を詰め込む〕～を充電する」
名「①〔ホテル代などのサービスに対して支払う〕料金　②〔責任を負わせる〕責任、担当　③告発、非難　④充電、チャージ」
- ▶ charge an annual fee「年会費を請求する」
- ▶ charge him with murder「彼を殺人で告発する」
  ◆ charge A with B「AをBで告発する」
- ▶ charge my cell phone「携帯電話を充電する」
- ▶ telephone charges「電話料金」
- ▶ She is in charge of the class.
「彼女はそのクラスの担任である」

### 387 discharge
[distʃɑ́:rdʒ]

〔dis（逆にする）+ 荷を積む⇒荷を下ろす⇒放出する〕
動「①〔会社から放出する〕（人）を解雇する　②〔病院から放出する〕（人）を退院させる　③（液体など）を放出する」
- ▶ discharge the employee「その社員を解雇する」
- ▶ discharge the patient from hospital
「その患者を退院させる」
- ▶ discharge waste into the lake「湖に廃水を放出する」

## card / chart 〔パピルスの葉（の1枚）〕　語根

### 388 discard
[diskɑ́:rd]

〔dis（捨てる）+ card（トランプの札）⇒トランプ札を捨てる〕
動「～を捨てる」
- ▶ discard unnecessary things「不要なものを捨てる」

### 389 chart
[tʃɑ́:rt]

〔1枚の紙⇒紙片に書かれた図・海図〕
名「図、海図」
- ▶ a weather chart「天気図」

## care 〔心配〕 語源

**390 care** [kéər]
〔心配⇒気にかけること〕
名「①〔気にかけて世話すること〕世話、手入れ ②〔気にかけて注意すること〕注意」
動「(〜を) 気にする」
- Babies need care. 「赤ん坊は世話が必要だ」
- Please handle it with care. 「注意して取り扱ってください」
- I don't care what other people say. 「他人が何と言おうと気にしない」
- ◆ take care of A「Aを世話する」
- ◆ care for A「Aが好きである」

**391 careful** [kéərfəl]
〔care（注意）+ ful（満ちた）〕
形「①注意深い ②〜するように気をつける (to do)」
- Be careful not to speak too loudly. 「あまり大声で話さないように注意しなさい」

**392 carefully** [kéərfəli]
副「注意深く」
- Listen carefully. 「注意して聞きなさい」

**393 careless** [kéərlis]
〔care（注意）+ less（〜のない）〕
形「不注意な」
- a careless mistake「不注意な誤り」

## carve 〔彫る〕 語源

**394 carve** [káːrv]
〔彫る〕
動「〜を彫る」
- carve his initials on the school desk 「学校の机にイニシャルを彫る」

## cast 〔投げる〕 語根

**395 cast** [kǽst]
〔投げる〕
動「①（光・影・影響など）を投げかける、（疑い・視線・非難など）を投げかける、向ける ②（俳優）をキャスティングする」
名「出演者（全員）」
- cast doubt on his ability「彼の能力に疑いを投げかける」

**396 broadcast** [brɔ́ːdkæst]
〔broad（広く）+ cast（投げる）⇒世の中に広範囲に投げる〕
動「〜を放送する」 名「放送」
☞ 語根 bre

## cata / cat 〔徹底的に〕　　　　　　　　　　　　　　　　　　語根

397 **catastrophe**
[kətǽstrəfi]
〔徹底的に + strophe（ひっくり返る）〕
名「大災害」
▶ prevent a catastrophe「大災害を防ぐ」

398 **Catholic**
[kǽθəlik] アク
〔cat（徹底的に）+ holic（= whole 全体）⇒普遍的なキリスト教会の〕
形「カトリックの」

## cau 〔用心〕　　　　　　　　　　　　　　　　　　　　　　　語根

399 **caution**
[kɔ́ːʃən]
〔用心 + tion（すること）〕
名「用心、注意」　動「(人) に警告する」
▶ drive with caution「注意して運転する」

400 **cautious**
[kɔ́ːʃəs]
〔cauti(on)（用心）+ ous（〜に富む）〕
形「用心深い」
▶ a cautious banker「用心深い銀行家」

401 **precaution**
[prikɔ́ːʃən]
〔pre（前もって）+ 用心〕
名「用心」
▶ take precautions against fire「火の用心をする」

## cause / cuse 〔原因、責任〕　　　　　　　　　　　　　　　　語根

402 **cause**
[kɔ́ːz]
〔原因・理由〕
動「〜を引き起こす」　名「原因、理由」
▶ cause problems「問題を引き起こす」
▶ the cause of the traffic accident「その交通事故の原因」

403 **accuse**
[əkjúːz]
〔ac（〜のほうへ）+ cuse（原因）⇒〜の責任を問う〕
動「〜を告発する、非難する」
▶ accuse the company of causing air pollution
「大気汚染の罪でその会社を告発する」
◆ accuse A of B「B の理由で A を告発する [非難する]」

404 **accusation**
[æ̀kjuzéiʃən]
名「告発、非難」

405 **excuse**
動 [ikskjúːz] 発
名 [ikskjúːs] 発
〔ex（外に）+ cuse（原因）⇒責任から離れる〕
動「〜を許す」　名「言い訳」
▶ excuse her for being late「彼女が遅刻したことを許す」
◆ excuse A for B [doing]「B のことで A を許す」
▶ make up an excuse for cutting class
「授業をさぼったことの言い訳をでっちあげる」

# C

## ceal / cell 〔隠す〕　語根

### 406 conceal
[kənsíːl]
〔con(すっかり)+ ceal(隠す)〕
動「~を隠す」
▶ conceal the fact「事実を隠す」

### 407 cell
[sél]
〔隠す場所⇒小部屋〕
名「①〔動植物の最小単位の小部屋〕細胞　②〔無線基地局がカバーする小部屋を cell と呼ぶことから〕携帯(電話)　③〔電気を蓄える小部屋〕電池」
▶ nerve cells「神経細胞」
▶ Call me on my cell.「私の携帯電話に電話して」
▶ fuel cells「燃料電池」

### 408 cellular
[séljulər]
形「①細胞の　②携帯電話の」
▶ a cellular phone「携帯電話」
(= a cellphone = a cell phone)

## ce(e)d / cede / cess / ceas 〔進む、行く〕　語根

### 409 exceed
[iksíːd]
〔ex(外に)+ ceed(進む)⇒超える〕
動「~を超える」
▶ exceed the speed limit「制限速度を超える」

### 410 excess
[iksés]
名「超過」
▶ an excess of imports over exports「輸出に対する輸入の超過」

### 411 excessive
[iksésiv]
形「過度の」
▶ excessive drinking「過度の飲酒」

### 412 proceed
[prəsíːd]
〔pro(前に)+ ceed(進む)〕
動「①進む　②(Aを)続ける(with A)、続けて~する(to do)」
▶ Please proceed to Gate 10.「10番ゲートへお進みください」《空港のアナウンス》
▶ Please proceed with your story.「お話を続けてください」

### 413 process
[práses]
〔pro(前に)+ 進めること〕
名「過程」
動「~を処理する、加工する」
▶ the process of language acquisition「言語習得の過程」
▶ process data with a computer「コンピュータでデータを処理する」

### 414 procedure
[prəsíːdʒər]
〔proceed(進める)+ ure(こと)〕
名「手続き」
▶ legal procedures「法的手続き」

### 415 precede
[prisíːd]
〔pre（前に）+ cede（進む）〕
動「～より前に起こる、～に先行する」
▶ In English the verb precedes the object.
「英語では動詞が目的語に先行する」

### 416 preceding
[prisíːdiŋ]
形「前の」

### 417 precedent
[présədənt]
名「前例」

### 418 unprecedented
[ʌnprésədentid]
〔un（ない）+ precedented（前例のある）〕
形「前例のない」
▶ an unprecedented economic crisis「前例のない経済危機」

### 419 predecessor
[prédəsèsər]
〔pre（前に）+ decessor（前任者）〕
名「前任者」
▶ Obama's predecessor as president
「オバマの前任の大統領」

### 420 recede
[riːsíːd]
〔re（後ろに）+ cede（進む）〕
動「① 後退する ② 消える」

### 421 recession
[riːséʃən]
〔（景気の）後退〕
名「（一時的な）不況、不景気」
▶ be in recession「不況で」
★ recession は「数カ月間続く一時的な不況」、depression は「年単位で続く長期に及ぶ深刻な不況」をいう。

### 422 succeed
[səksíːd]
〔suc（下から）+ ceed（進む）〕
動「①〔下から上に進む〕（Aに）成功する (in A) ②〔ある人の下［後ろ］から進む〕（Aの）後を継ぐ (to A)」
▶ succeed in his business「ビジネスで成功する」
▶ succeed to the family business「家業を継ぐ」

### 423 succession
[səkséʃən]
名「連続、継承」
▶ a succession of victories「勝利の連続」

### 424 successive
[səksésiv]
形「連続する」
▶ for three successive days「3日間連続で」

### 425 successor
[səksésər]
名「後任者、後継者」
▶ He is the successor to the principal.
「彼が校長の後任者である」

### 426 success
[səksés] アク
名「成功」
▶ I wish you success.「成功を祈ります」

## C

**427 successful** [səksésfəl]
形「成功した」
▶ a **successful** film「成功した映画」

**428 successfully** [səksésfəli]
副「何とか、うまく」

**429 access** [ǽkses]
〔ac（〜のほうへ）+ cess（進む）〕
動「〜にアクセスする」
名「入手［利用・接近・面会］の権利［方法］」
▶ have **access** to a computer「コンピュータを利用できる」
◆ have access to A「Aを利用できる」

**430 accessible** [æksésəbl]
形「行きやすい、利用できる」
▶ The database is **accessible** to all students.
「そのデータベースは全ての学生が利用できる」

**431 ancestor** [ǽnsestər]
〔an（前に）+ cestor（行く人）〕
名「祖先」 ☞ 語根 anti
▶ My **ancestors** were French.
「私の祖先はフランス人だった」

**432 cease** [síːs] 発
〔cease（進行する）⇒終わる〕
動「終わる、やめる、〜しなくなる (to do)」
▶ Further help **ceased** to be necessary.
「これ以上の援助は必要でなくなった」
△ go に「行く⇒なくなる、死ぬ」という意味の流れがあるのと同じように考えるとわかりやすい。

### cel 〔そびえ立つ〕 語根

**433 excel** [iksél] アク
〔ex（超えて）+ そびえ立つ⇒他より抜きん出る〕
動「優れている」

**434 excellent** [éksələnt]
〔excell（優れている）+ ent〕形「優れた」
▶ an **excellent** student「優秀な学生」

**435 excellence** [éksələns]
名「優秀さ」
▶ her **excellence** in cooking「彼女の料理のすばらしい腕前」

### celebr 〔多くの人が集まる場所⇒有名になり祝祭が行われる〕 語根

**436 celebrate** [séləbrèit]
〔特定の日を祝う〕
動「(特定の日・めでたいこと) を祝う」
▶ **celebrate** New Year「新年を祝う」
★ 目的語が「人」の場合 congratulate を用いる。

**437 celebration** [sèləbréiʃən]
名「祝賀（会）」
▶ the **celebration** of her birthday「彼女の誕生日のお祝い」

438 **celebrity** [səlébrəti] アク
〔有名な + ity（状態）〕
名「有名人」
▶ an international celebrity「国際的な有名人」

## celer〔速い〕 語根

439 **accelerate** [æksélərèit]
〔ac（〜へ）+ 速い + ate（する）⇒急ぐ〕
動「〜を加速する、促進する」
▶ accelerate the aging process「老化の進行を早める」

## censor〔審査する人〕 語源

440 **censor** [sénsər]
〔cens（審査する）+ or（人）⇒審査する〕
動「〜を検閲する」

441 **censorship** [sénsərʃip]
名「検閲」
▶ press censorship「マスコミの検閲」

## cent〔歌〕 語根

442 **accent** [æksent]
〔ac（〜に）+ 歌⇒言葉に強勢を置く〕
名「①（語の）アクセント ②なまり」
▶ speak English with a German accent
「ドイツ語なまりで英語を話す」

443 **incentive** [inséntiv]
〔in（中に）+ cent（歌⇒刺激）+ ive（の性質を持つ）⇒刺激を与えるもの〕
名「刺激、励み」
▶ an incentive to work harder
「もっと一生懸命に働こうという励み」

## cent(e)r〔中心〕 語根

444 **center** [séntər]
〔中心〕 名「中心（地）」

445 **central** [séntrəl]
形「中心の、主要な」
▶ the central part of Japan「日本の中心部」

446 **concentrate** [kánsəntrèit] アク
〔con（一緒に）+ centr（中心）+ ate（〜させる）⇒中心に集中させる〕
動「(Aに) 集中する (on A)、〜を集中させる」
▶ concentrate on my homework「宿題に集中する」
◆ concentrate on A「Aに集中する」

## C

**447** **concentration**
[kὰnsəntréiʃən]
- 名「集中 [力]」
- ▶ lose concentration「集中力をなくす」

**448** **eccentric**
[ikséntrik]
〔ec (= ex:外に) + 中心⇒中心からはずれた〕
- 形「常軌を逸した、風変わりな」
- ▶ an eccentric habit「風変わりな習慣」

### ceremony 〔宗教的儀式〕　　　　　　　　　　　　　　　語源

**449** **ceremony**
[sérəmòuni]
〔宗教的儀式〕
- 名「儀式、式（典）」
- ▶ the wedding ceremony「結婚式」

### cern 〔分ける〕　　　　　　　　　　　　　　　　　　　語根

**450** **concern**
[kənsə́ːrn]
〔con（一緒に）+ 分ける⇒見分ける⇒違いに気づく⇒関心を持つ⇒関わる〕
- 動「①〜に関わる　②〔関わる対象に対する不安な気持ち〕〜を心配させる」
- 名「①〔関わること〕関心（事）、(Aとの) 関係 (with A) ②〔関わる対象に対する不安な気持ち〕(Aについての) 心配（事）、不安 (about A)」
- ▶ concern with the crime「その犯罪との関係」
- ▶ concern about the environment「環境についての不安」

**451** **concerned**
[kənsə́ːrnd]
- 形「①(Aに) 関係している、関心がある (with A)　②(Aを) 心配している (about A)」
- ▶ people concerned with education「教育関係者」
- ▶ be concerned about his son's future
「息子の将来を心配している」

**452** **concerning**
[kənsə́ːrniŋ]
- 動「〜に関する」
- ▶ the report concerning the matter
「その問題に関する報告」

**453** **discern**
[disə́ːrn]
〔dis（分離）+ 分ける〕
- 動「〜を見分ける」
- ▶ discern truth from falsehood「本物と偽物を見分ける」
- ◆ discern A from B「A と B を見分ける」

## cert〔確定した〕 語根

### 454 certain
[sə́ːrtn] アク
〔確定した〕
形「① (A を) 確信している (of [about] A) ②ある（名詞の前で） ③間違いなく～する (to *do*)」
▶ be certain of his recovery「彼の回復を確信している」
▶ in a certain sense「ある意味では」
▶ He is certain to win.「彼は間違いなく勝つ」

### 455 certainty
[sə́ːrtnti]
名「確かなこと、確信」
▶ answer with certainty「確信を持って答える」

### 456 certainly
[sə́ːrtnli]
副「確かに、きっと」
▶ He will certainly come.「彼はきっと来るだろう」

### 457 uncertain
[ʌnsə́ːrtn]
〔un（ない）+ certain（確信した）〕
形「確信がない、不確かな」
▶ face an uncertain future「不確かな将来に直面する」

### 458 uncertainty
[ʌnsə́ːtnti]
名「不確実性、不安（感）」

### 459 certify
[sə́ːrtəfài]
〔cert（確定した）+ fy（にする）〕
動「～を証明する」
▶ certify the truth of a claim
「主張が真実であることを証明する」

### 460 certificate
[sərtífikət]
名「証明書」 ☞ 語根 fact
▶ a death certificate「死亡診断書」

## challenge〔力量や真偽に異議を唱える〕 中心義

### 461 challenge
[tʃǽlindʒ]
〔力量や真偽に異議を唱える〕
動「①～に異議を唱える ②〔人の力量を確かめるために〕（人）に挑戦する」
名「①異議、抗議 ②〔人の力量を問う〕難題、課題」
★「挑戦する」という意味の場合、目的語に〈人〉は取れるが〈物事〉は取れない。
▶ challenge a decision「決定に異議を唱える」
▶ challenge him to a game of tennis
「彼にテニスの試合を申し込む」
▶ a legal challenge「法的手段による抗議」
▶ face a challenge「難題に直面する」

## change 〔変える〕 語源

462 **change**
[tʃéindʒ]
〔変える〕
動「～を（全面的に）変える、交換する」
名「①変化 ②気分転換 ③〔札と替えた小銭〕小銭
　④〔札を出したら小銭で戻ってくるから〕おつり」
▶ change jobs「仕事を替える」
▶ I have no change on me.
　「今、小銭を持ち合わせていません」
▶ Here's your change, sir.「こちらがおつりでございます」

463 **exchange**
[ikstʃéindʒ]
〔ex（外に）+ 換える ⇒ 手元から出して換える〕
動「①～を交換する ②（言葉など）を取り交わす」
名「交換」
▶ exchange dollars for pound「ドルをポンドに替える」
◆ exchange A for B「A を B と取り替える」

## chaos 〔深淵〕 語源

464 **chaos**
[kéiɑs]
〔深淵〕 名「大混乱」
▶ economic chaos「経済的大混乱」

## character 〔特徴〕 語根

465 **character**
[kǽriktər]
〔特徴〕
名「①（総合的な）特徴 ②〔特徴のある性格〕性格 ③〔特徴のある作品の中の人物〕登場人物、キャラクター
　④〔特徴のある記号〕文字」
▶ the character of the school「その学校の特徴」
▶ have a good character「良い性格をしている」
　☞ personality
▶ cartoon characters「アニメの登場人物」
▶ Chinese characters「漢字」

466 **characteristic**
[kæ̀riktərístik]
〔character（特徴）+ ic（的な）〕
名「（個々の）特質、特徴」
形「特徴的な、特有の」
▶ the characteristic of a good teacher「良い教師の特質」

467 **characterize**
[kǽriktəràiz]
〔character（特徴）+ ize（～化する）〕
動「～を特徴づける、～の特徴を述べる」
▶ a disease characterized by fever「高熱が特徴の病気」

## charity / che 〔キリスト教的愛⇒愛〕　語根

**468 charity** [tʃǽrəti]
〔愛〕 ⑧「慈善事業」
▶ raise money for charity「慈善事業のためにお金を集める」

**469 charitable** [tʃǽrətəbl]
㊟「慈善の」
▶ a charitable organization「慈善団体」

**470 cherish** [tʃériʃ]
〔愛 + ish (する) ⇒愛する〕
⑩「～を大切にする、（望み・考えなど）を心に抱く」
▶ cherish a hope「希望を抱く」

## charm 〔魅力〕　語根

**471 charm** [tʃɑ́ːrm]
〔魅力〕 ⑧「魅力」 ⑩「～を魅了する」
▶ a woman of great charm「とても魅力的な女性」
▶ be charmed by her song「彼女の歌に魅了される」

**472 charming** [tʃɑ́ːrmiŋ]
㊟「魅力的な」
▶ a charming smile「魅力的な笑顔」

## chatter 〔擬音語：（鳥や猿が）かん高い音で鳴く〕　語根

**473 chatter** [tʃǽtər]
〔かん高い音で鳴く〕
⑩「（くだらないことを）ぺちゃくちゃしゃべる」

**474 chat** [tʃǽt]
〔chatter の短縮語〕
⑩「おしゃべりする」 ⑧「おしゃべり」
▶ chat with her friends「友人とおしゃべりする」
▶ have a chat「おしゃべりする」

## cheat 〔だます〕　中心義

**475 cheat** [tʃíːt]
〔だます〕
⑩「①（主に金を巻き上げるために）（人）をだます　②（試験で）カンニングする (on A)」
▶ cheat the old woman out of her money「その老女をだましてお金を巻き上げる」
▶ cheat on a test「試験でカンニングする」

## chemist 〔alchemist（錬金術師）の al が消失した形〕　語根

**476 chemist** [kémist]
〔錬金術師〕 ⑧「化学者」

**477 chemistry** [kéməstri]
⑧「化学」

## C

478 **chemical**
[kémikəl]
形「化学の」 名「化学物質」
▶ chemical fertilizers「化学肥料」
▶ hazardous chemicals「有害な化学物質」

### chest 〔箱〕 語根

479 **chest**
[tʃést]
〔箱〕
名「胸部」(肋骨と胸骨に囲まれ、心臓や肺のある「箱状の部分」を意味する)
▶ chest pain「胸の痛み」

### choke 〔窒息させる〕 語源

480 **choke**
[tʃóuk]
〔窒息させる〕
動「窒息する、〜を窒息させる」
▶ choke on a piece of gum「ガムが喉に詰まる」

### choose 〔楽しむ〕 語源

481 **choose**
[tʃúːz]
〔楽しむ⇒好きなものを選ぶ〕
動「(いくつかある中から好きなもの・良いもの)を選ぶ」
▶ choose a new President「新しい大統領を選ぶ」

482 **choice**
[tʃɔ́is]
名「①選択(すること) ②選択権、選択肢」
▶ make a choice between family and career
「家庭と仕事のどちらかを選ぶ」
▶ You have a choice of tea or coffee.
「紅茶かコーヒーを選べます」

### chore 〔雑用〕 語源

483 **chore**
[tʃɔ́ːr]
〔雑用〕 名「日常の雑事」
▶ He shares household chores with his wife.
「彼は家事を奥さんと分担している」

### chron 〔時間〕 語根

484 **chronic**
[kránik]
〔時間の⇒長期の〕
形「慢性の」
▶ a chronic disease「慢性病」
圏 synchronized swimming「シンクロナイズドスイミング」も同語根で synchronize は「同時性を持たせる」という意味。

## cid / incide / cas / cha / cay 〔落ちる〕　語根

**485 accident**
[ǽksədənt]
〔ac（〜のほうへ）+ cid（落ちる）+ ent（性質を持つ）⇒ 偶然降りかかるもの〕
名「①偶然（の出来事）　②事故」
▶ by accident「偶然に」
▶ have an accident「事故にあう」
★ meet an accident は不可。

**486 accidental**
[æ̀ksədéntl]
形「偶然の」
▶ an accidental meeting「偶然の出会い」

**487 accidentally**
[æ̀ksədéntəli]
副「偶然に」

**488 incident**
[ínsədənt]
〔in（中に）+ cid（落ちる）+ ent（性質を持つ）⇒偶然降りかかるもの〕
名「出来事」
▶ an unexpected incident「予期せぬ出来事」

**489 coincide**
[kòuinsáid]
〔co（同時に）+ incide（落ちる）⇒同時に起こる〕
動「（Aと）同時に起こる、一致する (with A)」
▶ His opinion coincides with ours.
「彼の意見は私たちと一致する」

**490 coincidence**
[kouínsidəns]
名「偶然の一致」
▶ By coincidence we arrived on the same train.
「偶然に私たちは同じ電車で来た」

**491 case**
[kéis]
〔落ちてくるもの⇒降りかかるもの⇒事例〕
名「①〔具体的な事例〕事例、場合　②〔物事の事例〕事実
（be the case の形で）　③〔犯罪などの事例〕事件
④〔裁判の事例〕訴訟　⑤〔訴訟における主張〕主張
⑥〔病気の事例〕症例」
▶ a classic case of sexual harassment
「セクハラの典型的な事例」
▶ in most cases「たいていの場合」
▶ That is not the case.「それは事実ではない」
▶ a case of murder「殺人事件」
▶ win a case「訴訟に勝つ」
▶ present the case for defendant
「被告を弁護するための主張を述べる」
▶ cases of lung cancer associated with smoking
「喫煙と関連のある肺ガンの症例」

## C

**492 casual**
[kǽʒuəl]
〔casu（落ちて来るもの）＋ al（〜の）⇒偶然降りかかる⇒偶然の、計算していない〕
形「①偶然の、思いつきの ②〔計算していない〕何気ない ③〔計算していない〕（服装などが）普段着の、カジュアルの、（態度や様子などが）気軽な」
▶ a casual remark「思いつきの発言」
▶ take a casual glance at the woman
「その女性を何気なく見る」
▶ casual clothes「ふだん着」

**493 casually**
[kǽʒuəli]
副「カジュアルに、気軽に」

**494 casualty**
[kǽʒuəlti]
〔偶然のもの⇒事故⇒戦闘による死傷兵〕
名「（戦争・事故などの）死傷者」
▶ heavy casualties「多数の死傷者」
★ 形容詞は heavy, light, many, (a) few を用いる。

**495 occasion**
[əkéiʒən] 発
〔oc（〜のほうへ）＋ casion（落ちるもの）⇒機会が降りかかること⇒何かが起こる時機〕
名「①時、場合、機会 ②〔起こること〕行事」
▶ dress for the occasion「その場に適した服装をする」
▶ for a special occasion「特別な行事［日］のために」

**496 occasional**
[əkéiʒənəl]
〔occasion（時）＋ al（〜の）〕形「時折の」
▶ Cloudy with occasional rain「曇り時々雨」《天気予報》

**497 occasionally**
[əkéiʒənəli]
副「たまに」
★ sometimes より低い頻度を示す。
▶ Occasionally, these things happen.
「たまにこういうことが起こる」

**498 chance**
[tʃǽns]
〔chance（落ちること）⇒偶然落ちること⇒偶然〕
名「①偶然 ②〔偶然生じるもの〕（偶然の）機会、好機 (to do) ③〔偶然起こる可能性〕可能性 (of doing)」
▶ by chance「偶然に」
▶ the chance to host the Olympics
「オリンピックを主催する機会」
▶ the chance of meeting her again
「彼女にもう一度会える可能性」
★「機会」を意味する opportunity と同じように用いられるが、chance のほうが「偶然または運がもたらす機会」について多く用いられる。
◆ Chances are that + S V「たぶん〜だ」

499 **decay** [dikéi]
〔de(下に)+落ちる⇒朽ちる〕
動「腐敗する、衰退する」
名「腐敗、荒廃、衰退」
▶ The castle has decayed.「城は老朽化している」
▶ moral decay「道徳の退廃」

## cid / cis 〔切る〕 語根

☞ sec なども同語源

500 **decide** [disáid]
〔de(分離)+ cide(切る)⇒(他方の意見と)切り離す〕
動「(〜すること)を決める (to *do*)」
▶ decide to study abroad「留学することに決める」
🖉 元来 decide は、対立する意見の一方を「切り捨て」、他方を採用して行動することを意味した。

501 **decisive** [disáisiv]
形「決定的な、決断力のある」
▶ a decisive victory「決定的な勝利」

502 **decision** [disíʒən] 発
名「(〜する)決定 (to *do*)」
▶ his decision to leave school「彼の学校をやめる決意」

503 **pesticide** [péstəsàid]
〔pest(害虫)+ icide(切る)〕
名「殺虫剤」
▶ the environmental impact of pesticide
「殺虫剤の環境への影響」

504 **suicide** [súːəsàid]
〔sui(自分自身)+ cide(切る)〕
名「自殺」
▶ commit suicide (= kill oneself)「自殺する」

505 **concise** [kənsáis]
〔con(完全に)+ cise(切る)⇒短く切った〕
形「簡潔な」
▶ in clear and concise English「明解で簡潔な英語で」

506 **precise** [prisáis]
〔pre(前もって)+ cise(切る)⇒正確に切る〕
形「正確な」
▶ precise information「正確な情報」

507 **precision** [prisíʒən]
名「正確さ」
▶ forecast the weather with precision
「正確に天気の予報をする」

508 **precisely** [prisáisli]
副「正確に、まさに」
▶ at 9 a.m. precisely (= at precisely 9 a.m.)
「午前9時ちょうどに」

## cil / sult (1) 〔呼び集める〕　　　　　　　　　　　　　　　　　語根

509 **council**
[káunsəl]
〔coun（= com：一緒に）+ 呼び集める⇒集会〕
名「議会、評議会」
▶ the Los Angeles city council「ロサンゼルス市議会」

510 **consult**
[kənsʌ́lt]
〔council と同語源：一緒に呼び集める⇒相談する〕
動「①（専門家・医者）に相談する　②〔辞書などに相談する〕（辞書・参考書・地図など）を調べる」
▶ consult a doctor「医者に診てもらう」
▶ consult a dictionary「辞書を調べる」

511 **consultant**
[kənsʌ́ltənt]
名「（専門分野の）顧問、コンサルタント」

## cir(cle) / circum / cyclo 〔円〕　　　　　　　　　　　　　　　　語根

☞ viron

512 **circle**
[sə́ːrkl]
〔円 + cle〕
名「円、丸」　動「丸で囲む、旋回する」
▶ Draw a circle around the right answer.
「正しい答えを丸で囲みなさい」
▶ circle overhead「頭上を旋回する」

513 **circular**
[sə́ːrkjulər]
形「円の、環状の」
▶ a circular motion「円運動」

514 **circulate**
[sə́ːrkjulèit]
〔circle（円）+ ate（する）⇒回るように動く⇒循環する〕
動「①循環する、循環させる　②〔循環して次々に広まる〕広まる、広める」
▶ Blood circulates through the body.
「血液は体内を循環する」
▶ Romer circulates quickly.「うわさはすぐに広まる」

515 **circulation**
[sə̀ːrkjuléiʃən]
名「①血液の循環　②広まり、流通　③〔新聞が次々に配布されること〕（新聞などの）発行部数」
▶ bad circulation「血行不良」
▶ be in circulation「流通している」

516 **circumstance**
[sə́ːrkəmstæ̀ns]
〔circum（まわりに）+ stance（立っている）〕
名「状況」
▶ under any circumstances「どんな状況でも」

517 **encyclopedia**
[insàikləpíːdiə]
〔encyclo（円形の⇒幅広い）+ pedia（教育）〕
名「百科事典」
▶ the encyclopedia of medicine「医学事典」

## cite 〔呼ぶ、動かす〕　語根

**518 cite**
[sáit]
〔呼ぶ⇒裁判所に証人として呼ぶ⇒証人になる⇒証拠などの例に引く〕
動「（論拠・実例など）を挙げる、引用する」
▶ to cite one example「一例を挙げれば」

**519 excite**
[iksáit]
〔ex（外に）+ cite（動かす）⇒感情を外に動かす〕
動「（人）を興奮させる」

**520 exciting**
[iksáitiŋ]
形「（人を）わくわくさせる」
▶ exciting news「わくわくするニュース」

**521 excited**
[iksáitid]
形「（人が）興奮した」
▶ excited spectators「興奮した観客」

**522 excitement**
[iksáitmənt]
名「興奮」

**523 recite**
[risáit]
〔re（再び）+ cite（呼び起こす）⇒暗唱する〕
動「～を暗唱する、朗読する」
▶ recite a poem「詩を暗唱する」

## civi / citi 〔市民〕　語根

**524 civil**
[sívəl]
〔市民の〕
形「市民の、国内の」
▶ civil rights「市民権」
◆ the Civil War「南北戦争」

**525 civilian**
[sivíljən]
〔civil（市民の）+ ian（～に属する人）〕
名「一般市民」 形「（軍人や警官に対し）民間の」

**526 civilize**
[sívəlàiz]
〔civil（礼儀正しい）+ ize（する）⇒文明化する〕
動「～を文明化する」

**527 civilized**
[sívəlàizd]
形「文明化した」
▶ civilized society「文明社会」

**528 civilization**
[sìvəlizéiʃən]
名「文明」
▶ Greek civilization「ギリシア文明」

**529 citizen**
[sítəzən]
〔citi（= city：市）+ en（人）〕
名「市民」
▶ an American citizen「アメリカ市民」

**530 citizenship**
[sítizənʃip]
〔citizen（市民）+ ship（資格）〕
名「市民権」
▶ acquire citizenship「市民権を得る」

## cla(i)m 〔叫ぶ〕　語根

531 **claim** [kléim]
〔叫ぶ⇒当然の権利として要求する・主張する〕
動「① ~を要求する、請求する　② ~と主張する」
名「① 請求、要求　② 主張」
★ claim に「クレーム、苦情」という意味はない。「クレーム、苦情」は complaint.
▶ claim damages 「賠償を請求する」
▶ claim innocence 「無実を主張する」
▶ make a claim 「主張する、請求する」
◆ baggage claim 「(空港の) 手荷物引き渡し所」
　★ baggage claim では、自分の荷物はこれだと「主張」する。

532 **exclaim** [ikskléim]
〔ex (外に) + 叫ぶ〕　動「叫ぶ」
▶ exclaim with delight 「大喜びで叫ぶ」

533 **exclamation** [èkskləméiʃən]
名「絶叫」
▶ an exclamation of surprise 「驚きの叫び」

534 **proclaim** [proukléim]
〔pro (前に) + 叫ぶ⇒人前で叫ぶ〕
動「~を宣言する」
▶ proclaim independence 「独立を宣言する」

## clari / clare / clear 〔明るい〕　語根

535 **clarify** [klǽrəfài]
〔明るい + fy (する)〕
動「~を明確にする」
▶ clarify his position 「自分の立場を明確にする」

536 **declare** [dikléər]
〔de (完全に) + 明るい⇒完全に明らかにする〕
動「~を宣言[断言]する」
▶ declare war against Germany 「ドイツに宣戦を布告する」

537 **declaration** [dèkləréiʃən]
名「宣言」
▶ the Declaration of Independence 「アメリカ独立宣言」

538 **clear** [klíər]
〔明るい〕
形「(説明などが) 明らかな、明白な」　動「~を片づける」
▶ a clear idea 「はっきりとした考え」
▶ clear the road of snow 「道路から雪を取り除く」
◆ clear A of B [B from A] 「A から B を取り除く」

539 **clearly** [klíərli]
副「明らかに、はっきりと」
▶ Please speak clearly. 「はっきりとおっしゃってください」
圏 clarinet「クラリネット」の語源は〔明るい音の出る楽器〕。

## class 〔階級〕 語根

540 **class** [klǽs]
〔階級⇒分類〕
名「①〔社会での分類〕**階級** ②〔学校での分類〕**クラス** ③〔学級ごとに行うもの〕**授業**」
▶ the middle **class**「中流**階級**」
▶ Don't talk in **class**.「**授業**中にしゃべるな」

541 **classify** [klǽsəfài]
〔階級 + ify（にする）⇒分類する〕
動「**～を分類する**」
▶ **classify** whales as mammals「クジラ**を**哺乳類に**分類する**」
◆ classify A as B「A を B に分類する」

542 **classification** [klæ̀səfikéiʃən]
名「**分類**」
▶ the **classification** of animals「動物の**分類**」

## clerk 〔聖職者〕 語源

543 **clerk** [klə́ːrk]
〔聖職者⇒読み書き能力のある聖職者が書記や経理の仕事に従事した⇒事務員〕
名「**事務員、店員**」
▶ a bank **clerk**「銀行**員**」
△ clerk は本来「聖職者」のみを意味していたが、中世においては、学問、書記、経理などに従事する者はほとんど聖職者に限られていたことから「書記、学者」という意味を持つようになった。16世紀以降に「事務員」の意味を持つようになったのは、事務員が聖職者の持っていた読み書きの能力を備えていたことによるものである。

## clin / clim / clie 〔傾く〕 語根

544 **clinic** [klínik]
〔傾く・もたれかかる⇒体をもたれかけるもの＝ベッド⇒ベッドのある場所〕
名「**診療所**」

545 **clinical** [klínikəl]
形「**臨床の**」
▶ **clinical** medicine「**臨床**医学」

546 **decline** [dikláin]
〔de（下に）+ 傾く〕 ☞ refuse, reject
動「①〔下に傾く〕**衰退する、低下する** ②〔申し出などを下に傾ける＝却下する〕（申し出・招待など）**を**（丁重に）**断る**」
名「**低下、衰え**」
▶ Her strength is **declining**.「彼女の体力は**衰え**つつある」
▶ **decline** to answer questions「質問に答えるの**を断る**」
▶ a sharp **decline** in sales「売上高の急激な**減少**」

## C

**547 inclined**
[inkláind]
〔in（中に）+ 傾く〕
形「①〜する傾向がある (to *do*) ②〔気持ちがある方向に傾いている〕〜したいと思う (to *do*)」
▶ be **inclined** to drink too much「飲み過ぎる**傾向がある**」
▶ be **inclined** to believe his story「彼の話を信じ**たいと思う**」

**548 inclination**
[inklənéiʃən]
名「(〜したい) **意向**、**気持ち**、(〜する) **傾向** (to *do*)」
▶ feel no **inclination** to win the game
「試合に勝ちたいという**気持ち**になれない」

**549 climate**
[kláimit] 発
〔傾き⇒赤道から両極への傾きから生じる気温や天候の変化〕
名「(ある土地の長期間に渡る平均的) **気候**」
★ weather は「特定の地域・期間における気象の状態」を指す。
▶ a warm **climate**「暖かい**気候**」

**550 client**
[kláiənt]
〔傾く + ent（人）⇒寄りかかる人⇒頼る人〕
名「(弁護士・建築家などの) **依頼人**、(商店・会社などの) **顧客**」
★ 普通 client は「サービスを買う客」、customer は「商品を買う客」。
▶ a meeting with a **client**「**依頼人**との打ち合わせ」

**551 lean**
[líːn]
〔clin の c が消失⇒ lin が lean に変化した：傾く〕
動「**上体を曲げる**、**寄りかかる**」
▶ **lean** against [on] the wall「壁に**寄りかかる**」

## cling〔くっつく〕　語源

**552 cling**
[klíŋ]
〔くっつく〕
動「①（A に）**くっつく**、**しがみつく** (to A) ②〔考えなどにしがみつく〕（考え・信条などに）**固執する** (to A)」
▶ The child **clung** to its mother.
「その子は母親に**しがみついた**」
▶ **cling** to old customs「古い慣習に**固執する**」

## cloth〔布〕　語根

**553 cloth**
[klɔ́ːθ]
〔布〕名「**布**」
▶ cotton **cloth**「綿**布**」

**554 clothes**
[klóuz] 発
〔布で作った製品〕
名「(人が着用する個々の) **衣服**」
▶ wear nice **clothes**「すてきな**服**を着ている」

555 **clothing** [klóuðiŋ]
- 名「(集合的に) 衣類 (全般)、衣料品」
- ★ clothing は衣類全般や特定の種類の衣類を指す。
- ▶ formal clothing「フォーマルな洋服」

## clud(e) / close 〔閉じる〕　　　　語根

556 **conclude** [kənklúːd]
- 〔con (一緒に) + clude (閉じる)〕
- 動「～と結論を下す、～を終える」
- ▶ conclude that he is innocent「彼は無罪だとの結論を下す」

557 **conclusion** [kənklúːʒən]
- 名「結論」
- ▶ a hasty conclusion「性急な結論」

558 **exclude** [ikosklúːd]
- 〔ex (外に) + 閉じる〕
- 動「～を締め出す」
- ▶ exclude him from the team「チームから彼を除名する」

559 **exclusive** [iksklúːsiv]
- 形「独占的な、高級な、排他的な」
- ▶ an exclusive right「独占権」

560 **exclusively** [iksklúːsivli]
- 副「もっぱら」
- ▶ Classes are taught exclusively in English.
- 「授業はもっぱら英語だけで行われている」

561 **exclusion** [iksklúːʒən]
- 名「排除、除外」
- ▶ the exclusion of black people from the political process
- 「政治の過程から黒人の排除」

562 **include** [inklúːd]
- 〔in (中に) + 閉じる〕
- 動「(全体の中の一部として) ～を含む」☞ contain
- ▶ The price includes tax.「価格には税金が含まれています」

563 **including** [inklúːdiŋ]
- 前「～を含めて」
- ▶ The price is 10,000 yen including tax.
- 「価格は税込みで 1 万円です」

564 **close** [klóuz]
- 〔閉じる⇒両端を近づけて閉じる〕
- 動「～を閉める、閉鎖する」
- 副「近くに」
- 形「①〔近づける〕(A に) 近い (to A) ②〔近い関係〕緊密な、親しい ③〔観察などが接近して行われることから〕綿密な」
- ▶ My house is close to the station.「私の家は駅に近い」
- ▶ a close friend「親友」
- ▶ close inspection「綿密な検査」

## C

**565 closet** [klázit]
〔close（閉ざされた）+ et（小さな）⇒（収納するための）小部屋〕
名「①クローゼット　②戸棚」
▶ a bed-room **closet**「寝室の**クローゼット**」

**566 disclose** [disklóuz]
〔dis（逆にする）+ close（閉じる）⇒〜を開く〕
動「〜を暴露する、公表する」
▶ **disclose** her secret「彼女の秘密**を暴露する**」

**567 disclosure** [disklóuʒər]
名「暴露、公開」
▶ **disclosure** of information「情報**公開**」

**568 enclose** [inklóuz]
〔en（中に）+ close（閉じる）〕
動「①〔垣根や塀で囲む〕〜を囲む　②〔手紙を中に入れて閉じる〕〜を同封する」
▶ a garden **enclosed** by a wall「塀で**囲まれた**庭」
▶ **enclose** a check with this letter
　「この手紙に小切手**を同封する**」

**569 enclosure** [inklóuʒər]
名「（壁や柵で）囲まれた場所」

### clue 〔糸玉〕　語源

**570 clue** [klú:]
〔糸玉〕
名「手がかり、かぎ」
▶ **clue** to the killer's identity
　「殺人犯の身元を解明する**手がかり**」
△迷路から抜け出すために糸を引き出しながら道を見つけることから「道を示すもの」、更に謎を解く「手がかり」の意味が生じた。

### clumsy 〔寒さで手足がかじかむ〕　語源

**571 clumsy** [klámzi]
〔寒さで手足がかじかむ⇒動作がぎこちない〕
形「（動作が）ぎこちない、不器用な」
▶ be **clumsy** with his hands「手先が**不器用**である」

### coin 〔くさび〕　語源

**572 coin** [kɔ́in]
〔くさび⇒硬貨に刻印を付ける打ち型の形がくさびに似ていたことから⇒硬貨⇒硬貨を鋳造する⇒新語を作る〕
名「硬貨」
動「（新語など）を作り出す」
▶ **coin** a new word「新語**を作り出す**」

74

## cold / cool / chilly 〔冷たい〕　語根

573 **cold** [kóuld]
〔冷たい〕
形「**冷たい、寒い**」名「**風邪**」
▶ have a cold「**風邪をひいている（状態）**」
▶ catch (a) cold「**風邪をひく（動作）**」

574 **cool** [kúːl]
〔心地良く冷たい〕
形「①**涼しい** ②**冷淡な** ③**冷静な** ④〔冷静でかっこいい〕**かっこいい、すごい**」
▶ a cool smart phone「**かっこいいスマートフォン**」

575 **chilly** [tʃíli]
〔冷たい〕
形「（体が）**寒けがする**、（病気で）**悪寒がする**」
▶ feel chilly「**寒けがする**」

576 **chill** [tʃíl]
動「**〜を冷やす**」
名「（肌を刺す）**冷たさ**、（病気や恐怖による）**寒け**」
▶ chill beer「ビール**を冷やす**」
▶ the chill of the night「夜の**冷え込み**」

## collar 〔首〕　語根

577 **collar** [kάlər]
〔首〕
名「（シャツなどの）**襟**」
▶ My shirt collar is too tight.「シャツの**えり**がきつすぎる」

## colo / cult 〔耕された〕　語根

578 **colony** [kάləni]
〔耕作する人〕名「**植民地**」
▶ many colonies in Asia and Africa
「アジアやアフリカの多くの**植民地**」

579 **colonial** [kəlóuniəl]
〔colony（植民地）+ al（〜の）〕
形「**植民地の**」
▶ colonial rule「**植民地**支配」

580 **culture** [kʌ́ltʃər]
〔cult（耕された）+ ure（もの）⇒耕作⇒栽培⇒育成〕
名「①**栽培、培養** ②〔民族などが育てる〕**文化** ③〔文化によって育まれる〕**教養**」
▶ the culture of bacteria「細菌の**培養**」
▶ come into contact with foreign culture
「外国の**文化**に接する」
▶ a man of culture「**教養**ある男性」

581 **cultural** [kʌ́ltʃərəl]
形「**文化の**」
▶ cultural heritage「**文化**遺産」

## C

**582 cultivate**
[kʌ́ltəvèit]
〔cultive（耕した）+ ate（状態にする）〕
動「①〜を耕す ②〔教養などを育てる〕（能力・教養など）を磨く ③〔人間関係を育てる〕（友情など）を育む」
▶ cultivate the land「土地を耕す」
▶ cultivate your mind「精神を修養する」
▶ cultivate a friendship with him「彼との友情を育む」

**583 agriculture**
[ǽgrikʌ̀ltʃər]
〔agri（畑）+ culture（耕作）〕
名「農業」
▶ organic agriculture「有機農業」

**584 agricultural**
[æ̀grikʌ́ltʃərəl]
形「農業の」
▶ agricultural land「農地」

### come 〔来る〕 語根

**585 income**
[ínkʌm]
〔in（中に）+ 来る⇒ふところの中に入って来るもの〕
名「収入」
▶ a low [small] income「低収入」
（⇔ a high [large] income「高収入」）

**586 overcome**
[òuvəkʌ́m]
〔over（超えて）+ 来る⇒乗り越える〕
動「〜を乗り越える、克服する」
▶ overcome an obstacle「障害を乗り越える」

### commend 〔勧める〕 語根

**587 recommend**
[rèkəménd] アク
〔re（繰り返し）+ 勧める〕
動「〜を勧める、推薦する」
▶ I recommend this book to everyone.
「この本を皆に推薦します」
 ◆ recommend A to B「A を B に勧める、推薦する」
▶ I recommend that you see a doctor.
「医者に診てもらうことを勧めます」
 ◆ recommend that S + 原形 [should 原形]
  「〜ということを勧める」

**588 recommendation**
[rèkəmendéiʃən]
名「勧告、推薦（状）」
▶ start jogging on the doctor's recommendation
「医者の勧めでジョギングを始める」
 ◆ on one's recommendation「〜の勧めで」

## condition 〔状況〕　　中心義

589 **condition**
[kəndíʃən]
〔状況〕
图「①状況、環境　②〔人や物の状態〕(物の)状態、(人の)状態、体調　③〔ある状態などが成り立つための条件〕条件」
▶ working conditions「労働環境」
▶ He is in good condition.「彼は体調が良い」
▶ weather conditions「気象条件」
◆ on (the) condition that + S V「〜という条件で、〜ならば」

## contempt 〔軽蔑〕　　語源

590 **contempt**
[kəntémpt]
〔con (強意) + tempt (軽蔑)〕
图「軽蔑、侮蔑」
▶ have a contempt for him「彼を軽蔑している」

## copy 〔何度も書き写す〕　　語源

591 **copy**
[kápi]
〔何度も書き写す⇒複写〕
图「①コピー　②(本・雑誌・新聞などの) 1部 [1冊]」
動「①〜を写す　②(考え・方法など)をまねる」
▶ Send me a copy of *Guliver's Travels*.
「ガリバー旅行記を 1冊送ってください」

## cord / core / cour 〔心〕　　語根

592 **accord**
[əkɔ́:rd]
〔ac (〜のほうへ) + cord (心) ⇒心を合わせる〕
图「一致」
▶ My views are in accord with his.
「私の意見は彼のと一致している」
◆ in accord [accordance] with A「Aに一致して」

593 **accordingly**
[əkɔ́:rdiŋli]
副「それに応じて、それゆえに」
▶ You are an adult and should act accordingly.
「大人なのだからそれに応じたふるまいをすべきです」

594 **core**
[kɔ́:r]
〔心〕
图「核心、中心」
形「中核となる」
▶ the core of the story「その物語の核心」

## C

**595** □ **courage**
[kə́:ridʒ] 発
〔cour（心臓）+ age（のある場所）⇒強い心臓があること⇒勇気〕
图「**勇気、度胸**」
▶ have the **courage** to turn down his offer
「彼の申し出を断る**勇気がある**」
　◆ have the courage to *do*「〜する勇気がある」

**596** □ **courageous**
[kəréidʒəs] アク
〔courage（勇気）+ ous（〜に富む）〕 形「**勇気のある**」
▶ make a **courageous** decision「**勇気ある**決断をする」

**597** □ **discourage**
[diskə́:ridʒ]
〔dis（奪う）+ 勇気〕
動「**〜を落胆させる、思いとどまらせる**」
▶ **discourage** her from moving to London
「彼女がロンドンに引っ越すの**を思いとどまらせる**」
　◆ discourage A from *doing*
　　「Aに〜するのを思いとどまらせる」

**598** □ **encourage**
[inkə́:ridʒ]
〔en（与える）+ 勇気⇒勇気づける〕
動「**〜を励ます、促す**」
▶ **encourage** him to try again
「彼にもう一度やってみるようにと**励ます**」
　◆ encourage A to *do*「Aを〜するよう励ます、促す」

**599** □ **encouragement**
[inkə́:ridʒmənt]
图「**激励**」
▶ words of **encouragement**「励ましの言葉」

### corp 〔体〕 語根

**600** □ **corporate**
[kɔ́:rpərət]
〔一体になった〕 形「**法人の、企業の**」
▶ **corporate** executives「**企業の**重役」

**601** □ **corporation**
[kɔ̀:rpəréiʃən]
图「**法人、企業**」
▶ a multinational **corporation**「多国籍**企業**」

**602** □ **incorporate**
[inkɔ́:rpərət]
〔in（中に）+ 体⇒一体にする⇒取り入れる〕
動「**〜を取り入れる**」
▶ **incorporate** his ideas into the project
「彼のアイディア**を**計画に**取り入れる**」
　◆ incorporate A into B「AをBに取り入れる」

### cosmos 〔宇宙〕 語根

**603** □ **cosmos**
[kázməs] 発
〔宇宙〕 图「**宇宙**」
▶ the wonder of the **cosmos**「**宇宙**の驚異」

**604** □ **cosmic**
[kázmik] 発
形「**宇宙の**」
▶ **cosmic** space「**宇宙**空間」

## cost 〔費用〕　　語源

605 **cost**
[kɔ́:st]
〔費用⇒代償を支払わせる〕
動「① (金額など) **がかかる**　② (犠牲) **を払わせる**」
名「①**費用**　②**犠牲**」
▶ The bag cost me 500 dollars.
「そのバッグは 500 ドル**した**」
　◆ cost + 人 + 金額「人に金額がかかる」
▶ The accident cost him his life.
「彼はその事故で命**を落とした**」
　◆ cost + 人 + 犠牲「人に犠牲を払わせる」
◆ at the cost of A「A を犠牲にして」

606 **costly**
[kɔ́:stli]
〔費用 + ly (形容詞語尾)〕
形「**高価な、手痛い**」
▶ make a costly mistake「**手痛い**間違いを犯す」

## cough 〔コホンコホンと咳をする〕　　語源

607 **cough**
[kɔ́:f] 発
〔擬音語：コホンコホンと咳をする〕
名「**咳**」
動「**咳をする**」
▶ have a bad cough「ひどい**咳**をしている」

## count 〔数える、計算する〕　　語根

608 **count**
[káunt]
〔数える〕
動「①**数える**　②〔重要なものとして数に入れる〕**重要である**」
▶ count from one to ten
「1 から 10 まで**数える**」
▶ First impressions count.
「第一印象は**重要である**」
◆ count on A「A を当てにする、頼りにする」
★ countdown は「(ロケット打ち上げなどで数を逆に読む) 秒読み」という意味。

609 **account**
[əkáunt]
〔ac (〜に) + 計算する⇒収支計算報告〕
名「①**収支計算書**　②**口座**　③〔収支を報告・説明すること〕**報告、話、説明**」
動「①〔状況を説明する〕(A を) **説明する** (for A)　②〔出来事の原因の説明となる〕(A の) **原因である** (for A)　③〔計算した結果収支の割合がわかることから〕(ある割合を) **占める** (for A)」

- ▶ an eyewitness **account**「目撃者の話」
- ▶ **account** for their use of funds「資金の用途を説明する」
- ▶ His careless driving **accounted** for the accident.
 「彼の不注意運転がその事故の原因だった」
- ▶ Women **account** for 90 percent of nurses.
 「女性が看護師の 90 パーセントを占める」
- ◆ on account of A「Aの理由で」
- ◆ on no account「決して〜ない」
- ◆ take A into account「Aを考慮に入れる」

610 □\***accountable**
[əkáuntəbl]
形「説明責任がある」
- ▶ Managers are **accountable** for their decisions.
 「経営者には自分の決断に対する説明責任がある」

611 □\***discount**
[dískaunt]
〔dis（逆に）+ 数える⇒割り引く〕
名「割引」 動「〜を割り引く」
- ▶ **discount** price「割引価格」

## counte(r) 〔〜に対して、反対（側）の〕　　語根

612 □\***country**
[kʌ́ntri] 発
〔自分の反対側［向かい側］に広がる地域〕
名「国、田舎」
- ▶ move to the **country**「田舎に引っ越す」

613 □\***encounter**
[inkáuntər]
〔en（= in：中で）+ counter（対面する）〕
動「〜に出くわす、直面する」 名「（偶然の）出会い」
- ▶ **encounter** many problems「多くの問題に直面する」

## court 〔鳥などを飼う庭〕　　語根

614 □\***court**
[kɔ́ːrt] 発
〔鳥などを飼う庭⇒中庭⇒宮廷〕
名「①宮廷　②法廷、裁判所　③（テニスなどの）コート」
- ▶ He lied in **court**.「彼は法廷で偽証した」
王が宮廷で刑を科したりしたところから「法廷」の意味が生まれた。

615 □\***courtesy**
[kə́ːrtəsi]
〔宮廷に適う礼儀作法〕
名「礼儀正しいこと」
- ▶ have the **courtesy** to answer my letter
 「私の手紙に返事をくれる礼儀をわきまえている」
  - ◆ have the courtesy to *do*
   「〜するだけの礼儀をわきまえる」

616 □**courteous**
[kə́ːrtiəs]
形「礼儀正しい」
- ▶ The staff is always **courteous**.
 「スタッフはいつも礼儀正しい」

## cover 〔(完全に) 覆う、覆い〕　　語根

**617 cover**
[kʌ́vər]
〔覆う〕
動「①〔ニュースとして事件などを覆う〕**〜を報道する**　②〔距離を覆う〕(距離)**を進む**　③〔出費を覆う〕(費用など)**をまかなう**、(保険などが)**〜を補償の対象とする**」
▶ cover the peace talks「その和平会談**を報道する**」
▶ cover 100 miles a day「1日に100マイル**進む**」
▶ The insurance covers earthquake damage.
「その保険は地震**が補償の対象です**」

**618 coverage**
[kʌ́vəridʒ]
名「**報道**」
▶ TV coverage of the World Cup
「ワールドカップのテレビ**報道**」

**619 uncover**
[ʌnkʌ́vər]
〔un (逆をする) + 覆う⇒覆いを取る〕
動「**〜を発見する**、(秘密など)**を明るみに出す**」
▶ uncover the true facts「真相**を明らかにする**」

**620 discover**
[diskʌ́vər]
〔dis (除く) + cover (覆い) ⇒覆いを取る〕
動「**〜を発見する、〜に気づく**」
▶ discover a new planet「新惑星**を発見する**」

**621 discovery**
[diskʌ́vəri]
名「**発見**」
▶ make a scientific discovery「科学上の**発見**をする」

**622 recover**
[rikʌ́vər]
〔re (再び) + cover (覆う) ⇒傷を再び覆う⇒回復する〕
動「①(Aから)**回復する** (from A)　②**〜を取り戻す**」
▶ recover from an operation「手術から**回復する**」
▶ recover your health「健康**を取り戻す**」

**623 recovery**
[rikʌ́vəri]
名「**回復**」
▶ make a quick recovery「急速に**回復**する」

## coward 〔尻尾を股の間に挟んで逃げる人〕　　語源

**624 coward**
[káuərd] 発
〔cow (尻尾) + ard (大いに〜する人) ⇒尻尾を股の間に挟んで逃げる人〕
名「**臆病者**」
▶ You coward!「この**臆病者**！」

## cracy 〔政治〕　　語根

**625 \*democracy** [dimάkrəsi] アク
〔demo（民衆）+ 政治〕
图「民主主義、民主主義国家」
▶ Western democracies「欧米の民主主義国家」

**626 \*democratic** [dèməkrǽtik]
形「民主的な、民主主義の」
▶ democratic elections「民主的な選挙」

**627 \*Democrat** [déməkræt]
图「（米国の）民主党員」

**628 aristocracy** [ӕrəstάkrəsi]
〔aristo（最上の）+ 政治⇒上流階級の政治⇒貴族の政治〕
图「貴族階級（の人々）」
▶ the British arictocracy「英国の貴族階級」

**629 aristocratic** [əristəkrǽtik]
形「貴族の」

**630 \*bureaucracy** [bjuərάkrəsi]
〔bureau（官僚）+ 政治〕
图「官僚制度」　☞ 語根 bueau

**631 \*bureaucratic** [bjùərəkrǽtik]
形「官僚的な」

**632 bureaucrat** [bjúərəkræt]
图「官僚」

## craft 〔力〕　　語根

**633 \*craft** [krǽft]
〔力⇒技術、技能〕
图「①（専門職に必要な）技術、工芸（品）　②〔技術を集めて作った〕船」
▶ traditional craft「伝統工芸」
▶ aircraft「飛行機」

**634 \*craftsman** [krǽftsmən]
图「（熟練した）職人」

## cram 〔詰め込む〕　　語源

**635 \*cram** [krǽm]
〔詰め込む〕
動「詰め込む、詰め込み勉強をする」
▶ cram for the examination
「試験のために詰め込み勉強をする」
◆ a cram school「（日本の）学習塾、予備校」

## crash 〔壊れるときのガチャンという擬音語〕　　　語源

636 □\*crash
[krǽʃ]
〔壊れるときのガチャンという擬音語〕
動「衝突する、墜落する」
名「衝突、墜落」
▶ crash into a tree「木に衝突する」
▶ a plane crash「飛行機の墜落」

## crawl 〔前足でかく〕　　　語源

637 □\*crawl
[krɔ́:l]
〔前足でかく〕　動「はう」
▶ The baby is crawling.「赤ちゃんがはいはいしている」
★ crawl は「腹ばいあるいは四つんばいの状態でゆっくり進む」という意味で、creep は「(気づかれないように)ゆっくり、こっそり、あるいは忍び足ではうようにして進む」という意味。

## crease / crete / cruit 〔成長する〕　　　語根

638 □\*decrease
[dikrí:s]
〔de (下に) + crease (成長する)〕
動「減る、〜を減らす」
名「減少」
▶ My salary decreased.「私の給料が減った」

639 □\*increase
[inkrí:s]
〔in (中に) + crease (成長する)〕
動「(大きさ・数・量などが) 増える、〜を増やす」
名「増加」
▶ Her anger increased.「彼女の怒りが増した」
▶ an increase in crime「犯罪の増加」

640 □\*increasingly
[inkrí:siŋli]
副「ますます」
▶ Computers are increasingly cheaper.
　「コンピューターはますます安くなっている」

641 □\*concrete
[kánkri:t]
〔con (一緒に) + crete (成長する) ⇒固まった、形ができた〕
形「具体的な」
名「コンクリート」
▶ concrete evidence「具体的な証拠」

642 □\*recruit
[rikrú:t]
〔re (再び) + cruit (成長する) ⇒人員を増やす〕
動「(新人など) を採用する」
▶ recruit empoyees「従業員を採用する」

83

## creat〔生み出す〕　語根

643 **create** [kriéit]
〔生み出す〕
動「～を創り出す、生み出す」
▶ create a lot of new jobs「多くの新たな雇用を生み出す」

644 **creation** [kriéiʃən]
名「創造、創出」
▶ job creation「雇用の創出」

645 **creative** [kriéitiv]
形「創造的な」
▶ creative power「創造力」

646 **creature** [kríːtʃər] 発
〔創造されたもの〕名「生き物」
▶ all living creatures「すべての生物[生きとし生けるもの]」

647 **creator** [kriéitər]
〔create（創造する）+ or（人）〕
名「①創作[創設]者　②〔the C~〕造物主、神」

648 **recreation** [rèkriéiʃən]
〔re（再び）+ 生み出す + ation（こと）⇒元気回復〕
名「気晴らし、レクリエーション」
▶ for recreation「気晴らしのために」

## cred〔信用〕　語根

649 **credit** [krédit]
〔信用〕
名「①クレジット　②〔信用に値する〕功績、賞賛　③〔履修科目に付与される信用〕履修単位」
▶ the credit for restoring our company「我が社を再建した功績」
▶ a college credit「大学の履修単位」

650 **incredible** [inkrédəbl]
〔in（ない）+ cred（信用）+ ible（できる）〕
形「信じられない、すごい」
▶ an incredible story「信じられない話」

651 **incredibly** [inkrédəbli]
副「信じられないことに、非常に」

652 **creed** [kríːd]
〔信じるもの〕
名「（宗教上の）信条」
▶ people of all colors and creeds「あらゆる肌の色と信条を持つ人々」

## creep〔四つんばいで進む〕　語源

653 **creep** [kríːp]
〔四つんばいで進む〕
動「（気づかれないように）忍び足で歩く」　☞ crawl
▶ creep out of the room「部屋から忍び足で歩いて出る」

## cri / cre 〔分ける〕　語根

☞ cern / cert と同語源

654 **crisis**
[kráisis]
〔crisis（重大な分かれ目）〕
名「**重大な分かれ目、危機**」
▶ an economic **crisis**「経済**危機**」

655 **criterion**
[kraitíəriən]
〔criterion（見分ける基準）〕
名「**基準、尺度**」　複 criteria
▶ the **criteria** for choosing a job「仕事を選ぶ**基準**」

656 **critic**
[krítik]
〔見分ける判断ができる人〕　名「**評論家、批評家**」
▶ a music **critic**「音楽**評論家**」

657 **criticize**
[krítəsàiz]
〔critic（批評）+ ize（～する）〕
動「**～を非難する、批判する**」
▶ **criticize** him for telling lies「うそをついたことで彼**を非難する**」
◆ criticize A for B「BのことでAを非難する」

658 **criticism**
[krítəsizm]
名「**批判**」
▶ severe **criticism**「厳しい**批判**」

659 **critical**
[krítikəl]
形「① 〔critic（批評家）の形容詞〕**批判的な**　② 〔crisis（危機）の形容詞〕**危機の、重大な、決定的な**」
▶ He is in a **critical** condition.「彼は**危篤**状態である」

660 **crime**
[kráim]
〔crime（選り分ける）⇒判決を下す〕　名「**犯罪**」
▶ violent **crime**「暴力**犯罪**」

661 **criminal**
[krímənl]
名「**犯罪者**」　形「**犯罪の**」
▶ a violent **criminal**「凶悪な**犯罪者**」
▶ **criminal** activity「**犯罪**行為」

662 **discriminate**
[diskrímənèit]
〔dis（分離）+ criminate（分ける）〕
動「（Aを）**差別する**（against A）」
▶ **discriminate** against a minority group
「少数民族を**差別する**」

663 **discrimination**
[diskrìmənéiʃən]
名「（Aに対する）**差別（待遇）**（against A）」
▶ **discrimination** against women「女性に対する**差別**」

664 **secret**
[síːkrit]
〔se（分離）+ cret（分けられた）⇒隔離された〕
名「**秘密、秘訣**」　形「**秘密の、秘かな**」
▶ the **secret** of success「成功の**秘訣**」
▶ **secret** information「**極秘**情報」

665 **secretary**
[sékrətèri]
名「**秘書**」
▶ a private **secretary**「私設**秘書**」

## crop〔植物の穂〕　語源

666 **crop**
[kráp]
〔植物の穂〕 ②「作物、収穫高」
▶ grow crops「作物を育てる」

## cross / crus / cruc〔十字架〕　語根

667 **cross**
[krɔ́ːs]
〔十字架⇒2本の棒が交差する⇒横断する〕
動「① ～を横断する　②〔脚など交差する〕(脚、腕など)を組む」
▶ cross a road「道路を横断する」
▶ with your legs crossed「脚を組んだ状態で」

668 **crucial**
[krúːʃəl]
〔十字架の形をした⇒(キリスト教徒にとって)極めて重要な〕
形「非常に重要な、決定的な」
▶ play a crucial role「とても重要な役割を果たす」

## crowd〔押す、押し合う〕　語源

669 **crowd**
[kráud]
〔押す、押し合う〕
②「群衆」　動「押し寄せる」
📝「群衆」という意味は人々が押し合う様子から生まれた。
▶ a large crowd「大群衆」
▶ People crowded into the store.「人々がその店に押し寄せた」
◆ crowds of A「多数の A」

670 **crowded**
[kráudid]
形「込み合った」
▶ a crowded train「込み合った電車」

## cru〔粗野な、生の〕　語根

671 **crude**
[krúːd]
〔粗野な〕
形「粗野な、天然のままの」
▶ crude oil「原油」

672 **cruel**
[krúːəl]
〔粗野な⇒残酷な〕
形「(A に対して) 残酷な (to A)、悲惨な」
▶ be cruel to animals「動物に対して残酷である」

673 **cruelty**
[krúːəlti]
②「残酷な行為」
▶ an act of cruelty「残虐行為」

## crush〔歯ぎしりする〕　語源

674 **crush**
[kráʃ]
〔歯ぎしりする⇒押しつぶす〕
動「～を押しつぶす」
▶ crush garlic「ニンニクをつぶす」

## cumulate 〔積み重ねる〕　語根

### 675 accumulate
[əkjúːmjulèit]
〔ac（〜に）+ 積み重ねる〕
動「(物)を積み重ねる、(金・財産・知識など)を蓄積する」
▶ accumulate a fortune「財産をためる」

### 676 accumulation
[əkjùːmjuléiʃən]
名「蓄積」
▶ the accumulation of knowledge「知識の蓄積」

## cur(r) / course / corrid 〔走る〕　語根

### 677 current
[kə́ːrənt]
〔走っている⇒現在流れている〕
形「現在の、通用している」 名「流れ」
▶ the current trend「現在の傾向」
▶ an electric [electrical] current「電流」

### 678 currently
[kə́ːrəntli]
副「現在は」

### 679 currency
[kə́ːrənsi]
〔流通しているもの〕 名「通貨」
▶ foreign currency「外国通貨」

### 680 curriculum
[kəríkjuləm] アク
〔走る + culum（コース）〕
名「履修課程、カリキュラム」 複 curricula
▶ school curriculum「学校のカリキュラム」

### 681 excursion
[ikskə́ːrʒən]
〔ex（外に）+ cur（走る）+ sion（こと）〕 名「遠足、観光旅行」
▶ go on an excursion「遠足に行く」

### 682 occur
[əkə́ːr] アク
〔oc=ob（向かって）+ 走る⇒出会う〕
動「①起こる ②（考えなどが）(Aの心に)浮かぶ (to A)」
▶ The accident occurred yesterday morning.
「昨日の朝、その事故は起こった」
▶ An idea occurred to me.「ある考えが心に浮かんだ」

### 683 occurrence
[əkə́ːrəns]
名「出来事、発生」
▶ an everyday occurrence
「日常的な出来事〔ありふれたこと〕」

### 684 discourse
[dískɔːrs]
〔dis（分離）+ 走る⇒コースから離れ走り回ること⇒会話⇒討論〕
名「討論、講演」
▶ public discourse「公開討論」

### 685 corridor
[kɔ́ːridər]
〔走る + or（場所）〕 名「廊下、通路」
▶ at the end of the corridor「廊下の突き当たり」
✎「廊下は走るな」と日本では言われている。

## cur / care 〔世話、心配、注意〕　　語根

686 **cure**
[kjúər]
〔世話〕
動「(病気など)を治す、治療する」
名「治療法」
▶ cure him of his disease「彼の病気を治す」
◆ cure A of B「AのBを治す、治療する」
▶ a new cure for cancer「ガンの新しい治療法」

687 **curious**
[kjúəriəs]
〔cur (注意) + ious (な) ⇒注意深い〕
形「①(Aについて)好奇心の強い (about A)　②〜したがる (to do)」
▶ be curious to know the result「結果を知りたがっている」

688 **curiosity**
[kjùəriásəti] アク
名「好奇心」
▶ open the box out of curiosity「好奇心からその箱を開ける」

689 **secure**
[sikjúər]
〔se (ない) + cure (心配) ⇒心配がない〕
形「安定した」
動「〜を確保する、安全にする」
▶ a secure job「安定した仕事」

690 **security**
[sikjúərəti]
名「警備、安全、安心（感）」
▶ national security「国家の安全」
◆ security system「（建物・家などの）防犯システム」

691 **accurate**
[ǽkjurət]
〔ac (〜に) + curate (注意を払った)〕
形「(よく注意して) 正確な」
▶ accurate information「正確な情報」

692 **accuracy**
[ǽkjurəsi]
名「正確さ」
▶ throw a ball with accuracy「正確にボールを投げる」

## curv 〔曲げる〕　　語根

693 **curve**
[kə́ːrv]
〔曲げる〕
動「曲がる」　名「曲線、カーブ」
▶ a curve in the road「道路のカーブ」

694 **curb**
[kə́ːrb]
〔曲げる〕
動「〔くつわと手綱を使って馬の首を曲げて馬の行動を抑制することから〕〜を抑制する」
名「〔上部が曲がった形をしているところから〕（歩道の）縁石」
▶ curb inflation「インフレを抑制する」

## curse〔怒り〕　語源

**695 curse**
[kə́ːrs]
〔怒り〕
图「ののしり、災いのもと」 動「～をののしる、呪う」
▶ Gambling is a curse to many.
「ギャンブルは多くの人にとって災いのもとだ」

## cuss〔打ち砕く〕　語根

**696 discuss**
[diskʌ́s]
〔dis（離して）+ 打ち砕く⇒分散させる⇒一つ一つ詳しく調べる⇒話し合う〕
動「～を話し合う、議論する」
▶ discuss the matter「その問題について話し合う」
★ discuss about とはしない。

**697 discussion**
[diskʌ́ʃən]
图「議論、話し合い」
▶ a heated discussion「白熱した議論」

## custom〔習慣〕　語根

**698 custom**
[kʌ́stəm]
〔習慣〕
图「①（社会の）慣習 ②税関、関税 複」
★ habit「個人の習慣」と区別する。
▶ the custom of taking shoes off at the entrance
「玄関で靴を脱ぐ習慣」
▶ a customs officer「税関職員」
△封建時代の領主への「習慣的な貢物や税」という意味から、外国からの輸入品に対する「関税」という意味が生まれた。

**699 customer**
[kʌ́stəmər]
〔custom（店に習慣的に来る）+ er（人）〕
图「顧客」
▶ a regular customer「常連客」

**700 customary**
[kʌ́stəmèri]
形「習慣的な」
▶ It is customary for me to get up at 6.
「6時に起きるのが私の習慣です」

**701 costume**
[kást(j)uːm]
〔習慣（custom の2重語）〕
图「（ある時代などに特有な）服装、（俳優・演技者などの）衣装、（パーティなどで着る）コスチューム」
▶ national costume「民族衣装」

**702 accustomed**
[əkʌ́stəmd]
〔ac（～に）+ 習慣⇒慣れた〕
形「（A に［～することに］）慣れた (to A [*doing*])」
▶ be accustomed to living in the city
「都会で暮らすことに慣れている」

## dam / dem〔害を与える〕語根

### 703 damage
[dǽmidʒ] アク
〔害を与える + age（行為）〕
名「損害、被害」 動「（物）に損害・被害を与える」
▶ do damage to crops「農作物に被害を与える」
◆ do [cause] damage to A「A に損害を与える」
★ give damage to A は不可。

### 704 condemn
[kəndém] 発
〔con（完全に）+ 害を与える〕
動「〜を非難する」
▶ condemn him as a terrorist
「彼をテロリストだとして非難する」
◆ condemn A as B「A を B であるとして非難する」

## dawn〔夜明け〕語源

### 705 dawn
[dɔ́ːn] 発
〔夜明け〕 名「夜明け、幕開け」
▶ the dawn of civilization「文明の夜明け」
◆ at dawn「夜明けに」
◆ from dawn to [till] dusk [dark]「夜明けから日暮れまで」

## deaf〔ぼんやりした〕語源

### 706 deaf
[déf] 発
〔ぼんやりした⇒音がぼんやりした〕
形「耳が聞こえない」
▶ deaf people「耳が聞こえない人」

## debt / du(e) / deavor〔借りている、負っている〕語根

### 707 debt
[dét] 発
〔借りているもの〕 名「借金、借金のある状態」
▶ pay a debt「借金を返済する」

### 708 due
[d(j)úː]
〔負う⇒当然そうあるべき〕
形「①〔負債などはは期日に支払うべき〕支払期日［提出期限］が来た　②〔乗り物などは当然時間を守るべき〕到着する〔来る、ある〕予定である、〜する予定だ (to do)
③〔当然そうあるべき〕（金・尊敬などが）支払われるべき、当然の、十分な」
▶ The payment is due on Monday「その支払いは月曜日だ」
▶ The flight is due at 8 p.m.
「その便は午後 8 時に到着予定だ」
▶ Respect is due to older people.
「年上の人には当然、敬意を払うべきだ」
◆ due to A「A が原因で」

709 **duty**
[d(j)úːti]
〔du（負うべき）+ ty（こと）⇒義務〕
名「①**義務、職務** ②〔社会的な義務〕**関税**」
▶ have a **duty** to pay tax「納税する**義務がある**」

710 **endeavor**
[indévər]
〔en（与える）+ deavor（義務）⇒義務を尽くす⇒努力する〕
動「**～しようと努力する** (to *do*)」 名「**努力、試み**」
▶ **endeavor** to protect the environment
「自然環境を守ろう**と努力する**」
▶ make every **endeavor** to win the game
「試合に勝つためにあらゆる**努力**をする」

## decent 〔適切な〕　　　　　　　　　　　　　　　語源

711 **decent**
[díːsnt] 発
〔適切な〕 形「（生活などが）**まともな、礼儀正しい**」
▶ earn a **decent** living「**まともな生活費を稼ぐ**」

## delicate 〔繊細な〕　　　　　　　　　　　　　　中心義

712 **delicate**
[délikət] 発 アク
〔繊細な〕
形「①**繊細な、**（肌が）**敏感な** ②〔問題などが繊細で扱いに慎重を要する〕（問題などが）**慎重を要する、微妙な**」
▶ **delicate** skin of babies「赤ん坊の**敏感肌**」
▶ **delicate** matter「**慎重を要する**問題」

## demo / demi 〔民衆〕　　　　　　　　　　　　　語根

☞ 類義の anthropo

713 **democracy**
[dimákrəsi] アク
〔demo（民衆）+ 政治〕
名「**民主政治、民主主義国家**」☞ cracy

714 **democratic**
[dèməkrǽtik]
形「**民主的な、民主主義の**」

715 **Democrat**
[déməkræ̀t]
名「（米国の）**民主党員**」

716 **epidemic**
[èpədémik]
〔epi（間に）+ demic（民衆）⇒民衆の間に広まったもの⇒流行〕
名「（伝染病の）**流行**」
▶ an AIDS **epidemic**「エイズの**流行**」

## dense 〔濃密な〕　　　　　　　　　　　　　　　語根

717 **dense**
[déns]
〔濃密な〕
形「**密集した、濃密な**」
▶ **dense** fog「**濃い**霧」

## D

718 **density** [dénsəti]
- 名「密度」
- ▶ population **density**「人口密度」

### deteriorate〔悪化させる〕　語源

719 **deteriorate** [ditíəriərèit]
- 〔deterior（悪化）+ ate（させる）〕
- 動「悪化する」（= get worse）
- ▶ His health is **deteriorating**.
  「彼の健康状態は悪化しつつある」

### dia〔横切って、通して、完全に、間で〕　語根

720 **dialogue** [dáiəlɔ̀:g]
- 〔dia（横切って）+ logue（言葉）⇒言葉を交わす〕
- 名「対話」
- ▶ **dialogue** between leaders「指導者間での対話」

721 **dialect** [dáiəlèkt]
- 〔dia（間で）+ lect（話す）⇒限られた間の言葉〕
- 名「方言」☞ lect
- ▶ speak in the Irish **dialect**「アイルランド方言で話す」

722 **diagnose** [dáiəgnòus]
- 〔dia（完全に）+ gnose（知る）⇒診察して病名を知る〕
- 動「～を診断する」
- ▶ **diagnose** his illness as cancer
  「彼の病気をガンだと診断する」
  ◆ diagnose A as B「AをBだと診断する」

723 **diagnosis** [dàiəgnóusis]
- 名「診断」
- ▶ make a **disgnosis**「診断をする」

724 **diameter** [daiǽmətər] アク
- 〔dia（横切って）+ meter（測ること）〕
- 名「直径」
- ▶ a circle 10 centimeters in **diameter**「直径10センチの円」

### dict〔言う〕/ dicate〔宣言する、指し示す、奉じる〕　語根

725 **addict** [ǽdikt]
- 〔ad（～のほうへ）+ dict（身を捧げる）⇒中毒になる〕
- 名「中毒者」
- ▶ a drug **addict**「麻薬中毒者」

726 **addicted** [ədíktid]
- 形「中毒の、夢中の」
- ▶ be **addicted** to alcohol「アルコール中毒である」

727 **addiction** [ədíkʃən]
- 名「中毒」
- ▶ His **addiction** to drugs ruined his life.
  「彼の麻薬中毒が彼の人生を台なしにした」

| | | |
|---|---|---|
| 728 | **contradict**<br>[kàntrədíkt] | 〔contra（反対に）+ dict（言う）〕<br>動「～に反論する、～と矛盾する」<br>▶ Recent experiments **contradict** earlier results.<br>「最近の実験は以前の結果**と矛盾する**」 |
| 729 | **contradiction**<br>[kàntrədíkʃən] | 名「矛盾」 |
| 730 | **contradictory**<br>[kàntrədíktəri] | 形「矛盾した」 |
| 731 | **predict**<br>[pridíkt] | 〔pre（前もって）+ dict（言う）〕<br>動「～を予言する、予測する」<br>▶ **predict** the weather「天気**を予測する**」 |
| 732 | **prediction**<br>[pridíkʃən] | 名「予測、予想」<br>▶ make a **prediction**「**予想**する」 |
| 733 | **predictable**<br>[pridíktəbl] | 形「予測できる」 |
| 734 | **verdict**<br>[vɔ́ːrdikt] | 〔ver（真実）+ dict（言う）⇒真実を言うこと〕<br>名「(陪審員が下す)**評決**」 ☞ ver<br>▶ return a **verdict** of not guilty「無罪の**評決を下す**」 |
| 735 | **dedicate**<br>[dédikèit] | 〔de（完全に）+ dicate（奉じる）⇒完全に捧げる〕<br>動「～を捧げる、充てる」<br>▶ **dedicate** his life to helping others「人助けに身**を捧げる**」<br>◆ dedicate A to B「A を B に捧げる」<br>◆ dedicate oneself to A「A に専念する」 |
| 736 | **dedicated**<br>[dédikèitid] | 形「献身的な」<br>▶ a **dedicated** doctor「**献身的な**医者」 |
| 737 | **dedication**<br>[dèdikéiʃən] | 名「献身、専念」 |
| 738 | **dictate**<br>[díkteit] | 〔dict（言う）+ ate（繰り返し）⇒繰り返し言う⇒命令する〕<br>動「～を命令する、押し付ける」<br>▶ **dictate** severe terms to us<br>「私たちに厳しい条件**を押しつける**」 |
| 739 | **dictation**<br>[diktéiʃən] | 名「書き取り、口述」 |
| 740 | **dictator**<br>[díkteitər] | 〔命令する + or（人）〕<br>名「独裁者」 |

## D

**741 indicate** [índikèit]
〔in（中に）+ dicate（指し示す）〕
動「〜を指し示す、示す」
▶ Statistics **indicate** that living standard has risen.
「統計は生活水準が向上したこと**を示している**」

**742 indication** [ìndikéiʃən]
名「しるし、表れ、兆候」
▶ an **indication** of global warming「地球温暖化の**兆候**」

**743 indicator** [índikèitər]
名「指標」
▶ an economic **indicator**「経済**指標**」

**744 index** [índeks] アク
〔indicate と同根語：in（中を）+ dex（= dicate：指し示す）⇒指し示すもの〕
名「索引、指標、指数」
▶ look up a word in the **index**「単語を**索引**で調べる」
◆ index finger「人差し指」

### die〔死ぬ〕  語源

**745 die** [dái]
〔死ぬ〕
動「死ぬ、枯れる」☞ mort
▶ **die** of cancer「ガンで**死ぬ**」
◆ die out「絶滅する」

**746 dead** [déd]
〔死んでいる〕
形「死んでいる、枯れている」
▶ a **dead** body「**死体**」

**747 deadly** [dédli]
形「致命的な、命にかかわる」
▶ a **deadly** disease「**命取りになる**病気」

**748 death** [déθ]
名「死」
▶ the cause of **death**「**死因**」

**749 deadline** [dédlain]
〔dead（生命を失う）+ line（線）⇒超えてはならない線〕
名「（原稿などの）**締め切り**」
▶ the **deadline** for applications「応募**期限**」
📝元々は「捕虜や囚人がその線を超えると射殺された限界線」を意味し、それが「締め切り」へと変化した。

### diet(1)〔日々の食事〕  語源

**750 diet** [dáiət]
〔日々の食事〕
名「①（日常の）**食事** ②（治療や減量のための）**規定食、ダイエット**」
▶ a balanced **diet**「バランスの取れた**食事**」
▶ go on a **diet**「**ダイエット**する」

## diet(2) 〔一日かかる仕事〕　語源

751 **Diet**
[dáiət]
〔1 日かかる仕事⇒会議〕
名「(日本などの) 国会 (the ～)」
▶ a female Diet member「女性の国会議員」

## dign 〔価値がある〕　語根

752 **dignity**
[dígnəti]
〔dign (価値がある) + ty (こと) ⇒威厳〕 名「威厳、尊厳」
▶ human dignity「人間の尊厳」

753 **dignified**
[dígnəfàid]
形「威厳のある、堂々とした」
▶ a dignified manner「堂々とした態度」

754 **indignant**
[indígnənt]
〔in (～ない) + dignant (価値がある) ⇒価値を認めないような扱いを受けて憤慨した〕
形「憤慨した」
▶ be indignant at unfair treatment「不公平な扱いに憤慨する」

755 **indignation**
[ìndignéiʃən]
名「憤慨」
▶ indignation at the injustice「不正に対する憤り」

## dim 〔暗い〕　語源

756 **dim**
[dím]
〔暗い〕　形「薄暗い、ぼんやりとした」
▶ a dim light「薄暗い明り」

## dinosaur 〔恐ろしいトカゲ〕　語源

757 **dinosaur**
[dáinəsɔ̀:r]
〔dinos (恐ろしい) + saur (トカゲ)〕 名「恐竜」
▶ the extinction of the dinosaurs「恐竜の絶滅」

## disguise 〔服装を変える〕　語源

758 **disguise**
[disɡáiz]
〔dis (変える) + guise (服装) ⇒服装を変える〕
動「～を変装させる、(事実など) を隠す」
▶ disguise the fact「その事実を隠す」

## disgust 〔好みではない〕　語源

759 **disgust**
[disɡʌ́st]
〔dis (逆) + gust (好み) ⇒好みではない〕
名「嫌悪」　動「(人) に嫌悪を抱かせる」
▶ walk out in disgust「うんざりして立ち去る」

760 **disgusting**
[disɡʌ́stiŋ]
形「(人を) むかつかせる、気持ち悪い」
▶ It tasted disgusting.「それは気持ち悪い味がした」

761 **disgusted**
[disɡʌ́stid]
形「(人が) むかついている」

# D

## dismal 〔不吉な日〕　　　　　　　　　　　　　　　　　　　　　　　　　語根

762 **dismal**
[dízməl]
〔dis（日）+ mal（悪い）⇒不吉な日〕
形「陰気な、みじめな」
▶ dismal failure「みじめな失敗」

## div 〔神〕　　　　　　　　　　　　　　　　　　　　　　　　　　　　　語根

☞ thus

763 **＊divine**
[diváin]
〔神 + ine（性質を持った）〕
形「神の、神聖な」
▶ divine punishment「神の罰〔天罰〕」

## divide / devise / deal 〔分ける〕　　　　　　　　　　　　　　　　　　語根

764 **＊divide**
[diváid]
〔分ける〕
動「〜を分ける」
▶ divide the studnets into two groups
「生徒を2つのグループに分ける」
　◆ divide A into B「AをBに分ける」

765 **＊division**
[divíʒən]
〔分けられたもの〕
名「分割、部門」
▶ the sales division「販売部門〔営業部〕」

766 **＊individual**
[ìndəvídʒuəl] アク
〔in（ない）+ dividu（分割できる）+ al（性質）⇒（人は）分割できない存在〕
名「個人」 形「個々の、個人の」
▶ the rights of the individual「個人の権利」
▶ individual matters「個々の問題」

767 **＊individually**
[ìndəvídʒuəli]
副「個々に」

768 **individualism**
[ìndəvídʒuəlìzm]
名「個人主義」

769 **individuality**
[ìndəvìdʒuǽləti]
名「個性」

770 **＊devise**
[diváiz]
〔(細かく) 分ける⇒細かく分けるために工夫・考案する〕
動「〜を考案する」
▶ devise a new method「新しい方法を考案する」

771 **＊device**
[diváis]
〔考案したもの〕 名「装置」
▶ a safety device「安全装置」

772 **deal** [díːl]
〔分ける〕
名「取引」 動「(A を) 処理する、(A に) 対処する (with A)」
- make a **deal** with the company「その会社と**取引**する」
- **deal** with a problem「問題を**処理する**」
- ◆ a great deal of A「大量の A」

## dizzy〔愚かな〕 語源

773 **dizzy** [dízi]
〔愚かな⇒人の頭をクラクラさせる〕 形「めまいがする」
- feel **dizzy**「めまいがする」

## do〔作る、行う〕 語源

774 **do** [du]
〔作る、行う〕
動「①もたらす ②間に合う、役に立つ (will do)」
- A little exercise will **do** you good.
「少し運動すると体に**良いですよ**」
  - ◆ do + A + good [harm / damage]
    「A に役立つこと〔害／損害〕をもたらす」
- Anything will **do**.「何でもいいですよ」

775 **deed** [díːd]
〔do の名詞形：行うこと〕 名「行為」
- do a good **deed**「良い**行い**をする」

## doc(t) / docu〔教える〕 語根

776 **doctor** [dάktər]
〔doct（教える）+ or（人）〕
名「医者、博士 (号)」

777 **doctrine** [dάktrin]
〔doct(o)r（教える）+ ine（こと）〕
名「(特に宗教上の) 教義」
- Christian **doctrine**「キリスト教の**教義**」

778 **document** [dάkjumənt]
〔docu（教える）+ ment（もの）〕
名「文書、書類、記録」
- an official **document**「公文書」

779 **documentary** [dὰkjuméntəri]
形「記録の」 名「記録作品、ドキュメンタリー」

## dom(1) / domin / danger〔支配〕 語根

780 **dominate** [dάmənèit]
〔dominate（支配する）〕
動「〜を支配する、〜で優位を占める」
- Name brands **dominate** the market.
「有名ブランドは市場で**優位を占める**」

97

## D

**781 dominant**
[dámənənt]
形「支配的な、優勢な」
▶ English is the **dominant** language.
「英語は**優勢な**言語である」

**782 dominance**
[dámənəns]
名「優越」

**783 predominantly**
[pri:dámɪnəntli]
〔pre（前もって）+ 支配的な + ly（副詞語尾）〕
副「主に」
▶ The passengers were **predominantly** Japanese tourists.
「乗客は**主に**日本人観光客だった」

**784 domain**
[douméin]
〔支配する土地〕
名「（学問・思想・活動などの）**領域**」
▶ the **domain** of science「化学の**領域**」

**785 danger**
[déindʒər] 発
〔支配権（dominion と同語源）⇒ 支配権を持った領主は領民にとって危険な存在であったことから〕
名「危険」
▶ face the **danger** of death「死の**危険**に直面する」
◆ in danger of A「A の危険にさらされて」

**786 dangerous**
[déindʒərəs] 発
形「危険な」
▶ Smoking is **dangerous** to your health.
「喫煙は健康上**危険で**ある」

**787 endanger**
[indéindʒər]
〔en（〜の中に入れる）+ 危険 ⇒ 危険の中に入れる〕
動「〜を危険にさらす」
▶ Drunk drivers **endanger** the lives of others.
「酔っ払い運転者は他人の生命**を危険にさらす**」

**788 endangered**
[indéindʒərd]
形「絶滅の危機にある」
▶ **endangered** species「絶滅の危機にある種」

### dom(2) 〔家〕 語根

**789 domestic**
[dəméstik]
〔domest（家）+ ic（の）⇒ 家庭の〕
形「①家庭の ②国内の」
▶ **domestic** violence「**家庭内**暴力」
▶ **domestic** products「**国産**品」

### don / dow / data / date / dit / dose / der 〔与える〕 語根

**790 donate**
[dóuneit]
〔与える〕 動「〜を寄付する、寄贈する」
▶ **donate** the money to charity
「慈善事業にそのお金**を寄付する**」
▶ **donate** blood「**献**血する」

|  |  |  |
|---|---|---|
| 791 | **donation** [dounéiʃən] | 名「寄付、寄贈」<br>▶ organ donation「臓器提供」 |
| 792 | **donor** [dóunər] | 名「寄付者、（臓器などの）提供者」<br>▶ a blood donor「献血者」 |
| 793 | **endow** [indáu] 発 | 〔en（〜に）+ dow（与える）〕<br>動「〜を授ける、寄付する」 |
| 794 | **endowed** [endáud] | 形「（才能・美貌などに）恵まれて (with A)」<br>▶ She is endowed with beauty.「彼女は美貌に恵まれている」 |
| 795 | **data** [déitə] | 〔与えられたもの〕 名「資料、データ」<br>▶ statistical data「統計資料」 |
| 796 | **date** [déit] | 〔与えられた日時⇒指定された日時〕<br>名「日付、年月日」<br>動「①（手紙・書類など）に日付を入れる ②（異性）とデートする ③（ある年代から）始まる」<br>▶ my date of birth「私の生年月日」<br>◆ date back to A「（ある時期まで）さかのぼる」 |
| 797 | **edit** [édit] | 〔e（外に）+ dit（与える）⇒外に出す（出版する）ために書物の形を整える〕<br>動「〜を編集する」<br>▶ edit a magazine「雑誌を編集する」 |
| 798 | **editor** [édətər] | 名「編集者」<br>▶ an editor in chief「編集長」 |
| 799 | **edition** [idíʃən] | 〔発行〕 名「版」<br>▶ a new edition of the dictionary「辞書の新版」 |
| 800 | **tradition** [trədíʃən] | 〔tra（= trans：超えて）+ dit（与える）+ ion（こと）⇒年月を超えて与えられるもの〕<br>名「伝統」<br>▶ follow a tradition「伝統に従う」 |
| 801 | **traditional** [trədíʃənl] | 形「伝統的な、従来からの」<br>▶ a traditional Japanese house「伝統的な日本家屋」 |
| 802 | **add** [ǽd] | 〔a（〜に）+ d（= dit：与える）〕<br>動「〜を加える」<br>▶ add his name to the list「彼の名前をリストに加える」<br>◆ add A to B「A を B に加える」 |
| 803 | **addition** [ədíʃən] | 名「加わったもの、追加すること」<br>◆ in addition「更に」<br>◆ in addition to A「A に加えて」 |

# D

804 **additional** [ədíʃənl]
- 形「追加の」
- ▶ an additional charge「追加料金」

805 **dose** [dóus]
- 〔(薬を) 与える〕
- 名「(薬の1回の) 服用量」
- ▶ a dose of aspirin「1回(服用)分のアスピリン」

806 **render** [réndər]
- 〔ren (元へ) + der (与える)〕
- 動「O に C の状態を与える ⇒ O を C の状態にする」
- ▶ render the law useless「法律を無用なものにする」

807 **rent** [rént]
- 〔返礼として与えられるもの⇒使用料⇒賃貸料〕
- 動「(家・部屋・土地など)を賃借する、賃貸する」
- 名「賃貸料、家賃」
- ▶ rent an apartment「アパートを借りる」
- ▶ pay the rent「家賃を支払う」

808 **surrender** [səréndər]
- 〔sur (過度に) + ren (元へ) + der (与える) ⇒差し出す〕
- 動「(敵・警察などに)降伏する (to A)、(土地・兵器など)を引き渡す」
- ▶ surrender to the enemy「敵に降伏する」

## doom 〔判決〕　　　　　　　　　　　　　　　　　　　　語源

809 **doom** [dú:m]
- 〔判決⇒良くない運命〕
- 名「(不幸な)運命」
- 動「〜の運命にある (be doomed to A [to do])」
- ▶ be doomed to failure [to fail]「失敗する運命にある」

## dra 〔(ゆっくりと) 引く〕　　　　　　　　　　　　　　　語根

810 **draft** [dræft]
- 〔線を引いて書くこと〕
- 名「草稿、下書き」
- 動「(文章)の草案を作る」
- ▶ a draft of a speech「演説の草稿」

811 **drag** [dræg]
- 〔引きずる〕
- 動「(重いものなど)を引きずる」
- ▶ drag the heavy table into the kitchen「キッチンまで重いテーブルを引きずる」

812 **drain** [dréin]
- 〔水を引いて排出する〕
- 動「(水や液体など)を排出する」
- 名「排水(溝)」
- ▶ drain the oil from the engine「エンジンからオイルを抜く」

813 **draw**
[dró:]
〔(ゆっくりと) 線を引く〕
動「① 〔線を引く〕(絵・地図など) **を描く** ② (注意・興味など) **を引く**」
名「**引き分け**」
▶ draw a map「地図**を描く**」
▶ draw international attention「国際的な注目**を引く**」

814 **drawer**
[dró:ər]
〔引き出す + er (もの)〕
名「(机などの) **引き出し**」

815 **drought**
[dráut] 発
〔水が引く⇒干上がる〕 名「**干ばつ**」
▶ severe drought「ひどい**干ばつ**」

816 **withdraw**
[wiðdró:]
〔with (離れて) + draw (引く) ⇒引っ込める〕
動「① 〔申し出などを引っ込める〕(申し出・発言など) **を撤回する** ② 〔お金を引き出す〕(預金) **を引き出す**」
☞語根 with
▶ withdraw an offer「申し出**を撤回する**」
▶ withdraw money from a bank「銀行からお金**を引き出す**」

817 **withdrawal**
[wiðdró:əl]
名「**撤退、撤回、(預金の) 引き出し**」
▶ the withdrawal of UN forces「国連軍の**撤退**」

## drastic 〔活発な〕 語源

818 **drastic**
[dráestik]
〔活発な〕
形「**抜本的な、思い切った**」
▶ drastic measures「**抜本的な**対策」

## dread 〔恐れる〕 語源

819 **dread**
[dréd]
〔恐れる〕
動「**〜を恐れる**」 名「**恐怖**」
▶ dread going to the dentist「歯医者に行くのが**怖い**」

## dress 〔向ける〕 語根

☞ direct と同語源

820 **address**
[ədrés]
〔ad (〜のほうに) + 向ける⇒言葉や心を向ける〕
名「① 〔人に向けて話す〕**演説** ② 〔人に向けて手紙を送る〕**住所**」
動「① (手紙など) **に宛名を書く** ② (人など) **に向かって演説する** ③ 〔人に言葉を向ける〕(人) **に話しかける** ④ 〔問題に心を向ける〕(問題など) **に取り組む**」

101

# D

- ▶ making [deliver] an **address**「**演説をする**」
- ▶ a letter **addressed** to me「私**宛**の手紙」
- ▶ **address** an international audience
  「国際的な聴衆**に向かって演説する**」
- ▶ **address** her politely「彼女**に**丁重**に話しかける**」
- ▶ **address** the problem of poverty「貧困問題**に取り組む**」

## dri〔追い立てる、駆り立てる〕 語根

### 821 **drive**
[dráiv]
〔力を加えてある方向に追いやる・駆り立てる〕
動「①**〜を追いやる** ②（人や人の心が）（Aに）**駆り立てられる** (be driven by A) ③〔車を駆る〕(車など)**を運転する**」
- ▶ **drive** him to suicide「彼**を**自殺**に追いやる**」
  - ◆ drive A to B「AをBに追いやる」
- ▶ be **driven** by despair「絶望**に駆り立てられる**」

### 822 **drift**
[dríft]
〔追い立てられるもの〕
動「**漂う**」 名「**漂流**」
- ▶ Clouds are **drifting** to the east.「雲が南へ**流れて行く**」

## drown〔水を飲む〕 語源

### 823 **drown**
[dráun] 発
〔水を飲む（drink の過去分詞に相当）⇒溺れる〕
動「**おぼれ死ぬ、〜を溺死させる**」
- ▶ A woman was **drowning** in the river.
  「女性が川で**おぼれていた**」

## duce / duct〔導く〕 語根

### 824 **induce**
[ind(j)ú:s]
〔in（中に）+ duce（導く）⇒誘い込む〕
動「①(人を)**〜する気にさせる** (人 to *do*) ②**〜を誘発する**」
- ▶ **induce** him to talk「彼に話を**する気にさせる**」
- ▶ **induce** sleep「眠り**を引き起こす**」

### 825 **introduce**
[ìntrəd(j)ú:s]
〔intro（中に）+ duce（導く）〕
動「①**〜を導入する** ②〔人々の中に導き入れる〕**〜を紹介する**」
- ▶ **introduce** a new system「新制度**を導入する**」
- ▶ **introduce** him to the president「彼**を**社長**に紹介する**」
  - ◆ introduce A to B「AをBに紹介する」

### 826 **introduction**
[ìntrədʌ́kʃən]
名「**導入、紹介**」
- ▶ a letter of **introduction**「**紹介**状」

102

| | | |
|---|---|---|
| 827 | **produce** [prəd(j)úːs] | 〔pro（前に）+ duce（導く）⇒生み出す〕<br>動「**〜を生み出す、製造する**」<br>▶ **produce** 100 cars per hour<br>「1時間あたり100台の車**を製造する**」|
| 828 | **product** [prádʌkt] | 〔pro（前に）+ 導く⇒人前に出されたもの〕<br>名「**製品、産物**」<br>▶ dairy **products**「乳**製品**」|
| 829 | **production** [prədʌ́kʃən] | 〔生産 + tion（すること）〕<br>名「**生産、製造**」<br>▶ mass **production**「大量**生産**」|
| 830 | **productive** [prədʌ́ktiv] | 〔生産 + ive（〜の性質を持った）〕<br>形「**生産的な**」<br>▶ **productive** capacity「**生産**能力」|
| 831 | **productivity** [pròudʌktívəti] | 名「**生産性**」<br>▶ increase **productivity**「**生産性**を引き上げる」|
| 832 | **reduce** [rid(j)úːs] | 〔re（後ろに）+ duce（導く）⇒減らす〕<br>動「①**〜を減らす** ②〔人や物の価値を減らす〕（劣った状態に）**なる**（be reduced to A）」<br>▶ **reduce** the number of staff「スタッフの数**を減らす**」<br>▶ Now he is **reduced** to homelessness.<br>「彼は今ではホームレス**になっている**」|
| 833 | **reduction** [ridʌ́kʃən] | 名「**減少**」<br>▶ tax **reduction**「**減**税」|
| 834 | **reproduce** [rìːprədúːs] | 〔re（再び）+ produce（産む）〕<br>動「①**繁殖する** ②**〜を複製する、再現する**」<br>▶ Most plants **reproduce** by seeds.<br>「たいていの植物は種子によって**繁殖する**」<br>▶ **reproduce** the sound of orchestra<br>「オーケストラの音**を再現する**」|
| 835 | **reproduction** [rìːprədʌ́kʃən] | 名「**生殖、複製（品）**」|
| 836 | **conduct** [kándʌkt] アク | 〔con（一緒に）+ duct（導く）〕<br>名「（倫理的な観点から見た）**行為、ふるまい**」<br>動「**〜を行う**」<br>▶ good **conduct**「良い**行い**」<br>▶ **conduct** an investigation「調査**を行う**」|

## D

**837 educate** [édʒukèit] アク
〔e(外に)+ ducate(導く)⇒能力を外に引き出す〕
動「〜を教育する」
▶ educate children about the dangers of smoking「子供に喫煙の危険について教える」
📖 instruct は〔in(中に)+ struct(築く)⇒中に情報を詰め込む〕「〜に教える」という意味であり、educate とは反対の教育理論に基づいていると言える。

**838 education** [èdʒukéiʃən]
名「教育」
▶ formal education「(学校での)正式な教育」

**839 educational** [èdʒukéiʃənl]
形「教育の、教育的な」
▶ educational institutions「教育機関」

**840 educated** [édʒukèitid]
形「教育を受けた」
▶ well educated「十分な教育を受けた」

### dumb / dull 〔愚かな〕　　語源

**841 dumb** [dʌ́m]
〔愚かな〕　形「ばかな、ばかげた」
▶ What a dumb question!「なんてばかげた質問だ!」

**842 dull** [dʌ́l]
〔愚かな〕　形「つまらない」
▶ a dull book「つまらない本」

### dure 〔固い、長持ちする、続く〕　　語根

**843 durable** [d(j)úərəbl]
〔長持ち + able(できる)〕
形「耐久力のある」

**844 during** [d(j)úəriŋ]
〔続く + 間に〕
前「〜の間に、〜の間じゅう」
▶ during my stay in London「ロンドンに滞在している間」

**845 endure** [ind(j)úː]
〔en(中を)+ 固くする⇒長持ちする〕
動「〜に耐える」
▶ endure physical pain「体の痛みに耐える」

**846 endurance** [ind(j)úərəns]
名「我慢、忍耐」
▶ beyond endurance「我慢できないほど」

### dwell 〔気絶させる〕　　語源

**847 dwell** [dwél]
〔気絶させる⇒遅らせる⇒ぐずぐず長居する⇒住む〕
動「(A に)住む (in A)」
▶ dwell in the country「田舎に住む」
◆ dwell on A「A をくよくよ考える」

104

# E

## earn 〔収穫する〕 語源

848 **earn** [ə́ːrn]
〔収穫する⇒報酬を得る〕
動「(金)を稼ぐ、(名声・信用・地位・尊敬など)を得る」
▶ earn 500 dollars a week 「1週間に500ドル稼ぐ」

849 **earnings** [ə́ːrniŋz]
名「所得」
▶ average earnings 「平均所得」

## earnest 〔まじめな〕 語源

850 **earnest** [ə́ːrnist]
〔まじめな〕 形「まじめな、切実な」
▶ have an earnest wish to help poor people
「貧しい人々を助けたいという切実な願いがある」

## ease 〔安楽〕 語根

851 **ease** [íːz]
〔安楽(にする)〕
名「簡単さ、容易さ」
動「(楽にする)(問題・心配など)を取り除く、緩和する」
▶ pass the exam with ease 「容易に試験に受かる」
◆ at ease 「リラックスして」

852 **easy** [íːzi]
形「簡単な、楽な」
▶ an easy problem 「簡単な問題」

853 **easily** [íːzəli]
副「簡単に」

854 **disease** [dizíːz] 発
〔dis(ない)+安楽⇒安楽でないこと〕 名「病気」
▶ heart disease 「心臓病」

## economy 〔経済〕 語根

855 **economy** [ikánəmi]
〔eco(家)+ nomy(管理)⇒経済〕
名「経済、節約」
▶ the Japanese economy 「日本経済」

856 **economic** [èkənámik] アク
〔経済+ ic(の)〕 形「経済の」
▶ economic development 「経済発展」

857 **economical** [èkənámikəl]
〔経済+ ical(的な)〕 形「経済的な」
▶ a small economical car 「経済的な小型車」
★ economic と economical の意味の違いに注意する。

858 **economically** [èkənámikli]
副「経済的に」

859 **economics** [èkənámiks]
〔経済+ ics(学)〕 名「経済学」
▶ major in economics 「経済学を専攻する」

# E

## edge 〔鋭さ、刃〕  語根
☞ acu / aci も同語源

**860 edge** [édʒ]
〔鋭さ⇒刃先⇒端〕
名「①刃 ②端」
▶ on the edge of the table「テーブルの端に」

**861 eager** [íːgər]
〔鋭さ⇒刃先⇒頂上⇒絶頂⇒気持ちが絶頂⇒熱烈な〕
形「(～したいと) 熱望する (to do)、(A を) 熱望する (for A)」
▶ be eager to succeed「成功したいと熱望する」

**862 eagerly** [íːgərli]
副「熱心に」
▶ He eagerly awaits his retirement.
「彼は退職後の余生を待ち望んでいる」

## eld / old 〔古い、年齢〕  語根

**863 elderly** [éldərli]
〔elder (古い) + ly〕形「年老いた、年配の」
▶ elderly people「お年寄りたち」

**864 old** [óuld]
〔古い〕 形「①古い、年老いた ②～歳で」
▶ get old「古くなる」

**865 world** [wə́ːrld]
〔wor (= man : 人) + ld (= old : 年齢) ⇒人が年を重ねる所⇒人が住む所〕
名「世界、世の中」

**866 worldwide** [wə́ːrldwaid]
形「世界的な、世界的規模の」 副「世界中で [に]」
▶ a worldwide economic crisis「世界的規模の経済危機」

## electr 〔電〕  語根

**867 electric** [iléktrik]
〔電気の〕 形「電気で動く、電動の」
▶ an electric light「電灯」

**868 electrical** [iléktrikəl]
形「電気の、電気に関する」
▶ an electrical engineer「電気技師」

**869 electricity** [ilektrísəti]
名「電気」
▶ generate electricity「電気を発生させる」

**870 electron** [iléktrɑn]
〔電子〕 名「電子」

**871 electronic** [ilektrɑ́nik]
〔electron (電子) + ic (～の)〕形「電子 (工学) の」
▶ electronic equipment「電子装置」

**872 electronics** [ilektrɑ́niks]
〔electron (電子) + ics (学)〕名「電子工学」
▶ an electronics engineer「電子工学の技術者」

## element 〔最も基本的な物質の形、元素〕 語源

873 **element**
[éləmənt]
〔最も基本的な物質の形、元素〕
名「要素、元素」
▶ a key element「重要な要素」

874 **elementary**
[èləméntəri] アク
〔基本的な〕
形「基本的な、初歩の」
▶ elementary education「初等教育」

## embark 〔船に乗り込む〕 語源

875 **embark**
[imbá:rk]
〔em(〜の中に) + bark(小型帆船) ⇒船に乗り込む〕
動「①(船・飛行機に)乗り込む ②乗り出す、開始する (on A)」
▶ embark on a new life「新生活を始める」

## embody 〔具体化する〕 語源

876 **embody**
[imbádi]
〔em(〜を与える) + body(体) ⇒具体化する〕
動「〜を具現する」
▶ embody his ideals「自分の理想を具現する」

## empt / mpt 〔取り出す〕 語根

877 **empty**
[émpti]
〔取り出された⇒中身が空の〕
形「(容器・場所・乗り物などが)空の、中に物が入っていない、人がいない」(⇔ full「いっぱいの」)
▶ an empty bottle「空(から)のボトル」

878 **prompt**
[prámpt]
〔pro(前に) + mpt(取り出す) ⇒準備ができている⇒迅速な〕
形「迅速な」
動「〔前に取り出す⇒促す・駆り立てる〕(人)を促して〔駆り立てて〕〜させる(人 to do)」
▶ a prompt reply「迅速な返事」
▶ prompt him to commit suicide「彼を自殺に駆り立てる」

879 **promptly**
[prámptli]
副「すぐに」

## end 〔末端〕 語源

880 **end**
[énd]
〔末端〕
名「①端 ②〔時間や行為の末端〕終わり ③〔最終目的〕目的」
▶ The end justifies the means.「目的は手段を正当化する」

107

## engage〔担保の中に入れる〕 語源

881 **engage** [ingéidʒ]
〔en（〜の中に）+ gage（担保）⇒担保の中に入れる〕
動「①〔担保に入れて束縛する〕(Aと) **婚約している** (be engaged to A) ②〔束縛して働かせる〕(Aに) **従事する** (in A)」
- She is **engaged** to Tom.「彼女はトムと**婚約している**」
- **engage** in foreign trade「外国貿易に**従事する**」

882 **engagement** [ingéidʒmənt]
名「**婚約、約束**」
- I have a previous **engagement**.「**先約**があります」

## enhance〔高める〕 語源

883 **enhance** [inhǽns]
〔en（〜する）+ hance（= alt：高い）⇒高める〕
動「**〜を高める**」 ☞ alt
- **enhance** her reputation「彼女の評判**を高める**」

## enough〔十分に得た〕 語源

884 **enough** [ináf]
〔十分に得た〕
副「（形容詞や副詞の後ろに置く）**十分に**」
形「（名詞の前に置く）**十分な**」名「**十分な量**」
- This room is large **enough** for me.
「この部屋は私にとって**十分に広い**」

## enter〔中に入る〕 語源

885 **enter** [éntər]
〔〜の中に入る〕 動「**〜に入る**」
- **enter** college「大学**に入学する**」
★「〜の中に入る」の意の場合、enter into としない。

886 **entry** [éntəri]
名「①**入ること** ②（組織などへの）**加入**」
- No **entry**.「**立ち入り禁止**」《掲示》

887 **entrance** [éntrəns]
〔entr（= enter：入る）+ ance（こと）〕名「**入口、入学**」
- an **entrance** examination「**入学**試験」

## equ〔等しい〕 語根

☞ 類義の sim

888 **equal** [íːkwəl] 発
形「(Aに) **等しい、匹敵する、対応できる** (to A)」
- He is **equal** to the task.「彼はその仕事に**対応できる**」

889 **equally** [íːkwəli]
副「**同程度に、等しく**」

890 **equality** [ikwáləti]
名「**平等**」
- **equality** of opportunity「機会**均等**」

891 **equator** [ikwéitər]
〔北極と南極から等しい距離にあるもの〕 ②「赤道」
▶ at [on] the equator「赤道直下に」

892 **equivalent** [ikwívələnt]
〔等しい + valent（価値がある）〕
②「同等のもの、相当するもの」
⑱「(Aと) 同等の、(Aに) 相当する (to A)」
▶ The English equivalent of the Japanese "inu" is "dog."
「日本語の「犬」に相当する英語は「dog」である」

893 **adequate** [ǽdikwət] アク
〔ad（〜に）+ equate（等しい）⇒適切な〕
⑱「適切な、十分な」
▶ an adequate supply of water「十分な水の供給」

894 **adequacy** [ǽdikwəsi]
②「適切さ」

895 **inadequate** [inǽdikwət]
⑱「不適切な、不十分な」
囲 Ecuador「エクアドル」の語源は〔国土が赤道下にある〕。

## equip 〔船に装備する〕　語源

896 **equip** [ikwíp]
〔船に装備する〕 ⑩「〜に装備をする」
▶ a room equipped with video cameras
「ビデオカメラが取り付けてある部屋」
◆ be equipped with A「Aが取り付けてある」

897 **equipment** [ikwípmənt]
②「設備、備品」 ★不可算名詞。
▶ office equipment「事務用品」

## erase 〔こすり取る〕　語源

898 **erase** [iréis]
〔e (= ex : 外に) + rase（こする）⇒こすり取る〕
⑩「(文字など) を消し去る」
▶ erase a blackboard「黒板の文字を消す」

899 **eraser** [iréisər]
②「消しゴム」

## ercise 〔囲い〕　語根

900 **exercise** [éksərsàiz]
〔ex（外に）+ 囲い⇒家畜を囲いの外に出して動かす・働かせる〕
②「運動、練習」
⑩「(権利など) を行使する、(注意力・判断力など) を働かせる」
▶ get exercise「運動する」
▶ exercise your rights「権利を行使する」

# E

## erode〔かじり取る〕 語源

901 **erode** [iróud]
〔e (= ex：外に) + rode (かじる) ⇒かじり取る〕
動「～を浸食する、徐々に損なう」
▶ erode consumer confidence「消費者の信頼を損なう」

902 **erosion** [iróuʒən]
名「浸食」
▶ soil erosion「土壌侵食」

## ess〔存在している〕 語根

903 **essence** [ésns]
〔ess (存在している) + ence (状態) ⇒実体⇒本質〕
名「本質」
▶ in essence「本質的には」

904 **essential** [isénʃl] アク
形「本質的な、不可欠な」
▶ Salt is essential for good health.「塩は健康に不可欠である」

905 **essentially** [isénʃəli]
副「本質的に」
▶ Both are essentially the same.
「どちらも本質的には同じだ」

906 **absent** [ǽbsənt]
〔ab (～から離れて) + s (= ess：存在している) ⇒不在の〕
形「不在の、欠席の」
▶ be absent from school「学校を欠席している」

907 **absence** [ǽbsəns]
名「不在、欠席」
▶ during her absence「彼女が不在の間」

908 **interest** [íntərəst] アク
〔inter (間に) + es (存在する) ⇒間にあるもの⇒間にあるものへの興味・関心〕
名「①興味、関心 ②〔人が特に興味を示す物〕利益 ③利子、利息」
動「(人に) 興味を起こさせる」
▶ have an interest in politics「政治に興味がある」
▶ It is in your interests to study.
「勉強することが君の利益になる」
▶ The bank pays five percent interest.
「その銀行は5%の利息をつけてくれる」

909 **interested** [íntərəstid]
形「(人が) 興味を持った」

910 **interesting** [íntərəstiŋ]
形「(人に) 興味を起こさせる、興味深い」

911 **present**
名形 [prézənt] アク
動 [prizént] アク

〔pre（前に）+ s（= ess：存在している）⇒目の前に[今その場に]存在する⇒人の目の前に置く〕
形「①〔その場に存在する〕（叙述用法／名詞の後ろ）**出席している、その場にいる[ある]** ②〔今その場の〕（限定用法）**現在の**」
名「①〔人の前に置くもの〕**贈り物** ②**現在**（the ～）」
動「①〔人の前に置く〕（人に物）**を贈呈する**（人 with 物）
②〔人の目の前に置く〕**～を発表する、提案する**」

▶ the members present「**出席している**会員」
▶ present members「**現在の**会員」
▶ the past and the present「過去と**現在**」
▶ present the winner with a trophy
　「優勝者にトロフィー**を贈呈する**」
▶ present a new product to the public
　「一般の人たちに新製品**を発表する**」

912 **presence**
[prézns]

名「**存在、出席**」
▶ be aware of her presence「彼女の**存在**に気づいている」

913 **presentation**
[prèzəntéiʃən]

名「**授与、発表**」
▶ give a presentation on a new product「新製品の**発表**をする」

914 **represent**
[rèprizént] アク

〔re（代わって）+ present（発表する）⇒代表する〕
動「①**～を代表する** ②**～を表す**」
▶ represent Japan at the Olympics
　「オリンピックで日本**を代表する**」
▶ This circle represents the Earth.「この円は地球**を表す**」

915 **representative**
[rèprizéntətiv]

〔represent（代表）+ ative（の性質を持つ）〕
名「**代表者**」

916 **representation**
[rèprizentéiʃən]

名「**代表、描写**」

## estimate 〔評価する〕　　　語源

917 **estimate**
[éstəmèit] 発

〔評価する⇒見積もる〕
動「**～を見積もる、推定する**」
名「**見積もり**」
▶ estimate the number of participants「参加者数**を見積もる**」
▶ a rough estimate「大まかな**見積もり**」

## E

918 **aim** [éim]
〔ラテン語 aestimare（方向を見積もる）〕
名「**目標、目的**」
動「（～すること／Aを）**目指す** (to *do* [for A])、(Aを) **ねらう** (at A)」
▶ the main **aim** of the meeting「会合の主な**目的**」
▶ **aim** for victory「勝利を**目指す**」

## eternal〔永遠の〕 語源

919 **eternal** [itə́:rnl]
〔永遠の〕 形「**永遠の**」
▶ **eternal** truths「**永遠の**真理」

920 **eternity** [itə́:rnəti]
名「**永遠、長い時間**」

## ethic〔倫理〕 語根

921 **ethic** [éθik]
〔倫理〕 名「**倫理、倫理規範**」
▶ professional **ethics**「職業**倫理**」

922 **ethics** [éθiks]
〔倫理 + ics（学）〕 名「**倫理学**」

923 **ethical** [éθikəl]
形「**倫理上の**」

## ethnic〔異教徒〕 語源

924 **ethnic** [éθnik]
〔異教徒⇒人種の、民族の〕 形「**民族的な**」
▶ an **ethnic** group「**民族**集団」

## evil〔度を越している〕 語源

925 **evil** [í:vəl] 発
〔度を越している⇒悪い〕
形「**悪い**」 名「**悪**」
▶ **evil** spirits「**悪霊**」
▶ good and **evil**「**善と悪**〔**善悪**〕」

## exaggerate〔積み上げる〕 語源

926 **exaggerate** [igzǽdʒərèit]
〔ex（上に）+ aggerate（積み上げる）⇒話を積み上げる⇒話を大げさに言う〕
動「**～を大げさに言う、誇張する**」
▶ **exaggerate** things「物事**を大げさに言う**」

927 **exaggeration** [igzæ̀dʒəréiʃən]
名「**誇張**」

## examine 〔検査する〕　語源

928 **examine**
[igzǽmin]
〔検査する〕
動「～を調査する、診察する」
▶ examine the evidence「証拠を調べる」

929 **examination**
[igzæmənéiʃən]
名「調査、試験」
▶ a close examination「綿密な調査」

## exhaust 〔水をくみ出す〕　語源

930 **exhaust**
[igzɔ́ːst] 発
〔ex（外に）+ haust（水分をくみ出す）⇒エネルギーを出し尽くす〕
動「①～を疲れ果てさせる　②〔金などを出し尽くす〕（金・資源など）を使い果たす」
▶ be exhausted by overwork「働き過ぎで疲れ果てている」
▶ exhaust natural resources「天然資源を使い果たす」

931 **exhaustion**
[igzɔ́ːstʃən]
名「疲労こんぱい」

## exotic 〔外国の〕　語源

932 **exotic**
[igzátik] 発
〔exot（外）+ ic（の）⇒外国の⇒異国風の〕
形「異国風な、風変わりな」
▶ exotic clothes「異国情緒のある服」

## exter / extre 〔外側〕　語根

933 **external**
[ikstə́ːrnl]
〔外側 + al（の）〕
形「外部からの」
▶ external pressure「外部からの圧力」

934 **extreme**
[ikstríːm] 発
〔ラテン語 exterus（外の）の最上級⇒一番外の〕
形「極端な、極度の」
名「極端」
▶ extreme poverty「極度の貧困」
◆ go to extremes「極端に走る」

935 **extremely**
[ikstríːmli] 発
副「極めて」
▶ an extremely difficult question「極めて難しい問題」

# F

## fabric 〔職人の作業場〕　　　　　　　　　　　　　　　　　語源

936 **fabric**
[fǽbrik]
〔職人の作業場⇒職人や人々が作り上げたもの〕
名「①〔職人が作り上げたもの〕（職人が編み上げた）**織物**
②〔人々が作り上げたもの〕（社会などの）**基盤**」
▶ cotton **fabrics**「綿**織物**」
▶ the **fabric** of society「社会**基盤**」

## face 〔顔〕　　　　　　　　　　　　　　　　　　　　　　語根

937 **face**
[féis]
〔顔⇒面する〕　動「**～に直面する**」
▶ **face** a difficult problem (= be **faced** with a difficult problem)「困難な問題**に直面する**」
◆ be faced with A「Aに直面している」

938 **facial**
[féiʃəl]
形「**顔の**」
▶ a **facial** expression「**顔の**表情」

939 **surface**
[sə́ːrfis] 発
〔sur（上の）+ face（面）⇒表面〕
名「**表面**」　☞語根 super / sur
▶ the **surface** of the water「水の**表面**［水面］」

940 **superficial**
[sùːpərfíʃəl]
〔super（上の）+ ficial（面）〕
形「**表面的な、浅い**」　☞語根 super
▶ a **superficial** knowledge「**表面的な**知識」

## fact / fac / fair / fect / fig / funct / fit / fash / fic / feat 〔行う、作る〕語根

941 **fact**
[fǽkt]
〔なされたこと⇒事実〕　名「**事実**」
▶ the **fact** that smoking is harmful
「喫煙が有害であるという**事実**」
◆ in fact「実は、実を言うと」

942 **factor**
[fǽktər]
〔行う + or（人）⇒行為者〕
名「（結果をもたらす）**要因**」
▶ the important **factor** in his success
「彼が成功した重要な**要因**」

943 **factory**
[fǽktəri]
〔作る + ory（場所）⇒物を作る場所〕
名「**工場**」
▶ a **factory** worker「**工場**労働者」

944 **manufacture**
[mæ̀njufǽktʃər]
〔manu（手で）+ fact（物を作る）〕　☞語根 man(u)
動「（工場で大量に）**～を製造する**」
名「**製造、製品**」
▶ **manufacture** cars at a factory「**工場**で車を**製造する**」

|  | | |
|---|---|---|
| 945 | **manufacturer** [mæ̀njufǽktʃərər] | 〔製造 + er（人）〕<br>名「製造会社、メーカー」<br>▶ a car **manufacturer**「自動車**メーカー**」 |
| 946 | **facility** [fəsíləti] | 〔行う + il(e)（やすい）+ ity（状態）⇒活動を容易にする設備〕<br>名「施設」<br>▶ sports **facilities**「スポーツ**施設**」 |
| 947 | **faculty** [fǽkəlti] アク | 〔facul (=facil：容易な) + ty（状態）⇒物事を容易に行える能力⇒能力があること⇒大学の能力の1つである学部〕<br>名「才能、（大学の）学部、（学部の）教授陣」<br>▶ a **faculty** for music「音楽の**才能**」<br>▶ the Law **faculty**「**法学部**」 |
| 948 | **difficult** [dífikʌ̀lt] | 〔di（ない）+ ficult (= facile：容易な) ⇒容易でない〕<br>形「難しい」<br>▶ a **difficult** question「**難しい**問題」 |
| 949 | **difficulty** [dífikʌ̀lti] | 名「困難、苦労」<br>▶ have **difficulty** (in) losing weight「減量するのに**苦労**する」<br>◆ have difficulty (in) *doing*「〜するのに苦労する」 |
| 950 | **affair** [əféər] | 〔行うこと〕<br>名「情勢、問題」<br>▶ world **affairs**「国際**情勢**」 |
| 951 | **affect** [əfékt] | 〔af（〜に）+ fect（作用する）⇒影響を与える⇒感動を与える〕<br>動「①〜に影響を与える ②（人）を感動させる」<br>▶ Smoking seriously **affects** our health.<br>「喫煙は私たちの健康に深刻な**影響を与える**」<br>▶ be deeply **affected** by his words「彼の言葉に深く**感動する**」 |
| 952 | **affection** [əfékʃən] | 〔影響すること⇒影響を受けて生まれる気持ち〕<br>名「愛情」<br>▶ have a deep **affection** for your children<br>「子供に対する深い**愛情**がある」 |
| 953 | **effect** [ifékt] | 〔ef（外に）+ fect（なされたことの結果）〕<br>名「影響、効果」<br>▶ have an **effect** on the environment「環境に**影響を与える**」<br>◆ have an effect on A「Aに影響を与える」 |
| 954 | **effective** [iféktiv] | 形「効果的な」<br>▶ an **effective** way of spending time「**効果的な**時間の使い方」 |
| 955 | **effectively** [iféktivli] | 副「効果的に」 |

## F

**956 *defect** [díːfekt]
〔de（悪く）+作る⇒失敗〕
名「欠陥」
▶ structural **defects**「構造上の**欠陥**」

**957 defective** [diféktiv]
形「欠陥のある」
▶ **defective** products「**欠陥**製品」

**958 deficient** [difíʃənt]
〔defect と同語根：欠陥のある⇒欠けている〕
形「(A の) **不足している** (in A)」
▶ a diet **deficient** in iron「鉄分**不足の**食事」

**959 *deficiency** [difíʃənsi]
名「不足」
▶ vitamin **deficiency**「ビタミン**不足**」

**960 *deficit** [défəsit]
名「赤字」
▶ a trade **deficit**「貿易**赤字**」

**961 infect** [infékt]
〔in（中に）+作る⇒体の中に病気を作る〕
動「(人など) **に感染する**」
▶ Mosquitoes **infected** him with malaria.
「蚊がマラリアを彼**に感染させた**」
◆ infect A with B「A に B を感染させる」

**962 *infection** [infékʃən]
名「感染症」
▶ an ear **infection**「耳の**感染症**」

**963 *perfect** [pə́ːrfikt]
〔per（完全に）+作る〕
形「完璧な」
▶ speak **perfect** English「**完璧な**英語を話す」

**964 *perfectly** [pə́ːrfiktli]
副「完璧に、まったく」
▶ You are **perfectly** right.「君の言うことは**まったく**正しい」

**965 *perfection** [pərfékʃən]
名「完璧さ、完全さ」

**966 figure** [fígjər]
〔fig（形作る）+ ure（結果）⇒形（あるもの）〕
名「①〔数を表す形〕**数字** ②〔人を表す形〕（女性の美しい）**スタイル、人影** ③**人物**」
動「〔頭の中に形あるものを描く〕**〜を考える**」
▶ unemployment **figures**「失業者**数**」
▶ She has a good **figure**.「彼女は**スタイル**がいい」
▶ a dark **figure**「黒い**人影**」
▶ a central **figure**「中心**人物**」
▶ What do you **figure** will happen?
「何が起こると**考えますか？**」
◆ figure out A「A を理解する」

| | | |
|---|---|---|
| 967 | **function** [fʌ́ŋkʃən] | 〔行う + tion（こと）〕<br>名「**機能**」<br>動「（機械・システムなどが）**機能する**」<br>▶ brain **function**「脳**機能**」<br>▶ Somehow my brain isn't **functioning** today.<br>「どういうわけか今日は頭が**働か**ない」 |
| 968 | **fit** [fit] | 〔（うまく）作られた⇒ぴったり合う〕<br>動「（服などが）**〜に**（ぴったり）**合う**」<br>形「①〔ぴったり合う〕**適している** ②〔体が日常活動に合っている〕**体調が良い**」<br>▶ The dress **fits** you.「そのドレスはあなた**に合っています**」<br>▶ books **fit** for girls「少女に**適した**本」<br>▶ keep **fit**「**健康**を維持する」 |
| 969 | **fitness** [fítnis] | 名「**健康**」<br>▶ physical **fitness**「身体の**健康**」 |
| 970 | **benefit** [bénəfit] | 〔bene（良い）+ 行い⇒善行⇒利益を生む〕<br>名「**利益**」<br>動「（A から）**利益を得る** (from A)」 ☞語根 bene<br>▶ health **benefit**「健康上の**利益**」<br>▶ You will **benefit** from your new experience.<br>「新しい経験はあなたの**ためになる**でしょう」 |
| 971 | **beneficial** [bènəfíʃəl] | 形「**有益な**」<br>▶ have a **beneficial** effect on the economy<br>「経済に**有益な**影響を与える」 |
| 972 | **profit** [práfit] | 〔pro（前進して）+ 作る⇒利益〕<br>名「（金銭面の）**利益**」<br>▶ make a **profit**「**利益を上げる**」 |
| 973 | **profitable** [práfitəbl] | 形「**収益の上がる**」<br>▶ a highly **profitable** business「非常に**収益性の高い**事業」 |
| 974 | **profitability** [prà:fitəbíləti] | 名「**利益性**」 |
| 975 | **improve** [imprúːv] | 〔im（与える）+ prove（= profit：利益）⇒利益になる〕<br>動「**〜を向上させる、改善する**」<br>▶ **improve** my English「英語力**を向上させる**」 |
| 976 | **improvement** [imprúːvmənt] | 名「**改善、改良**」<br>▶ room for **improvement**「**改善**の余地」 |

# F

977 **fashion** [fǽʃən]
〔作ること⇒ものの作り方⇒流行〕
图「①やり方 ②流行」
▶ in his own fashion「彼自身のやり方で」

978 **fiction** [fíkʃən]
〔形作る + tion（こと）⇒虚構〕
图「小説」
▶ science fiction「空想科学小説〔SF〕」

979 **artificial** [ὰːrtəfíʃəl]
〔arti（技術）+ ficial（作る）⇒技術で作られた〕
形「人工の」 ☞語根 arm

980 **officer** [ɔ́ːfisər]
〔of（仕事）+ fic（行う）+ er（人）⇒公職に就く人〕
图「役人、警官」
▶ a police officer「警官」

981 **official** [əfíʃəl]
〔of（仕事）+ fic（行う）+ ial⇒公職を行う〕
图「(officerより下の地位の)公務員、役人」 形「公式の」
▶ a public official「公務員」
▶ an official record「公式記録」

982 **traffic** [trǽfik]
〔tra（= trans：超えて）+ fic（作る）⇒超えて進む⇒人や車が往来する〕
图「交通（量）」
▶ heavy traffic「交通渋滞」
★「(交通量が)多い」は heavy、「少ない」は light。many や few は不可。

983 **efficient** [ifíʃənt]
〔ef（完全に）+ fic（作る）+ ent（状態）⇒成し遂げる〕
形「効率的な」
▶ an efficient way of studying「効率的な勉強方法」

984 **efficiency** [ifíʃənsi]
图「能率」
▶ improve efficiency「能率を高める」

985 **sufficient** [səfíʃənt] アク
〔suf（十分に）+ fic（作る）+ ent（状態）〕
形「十分な」
▶ sufficient evidence「十分な証拠」

986 **sufficiently** [səfíʃəntli]
副「十分に、(〜するのに)足りるほど (to do)」
▶ She recovered sufficiently to go to school.
「彼女は学校に行けるほど回復した」

987 **insufficient** [insəfíʃənt]
〔in（ない）+ 十分な〕
形「不十分な」

988 **certificate** [sərtífikət]
〔certi（確かに）+ 作る⇒確かめられたもの〕
图「証明書」 ☞語根 cert

989 □ **feat**
[fíːt]
〔作られたもの⇒功績〕
名「偉業」
▶ the **feat** of conquering Everest「エベレスト征服という**偉業**」

990 □*****feature**
[fíːtʃər]
〔作られたもの⇒人目をひく特徴〕
名「①特徴 ②特集（記事）」
動「①～を特集する ②～を特徴として備える」
▶ a **feature** of this university「この大学の**特徴**」

991 □*****defeat**
[difíːt]
〔de（離して）＋作る⇒遠ざける〕
動「〔敵や相手など〕**を打ち負かす**（= beat）」
名「〔打ち負かされること〕**敗北**」
▶ **defeat** an opponent「相手**を打ち負かす**」
★ win は「（競争や戦いなどに）勝つ」という意味である。
▶ suffer a **defeat**「**敗北**を喫する」

## fade 〔新鮮ではない〕 語源

992 □*****fade**
[féid]
〔新鮮ではない⇒色あせる・衰える〕
動「（次第に）**薄れる、消えていく、衰えていく**」
▶ Memories of the war are gradually **fading**.
「戦争の記憶は徐々に**薄れてきている**」

## faint 〔見せかけの〕 語源

993 □*****faint**
[féint]
〔見せかけの⇒臆病な⇒弱々しい⇒（意識が）かすかな⇒
気を失う〕
形「（音・光・感情・心で感じられるものなどが）**かすかな**」
動「**気を失う**」
▶ a **faint** light in the distance「遠くの**かすかな**光」
▶ **faint** from hunger「空腹で**気を失う**」

## fair 〔美しい〕 語源

994 □*****fair**
[féər]
〔美しい⇒汚れがなく公平な〕
形「①**公平な、公正な** ②〔美しい⇒程度が高い〕**かなり
の** ③〔空が美しい〕**晴れた** ④〔髪が美しい〕**金髪の**」
「女性が美しい」が本来の意味で、汚点がないことから「公平な、
公正な」という意味が生じた。
▶ **fair** trade「**公正な取引**」
▶ a **fair** income「**かなりの収入**」

## fake 〔磨き上げる〕　　　　　　　　　　　　　　　　　　　　　　語源

995 **fake**
[féik]
〔磨き上げる⇒見せかける〕
形「偽りの」
名「偽物」
▶ a fake smile「作り笑い」

## fall / fail / fault 〔落下する〕　　　　　　　　　　　　　　　　語根

996 **fall**
[fɔ́:l]
〔落下する〕
動「落下する、転ぶ、下がる」
名「①〔木の葉が落ちる〕秋　②落下、低下」

997 **fail**
[féil]
〔落ちる〕
動「①（試験などに）落ちる　②（試み・事業などに）失敗する (in A)　③〜できない (to *do*)」
▶ fail the examination「試験に落ちる」
★「試験に落ちる」の意味では fail in the examination とはしない。
▶ fail in business「事業に失敗する」
▶ fail to understand the reason「その理由が理解できない」
◆ never fail to *do*「（習慣的行為を表して）いつも〜する」

998 **failure**
[féiljər]
名「①失敗　②〜しないこと (to *do*)」
▶ failure to reach an agreement「合意に達しないこと」

999 **fault**
[fɔ́:lt]
〔落ち度⇒欠点〕
名「①〔落ち度〕責任　②〔落ち度⇒欠点〕欠点」
▶ The accident is his fault.「その事故は彼の責任だ」
▶ We all have our faults.「誰しも欠点はある」

## false 〔間違った〕　　　　　　　　　　　　　　　　　　　　　　語根

1000 **false**
[fɔ́:ls] 発
〔間違った〕
形「（意図的に）間違った、虚偽の」
★ false は wrong と異なり、意図的に人を「だます」ことを暗示する。
▶ give a false impression「間違った印象を与える」

## family 〔家族〕　　　　　　　　　　　　　　　　　　　　　　　　語根

1001 **family**
[fǽməli]
〔家族〕　名「家族」

1002 **familiar**
[fəmíljər] アク
〔家族 + ar（のような）⇒よく知っている〕
形「**よく知っている、よく知られている**」
▶ The story is familiar to us. (= We are familiar with the story.)「私たちはその話を**よく知っている**」
◆ A be familiar to B「A は B（人）によく知られている」
＝ B be familiar with A「B（人）は A をよく知っている」

1003 **familiarity**
[fəmiliǽrəti]
名「**精通、親しみやすさ**」

## famine 〔飢え〕 語源

1004 **famine**
[fǽmin]
〔飢え〕 名「**飢饉**」
▶ suffer from famine「**飢え**に苦しむ」

## fan / focus 〔光、光が当たり現れるもの〕 語根

☞ pha(n) / phen / photo と同語源

1005 **fantasy**
[fǽntəsi]
〔光が当たり現れるもの〕 名「**空想**」
▶ have a fantasy「**空想する**」

1006 **fantastic**
[fæntǽstik]
〔fantast (=fantasy：空想) + ic（的な）〕 形「**すばらしい**」
▶ a fantastic view「**すばらしい**眺め」

1007 **fancy**
[fǽnsi]
〔fantasy の短縮形：空想的な〕
形「①〔想像を超えた〕**高級な** ②〔想像をかきたてる〕**手の込んだ**」
動「**～を想像する**」 名「**空想**」
▶ a fancy restaurant「**高級**レストラン」
▶ fancy a life without TV「テレビのない生活**を想像する**」

1008 **focus**
[fóukəs]
〔光が当たり燃える点〕
動「（A に）**集中する** (on A)、**～を集中させる**」
名「**焦点、中心**」
▶ focus on his work「仕事に**集中する**」
▶ the focus of the world's attention「世界の注目の**的**」

## far / fare 〔更に、更に行く〕 語根

1009 **far**
[fá:r]
〔更に⇒遠く〕
副「**はるかに**」（比較級や too の前で）
▶ far more important「**はるかに**大切な」

1010 **further**
[fə́:rðər]
形「**それ以上の**」 副「**更に、更に遠く〔進んで〕**」
▶ further information「**更なる〔詳しい〕**情報」

121

## F

**1011 fare** [féər]
〔更に行くこと⇒旅行すること⇒旅行のために支払う金額〕
名「運賃」
▶ a bus fare「バスの運賃」

**1012 farewell** [fèərwél]
〔fare（旅行）+ well（良き）⇒良き旅を⇒さらば〕
名「別れ」
▶ farewell party「送別会」

**1013 welfare** [wélfèər]
〔wel（うまく）+ fare（行うこと）⇒快適な生活を提供すること〕
名「①生活保護　②福祉」
▶ social welfare「社会福祉」

### fascinate 〔束ねる〕　語源

**1014 fascinate** [fǽsənèit]
〔束ねる⇒呪縛する⇒魅了する〕
動「(人)を魅了する」
▶ Toys fascinate children.「おもちゃは子供を魅了する」

**1015 fascinating** [fǽsənèitiŋ]
形「魅力的な」
▶ a fascinating story「魅力的な話」

**1016 fascinated** [fǽsineitid]
形「魅了された」
▶ be fascinated by her beauty「彼女の美しさに魅了される」

**1017 fascination** [fæsənéiʃən]
名「魅了、魅力」

### fast 〔しっかりと固定されている〕　語源

**1018 fast** [fǽst]
〔しっかりと固定されている⇒物と物がくっついている⇒次のものがすぐ続くさま⇒速い〕
形「①固定した　②速い」　副「①しっかりと　②速く」
▶ fast friends「固定した友人⇒長年の友人」
▶ fast asleep「しっかり眠って［熟睡して］」

**1019 fasten** [fǽsn] 発
〔fast（固定されて）+ en（〜にする）〕
動「〜を固定する」
▶ fasten your seat belt「シートベルトを固定する［締める］」

### fate / fame / fant 〔(神によって) 話されたこと〕　語根

**1020 fate** [féit]
〔神が話した宣告⇒誰も逃れることができないこと⇒運命〕
名「運命」
▶ This game will decide our fate.
「この試合で我々の運命が決まる」

**1021 fatal** [féitl]
〔fate（運命）+ al（〜の）〕　形「致命的な」
▶ fatal disease「致命性の病気［死の病］」

1022 **fame** [féim]
〔(ある人について) 語られたうわさ〕
名「名声」
▶ win fame「名声を得る」

1023 **famous** [féiməs]
形「有名な」
▶ Kyoto is famous for its many old temples.
「京都は古い寺が数多くあることで有名だ」

1024 **infamous** [ínfəməs] 発 アク
〔in (ない) +有名な⇒悪い意味で有名な〕
形「悪名高い」

1025 **infant** [ínfənt]
〔in (ない) +話す⇒言葉をまだ話さない子〕
名「幼児、乳児」
▶ a newborn infant「新生児」

1026 **infancy** [ínfənsi]
名「幼児期」
▶ Children in infancy are full of curiosity.
「幼児期の子供は好奇心旺盛だ」

## fatigue 〔疲れさせる〕  語源

1027 **fatigue** [fətíːg] 発
〔疲れさせる〕
名「(極度の) 疲労」
▶ physical fatigue「肉体疲労」

## feast 〔宗教的な儀式を行う日〕  語源

1028 **feast** [fíːst]
〔宗教的な儀式を行う日⇒祝宴⇒ごちそう〕
名「祝宴」
▶ a wedding feast「結婚披露宴」

## federal 〔同盟の〕  語源

1029 **federal** [fédərəl]
〔同盟の〕
形「連邦の」
▶ the Federal government「連邦政府」
★「各州の政府」は state government。

## fee / feud 〔(封建時代の) 領地〕  語根

1030 **fee** [fíː]
〔領地⇒領地の小作料⇒専門家に支払う料金〕
名「① (学校などの) 授業料 ② (弁護士・医者などの専門職に対して1回ごとに支払われる) 報酬 ③ (参加・入場などの) 料金」
▶ school fees「学費」

# F

| 1031 | **feudal**<br>[fjúːdl] | 〔領地 + al（〜の）〕<br>形「封建制の」<br>▶ the feudal system「封建制」 |

| 1032 | **＊fellow**<br>[félou] | 〔fe（= fee：お金）+ low（置く人）⇒共同の仕事に金を出す人⇒仲間〕<br>形「同僚の」<br>▶ a fellow student「学友」 |

## female 〔乳を飲ませる〕 語源

| 1033 | **＊female**<br>[fíːmeil] | 〔乳を飲ませる⇒女性の〕<br>形「女性の」<br>名「女性」<br>▶ a female student「女子学生」 |

| 1034 | **＊feminine**<br>[fémənin] | 〔femin（女性の）+ ine（性質を持つ）〕<br>形「女性らしい」<br>▶ a feminine voice「女性らしい声」 |

| 1035 | **＊feminist**<br>[fémənist] | 名「男女同権主義者」 |

## fend / fens 〔打つ〕 語根

| 1036 | **＊defend**<br>[difénd] | 〔de（分離）+ 打つ⇒打って相手を遠ざける⇒防御する〕<br>動「〜を守る、〜を弁護する」<br>▶ defend the children from the dog<br>「犬から子供たちを守る」 |

| 1037 | **＊defense**<br>[diféns] | 名「防衛、弁護」 |

| 1038 | **＊defensive**<br>[difénsiv] | 形「防衛的な、守備の」 |

| 1039 | **＊offend**<br>[əfénd] | 〔of（〜に向かって）+ 打つ⇒攻撃する⇒感情を害する〕<br>動「(人)の感情を害する」<br>▶ I'm sorry if you are offended.<br>「気分を害したなら、ごめんなさい」 |

| 1040 | **offense**<br>[əféns] | 名「①感情を害すること ②〔攻撃⇒罪〕罪」<br>▶ take offense「気を悪くする」 |

| 1041 | **＊offensive**<br>[əfénsiv] | 形「①不愉快な ②攻撃の」<br>▶ offensive language「不愉快な言葉」 |

# fer〔運ぶ〕 語根

☞ fare や port も同族

1042 **ferry**
[féri]
〔運ぶもの〕
名「渡し船、フェリー」

1043 **differ**
[dífər] アク
〔dif（分離）+ 運ぶ⇒別に運ぶ⇒異なる〕
動「異なる」
▶ Your answer **differs** from mine.
「あなたの答えは私のとは**異なる**」

1044 **difference**
[dífərəns]
名「相違」
▶ It makes no **difference** to me.
「それは私にとっては**違い**を生じない〔どうでもよい〕」
◆ make no difference「違いを生まない、影響を及ぼさない、重要ではない」

1045 **different**
[dífərənt]
形「異なった」
▶ All individuals are **different** in character.
「人は皆、性格の点で**異なる**」
◆ different in A「A の点で異なった」

1046 **indifferent**
[indífərənt]
〔in（ない）+ different（違い）⇒違いが生じない⇒重要でないことには無関心な〕
形「(A に) 無関心な (to A)」
▶ He is **indifferent** to his appearance.
「彼は外見に**無関心で**ある」

1047 **indifference**
[indífərəns]
名「無関心」

1048 **infer**
[infə́:r]
〔in（中に）+ 運ぶ⇒証拠や事実などから推察される真意を頭の中に運び込む〕
動「～を推測する」
▶ **infer** meaning from context「文脈から意味**を推測する**」

1049 **inference**
[ínfərəns]
名「推測、推論」

1050 **interfere**
[intərfíər] アク
〔inter（間に）+ 運び込む⇒邪魔する〕
動「(A の) **邪魔する** (with A)、(A に) **干渉する** (in A)」
▶ **interfere** with his work「彼の仕事の**邪魔をする**」
▶ **interfere** in his life「彼の生活に**干渉する**」

1051 **interference**
[intərfíərəns]
名「干渉」

## F

**1052 offer** [ɔ́:fər] アク
〔of（〜に向かって）+ 運ぶ⇒捧げる〕
動「**〜を提供する**」
名「**申し出**」
▶ offer him a job「彼に仕事**を提供する**」
▶ accept an offer「**申し出**を受け入れる」
◆ offfer to *do*「〜しようと申し出る」

**1053 prefer** [prifə́:r] アク
〔pre（前に）+ 運ぶ⇒2つある物のうち、好きなほうを前に置く〕
動「**〜を（より）好む**」
▶ prefer chicken to turkey「七面鳥の肉よりも鶏肉の**ほうが好きだ**」
◆ prefer A to B「BよりAを好む」

**1054 preference** [préfərəns]
名「**好むこと**」
▶ have a preference for sweets「お菓子が**好き**である」

**1055 preferable** [préfərəbl]
形「(Aより) **好ましい** (to A)」
▶ Poverty is preferable to ill health.「貧乏は不健康よりは**ましだ**」

**1056 refer** [rifə́:r] アク
〔re（戻して）+ 運ぶ⇒最終判断を専門家や専門書などに持ち込む〕
動「(Aを) **参照する**、(Aに) **言及する** (to A)」
▶ refer to a dictionary「辞書を**参照する**」
▶ refer to the matter「その問題に**言及する**」
◆ refer to A as B「AをBと言う[呼ぶ]」

**1057 reference** [réfərəns]
名「**参照、言及**」

**1058 suffer** [sʌ́fər]
〔suf（下で）+ 運ぶ⇒耐える〕
動「(苦痛・損害など) **を受ける**」
▶ suffer pain「苦痛**を受ける**」
▶ suffer from cancer「ガンを**患う**」
◆ suffer from A「A（病気など）に苦しむ」

**1059 transfer** [trænsfə́:r] アク
〔trans（向こう側に）+ 運ぶ〕
動「**〜を転勤させる、移す**」
▶ transfer him to another department「別の部署に彼**を転勤させる**」

**1060 conference** [kánfərəns]
〔con（一緒に）+ 運ぶこと⇒一緒に話を運ぶこと〕
名「(専門的な問題を議論する公式の) **会議**」
▶ an international conference「国際**会議**」

| | | |
|---|---|---|
| 1061 | **fertile**<br>[fə́ːrtl] | 〔運ぶ + tile（性質がある）⇒多くを生み出せる〕<br>形「（土地などが）肥沃な、繁殖能力のある」<br>▶ fertile land「肥沃な土地」 |
| 1062 | ***fertility**<br>[fərtíləti] | 名「肥沃、繁殖能力」 |
| 1063 | ***fertilizer**<br>[fə́ːrtəlàizər] | 名「肥料」 |

## fess 〔話す〕　　語根

| | | |
|---|---|---|
| 1064 | ***confess**<br>[kənfés] | 〔con（完全に）+ 話す〕<br>動「（悪事・欠点など）を白状する、認める」<br>▶ He confessed that he had lied.<br>「彼はうそをついていたと白状した」 |
| 1065 | ***confession**<br>[kənféʃən] | 名「白状、自白」<br>▶ make a confession「自白する」 |
| 1066 | ***professor**<br>[prəfésər] | 〔pro（前で⇒人前で）+ 話す + or（人）〕<br>名「教授」<br>▶ a professor of economics at Yale University<br>「エール大学の経済学の教授」 |
| 1067 | ***profession**<br>[prəféʃən] | 〔pro（人前で）+（知識があると）話すこと〕<br>名「（専門的・知的）職業」<br>▶ the teaching profession「教師の仕事」 |
| 1068 | ***professional**<br>[prəféʃənl] | 形「専門家の、プロの」<br>名「知的職業人、プロ選手」<br>▶ professional advice「専門家の助言」 |

## fetch 〔連れて来る〕　　語源

| | | |
|---|---|---|
| 1069 | ***fetch**<br>[fétʃ] | 〔連れて来る〕<br>動「（行って）〜を連れて［持って］来る」《主に英国》<br>▶ fetch water from the well<br>「井戸から水をくんで持って来る」 |

## fev / fav 〔熱〕　　語根

| | | |
|---|---|---|
| 1070 | ***fever**<br>[fíːvər] | 〔熱〕 名「熱」<br>▶ have a slight fever「少し熱がある」 |
| 1071 | **feverish**<br>[fíːvəriʃ] | 形「発熱した、熱のある」 |

## F

**1072 favor** [féivər]
〔熱⇒熱をあげること⇒好意を持つこと〕
图「親切な行為、好意」
動「〜のほうを好む」
▶ May I ask a favor of you? (= Would you do me a favor?)
「お願いしたいことがあるのですが」
◆ ask a favor of A「A に親切な行為を頼む
　⇒ A に頼みごとをする」
◆ do A a favor「A に親切な行為をもたらす
　⇒ A の頼みごとをきく」

**1073 favorable** [féivərəbl]
〔favor（好意）+ able（的な）〕
形「好意的な、好都合な」
▶ make a favorable impression on voters
「有権者に好印象を与える」

**1074 favorite** [féivərit]
〔好意を寄せている + ite（人）〕
形「お気に入りの」 图「お気に入りの人[もの]」
▶ my favorite Japanese food「私のお気に入りの日本食」
▶ This movie is my favorite.
「この映画は私のお気に入りです」

### fid / fai / fy〔信じる〕　　語根

**1075 confide** [kənfáid]
〔con（完全に）+ 信じる〕
動「(人)に秘密を打ち明ける (in A)」

**1076 confidence** [kάnfədəns]
〔con（完全に）+ 信じること〕
图「(A に対する) 信頼、自信 (in A)」
▶ confidence in the government「政府に対する信頼」

**1077 confident** [kάnfədənt]
形「確信して、自信がある」
▶ be confident of success「成功を確信している」

**1078 confidential** [kὰnfədénʃəl]
形「極秘の」
▶ confidential documents「機密書類」

**1079 faith** [féiθ]
〔信じること〕
图「(A に対する) 信頼、信仰 (in A)」
▶ have faith in him「彼を信用している」

**1080 faithful** [féiθfəl]
形「忠実な、誠実な」
▶ a faithful friend「誠実な友人」

**1081 defy** [difái]
〔de（ない）+ 信じる〕
動「(法律など)を無視する、(親など)に反抗する」
▶ defy traffic rules「交通規則を無視する」

## fierce〔野獣の〕　　　語源

1082 **fierce**
[fíərs]
〔野獣の⇒どう猛な〕
動「どう猛な、激しい」
▶ **fierce** arguments「激しい口論」

1083 **fiercely**
[fíərsli]
副「どう猛に、激しく」

## fill〔満たす〕　　　語源

1084 **fill**
[fíl]
〔満たす〕
動「～を満たす」
▶ **fill** a glass with water「コップに水をいっぱい入れる」
　◆ fill A with B「A を B で満たす」

1085 **fulfill**
[fulfíl]
〔ful（十分に）+ 満たす〕
動「①〔義務などを満たす〕（義務・約束・夢など）を果たす、実現する　②〔要求などを満たす〕（要求・期待・条件など）に応える」
▶ **fulfill** your dream「夢を実現する」
▶ **fulfill** our expectations「私たちの期待に応える」

## fin〔終わり、区切り〕　　　語根

1086 **finish**
[fíniʃ]
〔終える〕
動「～を終える」
▶ **finish** reading a book「本を読み終える」
★「～することを終える」の意味で finish to do は不可。

1087 **final**
[fáinl]
〔終わり + al（～な）〕
形「最終の、最終的な」　名「決勝戦」
▶ a **final** decision「最終決定」

1088 **finally**
[fáinəli]
副「（長い時間を経て）遂に、（列挙して）最後に」
▶ He **finally** passed the exam.「彼は遂に試験に受かった」

1089 **fine (1)**
[fáin]
〔終わり⇒完成された⇒すばらしい〕
形「①すばらしい　②〔体調がすばらしい〕元気な　③〔天気がすばらしい〕天気がいい　④〔すばらしいものは細部まで仕上げてある〕（きめの）細かい」
▶ a **fine** view「すばらしい眺め」
▶ **fine** silk「きめの細かい絹」

1090 **fine (2)**
[fáin]
〔終わり⇒金で決着〕
名「罰金」　動「～に罰金を科す」
▶ pay a **fine**「罰金を支払う」

## F

**1091 finance** [fináens]
〔終わり + ance（～こと）⇒借金を返済すること〕
名「財政、財源」
動「～に資金を提供する」
▶ family **finaces**「家計」

**1092 financial** [finǽnʃəl] アク
形「財政上の」
▶ **financial** difficulties「財政難」

**1093 financially** [finǽnʃəli]
副「財政的に」

**1094 refine** [rifáin]
〔re（再び）+ 終える⇒仕上げる〕
動「(技術・方法など) を磨く、洗練する」
▶ **refine** his speech「言葉遣いを磨く」

**1095 refined** [rifáind]
形「洗練された」

**1096 finite** [fáinait] 発
〔区切られた〕
形「有限の」

**1097 infinite** [ínfənət] アク
〔in（ない）+ 区切られた〕　形「無限の」
▶ an **infinite** number of stars「無限の数の星」

**1098 infinitely** [ínfənətli]
副「限りなく」

**1099 confine** [kənfáin]
〔co（一緒に）+ 区切りを定める⇒行動範囲などを限定する〕
動「①～を (A に) 限定する (to A)　②～を閉じ込める」
▶ **confine** her activities to music composition
「活動を作曲に限定する」
▶ **confine** him to [in] a dark room
「暗い部屋に彼を閉じ込める」

**1100 define** [difáin]
〔de（完全に）+ 区切りを定める⇒区切りを明確にする〕
動「～を明確にする、定義する」
▶ **define** ice as frozen water「氷を凍った水と定義する」
◆ define A as B「A を B と定義する」

**1101 definite** [défənit] アク
形「明確な、確実な」
▶ a **definite** answer「明確な答え」

**1102 indefinite** [indéfənit]
〔in（ない）+ 明確な〕
形「不明確な」

**1103 definitely** [défənitli]
副「確かに」
▶ Things have **definitely** changed.「状況は確かに変わった」

**1104 definition** [dèfəníʃən]
名「定義」
▶ a clear **definition**「明確な定義」

## fire 〔火〕　　　　　　　　　　　　　　　　　　　　　　　　　　　　語根

☞ fuel と同根ではないかと思われる

1105 **fire**
[fáiər]

〔火〕
動「①〔弾を放出する〕（銃など）**を発砲する**　②〔人を放出する〕（人）**を解雇する**　③〔感情などを燃え上がらせる〕（情熱・想像など）**をかきたてる**」
名「**火、火事、発砲**」
- He was **fired** for being lazy.
「彼は怠惰だったために**解雇された**」
- **fire** his imagination「想像力**をかき立てる**」

## firm 〔堅固な〕　　　　　　　　　　　　　　　　　　　　　　　　　　　語根

1106 **firm**
[fə́:rm]

〔堅固な〕
形「**堅い、確固たる、固定した**」
名「〔確固たる売買契約を行うことから〕**会社**」
- a **firm** belief「**堅い**信念」
- a large **firm**「大**会社**」

1107 **firmly**
[fə́:rmli]

副「**しっかりと**」
- His reputation is **firmly** established.
「彼の評判は**しっかりと**確立されている」

1108 **farm**
[fá:rm]

〔確固たる売買契約を行うこと〕
名「**農場**」
- run a **farm**「**農場**を経営する」

1109 **farmer**
[fá:rmər]

名「**農場経営者**」

1110 **affirm**
[əfə́:rm]

〔af（～に対して）+ firm（確かだと思う）〕
動「**～と断言する**」
- He **affirmed** that he was innocent.
「彼は自分が無実である**と断言した**」

1111 **confirm**
[kənfə́:rm]

〔con（一緒に）+ 確かめる〕
動「**～を確かめる、裏づける**」
- **confirm** my hotel reservation「ホテルの予約**を確かめる**」

1112 **confirmation**
[kànfərméiʃən]

名「**確認**」

## fix 〔固定する〕　　　　　　　　　　　語根

1113 **fix**
[fíks]
〔固定する〕☞ firm と同語源
動「①（しっかり）〜を固定する　②〔固定する〕〜を修理する　③〔日時などを固定する〕（日時・場所）を決定する　④〔視線などをあるものに固定する〕（視線や注意など）を向ける (on A)」
- fix a mirror to the wall「壁に鏡を固定する〔取りつける〕」
- fix a bicycle「自転車を修理する」
- fix a date for the meeting「会合の日時を決める」
- fix his eyes on the girl
「彼はその女の子にじっと目を向ける」
◆ fix A on B「A を B に向ける」

1114 **fixed**
[fíkst]
形「固定した、確固たる」
- a fixed price「定価」

## flame 〔炎〕　　　　　　　　　　　　語源

1115 **flame**
[fléim]
〔炎〕名「炎」
- a candle flame「ろうそくの炎」
関 flamingo「フラミンゴ」も同語源。語源は〔炎の色をした鳥〕。

## flat 〔水平な〕　　　　　　　　　　　語根

☞ plan と同語源

1116 **flat**
[flǽt]
〔水平な⇒でこぼこがなく平らな〕
形「①平らな　②〔平らな表面でこぼこがなくスパッとしていることから〕（拒絶・否定などが）きっぱりとした」
名「アパート《英》」
- flat surface「平らな表面」
- I gave him a flat refusal to go.
「私は行かないと彼にきっぱりと断った」
◆ have a flat tire「タイヤがパンクしている」

1117 **flatter**
[flǽtər]
〔平らにする⇒なでる⇒調子のよい言葉でなだめる〕
動「お世辞を言う」
- flatter my boss「上司にお世辞を言う」

## flavor 〔香り〕　　　　　　　　　　　語源

1118 **flavor**
[fléivər]
〔香り〕名「味、風味」
- ice cream with a chocolate flavor
「チョコレート風味のアイスクリーム」

## flaw〔傷〕 中心義

1119 **flaw**
[flɔ́ː]
〔傷〕 名「傷、欠陥」
▶ a fatal **flaw**「致命的な欠陥」

## flect / flex〔曲がる、曲げる〕 語根

1120 **reflect**
[riflékt]
〔re（元に戻して）+ 曲げる ⇒ 反射する〕
動「①~を反射する、反映する ②〔元に戻って考える〕（Aについて）じっくり考える (on A)」
▶ **reflect** public opinion「世論を反映する」
▶ **reflect** on my daughter's future
「娘の将来についてよく考える」

1121 **reflection**
[riflékʃən]
名「反射、反映、熟考」

1122 **flexible**
[fléksəbl]
〔曲げる + ible（できる）⇒ 曲げやすい〕
形「柔軟な」
▶ a **flexible** plan「柔軟な計画」
▶ **flexible** working hours「フレックス制勤務」

1123 **flexibility**
[flèksəbíləti]
名「柔軟性」

## flee / flight / float〔飛ぶ、浮く〕 語根

1124 **flee**
[flíː]
〔飛ぶ⇒飛ぶように逃げる〕
動「(Aから) 逃げる (from A)」
▶ **flee** from the town「町から逃げる」

1125 **flight**
[fláit]
〔飛行〕
名「定期航空便（の飛行機）、飛行機旅行」
▶ book a **flight** to London
「ロンドンへの飛行機の便を予約する」

1126 **float**
[flóut]
〔浮く〕 動「浮く」
▶ **float** on water「水に浮かぶ」

## flesh〔肉〕 語源

1127 **flesh**
[fléʃ]
〔肉〕 名「肉」
▶ the **flesh** of animals「動物の肉」

## flict〔打つ〕 語根

**1128 afflict** [əflíkt]
〔af（〜に）+ 打つ⇒打ち砕く〕
動「（病気・災害などが）〜を苦しめる」
▶ be afflicted with a disease「病気に苦しんでいる」

**1129 conflict** [kənflíkt]
〔con（互いに）+ 打つ⇒互いに打ち合う⇒衝突する〕
動「（A と）衝突する、対立する (with A)」 名「対立、衝突」
▶ a conflict of opinions「意見の対立」

**1130 inflict** [inflíkt]
〔in（上に）+ 打つ⇒打撃を加える〕
動「（打撃・損害・苦痛など）を与える」
▶ inflict severe damage on the environment
「環境に深刻な被害を与える」
◆ inflict A on B「A を B に与える」

## flo / flour〔花〕 語根

**1131 flower** [fláuər]
〔花〕 名「花」

**1132 flour** [fláuər] 発
〔花⇒小麦の花⇒小麦の花から作られる小麦粉〕
名「小麦粉」
▶ mix flour and sugar「小麦粉と砂糖を混ぜる」

**1133 flourish** [flə́:riʃ]
〔花 + ish（開く）+ 花開く⇒繁茂する〕
動「（動植物が）よく育つ、繁栄する」
▶ His business is flourishing.「彼の商売は繁盛している」
国 Florida「フロリダ」も同語源である。

## flock〔群れ〕 語源

**1134 flock** [flák]
〔群れ〕
名「（鳥・羊・山羊などの）群れ」 動「群がる」
▶ a flock of birds「鳥の群れ」
▶ Birds of a feather flock together.
「同じ羽の鳥は一緒に群がる〔類は友を呼ぶ〕」

## flu / flo〔流れる〕 語根

**1135 fluent** [flú:ənt]
〔流れる + ent（性質）〕 形「流暢な」
▶ speak fluent English「流暢な英語を話す」

**1136 fluid** [flú:id] 発
〔流れる + id（状態）〕
名「液体、水分」 形「流動的な、（動きが）滑らかな」
▶ drink plenty of fluids「水分を多くとる」

| 1137 | **flu** [flúː] | 〔流行する病気：influenza の短縮語〕<br>名「インフルエンザ」<br>▶ have (the) flu「インフルエンザにかかっている」 |
|---|---|---|
| 1138 | **affluent** [ǽfluənt] | 〔af（〜に）+流れる⇒縁まで一杯になった〕<br>形「裕福な」<br>▶ an affluent country「豊かな国」 |
| 1139 | **influence** [ínfluəns] アク | 〔in（中に）+流れる⇒流れ込む〕<br>名「影響」<br>動「〜に影響を与える」<br>▶ have a good influence on children<br>「子供に良い影響を与える」<br>◆ have an influence on A「Aに影響力を持つ」 |
| 1140 | **influential** [ìnfluénʃəl] | 形「影響力のある」<br>▶ a higly influential politician<br>「非常に大きな影響力のある政治家」 |
| 1141 | **flow** [flóu] | 〔流れる〕<br>動「流れる」　名「流れ」<br>▶ blood flow「血流」 |
| 1142 | **flood** [flʌ́d] 発 | 〔流れる〕<br>名「洪水、殺到」<br>動「〜を水浸しにする、〜に押し寄せる」<br>▶ the flood of refugees「難民の殺到」 |

## fold 〔折りたたむ〕　語根

☞ ply (1) と同語源。

| 1143 | **fold** [fóuld] | 〔折りたたむ〕<br>動「①（紙・服など）を折りたたむ<br>　　②〔腕などを折りたたむ〕（手・腕など）を組む」<br>▶ fold a piece of paper「紙を折りたたむ」<br>▶ fold your arms「腕を組む」 |
|---|---|---|
| 1144 | **unfold** [ʌ̀nfóuld] | 〔un（逆にする）+折りたたむ⇒開く⇒明らかになる〕<br>動「開く、明らかになる」<br>☞語根 un+ 動詞 |

## folk 〔人々〕　語源

| 1145 | **folk** [fóuk] 発 | 〔人々〕名「人々」<br>▶ country folk(s)「田舎の人たち」 |
|---|---|---|

## follow 〔～の後について行く〕　語源

**1146 follow** [fálou]
〔～の後について行く［起こる］〕
動「①～の後について行く　②～の後に起こる　③〔後に続いて従う〕～に従う　④〔相手について行くことで〕～を理解する」
▶ Follow me, please.
「どうぞ私の後について来てください」
▶ Disease often follows overwork.
「病気はしばしば過労から起こる」
▶ follow his advice「彼の助言に従う」
▶ follow her lecture「彼女の講義を理解する」
◆ It follows that S + V「～ということになる」

**1147 following** [fálouiŋ]
形「下記の、次の」
名「次に述べること」
▶ Answer the following questions.
「以下の質問に答えなさい」

## food / feed / foster 〔食事〕　語根

**1148 food** [fúːd] 発
〔食事〕名「食事」
▶ food, clothing and housing［shelter］「衣食住」

**1149 feed** [fíːd]
〔食事を与える〕
動「（人や動物）に食事を与える、（家族など）を養う」
▶ feed a baby「赤ん坊に食事を与える」
◆ feed on A「（動物が）A を常食とする」

**1150 foster** [fɔ́ːstər]
〔食事を与える⇒育てる〕
動「（他人の子供）を里親として養育する、（技術・精神など）を育む」
▶ foster musical ability「音楽の才能を育む」

## forbid 〔禁止する〕　語源

**1151 forbid** [fərbíd]
〔for（禁止）＋ bid（命令する）〕
動「（親・教師などが）～を禁止する」
▶ forbid his son to smoke
「息子がタバコを吸うことを禁止する」
◆ forbid A to *do*「A が～するのを禁止する」

## force / fort〔力、強さ〕 語根

**1152 force** [fɔːrs]
〔力〕
名「力、暴力、影響力、軍隊」 動「〜を強制する」
▶ force his child to use the right hand
「子供に右手を使うよう強制する」
◆ force A to *do*「Aに〜するよう強制する」

**1153 enforce** [infɔ́ːrs]
〔en（与える）+ 力〕
動「（法律・規則など）を施行する、押し付ける」
▶ enforce a law「法律を施行する」

**1154 enforcement** [infɔ́ːrsmənt]
名「施行」

**1155 reinforce** [riːinfɔ́ːrs] 発
〔re（再び）+ in（中に）+ 力〕
動「（論点・意見・建物など）を補強する」
▶ reinforce his argument with facts
「事実を挙げて論点を補強する」

**1156 comfort** [kʌ́mfərt]
〔com（一緒に）+ 力⇒元気づける〕
動「（人）をなぐさめる」 名「快適さ、慰め（となるもの）」
▶ live in comfort「快適に暮らす」

**1157 comfortable** [kʌ́mftəbl]
形「快適な」
▶ a comfortable room「快適な部屋」

**1158 effort** [éfərt]
〔ef（外に）+ 力⇒外に力を出す〕
名「努力」
▶ make an effort to save money「お金を貯めようと努力する」
◆ make an effort to *do*「〜する努力をする」

## fore (1) / for〔前もって〕 語根

**1159 forecast** [fɔ́ːrkæst]
〔前もって + cast（投げる）⇒前もって予測を投げる〕
動「〜を予想する、予測する」 名「予報、予測」
▶ forecast the winner「優勝者を予想する」
▶ the weather forecast「天気予報」

**1160 foresee** [fɔːrsíː]
〔前もって + 見る⇒予見する〕
動「〜を予見する、予想する」
▶ foresee what she will do「彼女が何をするか予想する」

**1161 forehead** [fɔ́ːrhed]
〔前 + 頭⇒前頭部〕
名「額」

**1162 forefinger** [fɔ́ːrfiŋɡər]
〔前方を指す + finger（指）〕
名「人差し指」

## F

**1163 former**
[fɔ́ːrmər]
〔前の + er（より）⇒より前の〕
形「**前の、元の**」
▶ the former president「**元**大統領」
◆ the former「**前者**」（⇔ the latter「**後者**」）

**1164 formerly**
[fɔ́ːrmərli]
副「**以前は**」

**1165 forward**
[fɔ́ːrwərd]
〔前もって + ward（～の方向へ）⇒前へ、先へ〕
副「**前へ、先へ**」 動「〔先へ送る〕**～を転送する**」 ☞ ward
▶ take a step **forward**「一歩**前に進む**」
▶ **forward** the e-mail to her「彼女にメール**を転送する**」
◆ look forward to A [*doing*]
「A〔～すること〕を楽しみにして待つ」

## fore (2)〔外の〕 語根

**1166 forest**
[fɔ́ːrist]
〔外に + est（存在するもの）〕
名「**森林**」
▶ the destruction of tropical rain **forest**「**熱帯雨林**の破壊」
△昔は囲われている土地の外側はすべて森林だったことに由来。

**1167 foreign**
[fɔ́ːrən] 発
〔外の〕
形「**①外国の** ②なじみのない、無縁の」
▶ a **foreign** country「**外国**」

**1168 foreigner**
[fɔ́ːrənər]
名「**外国人**」

## forgive〔許可する〕 語源

**1169 forgive**
[fərɡív]
〔for（すっかり）+ give（与える）⇒許可する〕
動「**～を許す**」
▶ **forgive** her for breaking her promise
「約束を破ったことで彼女**を許す**」
◆ forgive A for B [*doing*]「A の B〔～したこと〕を許す」

## form〔形、形作る〕 語根

**1170 form**
[fɔ́ːrm]
〔形〕
名「**①形態、形** ②〔申し込み用紙には一定の型があることから〕（申込）**用紙**」
動「（組織・会社など）**を設立する、～を形成する**」
▶ fill out a **form**「**用紙**に記入する」
▶ **form** a company「会社**を設立する**」

138

|  | | |
|---|---|---|
| 1171 | **formal** [fɔ́ːrməl] | 形「正式の、堅苦しい」<br>▶ make a formal complaint「正式な苦情を申し立てる」 |
| 1172 | **informal** [infɔ́ːrməl] | 形「非公式の、形式ばらない」<br>▶ an informal visit「非公式の訪問」 |
| 1173 | **formula** [fɔ́ːrmjulə] | 〔形 + ula（小さな）⇒小さな形⇒形の決まったもの〕<br>名「①公式　②〔決まったやり方〕解決策、手段」<br>▶ a magic formula「魔法の方法〔秘策〕」 |
| 1174 | **formulate** [fɔ́ːrmjulèit] | 動「（計画など）を策定する」<br>▶ formulate a plan「計画を策定する」 |
| 1175 | **conform** [kənfɔ́ːrm] | 〔con（一緒に）+ 形作る⇒同じ形にする〕<br>動「（A に）従う (to A)」<br>▶ conform to the rules「規則に従う」 |
| 1176 | **conformity** [kənfɔ́ːrməti] | 名「一致、服従」 |
| 1177 | **inform** [infɔ́ːrm] | 〔in（中に）+ 形作る⇒頭の中に形を与える〕<br>動「（人など）に知らせる」<br>▶ inform the police of the accident「警察にその事故を知らせる」<br>◆ inform A of B「A（人など）に B について知らせる」 |
| 1178 | **information** [ìnfərméiʃən] | 名「情報」　★不可算名詞<br>▶ provide information「情報を提供する」 |
| 1179 | **perform** [pərfɔ́ːrm] | 〔per（完全に）+ 形作る〕<br>動「①〜を遂行する　②〜を演じる」<br>▶ perform a task「仕事を遂行する」 |
| 1180 | **performance** [pərfɔ́ːrməns] | 名「①遂行　②演技、演奏　③成績」<br>▶ the performance of your duty「任務の遂行」<br>▶ a live performance「生演奏」<br>▶ his good school performance「彼の学校での好成績」 |
| 1181 | **reform** [rifɔ́ːrm] | 〔re（再び）+ 形作る⇒形を変える〕<br>動「（法律・社会・制度など）を改革する、改正する」<br>名「改革」<br>▶ reform a system of education「教育制度を改革する」<br>▶ tax reform「税制改革」<br>★「建物をリフォームする」は、英語では renovate「古くなった建物を修復し、良い状態にする」や remodel「建物や部屋などを改造する〔作り変える〕」を用いる。 |

## F

1182 **transform**
[trænsfɔ́ːrm]
〔trans（変換）+ 形作る〕
動「〜を一変させる」
▶ The Internet has **transformed** our lives.
「インターネットは私たちの暮らしを変えた」
◆ transform A into B「A を B に変える」

1183 **transformation**
[trænsfərméiʃən]
名「変化、変貌」

1184 **uniform**
[júːnəfɔ̀ːrm]
〔uni（1つ）+ 形〕
名「制服」
形「同一の」 ☞ uni
▶ a school **uniform**「学校の制服」

### fortune 〔幸運〕 語根

1185 **fortune**
[fɔ́ːrtʃən]
〔幸運〕
名「①幸運 ②〔幸運により富を手にすること〕財産」
▶ good **fortune**「幸運」
▶ make a **fortune**「一財産築く」

1186 **fortunate**
[fɔ́ːrtʃənət]
形「幸運な」

1187 **fortunately**
[fɔ́ːrtʃənətli]
副「幸運にも」

1188 **unfortunate**
[ʌnfɔ́ːrtʃənət]
〔un（ない）+ 幸運〕
形「不運な」

1189 **unfortunately**
[ʌnfɔ́ːrtʃənətli]
副「不運［不幸］にも」

1190 **misfortune**
[misfɔ́ːrtʃuːn]
〔mis（悪い）+ 幸運〕
名「不運」

### fossil 〔掘り出されたもの〕 語源

1191 **fossil**
[fásəl]
〔掘り出されたもの〕
名「化石」
▶ **fossil** fuels「化石燃料」

## found / fund 〔土台、基礎、底〕 語根

1192 **found**
[fáund]
〔基礎を置く〕
動「～を創立する」
▶ found a school「学校を創立する」

1193 **foundation**
[faundéiʃən]
名「土台、基礎」
▶ lay the foundation for a democratic state
「民主国家の基礎を築く」

1194 **profound**
[prəfáund]
〔pro（前に）+ 底⇒目の前の底⇒深いところ〕
形「深い、多大な」
▶ have a profound influence on us
「私たちに多大な影響を与える」

1195 **fund**
[fʌ́nd]
〔土台〕
名「基金、資金」
動「～に資金を提供する」
▶ raise funds「資金を調達する」

1196 **fundamental**
[fʌ̀ndəméntl]
〔基礎造り + ment（～すること）+ al（～な）〕
形「基本的な」
▶ a fundamental principle「基本原理」

1197 **fundamentally**
[fʌ̀ndəméntəli]
副「根本的に」

## frag / frac 〔壊す〕 語根

1198 **fragile**
[frǽdʒəl]
〔壊す + ile（できる）〕
形「壊れやすい、不安定な」
▶ a fragile peace「不安定な和平」

1199 **fragment**
[frǽgmənt]
〔壊す + ment（こと）⇒壊れたもの〕
名「破片、断片」
▶ glass fragments「ガラスの破片」

1200 **fraction**
[frǽkʃən]
〔壊す + tion（こと）⇒壊れたもの〕
名「ごく一部」
▶ a fraction of the cost「費用のごく一部」
◆ a fraction of A「A のごく一部」

## fraud 〔詐欺〕 語源

1201 **fraud**
[frɔ́:d]
〔詐欺〕 名「詐欺」
▶ get money by fraud「詐欺によって金を得る」

## free / fri〔愛する〕　　　　　　　　　　　　　　　　　　　　語根

1202 **free**
[fríː]
〔愛する⇒束縛がなく自由な〕
形①「自由な、自由に〜することができる」(to *do*)
②〔不都合なものの束縛がない〕(不都合なものを)
持っていない、免れている (from〔of〕A)
③〔お金の束縛がない〕無料の」

動「〜を解放する、釈放する」

昔の家は「愛する者」と「奴隷」から成り立っていたので、free は「奴隷にされていない」つまり「自由の身である」を意味するようになった。

- be **free** to leave「自由に退出できる」
- a world **free** of nuclear weapons「核兵器のない世界」
- a **free** gift「無料プレゼント」
- **free** the prisoners「囚人を釈放する」

1203 **freedom**
[fríːdəm]
名「自由」
- **freedom** of speech「言論の自由」

1204 **friend**
[frénd]
〔愛する＋人〕名「友人」
- make new **friends**「新しい友人を作る」
◆ make **friends**「友だちになる」★ friends と複数形にする。

## frequent〔混んだ〕　　　　　　　　　　　　　　　　　　　　　語源

1205 **frequent**
[fríːkwənt]
〔混んだ⇒頻繁な〕
形「頻繁な、常習的な」
- She is a **frequent** visitor to our house.
「彼女はよく我が家に訪ねて来る」

1206 **frequently**
[fríːkwəntli]
副「頻繁に」
- FAQ (**frequently** asked question の略)「よくある質問」

1207 **frequency**
[fríːkwənsi]
名「頻度、頻発」

## friction〔こすり合わせること〕　　　　　　　　　　　　　　　語源

1208 **friction**
[fríkʃən]
〔こすり合わせること⇒摩擦⇒両者の摩擦から生じる不和〕
名「摩擦、不和」
- trade **friction**「貿易摩擦」

## fright〔ぎょっとすること〕　　　　　　　　　　　　　　　　　語源

1209 **fright**
[fráit]
〔ぎょっとすること〕名「(突然襲う)恐怖」
- scream with **fright**「恐怖で叫ぶ」

## 1210 *frighten
[fráitn]
〔ぎょっとすること + en（〜にする）〕
動「(人)を怖がらせる」
▶ The bear frightened us.「その熊に私たちは震え上がった」

## 1211 *frightened
[fráitnd]
形「(人が)怖がった」
▶ be frightened of being alone「一人になるのが怖い」

## 1212 *frightening
[fráitəniŋ]
形「(人を)怖がらせる」
▶ a frightening dream「恐ろしい夢」

### front 〔額、前部、眉〕　語根

## 1213 *frontier
[frʌntíər]
〔前部⇒開拓の最前線〕
名「国境、辺境」
▶ the frontier between Germany and France
「ドイツとフランスの国境」

## 1214 *confront
[kənfrʌ́nt]
〔con（一緒に）+ 額を合わせる⇒顔と顔を合わせる〕
動「①(人)に立ちはだかる　②(問題など)に立ち向かう」
▶ the problems confronting him「彼が直面している問題」
▶ confront enemy「敵に立ち向かう」

## 1215 *confrontation
[kànfrəntéiʃən]
名「対立、対決」
▶ avoid confrontation with the country
「その国との対立を避ける」

### fro 〔眉をひそめる〕　語根

## 1216 *frown
[fráun]
〔眉をひそめる〕　動「眉をひそめる」
▶ frown at the noisy boys「騒々しい子供たちに眉をひそめる」
★ front に「眉」という意味があるので、front が frown の語形に影響を与えた可能性を指摘する学者もいる。

### frustrate 〔失望させる〕　語源

## 1217 *frustrate
[frʌ́streit]
〔失望させる〕　動「(人)をいらいらさせる」
▶ Staying at home all day frustrated him.
「一日中家にいることで彼はいらいらした」

## 1218 frustrated
[frʌ́streitid]
形「(人が)いらいらしている」
▶ be frustrated with the lack of progress
「進展がないことにいらいらしている」

## 1219 *frustrating
[frʌ́streitiŋ]
形「(人を)いらいらさせる」

## 1220 *frustration
[frʌstréiʃən]
名「いらだち」

## fuel〔暖炉〕　　　　　　　　　　　　　　　　　　　　　　語源

☞ fire と同根と思われる

1221 □\***fuel**　　〔暖炉〕　图「**燃料**」
[fjú:əl]
▶ **fuel** consumption「**燃料**消費量」

## fug〔逃げる〕　　　　　　　　　　　　　　　　　　　　　　語根

1222 □\***refuge**　　〔re（後ろに）+ 逃げる〕
[réfju:dʒ] アク　图「**避難、避難所**」
▶ take **refuge**「**避難**する」

1223 □\***refugee**　　〔re（後ろに）+ 逃げる + ee（人）〕
[rèfjudʒí:]　图「**難民**」
▶ political **refugees**「政治**難民**」

## full〔満ちた〕　　　　　　　　　　　　　　　　　　　　　　語源

1224 □\***full**　　〔満ちた〕
[fúl]　形「**いっぱいの、十分の**」
▶ The bus was **full** of students.「バスは学生で**満員**だった」
　◆ be full of A「A で**いっぱいである**」

1225 □\***fully**　　副「**十分に**」
[fúlli]
▶ be **fully** aware of the danger「危険を**十分**認識している」

1226 □\***full-time**　　形「**全時間の**」
[fùltáim]
▶ a **full-time** job「**常勤の職**」

## funeral〔葬式〕　　　　　　　　　　　　　　　　　　　　　語源

1227 □\***funeral**　　〔葬式〕　图「**葬式**」
[fjú:nərəl]
▶ attend a **funeral**「**葬儀**に参列する」

## furnish〔供給する〕　　　　　　　　　　　　　　　　　　　語源

1228 □\***furnish**　　〔供給する〕
[fɔ́:rniʃ]　動「（家具など）**を備えつける**」
▶ **furnish** a house with furniture「家に家具**を備えつける**」
　◆ furnish A with B「A に B（家具など）を備えつける」

1229 □\***furniture**　　〔備えつけられたもの⇒備品〕
[fɔ́:rnitʃər]　图「**家具**」
▶ office **furniture**「オフィス用**家具**」
★ furniture は不可算名詞なので、数える時には a piece of ～を用いる。

## fury 〔激怒〕　　　　　　　　　　　　　　　　　　　　　　　語源

1230 **fury**
[fjúəri]
〔激怒〕　名「激怒」

1231 **furious**
[fjúəriəs]
形「激怒した」
▶ be **furious** at his rudeness「彼の無礼に激怒している」

## fuse / fut 〔注ぐ、流れ出る〕　　　　　　　　　　　　　　　語根

1232 **confuse**
[kənfjúːz]
〔con（一緒に）+ 注ぐ ⇒ 混ぜ合わせる〕
動「①〜を混同する　②〔混ぜ合わせた結果、区別がつかなくて〕（人）を困惑させる」
▶ **confuse** him with his brother「彼と彼の兄を混同する」
▶ be **confused** by the new software program
「新しいソフトウェアのプログラムに困惑している」

1233 **confusing**
[kənfjúːziŋ]
形「（人を）混乱させる」

1234 **confused**
[kənfjúːzd]
形「（人が）混乱した、困惑した」

1235 **confusion**
[kənfjúːʒən]
名「混乱、混同」
▶ Everything was in **confusion**.「全てが混乱していた」

1236 **refuse**
[rifjúːz]
〔re（戻して）+ 注ぐ ⇒ 注がれたものを注ぎ返す ⇒ 断る〕
動「〜を（きっぱりと）断る、〜するのを拒む (to *do*)」
▶ **refuse** to answer the question「質問に答えるのを拒む」
★ decline は「丁重に断わる」の意。refuse は decline より強意的で「きっぱり断わる」の意。reject は refuse より強意的で「断固として拒絶する」の意。

1237 **refusal**
[rifjúːzəl]
名「拒否、拒絶」

## fuss ※語源不詳　　　　　　　　　　　　　　　　　　　　　語源

1238 **fuss**
[fʌs]
名「（些細なことに対する）大騒ぎ」
▶ make a **fuss** about trifles「つまらないことで大騒ぎする」
◆ make a fuss「大騒ぎする」

## G

### gain〔手に入れる〕 語源

1239 **gain**
[géin]
〔手に入れる〕
動「①〜を得る ②〔得ることにより増える〕**〜を増やす**」
名「**利益、増加**」
▶ gain independence「独立**を勝ち取る**」
▶ gain weight「体重が**増える**」

### galaxy〔乳白色の、ミルク状の (= milky)〕 語源

1240 **galaxy**
[gǽləksi]
〔乳白色の、ミルク状の (= milky)〕
名「**銀河（系）、天の川**(= the Milky Way)」
✎無数の星の集まりがミルクを流したように乳白色に見えたことに由来する。
▶ the Galaxy「**銀河系**」

### gap〔すき間〕 語源

1241 **gap**
[gǽp]
〔すき間〕
名「①**すき間** ②**隔たり、格差**」
▶ generation gap「世代間の**隔たり**」

### gard〔見守る、見張る〕 語根

1242 **regard**
[rigá:rd]
〔re（後ろを）+ 見守る ⇒ 関心・注意・敬意を持って見る〕
動「**A を B とみなす**」
名「①〔注意を持って見る〕**注意** ②〔敬意を持って見る〕**敬意、尊敬** ③〔敬意を示す言葉〕**よろしくのあいさつ** 複」
▶ regard him as a genius「彼**を天才とみなす**」
　◆ regard A as B「**A を B とみなす**」
▶ have regard to students' health「生徒の健康に**注意する**」
▶ have a high regard for my teacher
「先生をとても**尊敬している**」
▶ Give my regards to everyone.
「皆さんに**よろしくお伝えください**」
◆ in this regard「この点では」
◆ with regard to A「A に関しては」
◆ regardless of A「A に関係なく」

1243 **regarding**
[rigá:rdiŋ]
前「〜に関して」

1244 **disregard**
[dìsrigá:rd]
〔dis（逆）+ 見る〕
動「**〜を無視する**」 名「**無視**」
▶ disregard his doctor's advice「医者の忠告**を無視する**」

1245 **guard** [gáːrd]
〔見張る〕
動「〜を守る、警護する」 名「警備員、護衛」
▶ guard the President against attack 「襲撃から大統領を守る」

## garbage ※語源不詳　　語源

1246 **garbage** [gáːrbidʒ]
名「(生)ごみ」
▶ take out the garbage 「ごみを出す」

## gather 〔寄せ集める〕　　語源

1247 **gather** [gǽðər]
〔(寄せ)集める〕
動「(物・人・情報・証拠など)を集める」
▶ gather information 「情報を集める」

1248 **together** [təɡéðər]
〔to (〜に) + 集まる〕
副「一緒に」

1249 **altogether** [ɔ̀ːltəɡéðər]
〔al (全て) + together (一緒に)〕
副「完全に」
▶ an old custom that has disappeared altogether 「完全に消え去った古い慣習」

## gaze 〔見つめる〕　　語源

1250 **gaze** [ɡéiz]
〔見つめる〕
動「(驚き・あこがれ・期待などを込めて)見つめる」
▶ gaze at the parade 「パレードを見つめる」

## gen(er) 〔生まれる、貴族生まれの、種族〕　　語根

1251 **gene** [dʒíːn]
〔生み出すもの〕 名「遺伝子」
▶ a gene for cancer 「ガンの遺伝子」

1252 **genetic** [dʒənétik]
形「遺伝子の」

1253 **genetics** [dʒənétiks]
〔遺伝子 + ics (学)〕
名「遺伝学」

1254 **generate** [dʒénərèit]
〔生み出す〕
動「〜を生み出す」
▶ generate profits 「利益を生み出す」

1255 **generation** [dʒènəréiʃən]
名「世代」
▶ the younger generation 「若い世代」

# G

| 1256 | **gender**<br>[dʒéndər] | 〔生まれ⇒性〕<br>名「**性、性別**」<br>▶ **gender** role「**性別**役割」 |
|---|---|---|
| 1257 | **genius**<br>[dʒíːnjəs] 発 | 〔生まれつきの能力⇒優れた才能〕<br>名「**才能、天才**」<br>▶ a mathematical **genius**「数学の**天才**」 |
| 1258 | **ingenious**<br>[indʒíːnjəs] 発 | 〔in(中に)+ geni(才能)+ ous(〜な)⇒才能に富んでいる〕<br>形「**独創的な**」<br>▶ an **ingenious** idea「**独創的な**考え」 |
| 1259 | **ingenuity**<br>[ìndʒən(j)úːəti] | 名「**発明の才**」 |
| 1260 | **genuine**<br>[dʒénjuin] アク | 〔生まれつきの⇒本物の〕<br>形「**本物の、**(比喩的に)**心からの**」<br>▶ **genuine** concern for disabled people<br>「障害者に対する**心からの**気遣い」 |
| 1261 | **indigenous**<br>[indídʒənəs] | 〔indi(中で)+ 生まれた⇒ある土地で生まれた〕<br>形「(土地)**固有の**」<br>▶ plants and animals **indigenous** to Japan<br>「日本**固有の**動植物」 |
| 1262 | **hydrogen**<br>[háidrədʒən] | 〔hydro(水)+ 生み出す〕<br>名「**水素**」<br>▶ Water consists of **hydrogen** and oxygen.<br>「水は**水素**と酸素から成る」 |
| 1263 | **oxygen**<br>[ɑ́ksidʒən] | 〔oxy(酸)+ 生み出す〕<br>名「**酸素**」<br>▶ die from a lack of **oxygen**「**酸素**不足[**酸欠**]で死ぬ」 |
| 1264 | **pregnant**<br>[prégnənt] | 〔pre(前)+ gnant(生まれる)⇒生まれる前〕<br>形「**妊娠している**」<br>▶ a **pregnant** woman「**妊婦**」 |
| 1265 | **generous**<br>[dʒénərəs] | 〔貴族生まれの⇒寛大な〕<br>形「**寛大な、気前が良い**」<br>▶ **generous** offer「**寛大な**申し出」 |
| 1266 | **generosity**<br>[dʒènərɑ́səti] | 名「**気前の良さ**」 |

| | | |
|---|---|---|
| 1267 | **gentle** [dʒéntl] | 〔貴族生まれの⇒人柄が良い〕<br>形「優しい」<br>▶ a gentle smile「優しい笑顔」 |
| 1268 | **gentleman** [dʒéntlmən] | 〔貴族生まれの人〕<br>名「紳士」 |
| 1269 | **general** [dʒénərəl] | 〔種族の⇒種族全体の⇒全体的な〕<br>形「全体的な、大まかな、一般的な」<br>名〔種族の代表者〕「将軍」<br>▶ a general idea「大まかな考え」<br>▶ the general public「一般の人」<br>◆ in general「通常は、全般的に」 |
| 1270 | **generally** [dʒénərəli] | 副「一般(的)に、たいてい」 |
| 1271 | **generalize** [dʒénərəlàiz] | 動「～を一般化する」 |
| 1272 | **generalization** [dʒènərəlizéiʃən] | 名「一般化」 |

## geo 〔地球、土地〕　語根

| | | |
|---|---|---|
| 1273 | **geography** [dʒiágrəfi] アク | 〔土地 + graphy(記述したもの)〕<br>名「地理(学)」 ☞語根 graphy<br>▶ the geography of Japan「日本の地理」 |
| 1274 | **geographic** / [dʒì:əgrǽfik] **geographical** [dʒì:əgrǽfikəl] | 形「地理的な」 |
| 1275 | **geology** [dʒiálədʒi] | 〔土地・地質 + logy(学問)〕<br>名「地質学」 |
| 1276 | **geological** [dʒiəládʒikəl] | 形「地質(学)の」<br>▶ geological survey「地質調査」 |
| 1277 | **geometry** [dʒiámətri] | 〔土地 + metry(測定術)⇒土地を測量するのに用いられた学問〕<br>名「幾何学」 |

## gest / gist 〔運ぶ〕　語根

| | | |
|---|---|---|
| 1278 | **gesture** [dʒéstʃər] | 〔運ぶ + ure(こと)⇒身ぶりで意思を伝えること〕<br>名「身ぶり」<br>▶ make a gesture「身ぶりをする」 |

# G

**1279 digest** [didʒést]
〔di（分離）+ 運ぶ ⇒ 分解して運ぶ ⇒ 消化する〕
動「～を消化する」 名「要約」
✎消化とは「良い物のみを吸収する」ことであり、要約とは「（吸収しやすく）文章の大切な箇所をまとめる」ことである。
▶ food easy to digest「消化しやすい［消化にいい］食べ物」

**1280 digestion** [didʒéstʃən]
名「消化（力）」

**1281 suggest** [səgdʒést]
〔sub（下から）+ 運ぶ ⇒ 下から（意見などを）持ち出す〕
動「①～を提案する ②～を示唆する」
▶ suggest a new plan「新計画を提案する」
▶ His yawn suggests that he is sleepy.
「彼のあくびは彼が眠たいことを示している」

**1282 suggestion** [səgdʒéstʃən]
名「提案」

**1283 register** [rédʒistər]
〔re（元へ）+ 運ぶ ⇒ 元帳に留めておく ⇒ 記録に留めておく〕
動「～を登録する」
▶ register a child's birth「子供の出生を届け出る」

**1284 registration** [rèdʒistréiʃən]
名「登録」

## get 〔入手する〕 語根

**1285 get** [gét]
〔入手する ⇒ ある状態を入手する〕
動「①～を得る、受け取る ②〔ある状態を入手する〕
～が…な状態を入手する ③〔ある状態に至る〕（A に）
着く（to A） ④〔ある状態になる〕～になる」
▶ get a large fortune「たくさんの財産を得る」
▶ get him to wash my car「彼に私の車を洗ってもらう」
　◆ get A to do「A が～する状態を入手する
　　⇒ A に～してもらう」
▶ get my car repaired「私の車を修理してもらう」
　◆ get A done「A が～される状態を入手する
　　⇒ A を～してもらう」
▶ get my homework done「宿題を終わらせる」
　◆ get A done「A が～されてしまう状態を入手する
　　⇒ A を～してしまう」
▶ get to the station「駅に着く」
▶ get married to her「彼女と結婚する」

1286 **forget**
[fərgét]

〔for(前に⇒離れて)+ get(入手する)⇒入手したものが頭から離れる〕
動「~を忘れる」
▶ I will never forget meeting her.
「彼女に会ったことを決して忘れないだろう」
◆ forget *doing*「(これまでに)~したことを忘れる」
▶ forget to lock the door「ドアに鍵をかけるのを忘れる」
◆ forget to *do*「(これから)~するのを忘れる」

1287 **forgetful**
[fərgétfəl]

〔忘れる + ful(性質がある)〕
形「(人が)忘れっぽい」

## gift 〔与えるもの〕　語源

1288 **gift**
[gíft]

〔gif(= give:与える)+ t(もの)〕
名「①贈り物 ②(神からの贈り物としての)才能」
▶ have a gift for music「音楽の才能がある」

## gigantic 〔巨人のような〕　語源

1289 **gigantic**
[dʒaigǽntik]

〔gigant(= giant:巨人)+ ic(のような)〕
形「巨大な」
▶ a gigantic rock「巨大な岩」

1290 **giant**
[dʒáiənt]

〔gigantic の短縮語〕
形「巨大な」 名「巨人」
▶ a giant company「巨大企業」

## given 〔与えられた〕　語源

1291 **given**
[gívən]

〔give の過去分詞:与えられた⇒定められた〕
形「定められた、一定の」
前「~が与えられると、~を考慮に入れると」
△ give はアングロサクソン語 gif が語源であり、if(もし~ならば)は gif の頭音消失で生まれたので、give と if は元来同じものである。
▶ at the given time and place
「決められた時間に決められた場所で」
▶ given enough time「十分な時間が与えられれば」
▶ given that he was drunk
「彼が酒気帯びであったことを考えると」
★ given (that) + S V の形で接続詞としても用いられる。if よりも格式ばって聞こえる。

## gl 〔光、輝き〕　語根

**1292 glow** [glóu]
〔光〕
名「(ほのかな) 光、(うっすらした) 輝き」
動「(ランプなどが) 光を放つ、輝く」
▶ Fireflies glow.「ホタルが光る」

**1293 glory** [glɔ́:ri]
〔光〕　名「栄光」
▶ past glories「過去の栄光」

**1294 glorious** [glɔ́:riəs]
形「栄光の、すばらしい」

**1295 glimpse** [glímps]
〔光⇒光がちらりと目に入ること〕
名「ちらりと見えること」
動「(無意識に) ちらりと目に入る」
▶ catch a glimpse of her「彼女の姿がちらりと見える」
◆ catch a glimpse of A「A がちらりと見える」

**1296 glance** [glǽns]
〔目を一瞬光らせる〕
動「(意図的に) (A を) ちらっと見る (at A)」
名「(意図的に) ちらっと見ること」
▶ glance at his watch「腕時計をちらっと見る」

**1297 glad** [glǽd]
〔(気持ちが) 輝いている〕
形「うれしい」
▶ I'm glad to see you.「あなたに会えてうれしい」

**1298 glass** [glǽs]
〔輝く〕　名「①ガラス　②めがね [複]」
▶ a piece of broken glass「割れたガラスの破片」

## globe 〔球〕　語源

**1299 globe** [glóub]
〔球〕
名「地球、世界」

**1300 global** [glóubəl]
形「世界的な、地球全体の」
▶ global warming「地球温暖化」

## gno / gni / nar / kno / quaint 〔知る〕　語根

☞ not も同語源

**1301 diagnose** [dáiəgnòus]
〔dia (完全に) + 知る〕
動「(病気) を診断する」　☞ dia

**1302 diagnosis** [dàiəgnóusis]
名「診断」

| 1303 | **ignore** [ignɔ́:r] | 〔i(n)（ない）+ 知る〕<br>動「〜を無視する」<br>▶ ignore a warning「警告を無視する」 |
|---|---|---|
| 1304 | **ignorant** [ígnərənt] アク | 形「知らない、無知の」<br>▶ be ignorant of the world「世間のことを知らない」 |
| 1305 | **ignorance** [ígnərəns] | 名「無知、知らないこと」 |
| 1306 | **cognition** [kɑgníʃən] | 〔co（一緒に）+ 知る〕<br>名「認知、認識」 |
| 1307 | **cognitive** [kágnətiv] | 形「認知の、認識の」<br>▶ cognitive power「認識力」 |
| 1308 | **recognize** [rékəgnàiz] アク | 〔re（再び）+ co（一緒に）+ 知る⇒見てそれとわかる〕<br>動「①〜をそれとわかる ②〜を認める」<br>▶ recognize him at once「すぐに彼だとわかる」<br>▶ recognize the value of education<br>「教育の重要性を認識する」 |
| 1309 | **recognition** [rèkəgníʃən] | 名「見てわかること、認識」 |
| 1310 | **narrate** [nǽreit] | 〔知る + ate（する）⇒知らせる〕<br>動「(〜を) 語る」 |
| 1311 | **narration** [næréiʃən] | 名「語り」 |
| 1312 | **narrative** [nǽrətiv] | 名「物語、話」<br>▶ a personal narrative「身の上話」 |
| 1313 | **know** [nóu] | 〔知る〕 動「〜を知っている」 |
| 1314 | **knowledge** [nálidʒ] 発 | 名「知識」<br>▶ have no knowledge of baseball「野球に関する知識はない」<br>◆ have no knowledge of A「A を知らない」 |
| 1315 | **acknowledge** [æknálidʒ] | 〔ac（〜を）+ 知る⇒認める〕<br>動「〜を認める」<br>▶ acknowledge the report as true「その報告を真実と認める」 |
| 1316 | **acquaint** [əkwéint] | 〔ac（〜に）+ quaint（知らせる）⇒知らせる〕<br>動「(人) に知らせる」 |
| 1317 | **acquaintance** [əkwéintəns] | 名「知り合い、面識」<br>▶ an acquaintance of mine「私の知り合い」 |

# G

## govern〔船の舵を取る〕 語源

**1318 govern** [gʌ́vərn]
〔船の舵を取る⇒国を治める〕
動「～を治める、統治する」
▶ govern a nation「国を治める」

**1319 government** [gʌ́vərnmənt]
名「政府」
▶ a government minister「政府の閣僚」

**1320 governor** [gʌ́vərnər]
名「(州などの)知事」

## gr〔成長する〕 語根

**1321 grow** [gróu]
〔成長する〕
動「成長する、増える、～を栽培する」
▶ grow up in New York「ニューヨークで育つ」
▶ grow rice「米を栽培する」

**1322 growth** [gróuθ]
名「増加、成長」
▶ economic growth「経済成長」

**1323 grass** [grǽs]
〔成長する〕 名「草、芝生」
▶ cut the grass「芝生を刈る」

## grab〔手でつかむ〕 語源

**1324 grab** [grǽb]
〔手でつかむ〕
動「～をさっとつかむ」
▶ grab a chance「チャンスに飛びつく」

## grad / gree〔段階〕 語根

**1325 grade** [gréid]
〔段階〕
名「①〔学校の修学段階〕学年 ②〔学習到達段階〕成績」
▶ be in the eighth grade「8年生〔中学2年生〕です」
▶ get good grades on my exams「テストで良い成績を取る」

**1326 gradual** [grǽdʒuəl]
〔段階 + al（～な）〕 形「徐々の」
▶ a gradual increase in temperature
「気温が徐々に上昇すること」

**1327 gradually** [grǽdʒuəli]
副「徐々に、次第に」
▶ with gradually increasing speed「徐々に速度を上げながら」

**1328 graduate** [grǽdʒuət]
〔段階（学位）+ ate（～させる）⇒学位を取る〕
動「(Aを)卒業する (from A)」
▶ graduate from college「大学を卒業する」
◆ graduate school「大学院」

154

1329 □ **graduation**
[grædʒuéiʃən]
名「卒業」

1330 □ **degrade**
[digréid]
〔de(下に)+段階〕
動「①～の品位を下げる ②（環境など）を悪化させる」
▶ degrade the environment「環境を悪化させる」

1331 □ **degree**
[digríː]
〔de(下への)+段階⇒現在の段階⇒度合い〕
名「①度合い、程度 ②〔物理的な度合〕（温度や角度の）度 ③〔学業到達の度合い〕学位」
▶ to some degree「ある程度」
▶ Water boild at 100 degrees Celsius.
「水はセ氏100度で沸騰する」
▶ have a law degree「法学の学位を持っている」

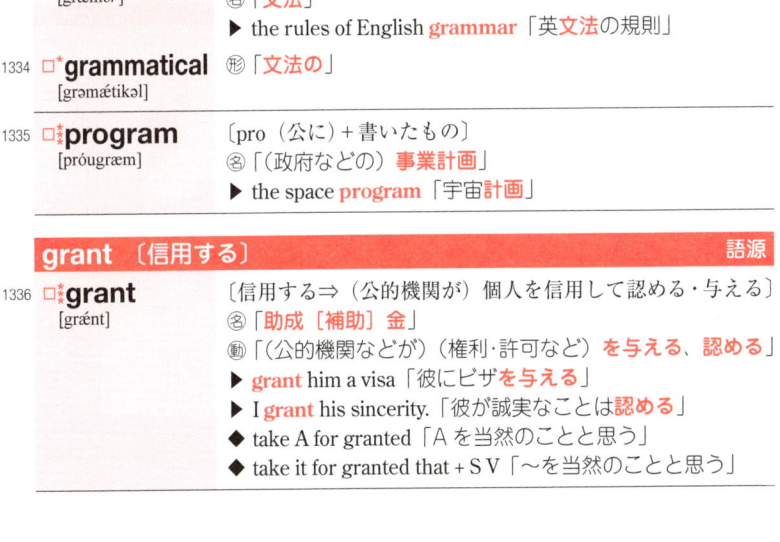

## grain 〔穀粒〕 語源

1332 □ **grain**
[gréin]
〔穀粒〕
名「穀物、穀粒」
▶ a field of grain「穀物畑」

## gram 〔書いたもの、文字〕 語根

1333 □ **grammar**
[grǽmər]
〔書いたもの⇒書き物の研究〕
名「文法」
▶ the rules of English grammar「英文法の規則」

1334 □ **grammatical**
[grəmǽtikəl]
形「文法の」

1335 □ **program**
[próugræm]
〔pro(公に)+書いたもの〕
名「（政府などの）事業計画」
▶ the space program「宇宙計画」

## grant 〔信用する〕 語源

1336 □ **grant**
[grǽnt]
〔信用する⇒（公的機関が）個人を信用して認める・与える〕
名「助成[補助]金」
動「（公的機関などが）（権利・許可など）を与える、認める」
▶ grant him a visa「彼にビザを与える」
▶ I grant his sincerity.「彼が誠実なことは認める」
◆ take A for granted「Aを当然のことと思う」
◆ take it for granted that + S V「～を当然のことと思う」

# G

## graph〔書いたもの〕/ graphy〔～記〕　　語根

**1337 autograph** [ɔ́:təɡræf]
〔auto（自分で）+ 書いたもの〕
名「(有名人の) サイン」
▶ ask for an autograph「サインを頼む」
★ signature（署名）と区別。

**1338 autobiography** [ɔ̀:təbaiáɡrəfi]
〔auto（自らの）+ 伝記〕
名「自叙伝」
☞語根 auto, graphy

**1339 \*biography** [baiáɡrəfi]
〔bio（生命）+ graphy（記述したもの）〕
名「(本人以外の人によって書かれる) 伝記」
☞語根 bio

**1340 \*geography** [dʒiáɡrəfi]
〔geo（土地）+ graphy（記述したもの）〕
名「地理（学）」　☞語根 geo

**1341 \*paragraph** [pǽrəɡræf]
〔para（傍らに）+ 書いたもの〕
名「段落、パラグラフ」　☞語根 para
▶ in the first paragraph「最初の段落で」
📖 初期の文書は、単語、文、段落の間に間隔を空けずに書かれた。思考に区切りが生じると、その行の最初の語の下に印がつけられ、これが paragraph（段落標）と呼ばれたことに由来する。

## grasp〔つかみ取る〕　　語源

**1342 \*grasp** [ɡrǽsp]
〔つかみ取る⇒しっかりつかむ〕
動「①～をしっかりつかむ　②〔意味をしっかりつかむ〕～を理解する」
名「理解」
▶ grasp an opportunity「機会をつかむ」
▶ grasp its meaning「その意味を理解する」

## grat(e) / grace / gree〔喜ぶ〕　　語根

☞ joy と please

**1343 gratify** [ɡrǽtəfài]
〔喜び + ify（～する）〕
動「(人) を喜ばせる」

**1344 \*grateful** [ɡréitfəl]
〔喜び + ful（～に満ちた）〕
形「感謝している」
▶ be grateful for your advice「あなたの助言に感謝している」

**1345 \*gratitude** [ɡrǽtət(j)ùːd]
名「感謝」

1346 **grace** [gréis]
〔喜ばせる〕
名「(動きの) 優雅さ」
▶ dance with grace「優雅に踊る」

1347 **graceful** [gréisfəl]
形「優雅な、礼儀正しい」

1348 **congratulate** [kəngrǽtʃuleit] アク
〔con (一緒に) +喜ぶ〕
動「(人) を祝う」
▶ congratulate him on his promotion「彼の昇進を祝う」
◆ congratulate A on B「B について A (人) を祝う」

1349 **congratulation** [kəngrætʃuléiʃən]
名「おめでとう、祝辞 複」
▶ Congratulations on your marriage.
「結婚おめでとうございます」

1350 **agree** [əgríː]
〔a (〜のほうへ) +喜ぶ⇒喜んで受ける〕
動「① (A と) 意見が一致する (with A) ② (A に) 同意する (to A)」
▶ agree with him「彼と意見が一致する」
★ A には「人・考え・意見など」がくる。
▶ agree to her proposal「彼女の提案に同意する」
★ A には「提案・計画など」がくる。

1351 **agreement** [əgríːmənt]
名「協定、合意」
▶ reach an agreement「協定を結ぶ」

1352 **disagree** [dìsəgríː]
〔dis (〜ない) +意見が一致する〕
動「意見が合わない、一致しない」
▶ disagree with my boss「上司と意見が合わない」

1353 **disagreement** [dìsəgríːmənt]
名「不賛成、意見の相違」

## grave (1) / griev 〔重い〕　語根

1354 **grave (1)** [gréiv]
〔重い〕 形「重大な」
▶ be in grave danger「重大な危機にある」

1355 **gravity** [grǽvəti]
〔重い〕 名「重力、重大さ」
▶ zero gravity「無重力」

1356 **grieve** [gríːv]
〔重い⇒気持ちを重くする〕
動「嘆き悲しむ」

1357 **grief** [gríːf]
名「深い悲しみ」
▶ grief at the death of his mother
「母の死に対する深い悲しみ」

## grave (2) 〔掘った所〕　　語根

1358 **grave (2)**　〔掘った所⇒死体を横たえるために掘った所〕
[gréiv]　　名「墓」
▶ visit a grave「墓参りをする」

## greet 〔あいさつする〕　　語源

1359 **greet**　〔あいさつする〕
[grí:t]　　動「〜にあいさつする、迎える」
▶ greet my mother with a kiss
「キスで母にあいさつする」

1360 **greeting**　名「あいさつ」
[grí:tiŋ]

## gress / gredi / greedy 〔歩く〕　　語根

1361 **aggressive**　〔ag（〜のほうへ）+ 歩く + sive（〜な）〕
[əgrésiv]　　形「攻撃的な」
▶ aggressive behavior「攻撃的な行動」

1362 **aggression**　名「攻撃性、侵略」
[əgréʃən]

1363 **congress**　〔con（一緒に）+ 歩く⇒一緒に来るところ〕
[káŋgres]　　名「(代表者)会議」
▶ hold an international congress「国際会議を開催する」

1364 **progress**　〔pro（前に）+ 歩く〕
名[prágres] アク　　動「進歩する」
動[prəgrés] アク　　名「進歩」
▶ make progress with his English「英語が上達する」

1365 **progressive**　形「進歩的な」
[prəgrésiv]
▶ a progressive idea「進歩的な考え」

1366 **ingredient**　〔in（中に）+ 歩くもの⇒中に入っているもの〕
[ingrí:diənt]　　名「(料理などの)材料、成分」
▶ the ingredients of a cake「ケーキの材料」

1367 **greedy**　〔(富や食料を求めて)歩き回る⇒貪欲な〕
[grí:di]　　形「貪欲な」
▶ politicians greedy for power「権力に貪欲な政治家」

1368 **greed**　名「貪欲」
[grí:d]

## grocery〔卸売屋〕　語源

1369 **grocery**
[gróusəri]
〔卸売屋〕
名「日用食料品、食料雑貨店《英》（grocery store《米》）」
▶ go shopping for **groceries**「日用食料品の買い物に行く」

## gross〔大きい〕　語源

1370 **＊gross**
[gróus] 発
〔大きい⇒全体の〕
形「総計の」
▶ **gross** profit「総利益」

## ground〔底〕　語源

1371 **＊＊ground**
[gráund]
〔底⇒大地〕
名「①地面、土壌　②〔大地は拠って立つところ〕根拠、理由」
▶ on moral **grounds**「倫理上の理由で」

1372 **＊background**
[bǽkgraund]
〔back（後ろの）＋大地⇒背景〕
名「背景、経歴」
▶ family **background**「家庭環境」

## guarantee〔保証する〕　語源

1373 **＊guarantee**
[gæ̀rəntíː] アク
〔保証する〕
動「～を保証する」　名「保証」
▶ **guarantee** rights「権利を保障する」

## guest〔よその人〕　語源

1374 **＊guest**
[gést]
〔よその人〕
名「招待客、（ホテルなどの）宿泊客」
▶ a **guest** at a party「パーティーの招待客」
★ visitor は「（特定の場所・地域・施設や人への）訪問客」の意味。

## guilt〔違反〕　語根

1375 **＊guilt**
[gílt] 発
〔違反〕
名「罪悪感、有罪」
▶ have a sense of **guilt**「罪悪感を持つ」

1376 **＊guilty**
[gílti] 発
形「①有罪の、罪を犯した　②後ろめたい」
▶ be **guilty** of murder「殺人の罪を犯している」
▶ feel **guilty** about telling a lie
「うそをついて後ろめたいと感じる」

## hab(it) / hibit / have 〔持つ〕　　語根

**1377 habit** [hǽbit]
〔持つ（ようになったもの）⇒身についたもの〕
名「（個人の無意識的）習慣」
▶ be in the habit of staying up late「夜更かしする習慣がある」
　◆ be in the habit of *doing*「〜する習慣がある」

**1378 habitual** [həbítʃuəl]
形「習慣的な」

**1379 inhabit** [inhǽbit]
〔in（中に）+ 持つ（住む）〕
動「〜に住む」（= live in）

**1380 inhabitant** [inhǽbətənt]
名「住民」
▶ the inhabitants of the village「村の住民」

**1381 habitat** [hǽbitæt]
名「生息地」
▶ a punguin's natural habitat「ペンギンの自然生息地」

**1382 exhibit** [igzíbit] 発
〔ex（外に）+ 持つ〕
動「〜を展示する、見せる」
▶ exhibit paintings「絵画を展示する」

**1383 exhibition** [èksəbíʃən] 発
名「展覧会、展示」
▶ hold an exhibition「展覧会を開催する」

**1384 prohibit** [prouhíbit]
〔pro（前に）+ 持つ⇒先に確保し、他者に与えない⇒他者を妨げる〕
動「（法律・規則などが）〜を禁止する、妨げる」
▶ prohibit students from drinking「生徒の飲酒を禁止する」

**1385 prohibition** [pròuəbíʃən]
名「禁止」

**1386 have** [hǽv]
〔持つ⇒経験する〕
動「①〜を持っている　②〔経験する〕〜を経験する、（病気など）にかかっている、（食事）を食べる　③〜を…の状態で持つ」
▶ have two brothers「2人の兄弟がいる」
▶ have a good time「楽しい時を過ごす」
▶ have a headache「頭痛がする」
▶ have lunch「昼ごはんを食べる」
▶ have his secretary wait「秘書を待たせる」
　◆ have A *do*「Aが〜する状態を持つ
　　⇒ Aに〜してもらう・させる」
▶ have my hair cut「髪を切ってもらう」
　◆ have A *done*「Aが〜される状態を持つ
　　⇒ Aを〜してもらう・される」

| 1387 | **behave** [bihéiv] 発 | 〔be（しっかり）+持つ⇒自分自身をしっかり保つ〕<br>動「**ふるまう**」<br>△ have の強調形として生まれたようである。<br>▶ behave well「行儀良く**ふるまう**」 |
|---|---|---|
| 1388 | **behavior** [bihéivjər] | 名「**ふるまい、行動（パターン）**」<br>▶ social behavior「社会的**行動**」<br>★ behavior は「行動パターン」という意味。 |

## halt 〔止まる〕 語源

| 1389 | **halt** [hɔ́ːlt] | 〔止まる〕<br>動「**～を止める、止まる**」 名「**停止**」<br>▶ halt global warming「地球温暖化**を止める**」 |
|---|---|---|

## hand 〔手〕 語源

| 1390 | **hand** [hǽnd] | 〔手〕 名「①**手助け** ②**肉体労働者**」 動「**～を手渡す**」<br>▶ need a hand「**手助け**が必要だ」<br>▶ a factory hand「工場**労働者**」<br>◆ give A a hand「A を手伝う」 |
|---|---|---|

## hang 〔(上から)垂らす、吊るす〕 語源

| 1391 | **hang** [hǽŋ] | 〔(上から)垂らす、吊るす〕<br>動「(絵などが) **掛かっている**、(物)**を掛ける**」<br>▶ hang a family photo on the wall「壁に家族写真**を掛ける**」 |
|---|---|---|

## hap 〔偶然、幸運〕 語根

| 1392 | **happy** [hǽpi] | 〔幸運 + y（～な性質を帯びた）⇒幸運な〕<br>形「**うれしい、幸運な、幸福な、満足して**」 |
|---|---|---|
| 1393 | **happily** [hǽpili] | 副「**幸せに、幸いにも**」 |
| 1394 | **happen** [hǽpən] | 〔偶然 + en（～なる）⇒偶然起こる〕<br>動「①（偶然に）**起こる** ②偶然**～する**（to *do*）」<br>▶ happen to see him「**偶然彼に会う**」 |
| 1395 | **perhaps** [pərhǽps] | 〔per（～を通じて）+偶然⇒偶然に〕<br>副「**もしかすると**」<br>★ 30%～50% 程度の確信度を表す。maybe とほぼ同意。<br>▶ Perhaps you are right.<br>「**もしかすると**君の言う通りかもしれない」 |

# H

## harass〔人に犬をけしかける〕　　語源

1396 **harass**
[hərǽs]
〔人に犬をけしかける⇒人に嫌がらせする〕
動「(人)に嫌がらせをする」
▶ She was harassed by a stalker.
「彼女はストーカーに嫌がらせをされた」

1397 **harassment**
[hərǽsmənt]
名「嫌がらせ」
▶ sexual harassment「性的嫌がらせ」

## hard〔厳しい〕　　語根

1398 **hardly**
[háːrdli]
〔hard（厳しい）+ ly（副詞語尾）⇒~するのが厳しい状態で⇒ほとんど~ない〕
副「(数量・程度)ほとんど~ない」
▶ hardly know his neighbors
「近所の人たちをほとんど知らない」
◆ hardly ever「(頻度)めったに~ない」

1399 **hardship**
[háːrdʃip]
〔厳しい + ship（状態）〕
名「苦難」
▶ financial hardship「経済的苦難」

## harm〔害〕　　語源

1400 **harm**
[háːrm]
〔害〕
名「害、損害」
動「~に損害を与える、~を傷つける」
▶ do you harm「人に害を与える」
　◆ do A harm「A(人)に害を与える」
　（⇔ do A good「A(人)のためになる」）

1401 **harmful**
[háːrmfəl]
形「有害な」
▶ Smoking is harmful to your health.
「喫煙は健康に有害である」

1402 **harmless**
[háːrmlis]
形「無害の」

## harsh〔ざらざらした〕　　語源

1403 **harsh**
[háːrʃ]
〔ざらざらした⇒とげとげしい⇒厳しい〕
形「(環境・気候・条件などが)厳しい」
▶ the harsh environment of the desert「砂漠の厳しい環境」

## harvest 〔刈り取る〕　語源

1404 **\*harvest**
[háːrvist]
〔刈り取る〕
動「～を収穫する」
名「収穫（高）」
▶ the rice harvest「米の収穫」

## hate 〔憎む〕　語源

1405 **\*hate**
[héit]
〔憎む〕
動「～をひどく嫌う」

1406 **\*hatred**
[héitrid]
名「憎しみ、憎悪」
▶ her hatred for her husband「彼女の夫への憎悪」

## haunt 〔足しげく通う〕　語根

☞ home と同根であったようである

1407 **\*haunt**
[hɔ́ːnt]
〔足しげく通う⇒場所や心につきまとう〕
動「①（幽霊が）（場所）に出没する　②（考え・記憶などが）（人）につきまとう」
▶ be haunted by the memories of the Tsunami
「津波の記憶が頭から離れない」

1408 **haunted**
[hɔ́ːntid]
形「幽霊の出る」

## hazard 〔サイコロを使った運任せの勝負事〕　語源

1409 **\*hazard**
[hǽzərd]
〔（十字軍の時代の）サイコロを使った運任せの勝負事⇒偶然⇒危険〕
名「危険要素、危険」
▶ Smoking is a health hazard.
「喫煙は健康を脅かすものである」

1410 **hazardous**
[hǽzərdəs]
形「危険な」

## heap 〔一群〕　語源

1411 **\*heap**
[híːp]
〔一群⇒雑然と重なったもの〕
名「（雑然と積み重ねられた）山」
▶ a heap of clothes「山積みの服」

# H

## heir / here 〔相続人、相続〕　語根

**1412 heir**
[éər] 発
〔相続人〕
名「相続人」
▶ an **heir** to a large estate「莫大な財産の相続人」

**1413 inherit**
[inhérit]
〔in（〜に）+ 相続 ⇒ 相続する〕
動「〜を相続する、遺伝的に受け継ぐ」
▶ **inherit** a large fortune from from my father
「父から大きな財産を相続する」

**1414 inheritance**
[inhérətəns]
名「①相続財産、遺産　②相続」
▶ receive a large **inheritance** from my father
「父から多額の遺産をもらう」

**1415 heritage**
[héritidʒ]
名「(文化)遺産」
▶ cultural **heritage**「文化遺産」

**1416 heredity**
[hərédəti]
〔相続する + ity（性質）⇒ 遺伝〕
名「遺伝」
▶ qualities handed down by **heredity**
「遺伝によって受け継がれる資質」

**1417 hereditary**
[hərédətèri]
〔遺伝 + ary（の）〕　形「遺伝の」

## help 〔手助けする〕　語源

**1418 help**
[hélp]
〔手助けする〕
動「①〜を手伝う　②〔物事が手助けする〕〜に役立つ」
▶ **help** him to move the table
「彼がテーブルを動かすのを手伝う」
　◆ help A (to) *do*「A が〜するのを手伝う」
▶ **help** him with his homework「彼の宿題を手伝う」
　◆ help A with B「A（人）の B（物事）を手伝う」
▶ Recycling **helps** the environment.
「リサイクルは環境保護に役立つ」
　◆ cannot help *doing*「〜しないではいられない、思わず〜する」

## here / hesitate 〔くっつく〕　語根

**1419 adhere**
[ædhíər]
〔ad（〜のほうへ）+ くっつく〕
動「(A を) 遵守する、固持する (to A)」
▶ **adhere** to the principles「原則を守る」

164

1420 **inherent**
[inhíərənt]
〔in（中に）＋くっつく〕
形「**本来備わっている**」
▶ the dangers **inherent** in almost every sport
「ほとんど全てのスポーツに**つきもの**の危険」

1421 **hesitate**
[hézətèit]
〔唇がくっつく⇒口ごもる〕
動「**ためらう、躊躇する**」
▶ **hesitate** about what to do
「何をすべきか**躊躇する**」
◆ don't heaistate to *do*「遠慮なく〜しなさい」

1422 **hesitation**
[hèzətéiʃən]
名「**ためらい**」
▶ state my opinion without **hesitation**
「**ためらうことなく**自分の意見を述べる」

## hide〔覆う〕　　　語根

☞ sk / sc と同語源

1423 **hide**
[háid]
〔覆う〕
動「**〜を（覆い）隠す、隠れる**」
▶ **hide** the letter from his mother「母親から手紙**を隠す**」

1424 **hidden**
[hídn]
形「**隠れた**」
▶ have a **hidden** talent「**隠れた**才能を持つ」

## hind〔後ろ、後ろに〕　　　語根

1425 **hinder**
[híndər]
〔後ろに＋er（する）⇒後ろに引っぱる⇒遅らせる〕
動「**〜を邪魔する、妨げる**」
▶ Don't **hinder** his work.「彼の仕事**を邪魔する**な」

1426 **behind**
[biháind]
〔be（そばに）＋後ろに⇒後ろに〕
前副「①〔位置で〕（〜の）**後ろに**　②〔進度などが後ろに〕
（進度・勝敗などで）（〜より）**遅れて**」
▶ a garden **behind** the house「家**の裏にある**庭」
▶ be **behind** the other stundents in math
「数学で他の生徒**より遅れている**」

## hire〔雇用する〕　　　語源

1427 **hire**
[háiər]
〔雇用する〕
動「（特定の仕事のため）（人）**を雇う**」
▶ **hire** a new employee「新しい従業員**を雇う**」

165

# H

## history 〔王の話〕 語源

**1428 history**
[hístəri]
〔his（彼の）+ story（話）⇒彼とは王を指し、王の話が歴史となった〕
名「①歴史 ②（個人の）経歴」
▶ American history「米国史」

**1429 historic**
[histɔ́:rik]
形「歴史上重要な、歴史のある」
▶ a historic building「歴史上重要な建物」

**1430 historical**
[histɔ́:rikəl]
形「歴史上実在した、歴史に関する」
▶ a historical figure「歴史上の人物」
★ historical は過去の事実としての歴史に関するものに、historic は歴史上重要なという価値判断に関するものに用いる。

**1431 prehistoric**
[pri:histɔ́:rik]
〔pre（前の）+ 歴史の〕
形「有史以前の」

## hold 〔保持する〕 語源

**1432 hold**
[hóuld]
〔保持する〕
動「①～を持つ、保つ、（人）を抱きしめる ②〔場所が人などを保持できる〕（場所・容器などが）～を収容できる ③〔会などを保持しておく〕（会など）を開く ④〔考えなどを保持しておく〕（考えや感情など）を抱く、考える ⑤〔天気などが保持する〕（天気などが）続く」
▶ hold a baby in her arms「腕に赤ん坊を抱いている」
▶ The theater holds 1,000 people.
「その劇場は 1,000 人収容できる」
▶ hold a meeting「会議を開く」
▶ hold that he is guilty「彼は有罪だと思う」
▶ This fine weather will hold long.
「この好天は長続きするでしょう」

## hole / heal 〔完全な、全体の〕 語根

**1433 whole**
[hóul]
〔w + 完全な〕
形「全部の」
📖 15 世紀ごろに語頭の w が付けられた。
▶ a whole day「まる一日」

**1434 heal**
[hí:l]
〔完全にする⇒治す〕
動「（人・傷など）を治す、（傷などが）治る」
▶ heal a wound「傷を治す」

166

| 1435 | **health** [hélθ] | 〔完全なこと⇒健康〕<br>名「健康」<br>▶ Exercise is good for the health.「運動は健康に良い」 |
|---|---|---|
| 1436 | **healthy** [hélθi] | 形「健康な、健康的な」<br>▶ a healthy diet「健康的な食事」 |

## horr 〔毛が逆立つ〕　　　　　　　　　　　　　　　　　　　語根

| 1437 | **horror** [hɔ́:rər] | 〔毛が逆立つこと〕<br>名「恐怖、ぞっとすること」<br>▶ scream in horror「ぞっとして悲鳴をあげる」<br>◆ in horror「ぞっとして」 |
|---|---|---|
| 1438 | **horrible** [hɔ́:rəbl] | 形「恐ろしい、ひどい」<br>▶ a horrible sight「恐ろしい光景」 |
| 1439 | **horrify** [hɔ́:rəfài] | 動「(人)をぞっとさせる、怖がらせる」 |

## household 〔家を所有すること〕　　　　　　　　　　　　　　語源

| 1440 | **household** [háushòuld] | 〔house(家)＋ hold(所有すること)〕<br>名「家族」　形「家庭(用)の」<br>▶ run a household「一家を運営する」 |
|---|---|---|

## host (1) 〔客・知らない人をもてなす人〕　　　　　　　　　　語根

| 1441 | **host** [hóust] | 〔客をもてなす人〕<br>名「主人、主催者、開催国」<br>動「(催し物)を主催する」<br>▶ Tokyo will play host to the Summer Olympics in 2020.<br>「東京は2020年の夏のオリンピックの開催国になる」<br>◆ play host to A「Aの開催国になる、Aを開催する」 |
|---|---|---|
| 1442 | **hospital** [háspitl] | 〔客をもてなす所〕<br>名「病院」<br>▶ be in the hospital「入院している」 |
| 1443 | **hospitality** [hàspətǽləti] | 〔客をもてなすこと〕<br>名「もてなし」<br>▶ receive hospitality「もてなしを受ける」 |
| 1444 | **hostel** [hástl] | 〔hospitalと同語源〕<br>名「(青年旅行者用の)宿泊所」 |
| 1445 | **hotel** [houtél] | 〔hospital、hostelと同語源〕<br>名「ホテル」 |

| | | |
|---|---|---|
| 1446 | □***hostile**<br>[hástl] | 〔知らない人 + ile（の性質を持った）⇒敵の性質を持った〕<br>⑱「**敵意のある**」<br>▶ take a **hostile** attitude「**敵対的な**態度をとる」 |
| 1447 | □***hostility**<br>[hɑstíləti] | ⑧「**敵意**」<br>▶ feel **hostility** toward foreigners「外国人に**敵意を抱く**」 |

## host (2) 〔人質〕　　　　　　　　　　　　　　　　　　　　　　語根

| | | |
|---|---|---|
| 1448 | □***hostage**<br>[hástidʒ] | 〔人質 + age（の状態）〕<br>⑧「**人質**」<br>▶ take the pilot **hostage**「パイロットを**人質**にとる」<br>◆ take A hostage「Aを人質にとる」 |

## huge 〔高さ〕　　　　　　　　　　　　　　　　　　　　　　　語源

| | | |
|---|---|---|
| 1449 | □***huge**<br>[hjúːdʒ] | 〔高さ〕<br>⑱「（大きさ・量・程度が）**巨大な、莫大な**」<br>▶ a **huge** success「**大成功**」 |

## hum 〔液体〕　　　　　　　　　　　　　　　　　　　　　　　　語根

☞ hum と human と humid は類義

| | | |
|---|---|---|
| 1450 | □**humid**<br>[hjúːmid] | 〔液体 + id（状態）⇒湿った〕<br>⑱「**湿気の多い**」<br>▶ **humid** air「**湿った**空気」 |
| 1451 | □**humidity**<br>[hjuːmídəti] | ⑧「**湿度、湿気**」 |
| 1452 | □***humor**<br>[hjúːmər] | 〔体液⇒人間の気質を決定⇒気質⇒ユーモア〕<br>⑧「①**ユーモア**　②**気分、機嫌**」<br>▶ a sense of **humor**「**ユーモア**のセンス」<br>▶ be in a good **humor**「**機嫌**がいい」<br>🔖かつては、体の中に血液、粘液、黄胆汁、黒胆汁の四つの体液（humor）が流れていて、その混合のあり方によって人の気質が変わると考えられていたから、humorには「気質や機嫌やユーモア」といった意味が生じた。 |
| 1453 | □**humorous**<br>[hjúːmərəs] | ⑱「**ユーモアのある**」 |

## human 〔人間の〕  語根

**1454 human** [hjúːmən]
〔人間の〕
形「人間の、人間らしい」
名「人間」複
▶ the human body「人体」

**1455 human being** [hjúːmən bíːiŋ]
名「人間」
▶ Human beings are mortal.「人間は死を免れることはできない」

**1456 the human race** [ðə hjúːmən réis]
名「人類」

**1457 humanity** [hjuːmǽnəti] アク
名「人類」
▶ a crime against humanity「人類に対する犯罪」

## hum(i) 〔地面〕  語根

**1458 humble** [hʌ́mbl]
〔地面⇒低い〕
形「①〔程度が低い〕（身分などが）低い、（家などが）粗末な ②〔人に対して態度が低い〕謙虚な」
▶ humble origins「身分の低い出身」
▶ a humble attitude「謙虚な態度」

**1459 humiliate** [hjuːmílieit]
〔卑しい + ate（にする）⇒卑しめる〕
動「（公衆の面前で）（人）に恥をかかせる、屈辱を与える」
▶ humiliate her in front of her frineds「友人の前で彼女に恥をかかせる」

**1460 humiliation** [hjuːmiliéiʃən]
名「恥、屈辱」

## hunger 〔空腹〕  語源

**1461 hunger** [hʌ́ŋgər]
〔空腹〕 名「飢え」
▶ die from〔of〕hunger「飢え死にする」

**1462 hungry** [hʌ́ŋgri]
形「空腹の」
▶ Are you hungry?「おなかは空いていますか？」

## hypocrisy 〔舞台でわざとらしい演技をする〕  語源

**1463 hypocrisy** [hipɑ́krəsi] アク
〔舞台でわざとらしい演技をする〕
名「偽善」
▶ expose his hypocrisy「彼の偽善を暴く」

## idea 〔(心で) 見る・感じること〕 語根

**1464 idea**
[aidíə] アク
〔心で見る・感じること⇒考え〕
名「①考え、アイデア ②見当、心当たり」
▶ I have no idea what you mean.
「君の言うことがどんな意味か全然見当がつかない」

**1465 ideal**
[aidí:əl] アク
〔心で見ること⇒想像すること⇒理想とすること〕
形「理想的な」 名「理想」
▶ an ideal husband「理想的な夫」

## identi 〔同じ〕 語根

**1466 identify**
[aidéntəfài]
〔同じ + ify (ようにする)〕
動「～を (同一の人 [物] であると) 確認する、突き止める」
▶ identify the man「その男性の身元を確認する」
◆ identify A with B「A を B と同一のものとみなす」
◆ identify with A「A に共感できる」

**1467 identity**
[aidéntəti]
名「①身元 ②アイデンティティー」
▶ national identity「国民としてのアイデンティティー」

**1468 identical**
[aidéntikəl]
〔同一 + ical (の)〕
形「同一の、そっくりの」
▶ Your cell phone is identical to mine.
「あなたの携帯は私のと同じものだ」

## idle 〔役に立たない〕 語源

**1469 idle**
[áidl]
〔役に立たない⇒何もしていない〕
形「①〔人が何もしていない〕(人が) 仕事がない
　②〔物が何もしていない〕(物が) 使われていない」
▶ He has been idle for a month.「彼は 1 か月仕事がない」
▶ an idle machine「動いていない機械」

## im 〔似る〕 語根

**1470 image**
[ímidʒ] 発 アク
〔似た + age (もの) ⇒映し出される像〕
名「①〔心に映し出される像〕イメージ、印象 ②〔物に映し出される像〕(鏡・レンズに映る) 像、(画面に映る) 映像 ③〔似た物〕よく似た人 [物]」
▶ improve a company's image「会社のイメージアップを図る」
▶ look at her image in the mirror
「鏡に映った自分の姿を見る」
▶ be the image of his father「父親にそっくりだ」

| 1471 | **imagine** [imǽdʒin] | 〔似たものを心に描く⇒想像する〕<br>動「〜を想像する」<br>▶ imagine living with her<br>「彼女と一緒に暮らすことを想像する」<br>★ imagine の直後に to 不定詞を用いることは不可。 |
|---|---|---|
| 1472 | **imagination** [imædʒənéiʃən] | 名「想像（力）、空想」<br>▶ a lack of imagination「想像力の欠如」 |
| 1473 | **imaginable** [imǽdʒənəbl] | 〔想像+ able（できる）〕<br>形「想像できる、想像できる限りの」<br>▶ every imaginable method「想像できるあらゆる方法」 |
| 1474 | **imaginative** [imǽdʒənətiv] | 〔想像+ ative（性質を持つ）〕<br>形「想像力豊かな」<br>▶ an imaginative writer「想像力豊かな作家」 |
| 1475 | **imaginary** [imǽdʒənèri] | 〔想像+ ary（の）〕<br>形「想像上の」<br>▶ an imaginary creature「想像上の生き物」 |
| 1476 | **imitate** [ímətèit] アク | 〔似せる〕 動「〜をまねる」<br>▶ imitate the Western way of living<br>「西欧風の生活様式をまねる」 |
| 1477 | **imitation** [ìmətéiʃən] | 名「模倣、模造品」<br>▶ Children learn by [through] imitation.<br>「子供はまねをして覚える」 |

## i(e)mper〔命令する〕 語根

| 1478 | **imperial** [impíəriəl] | 〔命令する⇒権力のある〕<br>形「帝国の、皇帝の」 |
|---|---|---|
| 1479 | **emperor** [émpərər] | 〔命令する+ or（人）〕 名「皇帝」 |
| 1480 | **empire** [émpaiər] | 〔命令する〕 名「帝国」<br>▶ the Roman Empire「ローマ帝国」 |

## indulge〔寛大である、喜びを感じる〕 語源

| 1481 | **indulge** [indʌ́ldʒ] | 〔寛大である、喜びを感じる⇒甘やかす、好きにさせる〕<br>動「①（思う存分）(A を) 楽しむ、ふける (in A)<br>　　②（子供など）を甘やかす」<br>▶ indulge in soccer「サッカーに夢中になる」 |
| 1482 | **indulgence** [indʌ́ldʒəns] | 名「楽しみ、耽溺（たんでき）」 |

## infer〔下の〕 語根

1483 **inferior**
[infíəriər]
〔下の〕
形「(A より) 劣った (to A)」
▶ feel inferior to him「彼に劣等感を抱く」

## initi〔中に入る〕 語根

1484 **initial**
[iníʃəl] アク
〔in（中に）+ it（行く）⇒中に入る⇒加入する⇒始める⇒最初の〕
形「最初の」 名「頭文字」
▶ the initial stage of a disease「病気の初期段階」

1485 **initiate**
[iníʃièit]
〔始める〕
動「(計画・事業など) を始める、(技術などを人) に教える」
▶ initiate a reform「改革を始める」

1486 **initiation**
[inìʃiéiʃən]
名「入会、入会式」

1487 **initiative**
[iníʃiətiv]
〔始める + ive（傾向のある）〕
名「率先、主導権」
▶ take the initiative in reducing greenhouse gases
「率先して温室効果ガスの削減をする」
◆ take the initiative in *doing*「率先して〜する」

## internal〔内部の〕 語源

1488 **internal**
[intə́ːrnl]
〔inter（内部）+ al（〜の）〕
形「内部の、国内の」
▶ The government's problems are not international but internal.
「政府の抱える諸問題は、国際問題ではなく国内の問題である」

## internet〔国際的なネットワーク〕 語源

1489 **Internet**
[íntərnet]
〔inter (= international：国際的な) + net (= network：ネットワーク)〕
名「インターネット」
★ the をつけて、最初を大文字で書く。
▶ get the information on the Internet
「インターネットでその情報を得る」

## interval 〔城壁間の距離〕 語源

1490 **interval** [íntərvəl] アク
〔inter (～の間) + val (城壁) ⇒城壁間の距離〕
名「間隔」
▶ buses leaving at 10-minute **intervals**
「10分間隔で発車するバス」

## intimate 〔最も奥の、最も深い〕 語源

1491 **intimate** [íntəmət] 発
〔最も奥の、最も深い⇒深い関係の〕
形「親しい、親密な」
▶ an **intimate** friend「親友」
★ intimate はしばしば性的関係を連想させるので、それを避けるには good や close を用いる。

1492 **intimacy** [íntəməsi]
名「親密さ」

## investigate 〔中に入り足跡をたどる〕 語源

1493 **investigate** [invéstəgèit] アク
〔in (～の中に) + vestigate (足跡) ⇒中に入り足跡をたどる〕
動「～を調査する、捜査する」
▶ **investigate** the murder
「その殺人事件を捜査する」

1494 **investigation** [invèstəgéiʃən]
名「調査、研究」
▶ conduct [carry out] an **investigation**
「調査を行う」

## irony 〔無知を装う〕 語源

1495 **irony** [áiərəni]
〔知らないふりをする⇒心に思うことと反対のことを言う〕
名「皮肉」
▶ by the **irony** of fate「運命の皮肉で」

1496 **ironic** [airánik]
形「皮肉な」
▶ an **ironic** smile「皮肉な微笑」

1497 **ironically** [airánikəli]
副「皮肉にも」

## irritate 〔興奮させる〕　語源

1498 **irritate** [írətèit]
〔興奮させる〕
動「(人) をいらいらさせる」
▶ His jokes always irritates me.
「彼のジョークに私はいつもいらいらさせられる」

1499 **irritating** [írətèitiŋ]
形「(人を) いらいらさせる」

1500 **irritated** [írətèitid]
形「(人が) いらいらした」

1501 **irritation** [irətéiʃən]
名「いら立ち、いら立たせるもの」

## island 〔水に囲まれた土地〕　語根

1502 **island** [áilənd] 発
〔水に囲まれた土地〕
名「島」
▶ the Hawaiian islands 「ハワイ諸島」
※本来のつづりは iland だったが、isle（島）の影響から語頭に s が付け加えられた。

1503 **isolate** [áisəlèit]
〔島 (island) のように孤立させる〕
動「〜を孤立させる」
▶ The village was isolated by the heavy snow.
「村は大雪のために孤立した」

1504 **isolated** [áisəlèitid]
形「孤立した」
▶ people living in isolated places
「孤立した場所で暮らしている人々」

1505 **isolation** [àisəléiʃən]
名「孤立、孤独」
▶ a sense of isolation 「孤独感」

## it / ish 〔行く〕　語根

類義語根 vade

1506 **exit** [égzət]
〔ex（外に）+ 行く〕
名「出口」
▶ an emergency exit 「非常口」

1507 **orbit** [ɔ́ːrbit]
〔orb（円）+ 行く ⇒ 周りを回る〕
動「周りを回る」
名「軌道」
▶ the Moon's orbit around the Earth 「地球を回る月の軌道」

| | | |
|---|---|---|
| 1508 | □\***transit**<br>[trǽnsit] | 〔trans（通過して）+ 行く〕<br>名「①輸送　②（空港などでの）**乗り継ぎ、通過**」<br>動「（～を）**通過する**」 |
| 1509 | □\***transition**<br>[trænzíʃən] | 〔transi（通過して行く）+ tion（こと）〕<br>名「**移行、転換（期）**」<br>▶ the transition from childhood to adulthood<br>「子供から大人への**移行**」 |
| 1510 | □\***ambition**<br>[æmbíʃən] | 〔ambi（周りに）+ 行く⇒歩き回る⇒ローマでは、公職立候補者は町を歩き回って民衆に投票を訴えた⇒野望〕<br>名「**野心、夢**」　☞語根 ambi |
| 1511 | □\***ambitious**<br>[æmbíʃəs] | 形「**野心的な**」 |
| 1512 | □\***issue**<br>[íʃu] | 〔exit と同語源：外に出す〕<br>動「①〔声明などを出す〕（声明など）**を出す**、（命令・警告など）**を発令する**　②〔証明書などを出す〕（証明書・書類・切手・硬貨など）**を発行する**」<br>名「①**発行**　②〔外に出た問題〕**問題**　③〔出版物の号〕**号**」<br>▶ issue a statement「声明**を出す**」<br>▶ issue a passport「パスポート**を発行する**」<br>▶ environmental issues「環境**問題**」<br>▶ the latest issue of TIME magazine「タイムの最新**号**」 |

## item 〔同様に〕　　　　　　　　　　　　　　　　　　　　　　　　　　　　語源

| | | |
|---|---|---|
| 1513 | □\***item**<br>[áitəm] | 〔同様に：リストの項目を 1 つずつ読み上げる時に用いたことによる〕<br>名「①〔表などの項目〕（表・目録などの）**項目、品目**　②〔1 項目〕（特定の）**1 品**　③〔新聞の項目〕（新聞記事などの）**1 項目、記事**」<br>▶ each item on the program「プログラムの各**項目**」<br>▶ uxury items「ぜいたく**品**」<br>▶ a news item「ニュース**項目**」 |

175

# J

## jeal 〔熱意、嫉妬〕 語根

**1514 jealous** [dʒéləs] 発
〔jeal(嫉妬)+ ous(に富む)⇒嫉妬深い〕
形「**嫉妬深い、ねたむ**」
▶ be jealous of his happiness「彼の幸福を**ねたんでいる**」

**1515 jealousy** [dʒéləsi]
名「**嫉妬**」
▶ his jealousy of her success「彼女の成功に対する彼の**嫉妬**」

## ject 〔投げる〕 語根

**1516 inject** [indʒékt]
〔in(中に)+投げる⇒注入する〕
動「**〜を注入する、注射する**」

**1517 injection** [indʒékʃən]
名「**注射**」
▶ have an injection「**注射**を受ける」

**1518 object**
名[ábdʒikt] アク
動[əbdʒékt] アク
〔ob(〜に向かって、〜に反して)+投げる⇒投げつけられる対象となるもの〕
名「①**対象** ②〔対象となる物体〕**物(体)** ③〔対象=目的〕(計画・活動などの)**目的、目標**」
動「〔対象となるものに相対することから〕(A[〜すること]に) **反対する** (to A [*doing*])」
▶ the object of attention「注目の**対象**」
▶ a small object「小さな**物体**」
▶ attain your object in life「人生の**目的**を達成する」
▶ object to the decision「その決定に**反対する**」
★ to 不定詞を続けることは不可。

**1519 objection** [əbdʒékʃən]
名「**異議、反対**」
▶ raise an objection to his plan「彼の計画に**反対する**」

**1520 objective** [əbdʒéktiv]
〔object(対象)+ ive(に関する)⇒個人的な感情を排除した〕
形「**客観的な**」 名「**目的**」
▶ an objevctive view「**客観的な**見方」
▶ achieve an objective「**目的**を達成する」

**1521 project**
動[prədʒékt] アク
名[prádʒekt] アク
〔pro(前もって)+投げる⇒前に投げ出す〕
動「①〔前もって打ち出す〕(変化・増減など)**を予測する、見積もる** ②〔映像などを前に映し出す〕(画像など)**を映写する、**(印象など)**を与える**」
名「①〔前もって打ち出した計画〕(大規模な)**計画、事業** ②〔前もって出された課題〕(学校の)**研究課題**」
▶ project that prices will rise「物価が上昇すると**予測する**」
▶ project images onto a screen
「スクリーンに映像**を映し出す**」
▶ work on a new project「新たな**計画**に取り組む」

1522 □*reject
[ridʒékt]
〔re（戻して）+ 投げる⇒投げ返す〕
動「～を（断固として）拒絶する」
▶ reject the offer「申し出を拒絶する」

1523 □*rejection
[ridʒékʃən]
名「拒絶」

1524 □*subject
動 [səbdʒékt] アク
名形 [sʌ́bdʒikt] アク
〔sub（下に）+ 投げる⇒支配下に置かれるもの〕
動「～を服従させる」
形「①〔支配下にある〕（Aに）従わなければならない（to A）
　②〔支配下にあることから影響を受ける〕（Aの）影響を受けやすい（to A）」
名「①〔議論において支配下に置かれるもの〕主題、話題
　②〔勉強において支配下に置かれるもの〕科目、学科
　③〔実験において支配下に置かれるもの〕被験者」
▶ be subject to the rule「規則に従わなくてはならない」
▶ be subject to change「変更になることがある」
▶ the subject of money「お金の話題」
▶ a required subject「必修科目」
▶ the subject of the experiment「実験の被験者」

1525 □*subjective
[səbdʒéktiv]
〔subject（主語）+ ive（に関する）⇒第一人称に関する⇒自分に関する〕
形「主観的な」
▶ subjective judgment「主観的な判断」

1526 □*adjective
[ǽdʒiktiv] アク
〔ad（～に）+ 投げかけられた⇒名詞に投げかけられた〕
形「形容詞」

## job ※語源不詳　　　　　　　　　　　　　　　　　　　　　　　語源

1527 □*job
[dʒáb]
名「（給料を得るために行う定職としての）仕事、職」
▶ get a job「職に就く［就職する］」

## join 〔結ぶ〕　　　　　　　　　　　　　　　　　　　　　　　　語根

1528 □*join
[dʒɔ́in]
〔結ぶ〕　動「（団体など）に入る、参加する」
▶ join a tennis club「テニス部に入る」

1529 □*joint
[dʒɔ́int]
〔結ばれ + t（た）ところ〕
名「関節、接合箇所」　形「共同の」
▶ have pains in my knee joints「ひざの関節が痛い」
▶ a joint statement「共同声明」

1530 □*jointly
[dʒɔ́intli]
副「共同で」

## jour〔1日の〕　語根

**1531 journey** [dʒə́ːrni] 発
〔1日の + ney（旅）〕
名「(主に陸路での長距離の) 旅行」
▶ make a journey「旅をする」

**1532 journal** [dʒə́ːrnl]
〔1日の + 刊行物〕
名「①(専門の) 雑誌　②(詳細な記録としての) 日誌」
▶ a medical journal「医学雑誌」
▶ keep a journal「日誌をつける」

**1533 journalism** [dʒə́ːrnəlizm]
〔新聞 + ism（特性）〕
名「報道業界、ジャーナリズム」

**1534 journalist** [dʒə́ːrnəlist]
名「ジャーナリスト、報道関係者」

## joy〔喜び〕　語根

**1535 joy** [dʒɔ́i]
〔喜び〕　名「喜び」
▶ shout with joy「うれしくて大声で叫ぶ」
◆ with joy「喜んで [うれしくて]」

**1536 enjoy** [indʒɔ́i]
〔en（中に）+ 喜び⇒喜びを手に入れる〕
動「①~を楽しむ　②(権利や特権など) を享受する、持つ」
▶ enjoy listening to classical music
「クラシック音楽を聴くのを楽しむ」
★ enjoy to do は不可。enjoy doing を用いる。
◆ enjoy oneself「楽しむ」

**1537 enjoyable** [indʒɔ́iəbl]
形「楽しい」

**1538 enjoyment** [indʒɔ́imənt]
名「楽しみ」

**1539 rejoice** [ridʒɔ́is]
〔re（強く）+ 喜ぶ〕
動「(大いに) 喜ぶ」
▶ rejoice at his success「彼の成功を喜ぶ」

## just / ju〔公正な、正しい〕　語根

**1540 justice** [dʒʌ́stis]
〔公正な + ice（行為）〕
名「①正義、公正　②司法、裁判」
▶ social justice「社会正義」

1541 **injustice** [indʒʌ́stis]
〔in（ない）+ 公正〕
名「不当、不公平」
▶ social injustice「社会的な不公平」

1542 **justify** [dʒʌ́stəfài]
〔公正な + ify（〜化する）⇒正当化する〕
動「(行為・主張など)を正当化する」
▶ justify his actions「自分の行動を正当化する」

1543 **justification** [dʒʌ̀stəfikéiʃən]
名「正当化」

1544 **judge** [dʒʌ́dʒ]
〔正しい + dge（言う）⇒正しいことを言う人〕
名「裁判官、判事」 動「〜を判断する」
▶ judge a person by his appearance「外見で人を判断する」
◆ judge A by B「AをBで判断する」
◆ judging from A「Aから判断すると」

1545 **judgment** [dʒʌ́dʒmənt]
名「判断（力）」
★ 英国では judgement とつづることもある。
▶ make a fair judgment「公正な判断をする」

1546 **prejudice** [prédʒudis]
〔pre（前もって）+ judice（判断）⇒先入観〕
名「先入観、偏見」
▶ racial prejudice「人種的偏見」

1547 **jury** [dʒúəri]
〔jur（誓う）⇒裁判で誓う〕 名「陪審、陪審（員）団」
▶ a member of the jury「陪審員の一員」

1548 **injury** [índʒəri]
〔in（ない）+ 正しい⇒正しくない状態にすること〕
名「負傷」

1549 **injure** [índʒər]
動「負傷させる」
▶ be injured in the accident「その事故で負傷する」

1550 **adjust** [ədʒʌ́st]
〔ad（〜に）+ 正しくする⇒ある基準に適合させる〕
動「①（温度・音量など)を調節する ②（環境・変化などに)順応する (to A)」
▶ adjust the volume「音量を調節する」
▶ adjust to a new environment「新しい環境に順応する」

1551 **adjustment** [ədʒʌ́stmənt]
名「①調節、修正 ②順応」
▶ make a slight adjustment to the plan
「その計画を少し修正する」

## juvenile〔若々しい〕 語源

1552 **juvenile** [dʒúːvənl]
〔若々しい〕形「少年少女の、未成年者の」
▶ juvenile crime「青少年の犯罪」

## K

### keen 〔鋭い〕 語源

1553 **keen**
[kíːn]
〔鋭い⇒感覚が鋭い〕
形「①（感覚・頭脳などが）**鋭い** ②〔熱意が鋭い〕**熱望した、熱心な**」
▶ have a **keen** sense of smell「**鋭い**嗅覚を持っている」
▶ be **keen** for independence「独立を**熱望している**」

### keep 〔長期的に保つ〕 語源

1554 **keep**
[kíːp]
〔長期的に保つ〕
動「① **C の状態のままでいる** ② **O を C の状態にしておく**」
▶ **keep** fit「健康を**維持する**」
　◆ keep C「ずっと C のままでいる」
▶ **keep** him waiting「彼を待たせた**ままにする**」
　◆ keep O C「O を C の状態にしておく」

### key ※語源不詳 語源

1555 **key**
[kíː]
名「**かぎ、（問題などを解く）かぎ**」
形「**重要な**」
▶ a **key** factor「**重要な要因**」

## label 〔リボン〕　語源

1556 **label**
[léibəl] 発
〔リボン⇒細長い切れ端⇒はり札〕
名「ラベル、レッテル」
動「～にレッテルをはる」
▶ the label on a bottle「ビンのラベル」
▶ label him (as) a troublemaker
　「彼に問題児というレッテルをはる」
　◆ label O (as) C「O に C というレッテルをはる」

## labor 〔労働、働く〕　語根

☞反義語根 lu

1557 **labor**
[léibər]
〔労働〕
名「労働」
▶ manual labor「肉体労働」

1558 **laborer**
[léibərər]
名「労働者」

1559 **laborious**
[ləbɔ́:riəs] アク
形「手間のかかる、骨の折れる」

1560 **laboratory**
[lǽbərətɔ̀:ri]
〔働く + ory（場所）〕
名「研究所〔室〕、実験室」
▶ a chemical laboratory「化学研究所」

1561 **elaborate**
[ilǽbərət]
〔e（大いに）+ 働いた⇒苦労してやり遂げた〕
形「（デザイン・計画などが）手の込んだ」
▶ an elaborate plan「手の込んだ計画」

## lack 〔欠けている〕　語源

1562 **lack**
[lǽk]
〔欠けている〕
名「欠如、不足」　動「～を欠く」
▶ her lack of experience「彼女の経験不足」
▶ She lacks confidence.「彼女には自信がない」

1563 **lacking**
[lǽkiŋ]
形「欠けている」

## ladder 〔立てかけるもの〕　語源

1564 **ladder**
[lǽdər]
〔立てかけるもの⇒はしご〕
名「はしご」
▶ climb a ladder「はしごを登る」

181

# L

## lament〔嘆き悲しむ〕　語源

1565 □ **lament**
[ləmént] アク
〔嘆き悲しむ〕
動「〜を嘆く」
▶ lament his mother's death「母親の死を嘆く」

## land〔陸〕　語源

1566 □‡ **land**
[lǽnd]
〔陸〕
名「①（海に対する）陸　②土地　③国」
動「（飛行機などが）着陸する」
▶ agricultural land「農地」
▶ my native land「私の故国」
▶ land at an airport「空港に着陸する」

1567 □* **lawn**
[lɔ́ːn]
〔land と同語源：陸〕
名「芝生」

## lane〔小道〕　語源

1568 □‡ **lane**
[léin] 発
〔小道〕
名「①（特に田舎の幅の狭い）小道　②（車道の）車線」
▶ a two-lane road「2車線の道路」

## langu / lingu / tongue〔舌〕　語根

1569 □‡ **language**
[lǽŋgwidʒ] 発
〔舌⇒言語〕
名「言語」
✎ language の最初の意味は tongue と同じ「舌」であった。
▶ a foreign language「外国語」

1570 □‡ **linguistic**
[liŋgwístik]
〔舌 + istic（に関する）⇒言語に関する〕
形「言語の」
▶ a child's linguistic ability「子供の言語能力」

1571 □ **linguist**
[líŋgwist]
名「言語学者」

1572 □* **linguistics**
[liŋgwístiks]
名「言語学」

1573 □ **bilingual**
[bailíŋgwəl]
〔bi（2つ）+ 言語〕
形「2 言語使用の」
名「2 言語話者」
☞語根 duo / bi

1574 **tongue**
[tʌ́ŋ]
〔舌〕
名「①舌 ②話す能力 ③言語」
▶ my mother tongue「私の母語」

## lapse 〔滑る〕  語根

1575 **collapse**
[kəlǽps]
〔col（完全に）+滑り落ちる〕
動「①（建物・体制・組織などが）崩壊する ②（人が）倒れる」
名「崩壊、卒倒」
▶ The Soviet Union collapsed in 1991.
「ソビエト連邦は1991年に崩壊した」

## late (1) 〔遅い〕  語根

1576 **late**
[léit]
〔遅い〕
形「①（約束時間などに）遅れた ②〔ある期間の遅いほうの〕後半の ③〔最近亡くなった〕故」
★「時間が遅い」の比較変化：late-later-latest
 「順番が遅い」の比較変化：late-latter-last
▶ be late for school「学校に遅刻する」
▶ He is in his late twenties.「彼は20代後半だ」
▶ my late grandfather「亡くなった私の祖父」

1577 **later**
[léitər]
〔late の比較級：時間がより遅く〕
副「後で」
▶ I'll call you later.「後で電話します」

1578 **latest**
[léitist]
〔late（時間が遅い）の最上級：時間が一番最近の⇒最新の〕
形「最新の」
▶ his latest movie「彼の最新の映画」

1579 **latter**
[lǽtər]
〔late（順番が遅い）の比較級：順番がより遅い〕
形「①（二者のうちの）後者の ②終わり頃の」
名「（二者のうち）後者」
▶ the latter speaker「後者の話し手」
▶ the latter「後者」
（⇔ the former「前者」）

## L

**1580 last** [lǽst]
〔late の最上級：順序が最後の〕
形「①最後の ②〔現在に一番近い〕この前の、ここ［この］~ (the last ~ day [week / month / year]) ③〔可能性が最後の〕最も~しそうにない (the last person [thing] to *do*〔関係詞節〕)」
動「①〔最後まで続く〕(特定の期間)続く ②〔最後までもつ〕もつ、長もちする」
▶ for the last few days「ここ数日」
▶ He would be the last person to tell a lie.
「彼はうそをつくような人ではないだろう」
▶ The snow lasted for two days.「雪は2日間降り続いた」
▶ Your money won't last forever.
「金はいつまでももつわけじゃないよ」

**1581 lately** [léitli]
〔最近 + ly（~の頃に）〕
副「最近」
★ 通例、現在完了時制で用いる。
▶ I've been busy lately.「最近は忙しい」

### late (2) 〔運ぶ〕 語根

**1582 translate** [trænsléit]
〔trans（超えて）+ 運ぶ⇒言葉の壁を越えて運ぶ〕
動「~を翻訳する」
▶ translate Japanese stories into English
「日本語の物語を英語に訳す」

**1583 translation** [trænsléiʃən]
名「翻訳」
▶ a literal translation「直訳」

**1584 translator** [trænsléitər]
名「翻訳者」

**1585 relate** [riléit]
〔re（元に）+ 運ぶ⇒情報を持ち帰る⇒話す⇒話すことによって良い関係を結ぶ〕
動「~を関連づける、~と関係がある」
▶ relate crime to social disadvantage
「犯罪を社会的に不利な境遇と関連づける」

**1586 related** [riléitid]
形「関係がある、親戚で」
▶ Our quality of life is related to our health.
「私たちの生活の質は私たちの健康と関係がある」

**1587 relation** [riléiʃən]
名「関係」
▶ establish diplomatic relations with the country
「その国と外交関係を確立する」

1588 **relationship** [riléiʃənʃip]
- 名「関係」
- ▶ have a good **relationship** with the neighbors「隣人と良い**人間関係**にある」
- ★ relation と relationship はどちらも同じように用いられるが、人間関係に用いた場合 relationship はしばしば親密な関係を表す。relation は多くの人々や集団の間の交渉・協力・取引などといった、より改まった関係で用いることが多い。

1589 **relative** [rélətiv]
- 名「親戚」
- 形「相対的な」
- ★「親戚」の意味では家族も含む。
- ▶ a close **relative**「近い**親戚**」
- ◆ relative to A「A と比べて」

1590 **relatively** [rélətivli]
- 副「比較的」
- ▶ **relatively** easy「**比較的**簡単な」

1591 **relativity** [rèlətívəti]
- 名「相対性」

## launch 〔槍で突く〕　　　語源

1592 **launch** [lɔ́ːntʃ]
- 〔槍で突く⇒勢いよく飛び出す〕
- 動「①（ロケットなど）**を発射する**　②〔仕事などを勢いよく飛び出させる〕（仕事・計画など）**を始める**、（新製品など）**を発売する**」
- ▶ **launch** a campaign「運動**を始める**」

## lax / lease / loose 〔緩める〕　　　語根

1593 **relax** [riléks]
- 〔re（戻して）+ 緩める〕
- 動「**リラックスする、（人）をリラックスさせる**」
- ▶ Please **relax**.「リラックスしてください」

1594 **relaxation** [rìːlækséiʃən]
- 名「くつろぎ、気晴らし」

1595 **release** [rilíːs]
- 〔re（元通りに）+ 緩める〕
- 動「①**～を解放する、釈放する**　②（情報など）**を公表する**」
- 名「釈放、公表」
- ▶ **release** a bird from a cage「鳥かごから鳥**を逃がしてやる**」

1596 **loose** [lúːs] 発
〔(縛りがなく)緩んでいる〕
形「①緩んだ、ゆったりした ②〔物や動物が縛りのない状態〕解き放たれた」
▶ a loose sweater「ゆったりしたセーター」
▶ The horse is loose.「その馬は放し飼いにされている」

1597 **loosen** [lúːsn]
動「〜を緩める」

## lay / law / lie 〔置く〕 語根

1598 **lay** [léi]
〔置く⇒横たえるように置く〕
動「①〜を置く、横たえる ②〔動物が卵を横たえるように置く〕(卵)を産む」
▶ lay his hand on my shoulder「私の肩に手を置く」
▶ lay an egg「卵を産む」
◆ lay off A〔置く + off(分離)⇒職場から離して置く〕「Aを解雇する」

1599 **layer** [léiər]
〔置かれたもの⇒置かれて重なり、層になったもの〕
名「層」
▶ the ozone layer「オゾン層」

1600 **delay** [diléi]
〔de(完全に)+ 置く⇒完全にそのままにしておく⇒進展なく遅れる〕
動「〜を遅らせる」
名「遅れ」
▶ The train was delayed.「列車は遅れた」

1601 **law** [lɔ́ː] 発
〔置かれたもの⇒定められたもの〕
名「法律、法則」
▶ obey the law「法律に従う」

1602 **lawyer** [lɔ́ːjər]
〔法律 + yer(職業にする人)〕
名「弁護士」

1603 **lie** [lái]
〔置かれる⇒横たわる〕
動「①横になる ②〔横たわるように〕(町・村・物などが)置かれてある、位置している」
▶ lie on the sofa「ソファーで横になる」
▶ The papers were lying on his desk.「その書類は彼の机の上に置かれていた」

## lead〔先に立って導く〕　　　　　　　　　　　　　　語源

1604 **lead** [líːd] 発
〔先に立って導く〕
動「①〜を案内する、導く、率いる　②〔生活を導く〕（生活）を送る　③〔物事が導く〕（場所などに）通じる、（結果に）つながる、引き起こす (to A)」
▶ Our investigation **led** us to the conclusion.
「調査によって私たちはその結論に至った」
◆ lead A to B「A を B まで導く」
▶ **lead** a normal life「普通の生活を送る」
◆ lead a 〜 life「〜な生活を送る」
▶ Stress can **lead** to blood pressure.
「ストレスが高血圧を引き起こすこともある」

## leak〔したたる〕　　　　　　　　　　　　　　　　　語源

1605 **leak** [líːk]
〔したたる〕
動「漏れる、〜を漏らす」
名「漏れ、漏えい」
▶ **leak** the secret「秘密を漏らす」

## leap〔跳ぶ〕　　　　　　　　　　　　　　　　　　　語源

1606 **leap** [líːp]
〔跳ぶ〕
動「跳ぶ」　名「跳躍」
▶ **leap** over the fence「柵を跳び越える」

## leave〔何かを置いて［残して］離れる〕　　　　　　　語源

1607 **leave** [líːv]
〔何かを置いて［残して］離れる〕
動「①（〜を）離れる、出る　②〜を置き忘れる　③（伝言など）を残す　④ O を C のままにしておく」
名「〔職場を離れる⇒休暇⇒休暇には許可が必要〕（出産・病気などの個人的な理由で許可を得て取る）休暇、許可」
▶ **leave** for London「ロンドンに向けて出発する」
◆ leave for A「A に向けて出発する」
▶ **leave** the house「家を出る」
▶ **leave** my key on the desk「机の上に鍵を置き忘れる」
▶ **leave** a message for him「彼に伝言を残す」
▶ **leave** the door open「ドアを開けっぱなしにしておく」
▶ take three days' **leave**「3 日間の休暇を取る」

# L

## lect / les / leg / lig 〔集める、選ぶ、読む、話す〕　語根

**1608 collect**
[kəlékt]
〔col（一緒に）+集める〕
動「～を集める、収集する」
▶ collect data「データを集める」

**1609 collection**
[kəlékʃən]
名「収集（品）」

**1610 collective**
[kəléktiv]
形「集団の、共同の」
▶ a collective responsibility「共同責任」

**1611 recollect**
[rèkəlékt]
〔re（再び）+集める⇒～を回想する〕
動「～を思い出す」

**1612 recollection**
[rèkəlékʃən]
名「記憶、思い出」
▶ have no recollection of it「それは記憶にない」

**1613 neglect**
[niglékt]
〔neg（～ない）+集める⇒集めない⇒おろそかにする〕
動「(不注意で) ～の世話をおろそかにする、無視する、怠る」
▶ neglect her children「子供の世話をおろそかにする」

**1614 negligent**
[néglidʒənt]
〔否定+ ligent（集める）⇒集めない〕
形「怠慢な」

**1615 negligence**
[néglidʒəns]
名「過失、怠慢」

**1616 negligible**
[néglidʒəbl]
〔怠る+ able（できる）⇒無視できるほどの〕
形「(無視できるほど) ごくわずかの、取るに足りない」

**1617 elect**
[ilékt]
〔e（外に）+選ぶ⇒選び出す〕
動「～を選出する」
▶ Bill Clinton was elected President.
「ビル・クリントンは大統領に選出された」

**1618 election**
[ilékʃən]
名「選挙」
▶ run for election「選挙に立候補する」

**1619 select**
[silékt]
〔se（離して）+選ぶ〕
動「～を選び出す、選抜する」
▶ select him as new class leader
「新しいクラス委員長に彼を選ぶ」
★ elect は「選挙で選ぶ」、select は「多くの中から注意深く選ぶ」、choose は「いくつかある中から自分の好きなもの、良いと思うものを選ぶ」ことを表す。

**1620 selection**
[silékʃən]
名「①選択、選抜　②選び抜かれたもの」
▶ make a selection「選考を行う」

| 1621 | **intellect** [íntəlèkt] | 〔intel（～の中から）+ 選ぶ能力〕<br>名「**知力、知性**」<br>★ intelligence に比べて意味が狭い。特に論理的思考力を強調する。 |
|---|---|---|
| 1622 | **intellectual** [ìntəléktʃuəl] アク | 形「**知性の**」<br>▶ **intellectual** ability「**知的**能力」 |
| 1623 | **intelligent** [intélədʒənt] | 形「**聡明な、知的な**」<br>▶ a charming and **intelligent** young woman「魅力的で**聡明な**若い女性」 |
| 1624 | **intelligence** [intélədʒəns] アク | 名「**知能、知性**」<br>▶ artificial **intelligence**「人工**知能**」<br>★ intellect よりも意味が広い一般語である。特に理解力や学習能力などを強調する。 |
| 1625 | **dialect** [dáiəlèkt] | 〔dia（間で）+ 話す⇒限られた間の言葉〕<br>名「**方言**」 ☞語根 dia |
| 1626 | **lecture** [léktʃər] | 〔読む・話す + ure（こと）〕 名「**講義**」<br>▶ give a **lecture** on mathematics「数学についての**講義**をする」 |
| 1627 | **lecturer** [léktʃərər] | 名「**講演者**」 |
| 1628 | **lesson** [lésn] | 〔読むこと〕 名「①**授業、レッスン** ②**教訓**」<br>▶ learn a **lesson** from the earthquake「その地震から**教訓**を学ぶ」 |
| 1629 | **legend** [lédʒənd] | 〔読む・話す + end（もの）⇒読まれるもの・話されるもの〕<br>名「**伝説**」<br>▶ ancient Greek **legends**「古代ギリシャの**伝説**」 |
| 1630 | **college** [kálidʒ] | 〔co（一緒に）+ 集まる・読む・話す⇒一緒に集まって読み話す場所〕<br>名「**大学**」<br>▶ a **college** student「**大学生**」 |
| 1631 | **colleague** [káli:g] | 〔co（一緒に）+ 集まった人〕 名「**同僚**」<br>▶ a business **colleague**「仕事上の**同僚**」 |
| 1632 | **elegant** [éligənt] | 〔e（外に）+ 選ぶ⇒選び抜かれた〕 形「**優雅な**」<br>▶ an **elegant** lady「**気品のある**女性」 |
| 1633 | **elegance** [éligəns] | 名「**優雅**」 |

# L

**1634** **diligent** [díləd͡ʒənt]
〔di(離して)+選ぶ⇒入念に選び分ける〕
圏「**勤勉な**」
▶ a **diligent** worker「**勤勉な**労働者」

## leg 〔法律〕  語根

**1635** **legal** [líːɡəl]
〔法律+al(〜の)〕
圏「**法律の、合法的な**」
▶ **legal** rights「**法的**権利」

**1636** **illegal** [ilíːɡəl]
〔il(ない)+合法の〕
圏「**違法な**」

**1637** **legislation** [lèd͡ʒisléiʃən]
〔法律+lat(運ぶ)+tion(こと)⇒法律を制定する〕
名「(制定された)**法律**」
▶ pass **legislation**「**法律**を通過させる」

**1638** **legitimate** [lid͡ʒítəmət]
〔合法の〕 圏「**合法の、正当な**」
▶ a **legitimate** reason「**正当な**理由」

**1639** **privilege** [prívəlid͡ʒ]
〔privi(個人の)+法律⇒私的な権利〕
名「**特権**」 ☞語根 priv
▶ the **privilege** of the rich「金持ちの**特権**」

## legacy 〔遺産〕  語源

**1640** **legacy** [léɡəsi]
〔遺産〕 名「**遺産**」
▶ leave a **legacy**「**遺産**を残す」

## leisure 〔職務を免除される〕  語源

**1641** **leisure** [líːʒər] 発
〔職務を免除される⇒時間的余裕・暇〕
名「**余暇、自由時間**」
▶ **leisure** time「**余暇**」

## lend 〔貸す〕  語源

**1642** **lend** [lénd]
〔貸す〕 動「**〜を貸す**」
▶ **lend** him money「彼に金**を貸す**」
◆ lend A + B「A(人)にB(金・物)を貸す」

## let 〔許す〕  語源

**1643** **let** [lét]
〔許す〕 動「**〜が…するのを許す**」
▶ **let** him drive my car「彼**が**私の車を運転する**のを許す**」
◆ let A *do*「(Aの望むように)Aが〜するのを許す」

## lev / lieve 〔上げる〕　語根

1644 **elevate** [éləvèit] アク
〔e（外に）+ 上げる〕
動「〜を向上させる、昇進させる」

1645 **elevator** [éləvèitər]
名「エレベーター」
▶ take the elevator to the third floor
「3階までエレベーターに乗って行く」

1646 **relieve** [rilíːv]
〔re（再び）+ 持ち上げる⇒負担を持ち上げて軽くする〕
動「①〔不快なことを軽くする〕（苦痛など）を和らげる
②〔不快なことが軽くなって〕（人が）安心する
(be relieved)」
▶ relieve pain「痛みを和らげる」
▶ be relieved at the news「その知らせに安心する」

1647 **relief** [rilíːf]
名「①（苦痛などの）緩和　②安心、安堵　③〔不快なことを軽くすること〕救助、救援」
▶ breathe a sigh of relief「安堵のため息をつく」
▶ relief from pain「痛みの緩和」
▶ disaster relief「災害救助」

1648 **relevant** [réləvənt]
〔re（再び）+ 取り上げる⇒重要な⇒関連がある〕
形「(Aと) 関連がある (to A)」
▶ relevant information「関連情報」

1649 **relevance** [réləvəns]
名「関連（性）」

1650 **irrelevant** [iréləvənt]
形「(Aと) 関連がない (to A)」

## liber (1) / liver 〔自由な〕　語根

1651 **liberate** [líbərèit]
〔自由な + ate（〜にする）〕
動「〜を解放する、自由にする」
▶ liberate black Americans from slavery
「奴隷制からアメリカ黒人を解放する」

1652 **liberal** [líbərəl]
〔自由な〕
形「寛大な、自由主義の」
▶ liberal views「寛大な見方」

1653 **liberty** [líbərti]
〔自由なこと〕
名「自由」
▶ have the right to pursue liberty and happiness
「自由と幸福を追求する権利を持つ」

## L

1654 **deliver**
[dilívər]
〔de(分離)+自由にする⇒手元から自由にする⇒届ける〕
動「①~を届ける、配達する ②〔言葉を届ける〕(演説・講義など)をする」
▶ deliver his message to her
「彼女に彼のメッセージを届ける」
▶ deliver a speech「演説をする」

1655 **delivery**
[dilívəri]
名「配達」

## liber (2) 〔樹皮⇒本〕 語根

1656 **library**
[láibrèri]
〔本 + ary(に関する)〕
名「図書館、蔵書」
▶ a public library「公共図書館」

1657 **librarian**
[laibréəriən] アク
名「司書」

## liber (3) 〔秤(はかり)〕 語根

1658 **deliberate**
[dilíbərət] アク
〔de(下に)+天秤⇒慎重に推し量る⇒よく考える〕
形「慎重な、意図的な」
▶ a deliberate act of suicide「意図的な自殺行為」

1659 **deliberately**
[dilíbərətli]
副「意図的に、慎重に」
▶ deliberately lie to me「故意に私にうそをつく」

## lice / light (1) 〔引きつける〕 語根

1660 **delicious**
[dilíʃəs] アク
〔de(強く)+引きつける〕
形「とてもおいしい」
▶ delicious food「おいしい食べ物」

1661 **delight**
[diláit]
〔de(強く)+引きつける〕
動「(人)を喜ばせる」
名「大喜び」
▶ scream with delight「大喜びして叫ぶ」
◆ with delight「大喜びで」

1662 **delighted**
[diláitid]
形「(人が)喜んでいる」

1663 **delightful**
[diláitfəl]
形「(人に)喜びを与える、愉快な」

## lide 〔ぶつかる〕  語根

1664 **collide**
[kəláid]
〔co（一緒に）+ ぶつかる〕
動「(Aと) 衝突する (with A)」

1665 **collision**
[kəlíʒən]
名「(Aとの) 衝突 (with A)」
▶ a collision with a car「車との衝突」

## life 〔命〕  語源

1666 **life**
[láif]
〔命〕
名「①命、生命 ②〔命のある期間〕一生、生涯 ③〔命あるもの〕生物 ④〔命の営み〕生活」
▶ save the child's life「その子の命を救う」
▶ Learning goes on throughout life.「学習は生涯続く」
▶ There is no life on the moon.「月には生物はいない」
▶ lead a happy life「幸せな生活を送る」
◆ lead a ~ life「~な生活を送る」

## lift 〔持ち上げる〕  語根

1667 **lift**
[líft]
〔持ち上げる〕
動「(物) を持ち上げる」
▶ lift a heavy box「重い箱を持ち上げる」

## lig / li / ly 〔縛る、結ぶ〕  語根

1668 **oblige**
[əbláidʒ]
〔ob（~のほうに）+ 縛りつける〕
動「(人) に義務づける」
▶ be obliged to pay tax「納税する義務がある」
◆ be obliged to *do*「~する義務がある」

1669 **obligation**
[àbləgéiʃən]
名「義務」
▶ have an obligation to protect this beautiful planet
「この美しい地球を守る義務がある」

1670 **religion**
[rilídʒən]
〔re（後ろに）+ 縛ること⇒道徳的に縛る〕
名「宗教、信仰」
▶ freedom of religion「宗教の自由」

1671 **religious**
[rilídʒəs]
形「宗教上の、信心深い」
▶ religious beliefs「宗教的信条〔信仰〕」

| 1672 | **liable** [láiəbl] | 〔縛る + able（～できる）⇒責任で縛られている⇒～しがちである〕<br>形「(好ましくないことを) **～しがちである** (to *do*)」<br>▶ be **liable** to get angry「怒りっ**ぽい**」 |
|---|---|---|
| 1673 | **liability** [làiəbíləti] | 名「**責任**」 |
| 1674 | **rely** [rilái] | 〔re（完全に）+ 縛る〕<br>動「(Aを) **頼る、当てにする** (on A)」<br>▶ **rely** on his help「彼の援助を**当てにする**」 |
| 1675 | **reliance** [riláiəns] | 名「**依存**」 |
| 1676 | **reliable** [riláiəbl] | 形「**信頼できる**」<br>▶ a **reliable** source of information「**信頼できる**情報源」 |

## light (2) 〔光〕　　　　　　　　　　　　　　　　　　　語根

| 1677 | **light** [láit] | 〔光〕<br>名「①**光** ②**明かり** ③**信号**」<br>形「①**明るい** ②〔明るいと心が軽くなる〕(重量が) **軽い** ③〔量や程度が軽い〕(量や程度が) **少ない**」<br>▶ bright **light**「明るい**光**」<br>▶ **light** traffic「**少ない交通量**」<br>　(⇔ heavy traffic「多い交通量」) |
|---|---|---|
| 1678 | **lightning** [láitniŋ] | 〔lightn（光る）+ ing（～すること）〕<br>名「**稲妻**」<br>▶ a flash of **lightning**「**稲光**」 |
| 1679 | **enlighten** [inláitn] | 〔en（～の中に）+ light（光）⇒光を当てて理解させる〕<br>動「(人) **に教示する**」 |
| 1680 | **enlightened** [inláitnd] | 形「**賢明な**」<br>▶ an **enlightened** idea「**賢明な**考え」 |
| 1681 | **enlightenment** [inláitnmənt] | 名「**啓発**」 |

## like 〔身体に合う〕　　　　　　　　　　　　　　　　　語根

| 1682 | **like** [láik] | 〔身体に合うので好きになる〕<br>動「**～が好きである**」 |
|---|---|---|

| 1683 | **like** [láik] | 〔身体に合う⇒ぴったり合うので似ている・同じ〕<br>前「①～に似て ②～と同じように、～のように ③～のような」<br>▶ She is very like her mother.<br>「彼女はお母さんにとてもよく似ている」<br>▶ cry like a baby「赤ん坊のように泣く」<br>▶ drinks like coffee and tea<br>「コーヒーや紅茶のような飲み物」<br>◆ What is S like?「Sはどんな人［もの］？」<br>◆ feel like *doing*「～したい気がする」 |
|---|---|---|
| 1684 | **unlike** [ʌnláik] | 前「～とは違って」<br>▶ Unlike his father, Rick is very tall.<br>「父親と違って、リックはとても背が高い」 |
| 1685 | **likely** [láikli] | 〔似ている + ly（様子）⇒様子が～らしい⇒どうやら～らしい〕<br>形「～しそうだ (to *do*)、たぶん～だろう (It is likely that+ S V)」<br>▶ He is likely to come.「彼はやって来そうだ」 |
| 1686 | **likelihood** [láiklihùd] | 名「可能性」 |
| 1687 | **unlikely** [ʌnláikli] | 形「～しそうにない」 |
| 1688 | **alike** [əláik] | 〔a（～で）+似ている〕<br>形「似ている」 副「AもBも同様に (A and B alike)」<br>▶ Mary and her mother look alike.<br>「メアリーと彼女の父親は似ている」 |

## limb 〔大枝〕 語根

| 1689 | **limb** [lím] | 〔大枝⇒手足〕<br>名「手足、肢」<br>▶ an artificial limb「義肢」 |
|---|---|---|

## limi(t) 〔境界〕 語根

| 1690 | **limit** [límit] | 〔境界〕<br>名「限度、限界」 動「～を制限する」<br>▶ a speed limit「制限速度」<br>▶ limit the number of immigrants「移民の数を制限する」 |
|---|---|---|
| 1691 | **eliminate** [ilímənèit] | 〔e（外に）+境界+ ate（～する）⇒境界の外に出す〕<br>動「～を取り除く」<br>▶ eliminate drugs from society「社会から麻薬を一掃する」 |

## line 〔麻の糸⇒線〕　　　　　　　　　　　　　　　　　　　　　　　　　　語根

1692 **line**
[láin]
〔線〕
名「① 〔線状に並ぶ〕（縦の）**列**　② 〔線状に文が並ぶ〕（文章の）**行**　③ **短い手紙**　④ 〔通信状態が線的なことより〕**電話（接続）**　⑤ 〔活動の進む道筋〕**仕事**（の方面）」
- wait in line「**列**を作って待つ」
- read between the lines
「**行**間を読む〔言外の意味をくみ取る〕」
- I'll drop you a line.「**手紙**を書きます」
  ◆ drop A a line「A（人）に短い手紙を書く」
- hold the line「**電話**を切らずにそのまま待つ」
- What line of work are you in?
「どんな**お仕事**をしていますか？」

## link 〔鎖の輪〕　　　　　　　　　　　　　　　　　　　　　　　　　　　語源

1693 **link**
[líŋk]
〔鎖の輪〕
名「**結びつき、関連性**」
動「**〜を連結する、関連〔関係〕させる**」
- Heart disease can be linked to smoking.
「心臓病は喫煙と**関連がある**可能性がある」

## liquid 〔液体の〕　　　　　　　　　　　　　　　　　　　　　　　　　　語源

1694 **liquid**
[líkwid] 発
〔液体の〕
形「**液体の**」　名「**液体**」
- liquid fuel「**液体**燃料」
- Drink plenty of liquids.「**水分**をたくさん取りなさい」

1695 **liquor**
[líkər]
〔液体〕
名「**強い酒、アルコール飲料**」

## litera / letter 〔文字〕　　　　　　　　　　　　　　　　　　　　　　　語根

1696 **literal**
[lítərəl]
〔文字 + al（の）〕
形「**文字通りの**」
- the literal meaning of a word「語の**文字通りの**意味」

1697 **literally**
[lítərəli]
副「**文字通りに**」
- take the Bible literally「聖書を**文字通りに**受け止める」

1698 **literary**
[lítərèri]
〔文字 + ary（に関する）⇒文学の〕
形「**文学の**」
- literary criticism「**文芸**批評」

| | | |
|---|---|---|
| 1699 | □ **literate**<br>[lítərət] | 〔文字 + ate（を有している）〕<br>圏「**読み書きできる**」<br>▶ literate people「**読み書きできる**人」 |
| 1700 | □***literacy**<br>[lítərəsi] | 图「**読み書きの能力**」<br>▶ Japan's literacy rate「日本の**識字**率」 |
| 1701 | □ **illiterate**<br>[ilítərət] | 圏「**読み書きができない**」<br>▶ an illiterate child「**読み書きができない**子供」 |
| 1702 | □***literature**<br>[lítərətʃər] アク | 〔読み書きできる + ure（状態）〕<br>图「**文学**」<br>▶ a work of literature「**文学**作品」 |
| 1703 | □*** letter**<br>[létər] | 〔文字〕<br>图「**手紙、文字**」<br>▶ capital letters「大**文字**」 |

## litter 〔寝床〕 語源

| | | |
|---|---|---|
| 1704 | □*** litter**<br>[lítər] | 〔寝床⇒寝床用のわら⇒わらの散らかったもの⇒ごみ〕<br>图「（道路などの公共の場所にある）**ごみ**」<br>▶ The street is full of litter.「通りは**ごみ**でいっぱいだ」 |

## live 〔生きている〕 語根

| | | |
|---|---|---|
| 1705 | □*** alive**<br>[əláiv] | 〔a（～の中）+ 生きている⇒存命中〕<br>圏「**生きている**（叙述用法－ C として）」<br>▶ My father is still alive.「父親はまだ**健在**です」 |
| 1706 | □*** live**<br>[lív] 発 | 〔alive の頭音消失〕<br>圏「**生きている**（限定用法－名詞の前に置く）」<br>▶ live animals「**生きている**動物」<br>　★ alive animals は不可。 |
| 1707 | □*** lively**<br>[láivli] 発 | 〔生き生き + ly（している）〕<br>圏「**活発な、活気ある**」<br>▶ a lively child「**活発な**子供」 |

## load 〔荷を運ぶこと〕 語源

| | | |
|---|---|---|
| 1708 | □*** load**<br>[lóud] | 〔荷を運ぶこと〕<br>图「**荷（物）、重荷**」　動「（荷物）**を積む**」<br>▶ carry a heavy load「重い**荷物**を運ぶ」<br>▶ load hay on the truck「トラックに干し草**を積む**」 |

# L

## loaf 〔パン〕　　　　　　　　　　　　　　　　　　　　　　　　語根

**1709 loaf**
[lóuf]
〔パン〕
名「パンの1かたまり」

**1710 lord**
[lɔ́ːrd]
〔lo（= loaf：パン）+ ord（管理者）⇒支配者〕
名「①支配者　②神」
▶ Lord knows where he is.「彼がどこにいるか神のみぞ知る」
　◆ Lord knows ~「~か神のみぞ知る、~は誰も知らない」

**1711 lady**
[léidi]
〔la（= loaf：パン）+ dy（こねる）⇒パンをこねる人〕
名「ご婦人、女性」

## loc / low 〔場所、置く〕　　　　　　　　　　　　　　　　　　語根

**1712 local**
[lóukəl]
〔場所 + al（~に関する）〕
形「①地元の　②各駅停車の」
▶ local people「地元住民」
★ local に「田舎の」という意味はない。「田舎の」という意味には rural を用いる。

**1713 locate**
[lóukeit]
〔場所 + ate（~にする）⇒場所を定める〕
動「①（A に）位置している［ある］(be located at [in / on] A)
②~の位置を特定する」
▶ Our school is located in the center of town.
「私たちの学校は町の中心にある」
▶ locate the missing man
「行方不明者の居場所を特定する」

**1714 location**
[loukéiʃən]
名「場所」
▶ a good location for a house「家を建てるのによい場所」

**1715 allow**
[əláu] 発
〔al（~に）+ 置く⇒~を置く・割り当てるのを許す〕
動「①~を許す、~を可能にする　②（時間・お金など）を割り当てる、与える」
▶ allow her to use my car「彼女が私の車を使うのを許す」
　◆ allow A to do「A が~するのを許す、~することを可能にする」
▶ allow my son 5,000 yen a month
「息子に毎月 5000 円を与える」

**1716 allowance**
[əláuəns] 発
名「〔割り当てるもの〕手当、（子供の）小遣い」
▶ a housing allowance「住宅手当」

## log / loq 〔言葉、話（すこと）〕 語根

1717 **logic** [ládʒik]
〔言葉 + ic（学）〕
名「**論理、論理学**」

1718 **logical** [ládʒikəl]
形「**論理的な**」
▶ **logical** conclusion「**論理的な**結論」

1719 **dialogue** [dáiəlɔ̀ːg]
〔dia（横切って）+ 言葉 ⇒ 言葉を交わす〕
名「**対話**」 ☞語根 dia

1720 **apologize** [əpálədʒàiz]
〔apo（離れて）+ 言葉 ⇒ 罪から逃れるための言葉〕
動「**謝罪する**」
▶ **apologize** to her for being late
「遅れたことを彼女に**謝罪する**」
◆ apologize to A for B「B のことで A（人）に謝罪する」

1721 **apology** [əpálədʒi]
名「**謝罪**」
▶ demand an **apology**「**謝罪**を要求する」

1722 **archaeology** [àːrkiálədʒi]
〔archaeo（原始の）+ 学〕
名「**考古学**」 ☞語根 log / loq

1723 **archaeologist** [àːkiálədʒist]
名「**考古学者**」

1724 **biology** [baiálədʒi]
〔bio（生命）+ 学〕
名「**生物学**」

1725 **ecology** [ikálədʒi]
〔eco（家・環境）+ 学〕
名「**生態学、エコロジー**」

1726 **ecological** [èkəládʒikəl]
形「**生態上の、環境保護の**」
▶ the **ecological** balance「**生態系のバランス**」

1727 **geology** [dʒiálədʒi]
〔ge（地球）+ 学〕
名「**地質学**」

1728 **psychology** [saikálədʒi]
〔psycho（精神）+ logy（学）〕 名「**心理（学）**」
▶ the **psychology** of women「女性の**心理**」

1729 **psychologist** [saikálədʒist]
名「**心理学者**」

1730 **psychological** [sàikəládʒikəl]
形「①**心理的な、精神的な** ②**心理学の**」
▶ a girl with **psychological** problem
「**心理的な**問題を抱えた女の子」

1731 **eloquent** [éləkwənt] アク
〔e（外に）+ 言葉 ⇒ はっきり話す〕 形「**雄弁な**」
▶ an **eloquent** speech「**雄弁な**演説」

# L

## long / leng / ling 〔長い〕 語根

**1732** **long**
[lɔ́ːŋ]
〔首を長くして待つ〕
動「(〜すること [A] を) 切望する (to do [for A])」
▶ long for peace「平和を切望する」

**1733** **longing**
[lɔ́ːŋíŋ]
名「切望」

**1734** **belong**
[bilɔ́ːŋ]
〔be (強意) + long (長い) ⇒ 長い間いる ⇒ 所属する〕
動「(A に) 所属している、(A の) 所有物である (to A)」
▶ belong to the tennis club「テニス部に所属している」

**1735** **belongings**
[bilɔ́ːŋiŋz]
名「所持品」

**1736** **prolong**
[prəlɔ́ːŋ]
〔pro (前に) + 長くする〕 動「〜を長引かせる」
▶ prolong a discussion「議論を長引かせる」

**1737** **lengthen**
[léŋkθən]
〔長さ + en (〜する)〕
動「〜を長くする、延長する」

**1738** **length**
[léŋkθ]
〔長さ〕 名「長さ」
▶ the length of a skirt「スカートの長さ」

**1739** **linger**
[líŋɡər]
〔長くする ⇒ 延びる ⇒ ぐずぐずする〕 動「いつまでも残る」
▶ a taste that linger in my mouth「口の中に残る味」

## lot 〔運(命)、割り当て〕 語根

**1740** **lot**
[lát]
〔割り当て ⇒ 土地／運命 ⇒ くじ〕
名「①土地 ②運命 ③くじ」 副「はるかに」
▶ a vacant lot「空き地」
▶ He is never satisfied with his lot.
「彼は自分の運命に決して満足していない」
▶ The weather is a lot better today.「今日は天気がずっといい」
◆ a lot of A「たくさんの A」
☛ 土地や運はたくさんほしいという願望からこの意味が生まれた。

**1741** **lottery**
[látəri]
〔運命〕 名「宝くじ」
▶ win the lottery「宝くじが当たる」

## loyal 〔忠実な〕 語源

**1742** **loyal**
[lɔ́iəl]
〔忠実な〕 形「忠実な、誠実な」
▶ a loyal friend「誠実な友人」

**1743** **loyalty**
[lɔ́iəlti]
名「忠誠、忠誠心」

## lu 〔遊ぶ〕 語根

☞反義語根 labor

1744 **illusion**
[ilúːʒən]
〔il（～と）+遊ぶこと⇒人をもて遊ぶこと〕 图「錯覚」
▶ an optical illusion「目の錯覚」

## luct 〔闘う〕 語根

1745 **reluctant**
[rilʌ́ktənt]
〔re（反対して）+闘う⇒闘いたくない⇒気が進まない〕
形「(～することに) 気が進まない (to *do*)」
▶ be reluctant to lend him money
「彼に金を貸すのは気が進まない」

1746 **reluctance**
[rilʌ́ktəns]
图「気が進まないこと」

## lumin / lustr 〔光〕 語根

1747 **illuminate**
[ilúːmənèit]
〔il（上に）+光+ ate（当てる）⇒上から照らす〕
動「①～を照らす ②（問題点など）を明らかにする」
▶ illuminate a street「街路を照らす」

1748 **illumination**
[ilùːmənéiʃən]
图「照明」

1749 **illustrate**
[íləstrèit]
〔il（上に）+光+ ate（当てる）⇒上から照らす⇒実例で説明する〕
動「(実例などで) ～を説明する、例証する」
▶ illustrate my point with some examples
「いくつか例を挙げて要点を説明する」

1750 **illustration**
[ìləstréiʃən]
图「挿絵、実例」

## lute 〔泥で汚す〕 語根

1751 **pollute**
[pəlúːt]
〔pol（すっかり）+泥で汚す〕
動「～を汚染する」

1752 **pollution**
[pəlúːʃən]
图「汚染」
▶ air pollution「大気汚染」

## luxury 〔豪華さ〕 語源

1753 **luxury**
[lʌ́kʃəri]
〔豪華さ〕 图「ぜいたく、ぜいたく品」
▶ a life of luxury「ぜいたくな生活」

1754 **luxurious**
[lʌgʒúəriəs] アク
形「豪華な、ぜいたくな」

# M

## machine / mechan 〔(機械などの) しかけ⇒機械〕 語根

**1755 machine** [məʃíːn]
〔機械〕
名「**機械**」
▶ a washing **machine**「洗濯**機**」

**1756 machinery** [məʃíːnəri] 発
〔machine（機械）+ ery（集合物）〕
名「〈集合的に〉（特に大型の）**機械（類）**」★不可算名詞
▶ agricultural **machinery**「農業**機械**」

**1757 mechanic** [məkǽnik]
〔機械 + ic（に関する）〕 名「**整備士**」
▶ a car **mechanic**「自動車**整備士**」

**1758 mechanical** [məkǽnikəl]
〔機械 + ical（の）〕 形「**機械の**」
▶ a **mechanical** failure「**機械の**故障」

**1759 mechanism** [mékənizm] アク
〔機械 + ism（特性）〕
名「①（機械）**装置** ②**仕組み、方法**」
▶ the **mechanism** of the human body「人体の**仕組み**」

## magni / major / mayor / max 〔大きい、偉大な〕 語根

☞反義語根 min

**1760 magnificent** [mægnífəsnt] アク
〔大きい〕
形「**壮大な**」
▶ **magnificent** view「**壮大な**眺め」

**1761 major** [méidʒər]
〔大きい⇒大きな部分を占める〕
形「①**大きな、主要な** ②〔専攻科目はカリキュラム上の大きな部分を占めることから〕(A を) **専攻する** (in A)」
名「**専攻科目**」
▶ a **major** problem「**大きな**問題」
▶ **major** in economics「経済学を**専攻する**」

**1762 majority** [mədʒɔ́ːrəti]
名「**大多数**」(⇔ minority「少数」)
▶ the **majority** of Americans「アメリカ人の**大多数**」

**1763 mayor** [méiər]
〔より偉大な〕 名「**市長**」
▶ the **mayor** of Chicago「シカゴ**市長**」

**1764 maximum** [mǽksəməm]
〔maxim（最も大きい）+ um（こと）〕
名「**最大限**」 形「**最大（限）の**」
▶ increase the speed to the **maximum**
「スピードを**最高**まで上げる」
▶ **maximum** speed「**最高速度**」

**1765 maximize** [mǽksəmàiz]
〔最大 + ize（〜にする）〕
動「**〜を最大にする**」

## make 〔作り出す〕　語源

1766 **make** [méik]
〔作り出す⇒作り上げる〕
動「① ～を作る　② ～を…の状態に作り上げる」
- made a sandwitch「サンドイッチを作る」
- the movie that made her a star「彼女をスターにした映画」
  ◆ make O C「O を C の状態に作り上げる⇒O を C の状態にする」
- make her sign the contract「彼女にその契約書に署名させる」
  ◆ make A do「A が～する状況を作り上げる⇒（強制的に）A に～させる」
- make me laugh「私を笑わせる」
  ◆ make A do「A が～する状況を作り上げる⇒（結果的に）A を～させる」
- make myself understood「私の意思をわかってもらう」
  ◆ make A done「A が～される状況を作り上げる⇒A が～されるようにする」

## male 〔男の〕　語源

1767 **male** [méil]
〔男の〕
形「男性の」　名「男性」
- a male student「男子学生」

1768 **masculine** [mǽskjulin]
〔男の + ine（性質）〕
形「男らしい、男性の」
（⇔ feminine「女らしい、女性の」）

## mamma 〔乳房〕　語根

1769 **mamma** [mǽmə]
〔乳房〕　名「ママ」《幼児語》

1770 **mammal** [mǽməl]
〔乳房の〕　名「哺乳類」
- a marine mammal「海洋哺乳動物」

## man(u) 〔手〕　語根

1771 **manual** [mǽnjuəl]
〔手 + al（～の）〕
形「手動（式）の、肉体の」
名「（取扱）説明書、マニュアル」
- manual work「肉体労働」
- an instruction manual「取扱説明書」

## M

**1772 manuscript** [mǽnjuskript] アク
〔手 + script（書かれた）〕
名「(手書きの) 原稿」
▶ an original **manuscript**「元の原稿」

**1773 manufacture** [mæ̀njufǽktʃər]
〔手 + fact（作る）〕
動「(工場で大量に) ～を製造する」
名「製造」 ☞語根 fact

**1774 manufacturer** [mæ̀njufǽktʃərər]
〔製造 + er（人）〕
名「製造会社、メーカー」

**1775 manipulate** [mənípjulèit]
〔手 + pul（一杯）+ ate（～する）⇒手で巧みに扱う〕
動「(人・世論・価格など) を (巧みに) 操る」
▶ **manipulate** public opinion「世論を操る」

**1776 manifest** [mǽnəfèst]
〔手で + fest（つかめる）⇒感触ではっきりわかる⇒明らかな〕
形「明らかな」
動「(感情など) を表明する」
▶ a **manifest** error「明らかな誤り」

**1777 manifestation** [mæ̀nəfistéiʃən]
名「表れ、表明」

**1778 manner** [mǽnər]
〔手の技術⇒手の動かし方⇒ふるまい方〕
名「①態度 ②〔礼儀正しいふるまい方〕礼儀 複 ③〔ふるまう方法〕方法」
▶ a rude **manner**「無礼な態度」
▶ good **manners**「行儀の良さ〔礼儀作法〕」
▶ her **manner** of speaking「彼女の話し方」

**1779 manage** [mǽnidʒ] 発
〔手 + age（行為）⇒馬を手で御する⇒うまく扱う〕
動「①～をうまく扱う ②〔会社などをうまく扱う〕～を経営する ③〔うまく扱って〕何とか～する (to do)」
▶ **manage** difficult students「扱いにくい生徒をうまく扱う」
▶ **manage** a restaurant「レストランを経営する」
▶ **manage** to catch the train「何とかその列車に間に合う」

**1780 maintain** [meintéin]
〔main（手で）+ 保持する⇒一定の状態を維持する〕
動「①～を保ち続ける ②～を整備する ③〔自分の立場を保持するため〕(意見など) を主張する」
▶ **maintain** good relationships with the boss「上司と良い関係を保つ」
▶ **maintain** that he is innocent「自分は無実だと主張する」

**1781 maintenance** [méintənəns]
名「維持、整備」
★ つづりに注意。main t e nance

204

## man〔とどまる〕 語根

**1782 remain** [riméin]
〔re（元に）+ とどまる⇒周囲に変化が起きても残り続ける〕
動「①とどまる ②残っている ③Cのままである ④まだ~されずに残っている (to be *done*)」
名「①〔残り続けたもの〕遺跡 複 ②残り(物) 複」
▶ Nothing remained after the fire.
「火事の後には何も残っていなかった」
▶ remain the same「同じままである」
▶ remain to be solved「まだ解決されていない」
▶ ancient remains「古代遺跡」

**1783 permanent** [pə́ːrmənənt] アク
〔per（完全に）+ とどまる + ent（もの）⇒完全に残っている〕
形「永久の」
▶ a permanent job「定職」

## mand〔命じる〕 語根

**1784 command** [kəmǽnd]
〔co（強く）+ 命じる⇒意のままに操る〕
動「①〔指揮官などが部下に〕~を命令する ②〔高い所から景色を意のままに操る〕~を見渡せる」
名「①指揮、命令 ②〔言葉を意のままに操る能力〕（外国語を）自由に使える能力」
▶ The house commands a fine view.
「その家からはすばらしい景色が見渡せる」
▶ have a good command of English
「英語を上手に使いこなせる能力がある」

**1785 demand** [dimǽnd]
〔de（強く）+ 命じる〕
動「①~を要求する ②~せよと要求する (that + S + 原形 [should *do*])」
名「①要求 ②需要」
▶ demand an apology「謝罪を要求する」
▶ She demanded that he apologize.
「彼女は彼に謝罪せよと要求した」
▶ a demand for higher wages「賃上げ要求」
▶ supply and demand「需要と供給」
★日本語とは逆の語順で使うのが一般的である。

**1786 demanding** [dimǽndiŋ] 形「骨の折れる、要求がきつい」

**1787 mandatory** [mǽndətɔ̀ːri]
〔命じられた〕 形「強制的な、義務的な」
▶ It is mandatory to attend the meeting.
「会議に出席することが義務づけられている」

205

| 1788 | **recommend** [rèkəménd] | 〔re（強く）+ commend（勧める）〕<br>動「～を勧める、推薦する」 ☞語根 commend |
|---|---|---|
| 1789 | **recommendation** [rèkəmendéiʃən] | 名「勧告、推薦」 |

## margin 〔端、縁〕　語源

| 1790 | **margin** [máːrdʒin] | 〔端、縁⇒（中心から外れた）周辺部⇒余白〕<br>名「①余白　②利ざや　③差」<br>▶ make a note in the margin「余白にメモする」<br>▶ win the election by a wide margin「大差で選挙に勝利する」<br>△ margin は、紙では「文字が書かれた中心部と周辺部（余白）」の関係、商売では「経費となる中心部と周辺部（利ざや）」の関係、そして売上から経費を引いた「差」が利ざやとなっている。 |
|---|---|---|
| 1791 | **marginal** [máːrdʒinl] | 〔周辺部の、余白の〕<br>形「余白の、わずかな」 |

## marry 〔結婚する〕　語源

| 1792 | **marry** [mǽri] | 〔結婚する〕<br>動「～と結婚する」<br>▶ David married Alice.(= David got married to Alice.)<br>「デヴィッドはアリスと結婚した」 |
|---|---|---|
| 1793 | **married** [mǽrid] | 形「結婚している」<br>▶ She is married to my brother.<br>「彼女は私の弟と結婚している」<br>　◆ be married to A「A と結婚している（状態）」<br>▶ He got married to an actress.「彼は女優と結婚した」<br>　◆ get married to A「A と結婚する（動作）」 |
| 1794 | **marriage** [mǽridʒ] | 〔結婚 + age（状態）〕　名「結婚」<br>▶ a marriage ceremony「結婚式」 |

## mass 〔大きなかたまり〕　語源

| 1795 | **mass** [mǽs] | 〔大きなかたまり〕<br>名「①かたまり　②多くの A (a mass of A)　③一般大衆 (the masses) 複」<br>形「大量の」<br>▶ a mass of rock「岩のかたまり」<br>▶ a mass of people「大勢の人々」<br>▶ entertainment for the masses「一般大衆のための娯楽」<br>▶ weapons of mass destruction「大量破壊兵器」 |
|---|---|---|

1796 **massive** [mǽsiv]
〔かたまり + ive（〜の性質を持つ）〕
形「**大量の、大きい**」

## match 〔作られた (made) ペアの一方・配偶者〕 語源

1797 **match** [mǽtʃ]
〔作られた (made) ペアの一方・配偶者⇒釣り合う〕
動「①**〜と調和する** ②**〜に一致する** ③〔能力が釣り合う〕**〜に匹敵する**」
名「①〔能力が釣り合う人〕**競争相手** ②〔好敵手同士が対抗する〕**試合** ③**調和するもの、釣り合うもの**」

make の派生語。

▶ The tie **matches** your shirt.
「そのネクタイは君のシャツ**に合っている**」
▶ No one can **match** him in baseball.
「野球では誰も彼**に匹敵しない**［かなわない］」
▶ be no **match** for him in tennis
「テニスでは彼の**競争相手**にならない［彼にはかなわない］」

## mater / metro 〔母、源〕 語根

☞ patri

1798 **material** [mətíəriəl] アク
〔源 + al（に関する）⇒物質（的な）〕
名「①**物質、材料** ②**資料**」
形「**物質的な**」
▶ genetic **material**「遺伝**物質**」
▶ **material** support「**物質的な**支援」
◆ raw material「原料」

1799 **materialism** [mətíəriəlizm]
名「**物質主義**」

1800 **matter** [mǽtər]
〔源⇒物質⇒事柄・問題〕
名「①**物質** ②**事柄、問題** ③**困った問題** (the 〜)」
動「〔問題になるほど〕**重要である**」
▶ a personal **matter**「個人的な**問題**」
▶ What's the **matter**?「何か**困った問題**でも起こったのか？［どうしたんですか？］」
▶ Winning doesn't **matter**.「勝つことが**重要では**ない」

1801 **metropolis** [mətrɑ́pəlis]
〔母の + polis（都市）⇒母なる都市〕
名「**大都市**」

207

# M

| 1802 | **metropolitan** [mètrəpálitən] | 形「大都市の」<br>▶ a metropolitan area「大都市圏」<br>圏alma mater〔alma（養い育てる）＋母⇒親愛なる母〕<br>　名「母校」 |
|---|---|---|

## matur 〔熟した、頃合いの〕　　語根

| 1803 | **mature** [mətúər] | 〔熟した〕<br>形「成熟した」　動「成熟する」<br>▶ a mature woman「成熟した女性」 |
|---|---|---|
| 1804 | **maturity** [mətʃúərəti] | 名「成熟」 |
| 1805 | **immature** [ìmətʃúər] | 〔im（ない）＋熟した〕<br>形「未熟な」 |
| 1806 | **premature** [prìːmətʃúər] | 〔pre（以前の）＋熟した⇒熟す以前の〕<br>形「時期尚早の」 |

## may 〔力〕　　語根

| 1807 | **dismay** [disméi] | 〔dis（奪う）＋力⇒力を奪われる⇒ぼう然とさせる〕<br>動「（人）をぼう然とさせる」<br>名「ぼう然、落胆」<br>▶ be dismayed at the sudden death of him<br>「彼の突然の死にぼう然とする」<br>▶ to my dismay「落胆したことには」<br>◆ to one's dismay「落胆したことには」 |
|---|---|---|

## medi(c) 〔治す〕　　語根

| 1808 | **medicine** [médəsin] | 〔治す＋ine（技術）〕<br>名「①医学　②薬」<br>▶ study medicine in America「アメリカで医学を勉強する」<br>▶ take medicine「薬を飲む」 |
|---|---|---|
| 1809 | **medical** [médikəl] | 形「医療の、医学の」<br>▶ a medical student「医学生」 |
| 1810 | **remedy** [rémədi] | 〔re（元通りに）＋治す〕<br>名「治療法［薬］、解決策」<br>▶ a remedy for the disease「その病気の治療法」 |

## meet 〔会う〕　語源

**1811 meet** [míːt]
〔(人に) 会う⇒(物事に) 合う〕
動「① (人) に会う　② (空港・駅などで) (人) を出迎える　③〔必要などに合う〕(必要・要求・条件など) を満たす　④〔問題に合わせる〕(問題など) に対処する」
▶ meet him at the station「駅で彼を出迎える」
▶ meet all our needs「我々の要求を全て満たす」
▶ meet a challenge「難題に対処する」

**1812 meeting** [míːtiŋ]
名「(打ち合わせのための) 会合、会議」

## melt 〔火で溶かす〕　語源

**1813 melt** [mélt]
〔火で溶かす〕
動「① (熱によって) (氷・雪・アイスクリーム・バターなどが) 溶ける、溶かす　② (感情などが) 消える、和らぐ」
▶ The ice began to melt.「氷が溶け始めた」
★ melt は「熱によって固体から液体へと溶ける」という意味だが、dissolve は「固体が液体の中で溶解する(例：砂糖がコーヒーの中で溶ける)」という意味である。

## mend 〔欠陥〕　語根

**1814 amend** [əménd]
〔a (取り除く) +欠陥⇒欠陥を取り除く〕
動「(法律など) を改正する、修正する」
▶ amend the Constitution「憲法を改正する」

**1815 amendment** [əméndmənt]
名「(法律などの) 修正 (案)」
▶ propose an amendment「修正案を提案する」

**1816 mend** [ménd]
〔amend の語頭の a が消失：欠陥を取り除く〕
動「(シャツや靴など) を修繕する」
▶ mend shoes「靴を修繕する」

## ment / member / memory / mind / mean (1) / mon / medi / mood〔心、記憶、考える、思い出させる〕　語根

1817 **mental** [méntl]
〔心 + al（の）〕
形「精神の、心の、頭の中の」
▶ her **mental** state「彼女の**精神**状態」

1818 **mentally** [méntəli]
副「精神的に」

1819 **mentality** [mentǽləti]
名「ものの考え方」

1820 **mention** [ménʃən]
〔心 + tion（に触れること）⇒心に触れる⇒思い出させる〕
動「〜に言及する」
▶ **mention** his name「彼の名前**を挙げる**」

1821 **comment** [kάment]
〔com（完全に）+ 心にかけること⇒しっかり考えた上での意見〕
名「意見、コメント」
動「(Aについて) 意見を述べる、コメントする (on A)」
▶ make a **comment** on his suggestion
「彼の提案について**意見を述べる**」
▶ **comment** on the issue
「その問題について**意見を述べる**[**コメントする**]」

1822 **remember** [rimémbər]
〔re（強く）+ 思い出す〕
動「〜を覚えている」
▶ I **remember** taking this pill.
「この錠剤を飲んだの**を覚えている**」
　◆ remember *doing*「〜したことを覚えている」
▶ **Remember** to take this pill.
「この錠剤を**忘れずに**飲んでください」
　◆ remember to *do*「忘れずに〜する」

1823 **memory** [méməri]
〔記憶〕
名「①記憶力　②思い出」
▶ have a good **memory**「**記憶力**がいい」
▶ happy **memories** of my schooldays
「学校時代の楽しい**思い出**」

1824 **memorize** [méməràiz]
動「〜を暗記する」

1825 **memorial** [məmɔ́:riəl]
名「記念碑」
▶ a war **memorial**「戦争**記念碑**」

## 1826 mind
[máind]

〔考える〕
名「①〔考える場所〕**心、精神** ②〔考える力〕**知力、頭脳** ③〔考える人〕**優れた頭脳の持ち主**」
動「〔考える⇒気にする⇒嫌だと思う〕**～を嫌だと思う、気にする**」
- peace of mind「**心の平和**」
- have a quick mind「**頭の回転**が速い」
- the greatest minds of our age「当代の最も**優秀な頭脳の持ち主たち**」
- mind working at night「夜間に働くの**を嫌だと思う**」
★「嫌だと思う」という意味の mind は、直後に to 不定詞を取らず動名詞を取る。

## 1827 remind
[rimáind]

〔re（再び）+ mind（気づく）〕
動「**（人）に思い出させる、気づかせる**」
- remind me of my school days「私**に**学校時代を**思い出させる**」
- ◆ remind A of B「A（人）に B について思い出させる」

## 1828 mean (1)
[mí:n]

〔心に意見を持つ⇒意味する⇒意図する〕
動「①**～を意味する** ②〔行為を意図する〕**～するつもりである** (to do) ③**～を本気で言う**」
- The red light means "Stop."「赤信号は「止まれ」**を意味する**」
- I didn't mean to hurt you.「あなたを傷つける**つもり**はなかった」
- I mean it.「私は**本気で言っています**」

## 1829 meaning
[mí:niŋ]

名「**意味**」

## 1830 monument
[mánjumənt]

〔思い出させる + ment（手段）〕
名「（大きな）**記念碑**」
- erect a monument「**記念碑**を建てる」

## 1831 demonstrate
[démənstrèit] アク

〔de（完全に）+ 思い出させる⇒はっきりと示す〕
動「**～を明確に示す**」
- demonstrate a link between poverty and crime「貧困と犯罪との関連**を示す**」

## 1832 demonstration
[dèmənstréiʃən]

名「**実証、実演**」

# M

### 1833 *summon
[sʌ́mən]
〔sum（ひそかに）+ 思い出させる〕
動「(人) を呼び出す」
▶ be summoned to appear in court
「出廷するように呼び出される」

### 1834 meditate
[médətèit]
〔考える〕
動「熟考する、瞑想する」

### 1835 meditation
[mèdətéiʃən]
名「瞑想、熟慮」
▶ be deep in meditation「瞑想にふけっている」

### 1836 *mood
[mú:d]
〔心〕
名「①気分、機嫌　②雰囲気」
▶ be in a good mood「機嫌がいい」

## merc〔報酬、商品〕　　　　　　　　　　　　　　　語根

### 1837 *mercy
[mə́:rsi]
〔報酬⇒来世での報酬⇒来世での報酬を得るためのこの世での「慈悲」〕
名「慈悲」
　「人助けをしたにもかかわらず、この世で報われなかった人に来世での神からの報酬」を意味した。転じて、「来世で神の恩寵を得ることになるこの世での行為」つまり「慈悲」という意味で使われるようになった。
▶ beg for mercy「慈悲を請う」
◆ at the mercy of A「Aのなすがままで」

### 1838 *merchant
[mə́:rtʃənt]
〔商品を取引する人〕
名「貿易商」
▶ merchant ship「商船」

### 1839 merchandise
[mə́:rtʃəndàiz]
名「(集合的に) 商品」

### 1840 *merit
[mérit]
〔報酬⇒報酬に値する美点〕
名「長所、価値」
▶ the merits and demerits of TV「テレビの長所と短所」

### 1841 *commerce
[kámərs]
〔com（一緒に）+ 商品を扱うこと〕
名「商業、貿易」
▶ international commerce「国際貿易」

### 1842 *commercial
[kəmə́:rʃəl]
形「商業の、商売になる」
名「コマーシャル、広告放送」
▶ a commercial success「商業的成功」

## mere 〔純粋な〕　　　　　語源

1843 **mere**
[míər]
〔純粋な〕
形「ほんの、単なる」
▶ The mere thought of flying made her feel sick.
「飛ぶということを考えただけで彼女は気分が悪くなった」

1844 **merely**
[míərli]
副「ただ単に」
▶ He is merely a child.「彼はほんの子供にすぎない」

## merg 〔（水中に）沈む〕　　　　　語根

1845 **merge**
[mə́ːrdʒ]
〔（水の中に）沈む⇒水と混じり合う〕
動「合併する」
▶ merge with an American firm
「アメリカの会社と合併する」

1846 **merger**
[mə́ːrdʒər]
名「合併」
▶ mergers and acquisitions「合併買収」《略 M&A》

1847 **emerge**
[imə́ːrdʒ]
〔e (= ex：外に) + 沈む⇒沈んでいたものが外に出る〕
動「現れる、（事実などが）明らかになる」
▶ The sun emerged from behind the clouds.
「太陽が雲間から現れた」

1848 **emergence**
[imə́ːrdʒəns]
名「出現」

1849 **emergency**
[imə́ːrdʒənsi]
〔e (= ex：外に) + 沈む⇒沈んでいたものが突然外に出る⇒緊急時〕
名「緊急時」
▶ an emergency landing「緊急着陸」

## met / mens / meas / mea 〔測る、定める〕　　　　　語根

1850 **diameter**
[daiǽmətər]
〔dia（横切って）+ 測ること〕
名「直径」　☞語根 dia

1851 **geometry**
[dʒiámətri]
〔geo（地球）+ 測る〕
名「幾何学」　☞語根 geo

1852 **immense**
[iméns]
〔im（ない）+ 測る⇒測れないほど大きい〕
形「巨大な、計り知れない」
▶ immense power「巨大な力」

# M

1853 **measure**
[méʒər] 発
〔長さや重量などを測る道具⇒人や価値などを評価する手段⇒物事の解決を図る手段・対策〕
動「(長さなど)を測定する」
名「①(測定や評価の)基準 ②(物事の解決を図る)対策、措置」複
- measure how many calories people burn
「人々のカロリー消費量を測定する」
- Money is a poor measure of happiness.
「お金は幸福を計る不十分な基準でしかない」
- take security measures「安全対策を講じる」
◆ a measure of A「ある程度の A」

1854 **measurement**
[méʒərmənt]
〔測る + ment (こと)〕
名「寸法、測定」
- take measurements「寸法を測る」

1855 **meal**
[míːl]
〔定める⇒定めた時間の食事〕
名「(定時の)食事」
- I eat three meals a day.「私は1日に3回食事をする」

## metaphor 〔表現法を変えること〕 語源

1856 **metaphor**
[métəfɔːr]
〔meta (変化) + phor (運ぶ) ⇒運び方 (= 表現法) を変えること〕
名「隠喩、メタファー」
- "Life is a journey" is a metaphor.
「『人生は旅である』は隠喩だ」

## method 〔道筋〕 語源

1857 **method**
[méθəd]
〔met (〜の後) + hod (道) ⇒道の後を追う⇒道筋 (の探求)〕
名「(組織的な)方法」
- effective methods of reducing pollution
「公害を減らす効果的な方法」

## mid / medi / mean (2) 〔中間〕 語根

1858 **middle**
[mídl]
〔中間〕
名「真ん中」 形「真ん中の」
- wake up in the middle of the night「真夜中に目が覚める」
◆ in the middle of the night「真夜中に」
- a middle child of three「3人きょうだいの真ん中の子」

## 1859 medium
[míːdiəm]
〔中間の〕
形「中間の」 名「媒体、手段」
- a man of medium height「中ぐらいの背丈の男性」
- the medium of television「テレビという媒体」
- ★ 媒体は「情報の送り手」と「情報の受け手」の中間に位置している。

## 1860 media
[míːdiə]
〔中間にあるもの〕
名「マスメディア、マスコミ」
- ★ medium の複数形。
- work in the media「マスコミで働く」

## 1861 medieval
[mìːdiíːvəl]
〔中間の + (a)ev（時代）+ al（〜の）〕
形「中世の」
- medieval architecture「中世建築」

## 1862 Mediterranean
[mèdətəréiniən]
〔中間の + terra（大地）〕
形「地中海の」
- the Mediterranean Sea「地中海」
- 園 Mesopotamia〔meso（中間の）+ potamia（川）⇒ 2つの川の間〕「メソポタミア」は the Tigris と the Euphrates という 2 つの川に挟まれた地域である。

## 1863 immediate
[imíːdiət] 発
〔im（ない）+ 中間 + ate（〜な）⇒間を置かない〕
形「①〔時間的に間を置かない〕即時の
② 〔空間的に間を置かない〕直接の」
- take immediate action「直ちに行動する」
- an immediate cause「直接の原因」

## 1864 immediately
[imíːdiətli]
副「すぐに」
- The train left immediately.「列車はすぐに出発した」

## 1865 means
[míːnz]
〔中間にあるもの〕
名「①〔動機と目的の中間に位置し両者をつなぐもの〕手段 ②〔動機と目的の中間に位置し、両者をつなぐ金銭的なもの〕資産」
- ★ 単複同形。
- means of communication「コミュニケーションの手段」
- a man of means「金持ちの男性」
- ◆ by no means「決して〜ない」

## 1866 mean(2)
[míːn]
〔中間の⇒並の⇒つまらない⇒意地の悪い〕
形「意地の悪い、卑劣な」
- a mean trick「卑劣な策略」

## M

1867 **meanwhile** [míːnhwàil]
〔中間の + while（時）〕
副「その間（に）」
▶ My wife went shopping. **Meanwhile**, I cleaned the room.
「妻は買い物に出かけた。その間、私は部屋を掃除した」

### mig(r)〔移動する〕　　　　　　　　　　　語根

1868 **migrate** [máigreit] 発
〔移動する + ate（～になる）〕
動「（職などを求めて）移住する」
▶ **migrate** to the United States「アメリカ合衆国へ移住する」

1869 **emigrate** [émigrèit]
〔e（= ex : 外へ）+ 移住する〕
動「（他国へ）移住する」

1870 **emigrant** [émigrənt]
名「（他国への）移民」

1871 **immigrate** [íməgrèit]
〔im（中に）+ 移動する〕
動「（他国から）移住して来る」

1872 **immigrant** [íməgrənt]
名「（他国からの）移民」
▶ illegal **immigrants**「不法移民」

1873 **immigration** [ìməgréiʃən]
名「（他国からの）移住」
▶ **immigration** policy「移民政策」

### military〔兵士に関する人〕　　　　　　語源

1874 **military** [mílitèri]
〔milit（兵士）+ ary（に関する人）〕
形「軍（隊）の」 名「軍（隊）」
▶ a **military** force「軍隊」

### min (1)〔小さい〕　　　　　　　　　　　語根

☞反義語根 magni

1875 **minimum** [mínəməm]
〔小さい + mum（最も）⇒最小の〕
形「最小の」 名「最小限」
（⇔ maximum「最大の、最大限」）
▶ the **minimum** temperature「最低気温」

1876 **minister** [mínəstər]
〔小さい + er（人）⇒召使い⇒王や神の召使い〕
名「①大臣 ②牧師」
✍ minister は正しくは「小臣」という意味。
▶ the Prime **Minister**「総理大臣」

1877 **ministry** [mínəstri]
〔ministr（大臣）+ y（集合）⇒大臣の集合〕
名「（日本や英国の）省（庁）」

| | | |
|---|---|---|
| 1878 | □*minor<br>[máinər] | 〔小さい + or（より）⇒ より小さい〕<br>形「小さい、重要でない」<br>▶ a minor injury「軽傷」 |
| 1879 | □*minority<br>[mainɔ́:rəti] | 名「少数（の人）、少数（民族）」<br>▶ ethnic minorities「少数民族」 |
| 1880 | □*minute<br>[main(j)ú:t] 発 | 〔小さい〕<br>形「微小の、細かい」 名「分、ちょっとの間、瞬間」<br>▶ handle with minute care「細心の注意を払って扱う」 |
| 1881 | □*menu<br>[ménju:] | 〔詳細なリスト ⇒ 食事の内容を詳細に記したリスト〕<br>名「（レストランの）メニュー」 |
| 1882 | □*administer<br>[ædmínistər] | 〔ad（〜に）+ minister（仕える）⇒ 国政を管理する〕<br>動「〜を管理する、運営する」 |
| 1883 | □*administration<br>[ædminəstréiʃən] | 名「①政権 ②経営」<br>▶ the Obama Administration「オバマ政権」 |
| 1884 | □*diminish<br>[dimíniʃ] | 〔di（強意）+ 小さい + ish（する）⇒ 小さくする〕<br>動「〜を減らす、減る」<br>▶ His appetite diminished.「彼の食欲は減退した」 |

## min (2) / men 〔突き出る〕　　　　　　　　　　　　　　　　　語根

| | | |
|---|---|---|
| 1885 | □eminent<br>[émənənt] | 〔e（= ex：外に）+ 突き出る ⇒ 傑出する〕<br>形「（人が）高名な」<br>▶ an eminent scientist「高名な科学者」<br>★ eminent「高名な」とは、専門家・芸術家などがその分野で頂点にあると認識され、有名で尊敬されていること。 |
| 1886 | □eminence<br>[émənəns] | 名「高名」 |
| 1887 | □*prominent<br>[prámənənt] | 〔pro（前に）+ 突き出る ⇒ 目立った〕<br>形「①（物事が）目立った ②（人が）著名な」<br>▶ a prominent feature「目立った特徴」<br>▶ a prominent lawyer「著名な弁護士」<br>★ prominent「著名な」とは、他より卓越していてよく知られていること。 |
| 1888 | □prominence<br>[prámənəns] | 名「著名、重要性」 |
| 1889 | □*menace<br>[ménis] | 〔突き出る ⇒ 脅威を与えるもの〕<br>名「脅威」 動「脅威を与える」<br>▶ a menace to society「社会にとっての脅威」 |

## mine 〔鉱山〕 語根

1890 **mine** [máin]
〔鉱山〕
名「①鉱山 ②地雷」
動「〜を採掘する、掘る」
▶ a coal mine「炭鉱」

1891 **mineral** [mínərəl]
〔鉱山 + al（の性質の）〕
名「鉱物、ミネラル」
▶ mineral resources「鉱物資源」

1892 **miner** [máinər]
名「鉱山労働者」

1893 **undermine** [ʌ̀ndərmáin]
〔under（下を）+ 掘る⇒（建築物の）土台を削り取る⇒（建築物を）台なしにする〕
動「(名声・権威・制度など)を揺るがす、脅かす」
▶ undermine my authority「私の権威を脅かす」

## mir / mar 〔見て驚く〕 語根

1894 **miracle** [mírəkl]
〔見て驚くもの〕
名「奇跡」
▶ escape by a miracle「奇跡的に逃れる」
  ◆ by a [some] miracle「奇跡的に」

1895 **miraculous** [mirǽkjuləs]
形「奇跡的な」

1896 **mirror** [mírər]
〔見て驚くもの⇒鏡を見て驚く〕
名「鏡」

1897 **admire** [ædmáiər] アク
〔ad（〜に）+ 見て驚く〕
動「〜に感心する、称賛する」
▶ admire his courage「彼の勇気に感心する」

1898 **admirable** [ǽdmərəbl] アク
形「称賛に値する」

1899 **admiration** [æ̀dməréiʃən]
名「称賛、感嘆」

1900 **marvel** [máːrvəl]
〔見て驚く〕
動「驚嘆する、(Aに)驚く (at A)」
名「驚異」
▶ marvel at his patience「彼の忍耐力に驚嘆する」

1901 **marvelous** [máːrvələs]
形「驚くべき、すばらしい」
▶ have a marvelous time「すばらしい時を過ごす」

## miserable 〔みじめな〕 語源

1902 **miserable** [mízərəbl]
〔みじめな〕
形「みじめな」
- lead a miserable life「みじめな生活を送る」

1903 **misery** [mízəri]
名「みじめさ、悲惨さ」
- the misery of poverty「貧乏のみじめさ」

## miss 〔的を外す〕 語源

1904 **miss** [mís]
〔的を外す⇒目当てのものをし損なう〕
動「①〜に乗り損なう ②〔見損なう・聞き損なう〕〜を見落とす、聞き逃す ③〔人に会い損なって⇒会えなくて〕(人)がいなくて寂しい、恋しい」
- miss the last bus「最終バスに乗り遅れる」
- Her house is opposite the church; you can't miss it.「彼女の家は教会の向かい側にあるから、見逃すはずがないよ」
- I miss my family.「家族が恋しい」

1905 **missing** [mísiŋ]
形「(あるべき所から)なくなっている、抜けている、行方不明の」

## mit / miss / mess 〔送る、置く〕 語根

1906 **admit** [ædmít]
〔ad (〜へ) + 送る⇒送り込むのを認める〕
動「①(仕方なく)〜を認める ②(人など)を入れることを認める」
- He admitted his mistake.「彼は自分の間違いを認めた」
- She was admitted to the university.「彼女はその大学に入学を認められた」
  ◆ admit A to [into] B「A(人)にBへ入ることを認める」

1907 **admission** [ædmíʃən]
名「①入場料 ②入場(許可)、入学許可」
- free admission「入場無料」

1908 **commit** [kəmít]
〔com (完全に) + 送る⇒送り込む〕
動「〔自分をのっぴきならぬ状況に追い込む〕(罪・間違いなど)を犯す」
- commit a crime「犯罪を犯す」
◆ commit suicide「自殺する」
◆ commit oneself to A「Aを確約する」

1909 **commitment** [kəmítmənt]
〔自分を追い込むこと〕
名「①約束 ②〔身を委ねること〕献身」

# M

**1910 commission** [kəmíʃən]
〔送り込まれて委ねられること〕
图「①（主に政府の委託を受けた）**委員会**　②〔委ねた仕事の報酬〕**手数料**」

**1911 committee** [kəmíti]
〔送り込まれて委ねられた人〕
图「**委員会**」
▶ a finance **committee**「財政**委員会**」

**1912 emit** [imít]
〔e（外に）+ 送る〕
動「（ガス・熱・光など）**を放出する**」

**1913 emission** [imíʃən]
图「**排出、放出**」
▶ the **emission** of carbon dioxide「二酸化炭素の**排出**」

**1914 omit** [oumít]
〔o（反対方向に）+ 送る⇒入れない〕
動「**〜を省く、抜かす**」
▶ **omit** his name from the list「リストから彼の名前**を抜かす**」

**1915 omission** [oumíʃən]
图「**省略**」

**1916 permit** [pə:rmít]
〔per（通して）+ 送る⇒通過するのを許す〕
動「**〜を許す**」
▶ **permit** him to enter the room「彼が入室する**のを許す**」
◆ permit A to *do*「A が〜するのを許す」

**1917 permission** [pərmíʃən]
图「**許可**」
▶ without **permission**「**許可**なく」

**1918 submit** [səbmít]
〔sub（下に）+ 送る⇒下に置く〕
動「①〔物を相手の下に置く〕**〜を提出する**　②〔人を（支配）下に置く〕（A に）**服従する、甘んじて受ける** (to A)」
▶ **submit** a report「報告書**を提出する**」
▶ **submit** to authority「権威に**服従する**」

**1919 submission** [səbmíʃən]
图「**服従、提出**」

**1920 transmit** [trænsmít]
〔trans（向こう側へ）+ 送る〕
動「①〔考えなどを送る〕（信号・情報・考えなど）**を伝える、送信する**　②〔病気などを送る〕（病気など）**を伝染させる**」
▶ **transmit** a message to her「彼女にメッセージ**を伝える**」

**1921 transmission** [trænsmíʃən]
图「**送信、伝達**」

**1922 mission** [míʃən]
〔送る + sion（こと）⇒任務を負って送られること〕
图「**任務、使節団**」
▶ accomplish his **mission**「自分の**任務**を果たす」

| | | |
|---|---|---|
| 1923 | □***missionary**<br>[míʃənèri] | 名「宣教師」 |
| 1924 | □***missile**<br>[mísl] | 〔送る + ile（〜に適した）⇒投げるのに適した⇒投げる武器〕<br>名「ミサイル」 |
| 1925 | □***dismiss**<br>[dismís] | 〔dis（分離）+ 送る⇒追い払う〕<br>動「①〔提案などを追い払う〕（意見・提案・批判など）**を退ける** ②〔人を職場から追い払う〕（人）**を解雇する**」<br>▶ **dismiss** the idea as ridiculous<br>「その考え**を**ばかげているとして**退ける**」<br>▶ He was **dismissed** from his job.「彼は**解雇された**」 |
| 1926 | □***dismissal**<br>[dismísəl] | 名「解雇、却下」 |
| 1927 | □***premise**<br>[prémis] 発 | 〔pre（前もって）+ 送る⇒前に置く〕<br>名「①**前提** ②**家屋敷** 複」<br>▶ a false **premise**「間違った**前提**」<br>△ premises が「家屋敷」の意味になったのは、土地や家屋の購入等の契約書において、契約の対象となる物件が契約書の冒頭に書かれたことに由来する。 |
| 1928 | □***promise**<br>[prámis] | 〔pro（前もって）+ 送られたもの〕<br>名「①**約束** ②**有望**」<br>動「〜**を約束する**」<br>▶ **promise** to write to me「私に手紙を書く**と約束する**」 |
| 1929 | □**promising**<br>[prámisiŋ] | 形「前途有望な」<br>▶ a **promising** young politician「**前途有望な**若手政治家」 |
| 1930 | □***compromise**<br>[kámprəmàiz] アク | 〔com（一緒に）+ 約束⇒双方が歩み寄る〕<br>動「**妥協する**」 名「**妥協**」<br>▶ make a **compromise** with her「彼女に**妥協**する」 |
| 1931 | □***mess**<br>[més] | 〔置く⇒食卓に置かれた食べ物⇒食堂〕<br>名「乱雑、散乱」<br>動「〜を乱雑にする」<br>▶ My room is a **mess**.「私の部屋は**散らかっている**」<br>△ 食事をした後はしばしば色々なものが散乱していることから「乱雑」という意味が生まれた。 |
| 1932 | □***messy**<br>[mési] | 形「散らかった、汚い」 |
| 1933 | □**message**<br>[mésidʒ] | 〔送られてきたもの〕 名「伝言」<br>▶ leave a **message**「**伝言**を残す」 |

## mod 〔尺度〕 語根

**1934 modern**
[mádərn] アク
〔尺度となる時間の⇒現代の〕
形「現代の、最新の」
▶ modern technology「最新技術」

**1935 modest**
[mádist]
〔尺度+を保つ⇒節度のある⇒控えめな〕
形「①控えめな ②(大きさ・量などが)ささやかな」
▶ a modest person「控えめな人」

**1936 moderate**
[mádərət]
〔尺度+適切にする〕
形「適度な、中くらいの」
▶ moderate exercise「適度な運動」

**1937 modify**
[mádəfài]
〔尺度+ ify (〜にする)⇒尺度に合わせる〕
動「〜を(部分的に)修正する、変更する」
▶ modify the plan「その計画を修正する」

**1938 modification**
[màdəfikéiʃən]
名「修正、変更」

**1939 commodity**
[kəmádəti]
〔com (一緒に)+尺度に合うもの⇒便利なもの〕
名「商品」
▶ commodity prices「商品価格 [物価]」

**1940 accommodate**
[əkámədèit]
〔ac (〜に)+ com (一緒に)+尺度を合わせる⇒〜に合う収容力がある〕
動「〜を収容する、宿泊させる」
▶ The hotel can accommodate 500 people.
「そのホテルは500人宿泊できる」

**1941 accommodation**
[əkàmədéiʃən]
名「宿泊施設」

**1942 mold**
[móuld]
〔尺度⇒(ある形を作るための)鋳型⇒型に入れて作る〕
動「①(型に入れて)〜を作る ②(性格など)を形成する」
名「型」
▶ mold young athletes into team players
「若いスポーツ選手をチームプレーのできる選手へ育成する」

## moist 〔ブドウのしぼり汁〕 語源

**1943 moist**
[mɔ́ist]
〔ブドウのしぼり汁⇒水分が多い〕
形「湿った」

**1944 moisture**
[mɔ́istʃər]
名「(空中・物質中・表面などの)水分、湿気」
▶ My skin is losing its moisture.
「私の肌は水分を失いつつある [乾いてきている]」

## molecule 〔小さなかたまり〕　　　　　　　　　　　　　　　語源

1945 **molecule**
[málɪkjùːl]
〔mole（かたまり）+ cule（小さな）⇒小さなかたまり〕
名「**分子**」
▶ a water molecule「水の**分子**」

## mon / muni / mune / mute 〔義務、交換〕　　　　　　　語根

1946 **common**
[kámən]
〔com（共に）+ 義務⇒義務共有の⇒共有の〕
形「①**共通の**　②〔みんなで共有するとありふれる〕**よくある、ありふれた、一般的な**」
▶ a common langauge「**共通**語」
▶ a common name「**ありふれた**名前」

1947 **commonplace**
[kámənplèis]
形「**ありふれた**」
★ common より「ありふれた」の意が強い。

1948 **community**
[kəmjúːnəti]
〔com（共に）+ 義務 + ity（状態）⇒義務共有によって結びついた集団〕
名「**地域社会、共同体**」
▶ a local community「**地域**社会」
▶ business community「実業**界**」

1949 **communicate**
[kəmjúːnəkèit]
〔com（共に）+ 交換 + ate（〜にする）⇒交換し合う〕
動「①（A と）**意思の疎通を図る、連絡し合う**（with A）
②**〜を伝える**」
▶ communicate with each other「互いに**連絡を取り合う**」
◆ communicate with A「A（人）と意思の疎通を図る、連絡し合う」
▶ communicate my ideas to others
「自分の考え**を**他人に**伝える**」
◆ communicate A to B「A を B に伝える」

1950 **communication**
[kəmjùːnəkéiʃən]
名「①**意思の疎通**、（情報・意見などの）**伝達**　②**通信手段** 複」
▶ nonverbal communication「言語以外による**伝達**」

1951 **communism**
[kámjunìzm]
〔commu（= common：共有の）+ ism（主義）⇒共有財産制に基づく主義〕
名「**共産主義**」

1952 **communist**
[kámjunist]
形「**共産主義の**」
▶ the Communist Party「**共産党**」

1953 **municipal**
[mjuːnísəpəl]
〔義務 + cip（取る）+ al（の）⇒自治の義務を持つ〕
形「**地方自治の、市［町］の**」
▶ municipal elections「**地方**選挙」

223

# M

1954 **municipality** [mju:nìsəpǽləti]
名「地方自治体」

1955 **immune** [imjú:n]
〔im（ない）+ 義務⇒義務を免除された〕
形「（伝染病などの）免疫のある」
▶ immune system「免疫システム」

1956 **commute** [kəmjú:t]
〔com（完全に）+ 交換する⇒通勤時の毎回の支払いと通勤定期券（commutation ticket）での事前の一括支払いとの"交換"を認める〕
動「通勤［通学］する」
名「通勤、通学」
▶ commute from Yokohama to Tokyo
「横浜から東京まで通勤する」

1957 **commuter** [kəmjú:tər]
名「通勤［通学］者」

1958 **mutual** [mjú:tʃuəl]
〔交換した⇒互いにやり取りした〕
形「相互の」
▶ mutual respect「相互尊重」

1959 **mutate** [mjú:teit]
〔交換する⇒変化する〕 動「突然変異する」

1960 **mutation** [mju:téiʃən]
名「突然変異」
▶ genetic mutation「遺伝子突然変異」

## moral 〔道徳的〕 語根

1961 **moral** [mɔ́:rəl] 発
〔道徳的〕
形「①道徳的な ②精神的な」
名「道徳」複
▶ moral values「道徳的価値観」

1962 **morality** [mərǽləti]
名「道徳」

1963 **immoral** [imɔ́:rəl]
〔im（ない）+ 道徳的な〕
形「不道徳な」

## moreover 〔もっと上に〕 語源

1964 **moreover** [mɔ:róuvər]
〔more（もっと）+ over（上に）〕
副「その上」
▶ It's dark, cold and moreover it's raining.
「暗くて寒いし、その上、雨が降っている」

## mort / murder 〔死〕　　　語根

☞ die

| 1965 | **mortal** [mɔ́ːrtl] | 〔死 + al（の）〕 形「死ぬ運命にある」 |
| 1966 | **immortal** [imɔ́ːrtl] | 〔im（ない）+ 死ぬ運命にある〕 形「不死の」 |
| 1967 | **mortality** [mɔːrtǽləti] | 名「死亡数［率］、死ぬ運命」<br>▶ mortality rate「死亡率」 |
| 1968 | **murder** [mə́ːrdər] | 〔死〕<br>名「殺人」<br>動「（意図的に）〜を殺す」<br>▶ murder case「殺人事件」 |
| 1969 | **murderer** [mə́ːrdərər] | 名「殺人者」 |

## most 〔最も多い〕　　　語源

| 1970 | **most** [móust] | 〔many や much の最上級：最も多い〕<br>形「①最も多くの　②たいていの」<br>代「（A の）大部分（of A）」<br>副「①非常に　②最も」<br>▶ get the most points「最も多くの得点を取る」<br>▶ most people「たいていの人たち」<br>▶ most of the people「その人たちの大部分」<br>　★ 特定グループの大部分の人々。<br>▶ a most pleasant person「非常に感じの良い人」<br>　★ 最上級ではない。<br>▶ the most pleasant person「最も感じの良い人」<br>　★ 最上級。 |
| 1971 | **mostly** [móustli] | 〔たいていの + ly（副詞語尾）〕<br>副「たいていは」<br>▶ Mostly I don't drink.「たいてい酒は飲まない」 |
| 1972 | **almost** [ɔ́ːlmoust] | 〔all（すべての）+ 大部分〕<br>副「①ほとんど (all / every / everything / always / no の前で）②もう少しで」<br>▶ almost all people「ほとんど全ての人々」<br>　★ almost people は誤り。<br>▶ He was almost asleep.<br>　「彼はもう少しで眠り込むところだった」 |

## M

### mot(e) 〔動かす〕 　語根

1973 **motive**
[móutiv]
〔動かす + ive（性質をもつ）⇒人に行動を起こさせるもの〕
名「**動機**」
▶ the motive for the murder「殺人の**動機**」

1974 **motivate**
[móutəvèit]
動「（人）**をやる気にさせる**、（人）**に動機を与える**」
▶ He is good at motivating his students.
「彼は生徒たち**をやる気にさせる**のが上手だ」

1975 **motivation**
[mòutəvéiʃən]
名「**やる気、動機づけ**」

1976 **emotion**
[imóuʃən]
〔e（外に）+動かす⇒心を揺り動かす〕
名「（喜怒哀楽や愛憎などの強い）**感情**」
▶ show emotion「**感情**を表す」

1977 **emotional**
[imóuʃənl]
形「**感情的な、感傷的な**」

1978 **promote**
[prəmóut]
〔pro（前に）+動かす⇒前進させる〕
動「**〜を促進する、昇進させる**」
▶ promote cross-cultural exchanges
「異文化交流**を促進する**」

1979 **promotion**
[prəmóuʃən]
名「**昇進、促進**」
▶ get a promotion「**昇進**する」

1980 **remote**
[rimóut]
〔re（後ろに離して）+動かす⇒中心から遠くに動かす〕
形「**人里離れた、遠方の、（可能性が）わずかな**」
▶ a remote village「**人里離れた**村」

1981 **moment**
[móumənt] 発
〔動き⇒一瞬の動き〕
名「**一瞬、瞬間**」
▶ a moment of silence「**一瞬**の沈黙」
▶ The moment I met her, I knew she was an American.
「会ったら**すぐに**彼女がアメリカ人だとわかった」

## mount 〔山〕　語根

**1982 \*mount** [máunt]
〔山⇒台などの高いところに登る〕
動「①(階段など)**を上がる**　②〔馬の背に登る〕(馬・自転車など)**に乗る**　③〔物事を台の上に載せて作業を始める〕(運動など)**を開始する**　④〔台の上に載せる〕**～をすえつける**」
- ▶ **mount** an environmental protection campaign「環境保護の運動**を開始する**」
- ▶ The pearl was **mounted** on a ring.「指輪には真珠が**はめ込まれていた**」

**1983 amount** [əmáunt]
〔a (～へ) + 山⇒山へ登る⇒頂上に達する⇒数や量が合計すると～になる〕
動「①**合計で** (A に) **なる** (to A)　②(A に) **等しい**、(A も) **同然だ** (to A)」
名「**量**」
- ▶ The bill **amounts** to 100 dollars.「勘定は**合計で** 100 ドルに**なる**」
- ▶ His advice **amounts** to an order.「彼のアドバイスは命令も**同然だ**」
- ▶ a large **amount** of data「大量のデータ」

## mourn 〔悲しむ〕　語源

**1984 mourn** [mɔ́ːrn]
〔悲しむ〕
動「(死などを) **悲しむ** (fork [over] A)」
- ▶ **mourn** over his death「彼の死を**悲しむ**」

## move / mob 〔動かす〕　語根

**1985 move** [múːv]
〔動かす〕
動「①**動く、～を移動させる**　②**引っ越す**　③〔心を動かす〕(人) **を感動させる**」
- ▶ I was **moved** by her performance.「彼女の芝居に**感動した**」

**1986 movement** [múːvmənt]
名「①(社会的な) **運動**　②**動き**　③**移動**」
- ▶ a political **movement**「政治**運動**」
- ▶ eye **movements**「目の**動き**」
- ▶ freedom of **movement**「**移動**の自由」

**1987 movie** [múːvi]
〔moving picture の短縮形 mov + ie〕
名「**映画**」

## M

**1988 remove** [rimúːv]
〔re（再び）+ 動かす〕
動「〜を取り除く」
▶ remove a stain「しみを取る」

**1989 removal** [rimúːvəl]
名「移動、除去」

**1990 mobile** [móubəl]
〔動く + ible（できる）〕
形「移動式の」
▶ mobile phone「携帯電話《英》」

**1991 mobility** [moubíləti]
名「（職業・地域・階層の面での）流動性」

## much〔多くの〕　語源

**1992 much** [mʌ́tʃ]
〔多くの〕
形「多量の」
名「多くのもの［こと］」
副「①はるかに、ずっと（比較級［最上級］の前で）
　　②あまりにも（too の前で）
　　③ほとんど、ほぼ（the same [like] の前で）」
▶ This summer is much hotter than last summer.
「今年の夏は去年よりもはるかに暑い」
▶ He was driving much too fast.
「彼はあまりにも速い速度で車を運転していた」
▶ in much the same way「ほとんど同じようにして」

## multi〔多数の〕　語根

**1993 multiply** [mʌ́ltəplài]
〔多数 + ply（重ねる）⇒たくさん重ねる〕
動「①増える、〜を増やす　②〜を掛ける」
▶ Our problems are multiplying.
「問題がどんどん増えている」
▶ If you multiply 5 by 3, you get 15.
「5 に 3 を掛けると 15 になる」
◆ multiply A by B「A に B を掛ける」

**1994 multiple** [mʌ́ltəpl]
形「多数の」
▶ a word with multiple meanings「多くの意味を持つ単語」

**1995 multitude** [mʌ́ltət(j)ùːd]
〔多数 + tude（〜の状態）〕
名「多数」

## mus / mouse 〔ハツカネズミ〕　　　語根

**1996** **muscle**
[mʌ́sl] 発
〔ハツカネズミ + cle（小さい）⇒小さいハツカネズミ〕
名「**筋肉**」
✎盛り上がった筋肉（力こぶ）がネズミに似ているところから。
▶ a man with huge **muscles**「**筋肉**隆々の男性」

**1997** **muscular**
[mʌ́skjulər]
形「**筋骨たくましい、筋肉の**」

**1998** **mouse**
[máus]
名「**（ハツカ）ネズミ**」

## myth 〔神話〕　　　語源

**1999** **myth**
[míθ]
〔神話〕 名「**神話**」
▶ the Greek **myths**「ギリシャ**神話**」

# N

## naked 〔裸の〕　　　　　　　　　　　　　　　　　　　　　　　　　　語源

**2000 naked**
[néikid] 発
〔裸の〕　形「裸の、むき出しの」
▶ a naked body「裸体」

## name / nomin 〔名前〕　　　　　　　　　　　　　　　　　　　　語根

**2001 name**
[néim]
〔名前〕　動「～に名前をつける、～の名前を挙げる」

**2002 namely**
[néimli]
〔名前 + ly（的に言うと）⇒名を挙げて言うと⇒より正確に言うと〕
副「すなわち」
▶ my hometown, namely, Fukuoka「私の故郷、すなわち福岡」

## narrow 〔幅が狭い〕　　　　　　　　　　　　　　　　　　　　　語源

**2003 narrow**
[nǽrou]
〔幅が狭い〕
形「①（幅が）狭い　②細い、かろうじての」
▶ a narrow street「狭い通り」
★ narrow は川や街路などの細長いものに用い、「（面積が）狭い」は small を用いる。「狭い部屋」は a small room となる。

**2004 narrowly**
[nǽrouli]
形「かろうじて、あやうく」

## nat / naiss 〔生まれ〕　　　　　　　　　　　　　　　　　　　語根

**2005 nation**
[néiʃən]
〔生まれ〕　名「国家、国民」
▶ a developing nation「発展途上国」

**2006 national**
[nǽʃənl]
形「全国的な、国内の」

**2007 nationality**
[næ̀ʃənǽləti]
名「国籍」
▶ people of different nationalities「様々な国籍の人々」

**2008 nationalism**
[nǽʃənəlìzm]
名「国家主義、民族主義」

**2009 native**
[néitiv]
〔生まれながらの⇒その土地に生まれた〕
形「①出生地の　②土着の」
名「現地人」
▶ his native language「彼の母語」
▶ native people「土着民」

**2010 naive**
[nɑːíːv]
〔native と2重語：生まれながらの〕
形「単純な、世間知らずの」
▶ a naive girl「世間知らずの女の子」

| | | |
|---|---|---|
| 2011 | **nature**<br>[néitʃər] | 〔生まれ⇒自然〕<br>名「①**自然** ②〔自然本来の性質〕**性質、本質**」<br>▶ the forces of **nature**「**自然**の力」<br>▶ the **nature** of the problem「問題の**本質**」 |
| 2012 | **natural**<br>[nǽtʃərəl] | 〔生まれ + al（の）〕<br>形「**生まれつきの、自然の、当然の**」<br>▶ a **natural** talent「**生まれつきの才能**」 |
| 2013 | **naturally**<br>[nǽtʃərəli] | 副「**生まれつき、当然**」 |
| 2014 | **innate**<br>[inéit] | 〔in（中に）+ 生まれる⇒生まれつきの〕<br>形「**生まれつきの**」<br>▶ an **innate** talent for music「**生まれつきの音楽の才能**」 |
| 2015 | **Renaissance**<br>[rènəsá:ns] | 〔re（再び）+ naiss（生まれる）⇒生まれ変わること〕<br>名「**文芸復興、ルネサンス**」 |

## nav〔船〕 語根

| | | |
|---|---|---|
| 2016 | **navy**<br>[néivi] | 〔船〕<br>名「**海軍**」<br>▶ join the **navy**「**海軍**に入る」 |
| 2017 | **naval**<br>[néivəl] | 形「**海軍の**」 |
| 2018 | **navigate**<br>[nǽvəgèit] | 〔船 + gate（操縦する）〕<br>動「（船・飛行機など）**を操縦する**、（船・飛行機などが）（川・海・空中など）**を航海[航行・飛行]する**」<br>▶ **navigate** by the stars「星を頼りに**航海する**」 |
| 2019 | **navigation**<br>[nævəgéiʃən] | 名「**航海、飛行**」 |

## ne〔近い〕 語根

| | | |
|---|---|---|
| 2020 | **nearly**<br>[níərli] | 〔近い + ly（副詞語尾）⇒近い状態で〕<br>副「**もう少しで、ほとんど**」<br>▶ He **nearly** fell into the pond.<br>「**もう少しで池に落ちるところだった**」 |
| 2021 | **nearby**<br>[nìərbái] | 〔近い + by（そば）〕<br>形「**近くの**（限定用法－名詞の前）」<br>▶ a **neaby** town「**近くの町**」<br>★ a near town は誤り。 |

# N

### 2022 neighbor
[néibər]
〔neigh（近い）+ bor（住人）〕
名「隣人」
▶ a good **neighbor**「人付き合いの良い隣人」

### 2023 neighborhood
[néibərhud]
名「近所、近所の人々」

### 2024 neighboring
[néibəriŋ]
形「近隣の」

### 2025 nephew
[néfju:]
〔近い + phew（力）⇒権力のそば⇒孫⇒甥〕
名「甥」
関 niece 名「姪」

## neat 〔清潔な⇒余分なものがなく小ぎれいな〕　語根

### 2026 neat
[ní:t]
〔小ぎれいな〕
形「（余分なものがなく）小ぎれいな、きちんとした」
▶ a **neat** garden「手入れの行き届いた庭」

## nect / ne 〔糸をつむぐ⇒結ぶ〕　語根

### 2027 connect
[kənékt]
〔co（一緒に）+ 結ぶ〕
動「～を結びつける、関係づける」
▶ **connect** the printer to the computer
「コンピュータにプリンターを接続する」

### 2028 connection
[kənékʃən]
名「関係、接続、コネ」
▶ a close **connection** between smoking and lung cancer
「喫煙と肺ガンの密接な関係」

### 2029 nerve
[nə́:rv]
〔結ぶもの⇒筋肉と骨を結びつける腱⇒神経〕
名「①神経　②勇気」
▶ have the **nerve** to ask her for a date
「勇気をふるって彼女にデートを申し込む」
◆ have the nerve to *do*「～する勇気がある」

### 2030 nervous
[nə́:rvəs]
形「緊張した、神経質の」
▶ feel **nervous** about the exams「試験のことで緊張する」

## neg / ne / ny 〔否定〕　語根

### 2031 negative
[négətiv]
〔否定 + ative（～な）〕
形「悪い、否定的な」
▶ **negative** effect「悪影響」

| 2032 | **negotiate** [nigóuʃièit] | 〔否定 + oti（暇）+ ate（〜させる）⇒暇なく商売を続ける〕 動「**交渉する**」 ▶ **negotiate** with the terrorists「テロリストと**交渉する**」 |
|---|---|---|
| 2033 | **negotiation** [nigòuʃiéiʃən] | 名「**交渉、話し合い**」 ▶ peace **negotiations**「和平**交渉**」 |
| 2034 | **necessary** [nésəsèri] | 〔否定 + cess（譲る）ary（〜の）⇒譲れない⇒必要な〕 形「**必要な**」 |
| 2035 | **necessarily** [nèsəsérəli] | 副「（否定文で）**必ずしも〜とは限らない**」 ▶ That is not **necessarily** true.「それは真実**とは限らない**」 |
| 2036 | **necessity** [nəsésəti] | 名「**必要（性）、必需品**」 |
| 2037 | **neutral** [n(j)ú:trl] | 〔否定 + utral（どちらか一方）⇒どちらでもない〕 形「**中立の**」 ▶ take a **neutral** position「**中立の**姿勢をとる」 |
| 2038 | **deny** [dinái] 発 | 〔de（完全に）+ 否定する〕 動「①**〜を否定する** ②（人に物事）**を与えることを拒む**」 ▶ **deny** the existence of UFOs「UFO の存在**を否定する**」 ▶ **deny** him water and food「彼に水も食料も**与えない**」 ◆ deny A B「A（人）に B（物事）を与えることを拒む」 |
| 2039 | **denial** [dináiəl] アク | 名「**否定**」 |

## nightmare〔夜の悪霊〕　　　　　　　　　　　　　　　語源

| 2040 | **nightmare** [náitmèər] | 〔night（夜）+ mare（悪霊）〕 名「**悪夢**」 ▶ have a **nightmare**「**悪夢を見る**」 |
|---|---|---|

## nocent / nuis〔有害な〕　　　　　　　　　　　　　　　語根

| 2041 | **innocent** [ínəsənt] アク | 〔in（ない）+ 有害な⇒無害な⇒罪を犯していない〕 形「①**無罪の** ②〔罪を知らない〕**無邪気な**」 ▶ an **innocent** man「**無実の**男性」 ▶ an **innocent** child「**無邪気な**子供」 |
|---|---|---|
| 2042 | **innocence** [ínəsəns] | 名「**無罪、無邪気**」 |
| 2043 | **nuisance** [n(j)ú:səns] | 〔有害な + ance（こと）〕 名「**迷惑行為、厄介な人〔もの・こと〕**」 ▶ a **nuisance** to others「他人への**迷惑**」 |

## nod 〔頭を縦に振る〕　語源

2044 **nod**
[nάd]
〔振る⇒頭を縦に振る〕
動「うなずく」　名「うなずき」
▶ **nod** in agreement「同意して**うなずく**」

## norm 〔大工の定規⇒基準〕　語根

2045 **norm**
[nɔ́ːrm]
〔基準〕　名「基準、規範」
▶ social **norms**「社会的**規範**」

2046 **normal**
[nɔ́ːrməl]
〔標準 + al（の）〕
形「標準の、普通の」

2047 **normally**
[nɔ́ːrməli]
副「普通は、普通に」

2048 **abnormal**
[æbnɔ́ːrməl]
〔ab（離れて）+ 普通の⇒普通でない〕
形「異常な」

2049 **enormous**
[inɔ́ːrməs]
〔e（= ex：外に）+ 基準⇒基準からはずれた⇒並はずれた〕
形「巨大な、膨大な」
▶ an **enormous** amount of information「**膨大な量**の情報」

2050 **enormously**
[inɔ́ːrməsli]
副「並はずれて、大いに」

## not 〔印、知る〕　語根

☞語根 gno も同語源

2051 **note**
[nóut]
〔印⇒注意を促す印〕
名「①〔文字で書く印〕メモ　②〔文字で相手に書く印〕（簡単な）手紙」
動「①〔注意する〕〜に注目する、注目する　②〔人に注意を促すために〕〜に言及する」
▶ take **notes** on the professor's lecture
「教授の講義の**メモ**［**ノート**］を取る」
　◆ take notes「メモ［ノート］を取る」
　★「帳面」は notebook。
▶ a thank-you **note**「お礼の**手紙**［**礼状**］」
▶ Please **note** the deadline.「締め切りに**注意してください**」
▶ The writer **notes** that fish is good for the brain.
「著者は、魚は脳に良いと**述べている**」

2052 **notable**
[nóutəbl]
〔注目 + able（〜に適した）〕
形「注目に値する」
▶ a **notable** exception「**注目に値する**例外」

| | | |
|---|---|---|
| 2053 | **notebook**<br>[nóutbuk] | 〔メモ + book（帳）〕<br>名「ノート（筆記帳）、メモ帳、帳面」 |
| 2054 | **notice**<br>[nóutis] | 〔知る⇒気づくこと〕<br>名「①注目、注意　②〔気づかせるもの〕予告、通知<br>③〔気づかせるもの〕掲示、広告」<br>動「(目や耳や感覚で)～に気づく」 |

- ▶ take no **notice** of his advice
「彼の助言に全く注意を払わない」
  - ◆ take no notice of A「A に注目しない」
- ▶ Prices are subject to change without **notice**.
「価格は予告なしに変動することがある」
  - ◆ without notice「予告なしに」
- ▶ post a **notice** on the wall「壁に掲示を貼る」
- ▶ **notice** a diamond ring on her finger
「彼女の指のダイヤの指輪に気づく」

| | | |
|---|---|---|
| 2055 | **noticeable**<br>[nóutisəbl] | 〔気づく + able（～できる）⇒気づくことができる⇒目立つ〕<br>形「目立つ」 |
| 2056 | **notion**<br>[nóuʃən] | 〔知られているもの⇒考え〕<br>名「考え、概念」 |

- ▶ the **notion** of male superiority「男性優位という考え」

| | | |
|---|---|---|
| 2057 | **notorious**<br>[noutɔ́ːriəs] | 〔知られる + orious（～の多い）⇒よく知られている〕<br>形「悪名高い」 |

- ▶ a **notorious** criminal「悪名高い犯人」

✐この語は中世ラテン語から英語に入ってくるとすぐに軽蔑的な意味を持つ名詞と結びついて「悪く知られる」という意味になった。対照的に、同じ語源のnobleは良い意味で用いられるようになった。

| | | |
|---|---|---|
| 2058 | **noble**<br>[nóubl] | 〔知る + ble（値する）⇒知るに値する⇒有名な⇒高貴な〕<br>形「高貴な、貴族の」 |

- ▶ a man of **noble** birth「高貴な生まれの人」
  - ◆ of noble birth「高貴な生まれの」

## nounce 〔知らせる〕　語根

| | | |
|---|---|---|
| 2059 | **announce**<br>[ənáuns] | 〔an（～のほうへ）+ 知らせる⇒公式に知らせる〕<br>動「～を公表する、発表する」 |

- ▶ **anounce** a plan「計画を発表する」

| | | |
|---|---|---|
| 2060 | **announcement**<br>[ənáunsmənt] | 名「発表、(空港・駅などにおける) アナウンス」 |
| 2061 | **announcer**<br>[ənáunsər] | 名「アナウンサー」 |

## N

**2062 pronounce** [prənáuns]
〔pro（前に）＋知らせる⇒人前で言う〕
動「①〜を宣言する ②〜を発音する」
▶ I now **pronounce** you man and wife.
「あなたがたが夫婦であること**を宣言します**」
《結婚式の牧師の言葉》
▶ **pronounce** a word correctly「正確に単語**を発音する**」

**2063 pronunciation** [prənʌ̀nsiéiʃən]
名「発音」
★ つづりに注意。pro<u>nun</u>ciation

### nov / new 〔新しい〕 語根

**2064 novel** [návəl]
〔新しい、新しい話〕
名「小説」
形「新しい、斬新な」
▶ a **novel** idea「**斬新な**考え」

**2065 novelty** [návəlti]
名「目新しさ、目新しいもの」
▶ A male nurse is still a **novelty** in Japan.
「男性看護師は日本ではまだ**目新しい存在**である」

**2066 innovation** [ìnəvéiʃən]
〔in（中に）nova（新しい）＋ ation ⇒新しいものを取り入れること〕
名「①斬新な考え ②革新」
▶ **innovations** such as hybrid engines
「ハイブリッドエンジンのような**斬新な考え**」
▶ technological **innovation**「技術**革新**」

**2067 innovative** [ínəvèitiv]
形「革新的な」
▶ **innovative** products「**革新的な**製品」

**2068 new** [n(j)úː]
〔新しい〕
形「新しい」
▶ **new** technology「**新しい**科学技術」

**2069 news** [n(j)úːz]
〔新しいもの〕
名「ニュース、知らせ」
▶ local **news**「地域の**ニュース**」

### nuclear 〔核の〕 語源

**2070 nuclear** [n(j)úːkliər]
〔nucle（果実の種）＋ ar（〜の）⇒核の〕
形「核の、原子力の」
▶ a **nuclear** family「**核**家族」

## number / numer 〔数〕　語根

2071 **number**
[nʌ́mbər]
〔数〕 ⓝ「①**数（字）** ②**電話番号、番号** ③**多数**」
📝 「ナンバーワン」は number one なのに Nr. 1 とせず No. 1 と書くのは、ラテン語の numero（数）を用いたから。
▶ The **number** of foreign workers is increasing.
「外国人労働者の**数**が増えている」
　◆ the number of A「A の数」
▶ A **number** of pigeons are on the platform.
「**たくさん**の鳩がプラットフォームにいる」
　◆ a number of A「多くの〔若干の〕A」

2072 **numerous**
[n(j)ú:mərəs]
〔数 + ous（〜の多い）〕
ⓐ「**多数の**」 ★ many や a lot of より堅い語。
▶ **numerous** friends「**多くの**友人」

2073 **innumerable**
[in(j)ú:mərəbl]
〔in（ない）+ 数えられる ⇒ 数えきれない〕ⓐ「**無数の**」
▶ **innumerable** stars「**無数の**星」

## nurt〔育てる〕　語根

2074 **nurture**
[nə́:rtʃər]
〔育てる + ure（こと）〕
ⓥ「**〜を育てる、養育する、促進する**」
▶ **nurture** a child「子供を**養育する**」

2075 **nourish**
[nə́:riʃ]
〔育てる〕
ⓥ「①**〜に栄養を与える** ②〔感情などを育てる〕（感情や考えなど）**をはぐくむ**」
▶ Milk **nourishes** a baby.「ミルクは赤ん坊**に栄養を与える**」

2076 **nourishment**
[nə́:riʃmənt]
ⓝ「**栄養（物）**」

2077 **nurse**
[nə́:rs]
〔nourish の短縮形〕
ⓝ「**看護師**」 ⓥ「（人）**を看護する**」

2078 **nursing**
[nə́:rsiŋ]
ⓝ「**看護**」
▶ **nursing** staff「**看護**スタッフ」

2079 **nursery**
[nə́:rsəri]
ⓝ「**託児所**」

2080 **nutrition**
[n(j)u:tríʃən]
〔育てる + tion（こと）⇒ 栄養物を与えること〕
ⓝ「**栄養摂取**」
▶ good **nutrition**「適切な**栄養摂取**」

2081 **nutrient**
[n(j)ú:triənt]
ⓝ「**栄養（のあるもの）**」

## obsolete 〔年を取る〕 語源

**2082 obsolete** [ὰbsəlíːt]
〔年を取る〕
圏「時代遅れの」
▶ obsolete technology「時代遅れの技術」

## odd 〔三角形〕 語根

**2083 odd** [ád]
〔三角形⇒3⇒偶数で割れない奇妙で半端な数⇒奇数の・奇妙な〕
圏「①奇妙な、常軌を逸した ②奇数の ③半端な」
▶ an odd question「奇妙な質問」
▶ an odd number「奇数」

**2084 odds** [ádz]
〔奇数⇒割り切れない⇒不平等⇒一方に有利⇒一方に勝ち目がある〕
名「勝ち目、可能性」
▶ the odds of winning this season
「今シーズン優勝する可能性」

## olesc / olish 〔成長する〕 語根

✎つづりの中に old が隠れている。

**2085 adolescent** [æ̀dəlésnt]
〔ad(〜に向かって)+成長する〕
圏「思春期の」
名「思春期の若者」
▶ an adolescent boy「思春期の少年」

**2086 adolescence** [æ̀dəlésns]
名「思春期」

**2087 adult** [ədʌ́lt]
〔成長した〕
圏「大人の」
名「大人」
▶ adult education「成人教育」

**2088 abolish** [əbáliʃ]
〔ab(離れて)+成長する⇒成長させない⇒終わらせる〕
動「(制度・慣習など)を廃止する」
▶ abolish nuclear weapons「核兵器を撤廃する」

**2089 abolition** [æ̀bəlíʃən]
名「廃止」

## oper〔仕事〕 語根

**2090 operate** [ápərèit]
〔仕事 + ate（する）⇒活動する・活動させる〕
動「①〔人が機械を活動させる〕（機械などを）**を操作する**
②〔機械が活動する〕（機械などが）**動く**
③〔会社などを活動させる〕**～を運営する**
④〔医者が活動する〕（Aに）**手術をする**(on A)」
▶ operate a computer「コンピュータ**を操作する**」
▶ The engine is operating smoothly.「エンジンは滑らかに**動いている**」
▶ operate on the patient for cancer「その患者にガンの**手術をする**」

**2091 operation** [ùpəréiʃən]
名「①**働き、操作** ②**手術**」

**2092 cooperate** [kouápərèit] アク
〔co（一緒に）+ 仕事する〕 動「**協力する**」
▶ cooperate with the police「警察に**協力する**」

**2093 cooperation** [kouàpəréiʃən]
名「**協力**」

**2094 cooperative** [kouápərətiv]
形「**協力的な**」

## opt〔選ぶ〕 語根

**2095 option** [ápʃən]
〔選ぶ + tion（こと）〕 名「**選択肢**」
▶ We have no other option.「我々には他に**選択肢**がない〔そうするしかない〕」

**2096 optional** [ápʃənl]
形「**自由選択の**」

**2097 optimistic** [àptəmístik]
〔自由に選べる + istic（～の）⇒何でも自由に選べる〕
形「**楽観的な**」
（⇔ pessimistic「悲観的な」）
▶ be optimistic about the future「将来について**楽観的である**」

**2098 optimism** [áptəmìzm]
名「**楽観主義**」

**2099 optimist** [áptəmist]
名「**楽観主義者**」

**2100 adopt** [ədápt]
〔ad（～のほうへ）+ 選ぶ⇒～を採り入れる〕
動「①**～を採用する** ②〔子供を養子に採り入れる〕**～を養子にする**」
▶ adopt a new approach「新たなやり方**を採用する**」

2101 **adoption**
[ədápʃən]
名「養子縁組、採用」

2102 **opinion**
[əpínjən]
〔opini（選ぶ）+ ion（こと）⇒考えること〕
名「意見」
▶ give an opinion「意見を述べる」

## or 〔話す〕　　　語根

2103 **oral**
[ɔ́ːrəl]
〔話す + al（〜な）〕
形「口頭の、口述の」
▶ pass an oral examination「口述試験に合格する」

2104 **adore**
[ədɔ́ːr]
〔ad（〜に）+ 話す→神に話しかける〕
動「（人）を熱愛する、〜を大好きである」
▶ He adores his grandchildren.「彼は孫を熱愛している」

## ord / ordin 〔順序〕　　　語根

2105 **order**
[ɔ́ːrdər]
〔順序正しく並べる〕
名「①順序　②〔社会的に順序正しい状態〕秩序
　③〔順序正しい状態にするための命令〕命令
　④「〔商取引における命令〕注文」
動「①〜を命じる　②〜を注文する」
▶ in arphabetical order「アルファベット順で」
▶ public order「公共の秩序」
▶ give an order「命令する」
▶ order him to leave the room
「彼に部屋を出て行くように命令する」
　◆ order A to do「Aに〜するように命じる」
▶ order a book from Amazon「アマゾンに本を注文する」
　◆ order A from B「AをBに注文する」
　★「Aを注文してBから取り寄せる」の意も含む。「起点」
　　の from を「到達点」の to としない。

2106 **orderly**
[ɔ́ːrdərli]
形「整然とした、秩序ある」

2107 **disorder**
[disɔ́ːrdər]
〔dis（無）+ 秩序〕
名「①無秩序、混乱　②（心身の）不調、障害」

2108 **ordinary**
[ɔ́ːrdənèri]
〔順序 + ary（の）⇒正常な状態〕
形「普通の、平凡な」
▶ ordinary people「普通の人々」

2109 **extraordinary** 〔extra（超えた）+ 普通の〕
[ikstrɔ́:rdənèri] 形「並はずれた、異常な、驚くべき」
▶ a woman of **extraordinary** beauty「並はずれて美しい女性」

2110 **extra** 〔extraordinary の省略形〕
[ékstrə] 形「余分の、追加の」
▶ at no **extra** cost「**追加**料金なしで」

2111 **coordinate** 〔co（一緒に）+ 順序 + ate（〜する）〕
[kouɔ́:rdənət] 動「（活動など）**を調整する**、（体の各部）**を協調させて動かす**」
▶ **coordinate** assistance to the refugees
「難民支援**の調整を行う**」

2112 **coordination** 名「**調整、協調**」
[kouɔ̀:rdənéiʃən]

2113 **subordinate** 〔sub（下に）+ 順序 + ate（〜する）⇒下の序列にする〕
[səbɔ́:rdənət] 名「**部下**」
形「（地位などが）**下位の、副次的な**」
▶ manage his **subordinates** well「**部下**をうまく管理する」

## organ 〔道具、楽器、器官〕 語根

2114 **organ** 〔楽器、器官〕
[ɔ́:rgən] 名「①**オルガン** ②（心臓、肺などの）**器官**」
▶ internal **organs**「**内臓**」

2115 **organize** 〔組織 + ize（にする）⇒組織する〕
[ɔ́:rgənàiz] 動「①**〜を準備する** ②**〜を整理する**」

2116 **organization** 〔組織されたもの〕 名「**組織、団体**」
[ɔ̀:rgənizéiʃən]
▶ a political **organization**「政治**団体**」

2117 **organism** 〔組織化されたもの⇒生物〕
[ɔ́:rgənìzm] 名「**生物、有機体**」
▶ microscopic **organisms**「微**生物**」

2118 **organic** 〔有機の〕 形「**有機の**」
[ɔːrgǽnik]
▶ **organic** farming「**有機**農業」

## ori 〔太陽が昇る、始まる、生じる〕 語根

2119 **orient** 〔太陽が昇る + ent（状態）⇒東〕
[ɔ́:riənt] 名「**東洋**」
▶ the **Orient**「**東洋**」

2120 **orientation** 〔東⇒東に向ける⇒正しい方向に向ける〕
[ɔ̀:riəntéiʃən] 名「（新入生などの）**オリエンテーション**」

# O

2121 **origin**
[ɔ́:rədʒin] アク
〔太陽が昇る⇒始まり〕
名「起源、生まれ」
▶ the origins of the universe「宇宙の起源」

2122 **original**
[ərídʒənl]
形「最初の、独創的な」

2123 **originally**
[ərídʒənəli]
副「最初は」

2124 **originate**
[ərídʒənèit]
動「起こる、生じる」

## ornament 〔飾ること〕　語源

2125 **ornament**
[ɔ́:rnəmənt]
〔orna（飾る）+ ment（こと）〕
名「装飾」
▶ Christmas ornaments「クリスマスの装飾」

## otherwise 〔他のやり方で〕　語源

2126 **otherwise**
[ʌ́ðərwàiz]
〔other（他の・別の）+ wise（方法で・やり方で・点で）〕
副「①〔他の方法では〕さもなければ　②〔別のやり方で〕違ったように　③〔他の点では〕その他の点では」
▶ Write the address down. Otherwise you'll forget it.
「住所を書き留めておきなさい。さもないと忘れてしまいますよ」
▶ They regard him as a great scholar but I think otherwise.
「彼らは彼を偉大な学者だとみなしているが、私は違うと思う」
▶ The sleeves are long, but otherwise the dress fits fine.
「袖が長いのですが、その他の点ではそのドレスはぴったりです」

## outbreak 〔break out（勃発する）の名詞形〕　語源

2127 **outbreak**
[áutbreik]
〔break out（勃発する）の名詞形〕
名「（戦争などの）勃発、（疫病などの）発生」
▶ the outbreak of World War Ⅱ「第2次世界大戦の勃発」

## outcome 〔come out（外へ出てくる）の名詞形〕　語源

2128 **outcome**
[áutkʌm]
〔come out（外へ出て来る）の名詞形〕
名「結果」
▶ the outcome of the Tokyo marathon「東京マラソンの結果」

242

## overall 〔全部を覆って〕　語源

2129 **overall**
[óuvɔ́ːl]
〔over（覆って）+ all（全部）⇒全部を覆って〕
形「**全体的な**」
副「**概して**」
▶ an **overall** effect「**全体的な**効果」

## overlook 〔見渡す〕　語源

2130 **overlook**
[óuvəluk]
〔look over（見渡す）から〕
動「① （部屋・窓などが）**～を見渡せる**　② **～を見落とす、大目に見る**」
▶ **overlook** mistakes「間違い**を見落とす**」

## overtake 〔追い越す〕　語源

2131 **overtake**
[òuvətéik]
〔over（超えて）+ take（取る）⇒追い越す〕
動「**～を追い越す**」
▶ Britain was **overtaken** economically by America.
「英国は経済的にアメリカに**追い越された**」

## overwhelm 〔圧倒する〕　語源

2132 **overwhelm**
[òuvərhwélm]
〔over（超えて）+ whelm（圧倒する）〕
動「**～を圧倒する、打ちのめす**」

2133 **overwhelming**
[òuvərhwélmiŋ]
形「**圧倒的な、強烈な**」
▶ an **overwhelming** majority「**圧倒的**多数」

## owe / own 〔所有する〕　語根

2134 **owe**
[óu]
〔所有する⇒物を所有するので代金を支払う義務を負う⇒借りを負う〕
動「① （金）**を借りている**　② 〔精神的な借りを人に負う〕（成功・恩恵など）**を負う**」
▶ I **owe** my brother $10.「兄に 10 ドル**を借りている**」
　◆ owe A B「A（人）にB（金）を借りている」
▶ I **owe** what I am to my parents.
「今日の私があるのは両親の**おかげだ**」
　◆ owe A to B「AをBに負う [AはBのおかげだ]」

2135 **own**
[óun]
〔所有する⇒自分のものになる〕
動「**～を所有している**」
形「**自分自身の**」
▶ **own** a car「車を持っている」

# P

## pac / peace / pay 〔平和にする、縛る〕　　語根

☞反義語根 bel

### 2136 Pacific
[pəsífik] アク

〔平穏な〕
形「太平洋の」
名「太平洋」
▶ the Pacific Ocean [the Pacific]「太平洋」

### 2137 impact
[ímpækt]

〔im（中に）+ 縛られた⇒中に詰め込む⇒衝突〕
名「①衝突　②影響、衝撃」
▶ The car caught fire on impact.
「衝突した瞬間にその車は火を吹いた」
▶ have an impact on the environment
「環境に影響を与える」

### 2138 peace
[píːs]

〔平和〕
名「平和、平穏」

### 2139 pay
[péi]

〔平和にする⇒債権者を満足させる⇒支払う〕
動「①支払う　②〔物事が人に報酬を支払う〕割に合う」
名「給料」
▶ Honesty pays.「正直は割に合う」
▶ low pay「安い給料」

### 2140 payment
[péimənt]

名「支払い」
圏 Pax Romana「ローマの平和」の pax も同語根。

## palm 〔手のひら〕　　語源

### 2141 palm
[páːm] 発

〔手のひら⇒（葉が手のひらの形に似ていることから）ヤシ〕
名「①手のひら　②ヤシ（の木）」
▶ the palm of your hand「手のひら」

## pan 〔パン〕　　語根

### 2142 accompany
[əkʌ́mpəni]

〔ac（〜に）+ 仲間になる⇒〜に同行する・伴う〕
動「①〜に同行する　②〜に伴う」
▶ He was accompanied by a nurse.
「彼は看護師に伴われていた」
▶ A cold is often accompanied by a cough.
「風邪は咳を伴うことが多い」
★ A accompany B [B be accompanied by A] では〈B が主〉
で〈A は従〉の意味関係になる。

2143 **company**
[kʌ́mpəni]
〔com(一緒に)+パン+y(人)⇒一緒に食事をする人⇒一緒にいる人〕
图「①一緒にいる人 ②〔仲良く一緒にいる人〕仲間 ③〔自宅に一緒にいる人〕来客 ④〔仕事のために一緒にいる人々〕会社」
▶ enjoy his company「彼と一緒に楽しく過ごす」
▶ bad company「悪友」
▶ have company「客が来ている」
▶ run a company「会社を経営する」
★ company は「(人の集まりである組織としての)会社」を意味するのに対して、office は「(仕事をする場所としての)会社」を意味する。
▶ go to the office [× company]「会社に行く」

2144 **companion**
[kəmpǽnjən]
〔com(一緒に)+パン+ion(仲間)⇒一緒に食事をする仲間〕
图「(一緒に時間を過ごしたり旅行に出かけたりする)仲間」
▶ a drinking companion「飲み仲間」

## pand 〔広げる〕 語根

2145 **expand**
[ikspǽnd]
〔ex(外に)+広げる〕
動「~を拡大する」
▶ expand the computer network「コンピュータネットワークを拡大する」

2146 **expansion**
[ikspǽnʃən]
图「(大きさ・範囲などの)拡大、(数量などの)増大」

## paper 〔古代エジプトのパピルス〕 語源

2147 **paper**
[péipər]
〔古代エジプトのパピルス⇒紙はパピルスから作られた⇒紙〕
图「①紙 ②〔ニュースを書いた紙〕新聞 ③〔文章を書いた紙〕書類 ④〔学生の研究成果を書いた紙〕(学生の)レポート、論文」
▶ sign the papers「書類に署名する」
▶ write a paper「レポートを書く」

## par (1) / pear 〔見える、現れる〕　語根

**2148 appear** [əpíər]
〔ap（〜に）+ 現れる⇒現れる〕
動「①現れる　②〔現れると視界に入る〕〜のように見える」
▶ appear in the office at nine「9時に会社に現れる」
▶ He appears angry.「彼は怒っているように見える」

**2149 apparent** [əpǽrənt] アク
〔現れた⇒明らかな〕
形「①明らかな　②一見〜らしい、うわべの」
▶ for no apparent reason「明白な理由もなく」
▶ his apparent friendliness「彼のうわべの愛想のよさ」

**2150 apparently** [əpǽrəntli]
副「見たところ〜らしい」
▶ an apparently healthy baby
「見たところ健康そうな赤ちゃん」

**2151 appearance** [əpíərəns]
名「①出現　②外見」
▶ She takes after her mother in appearance.
「彼女は外見が母親に似ている」

**2152 disappear** [dìsəpíər]
〔dis（〜ない）+ 現れる⇒消える〕
動「消える」
▶ disappear from view「視界から消える」

**2153 peer (1)** [píər]
〔appear の ap が消失した語：見える⇒じっと見る〕
動「(目を凝らして) じっと見る」
▶ peer into the darkness「暗闇に目を凝らす」

**2154 transparent** [trænspéərənt]
〔trans（通過して⇒透き通って）+ 現れる⇒透けて見える〕
形「透明な」
▶ transparent plastic bags「透明なビニール袋」

## par (2) / peer / pire 〔等しい〕　語根

**2155 compare** [kəmpéər]
〔com（一緒に）+ 等しい状態に置く⇒（両者を）等しい状態で比べる・例える〕
動「①(Aと) 〜を比べる (with A)　②〜を (Aに) 例える (to A)」
▶ compare Yokohama with Fukuoka
「横浜と福岡を比較する」
▶ compare life to a voyage「人生を航海に例える」

**2156 comparable** [kámpərəbl]
形「比較可能な、匹敵する」
▶ cars comparable to Japanese cars「日本車に匹敵する車」

**2157 comparison** [kəmpǽrəsn]
名「①比較　②（比較できるだけの）類似（性）」
▶ make a comparison between Japan and Britain
「日本とイギリスを比較する」

2158 □*comparative [kəmpǽrətiv] 形「比較の、比較的な」

2159 □*comparatively [kəmpǽrətivli] 副「比較的」

2160 □*peer (2) [píər] 〔等しい〕
　名「(年齢・地位・能力などが) 同等の人、仲間」
　▶ be without a peer [have no peer]「並ぶものがいない」

## para 〔傍らに〕　　　　　　　　　　　　　　　　　　語根

2161 □*paragraph [pǽrəgræf] 〔傍らに + graph (書かれたもの)〕
　名「段落、パラグラフ」☞語根 graph

2162 □*parallel [pǽrəlèl] 〔傍らに + allel (互いの) ⇒互いの傍らにいる⇒互いに並んでいる〕
　名「〔互いに並ぶもの〕類似点、匹敵するもの」
　形「平行の」　動「匹敵する」
　▶ parallel lines「平行線」

2163 □*parasite [pǽrəsàit] 〔傍らで + site (食べもの) ⇒傍らで食べる人〕
　名「寄生動物、寄生虫」
　▶ a parasite on society「社会の寄生虫」

## pare 〔準備する〕　　　　　　　　　　　　　　　　　語根

2164 □*prepare [pripéər] 〔pre (前もって) + 準備する〕
　動「～を準備する、用意する」
　▶ prepare dinner for her family
　　「家族のために夕食を用意する」

2165 □*preparation [prèpəréiʃən] 名「準備、用意」

2166 □*repair [ripéər] 〔re (再び) + 準備する⇒使えるように準備する〕
　動「～を修理する」名「修理」
　▶ repair a house「家を修理する」

2167 □*separate [sépərèit] アク 〔se (離れて) + 備える⇒分離する〕
　動「～を分離する、区別する」形「別の、分かれている」
　▶ separate a mother from her child
　　「子供から母親を引き離す」

2168 □*separately [sépərət] 副「離れて、別々に」

2169 □*separation [sèpəréiʃən] 名「分離」

247

## P

2170 **several** [sévərəl]
〔sever = separ（分離した）⇒分割された⇒いくつかの〕
形「**いくつかの**」
▶ several books「**数冊**の本」

2171 **apparatus** [æ̀pərǽtəs]
〔ap（〜に）+ 準備したもの⇒器具〕
名「（科学・医学などで使われる）**装置、機器**」
▶ breathing apparatus「呼吸**装置**」

### part / par / port 〔部分、分かれる〕　　　　　　　　　語根

2172 **part** [pάːrt]
〔部分⇒全体の一部〕
名「①**部分** ②〔国や都市などの一部〕**地域**
③〔個人の役割の部分〕**役割**」
▶ the front part of a car「車の前方**部分**」
▶ I'm a stranger in these parts.「この**地域**は不案内だ」
▶ play an important part「重要な**役割**を果たす」

2173 **partly** [pάːrtli]
〔部分 + ly（的に）〕
副「**部分的に、一部分は**」

2174 **particle** [pάːrtikl]
〔部分 + cle（小さいもの）⇒粒子〕
名「（ちりや土などの）（小さな）**粒、粒子**」
▶ a particle of dust「ほこりの**粒**［細かいほこり］」

2175 **particular** [pərtíkjulər] アク
〔particle（小さな部分）+ ar（〜に関する）⇒小さな部分の⇒特定の〕
形「①**特定の** ②〔小さな部分が気になることから〕（人が）
（A に）**こだわりがある**（about A）」
▶ for no particular reason「**特別な**理由もなく」
▶ be particular about his food「食べ物に**こだわりがある**」

2176 **particularly** [pərtíkjulərli]
副「**特に**」

2177 **partial** [pάːrʃəl]
〔部分 + al（〜の）⇒部分的⇒一部だけ〕
形「①**部分的な** ②〔一部だけ⇒不公平な〕**不公平な、
えこひいきする**」
▶ make a partial payment
「（全額ではなく）**一部**の支払いをする」
▶ Judges should not be partial.
「裁判官は**えこひいきしては**いけない」

2178 **impartial** [impάːrʃəl]
〔im（ない）+ 不公平な〕
形「**公平な、偏らない**」

2179 **partially** [pάːrʃəli]
副「**部分的に、不公平に**」

2180 **party**
[páːrti]
〔部分 + y（集合体）⇒共通の目的を持った人の集まり〕
名「①〔政治目的の人の集まり〕**政党** ②〔共通の目的を持った人の集まり〕**一行、隊** ③〔利害が対立する人の集まり〕（争い・契約などの）**一方**（の側）、**当事者**」
▶ a political party「**政党**」
▶ a search party「**捜索隊**」
▶ the parties involved「**当事者**〔**関係者**〕」

2181 **participate**
[paːrtísəpèit] アク
〔parti（部分）+ cipate（取る）⇒全体の一部になる〕
動「(Aに) **参加する** (in A)」☞語根 cap
★ take part in A [take（取る）+ part（部分）]「Aに参加する」は participate と同意である。

2182 **participant**
[paːrtísəpənt]
名「**参加者**」

2183 **participation**
[paːrtìsəpéiʃən]
名「**参加**」

2184 **apart**
[əpáːrt]
〔a（～へ）+ part（側）⇒一方の側へ〕
副「**離れて**」
▶ stand apart from each other「互いに**離れて**立つ」

2185 **apartment**
[əpáːrtmənt]
〔分かれた + ment（もの）〕
名「**アパート**」(= flat《英》)
▶ live in an apartment「**アパート**に住んでいる」
★ apartment は「アパートの中の1つの部屋」で、「アパート全体」は apartment house や apartments。

2186 **depart**
[dipáːrt]
〔de（離れて）+ 分かれる〕
動「**出発する**」

2187 **departure**
[dipáːrtʃər]
名「**出発**」
▶ the departure time「**出発**時刻」

2188 **department**
[dipáːrtmənt]
〔分割された + ment（もの）〕
名「①〔会社内で分割された部署〕**部**（**門**）
　②〔政府内で分割された部署〕**省**
　③〔大学内で専攻によって分割されたもの〕**学科**」
▶ a sales department「販売**部**」
▶ the Department of Agriculture「農務**省**」
▶ the Physics Department「物理**学科**」

2189 **counterpart**
[káuntəpɑːrt]
〔counter（相当する）+ 部分〕
名「**対応する人**〔**物**〕」
▶ the Japanese Foreign Minister and his French counterpart
「日本の外務大臣とフランスの**外務大臣**」

## P

**2190 portion** [pɔ́ːrʃən]
〔部分〕
图「**部分、一部**」
▶ a large **portion** of the residents「住民の大**部分**」

**2191 proportion** [prəpɔ́ːrʃən]
〔pro（応じた）+ 部分⇒割合〕
图「**割合、比率**」
▶ The **proportion** of women in medical school is increasing.
「医学部内での女性の**割合**が増えている」

### pass 〔通る〕 語根

**2192 pass** [pǽs]
〔通る〕
動「①〔時間が通り過ぎる〕（時間が）**過ぎる** ②〔物を通す〕**〜を手渡す** ③〔関門を通る〕**〜に合格する** ④**〜を伝える**」
图「**入場許可証、定期券**」
▶ Two years have **passed** since I came here.
「私がここに来てから2年が**過ぎた**」
▶ Will you **pass** me the salt?「塩**を取って**くれませんか？」
▶ **pass** an exam「試験**に合格する**」
▶ songs **passed** down from generation to generation
「代々**受け継が**れてきた歌」

**2193 passage** [pǽsidʒ]
〔通る + age（行為）⇒通過〕
图「①〔通過する道〕**通路** ②〔時間の通過〕（時間の）**経過** ③〔言葉の通過する道〕（文などの）**一節**」
▶ an underground **passage**「地下連絡**通路**」
▶ the **passage** of time「時間の**経過**」
▶ a **passage** from the Bible「聖書の**一節**」

**2194 passenger** [pǽsəndʒər]
〔通り過ぎる人〕
图「**乗客、旅客**」
▶ a **passenger** train「**旅客**列車」《貨物列車と区別して》

**2195 past** [pǽst]
〔通り過ぎた〕
形「**過去の、ここ**」图「**過去**」
▶ for the **past** three days「**ここ3日間**」

**2196 pastime** [pǽstàim]
〔pas（過ごす）+ time ⇒時間を（気晴らしになるように）過ごす〕
图「**娯楽、気晴らし**」
▶ Fishing is his favorite **pastime**.
「釣りが彼の一番の**楽しみ**だ」

2197 **surpass** [sərpǽs]
〔sur（上を）+通る⇒超える〕
動「~を超える、より優れている」
▶ He **surpasses** his brother in English.
「彼は英語では兄よりも優れている」

## pati / path / pass 〔苦しみ、感情〕　　　　　　　語根

2198 **patient** [péiʃənt] 発
〔苦しむ+ ent（人）〕
形「我慢強い」
名「患者」
▶ a **patient** person「我慢強い人」
▶ a cancer **patient**「ガン患者」

2199 **impatient** [impéiʃənt]
〔im（ない）+辛抱強い〕
形「①いらいらした ②~したくてたまらない (to *do*)」
▶ be **impatient** of the delay「遅延にいらいらしている」

2200 **patience** [péiʃəns]
名「忍耐（力）、我慢」
▶ have no **patience** with liars「うそつきに我慢できない」

2201 **compatible** [kəmpǽtəbl]
〔com（一緒に）+苦しむ+ ible（できる）⇒一緒に辛抱できる⇒共存できる〕
形「共存できる、両立できる」
▶ Your values aren't **compatible** with mine.
「あなたの価値観は私とは合わない」

2202 **sympathy** [símpəθi]
〔sym（同じ）+感情〕
名「同情、共感」
▶ feel **sympathy** for the poor「貧しい人々に同情する」

2203 **sympathetic** [simpəθétik] アク
形「同情的な、共感できる」
▶ a **sympathetic** character「（本などの）共感できる登場人物」

2204 **sympathize** [símpəθàiz]
動「同情する、共感する」

2205 **passive** [pǽsiv]
〔苦しみ+受ける⇒受動的な〕
形「受動的な、消極的な」
（⇔ active「能動的な、活動的な」）
▶ **passive** smoking「受動喫煙」

2206 **passion** [pǽʃən]
〔苦しみを受けること⇒強い感情〕
名「（異性に対する）（激しい）感情、情熱」
▶ her **passion** for him「彼に対する彼女の愛情」

2207 **passionate** [pǽʃənət]
形「情熱的な」

# P

## path〔小道〕　　語源

**2208 path** [pǽθ]
〔小道〕
名「①(人や動物が通ってできた)(小)道　②進路」
▶ follow a path「道をたどる」

## patri / pater / pasture〔食事を与える⇒父、父の国〕　　語根

☞語根 mater

**2209 patriot** [péitriət] アク
〔父の国〕
名「愛国者」

**2210 patriotic** [pèitriátik] アク
形「愛国心の強い」
▶ patriotic feeling「愛国心」

**2211 patriotism** [péitriətìzm]
名「愛国心」

**2212 pattern** [pǽtərn]
〔父⇒父は一家の模範〕
名「①模範、手本　②〔行為などの模範となるもの〕(行為などの)様式」
▶ set a pattern for children「子供のお手本となる」
　◆ set a pattern for A「Aの手本となる」
▶ behavior pattern「行動様式」

**2213 pasture** [pǽstʃər]
〔食事を与える〕
名「牧草地」

## peas〔田舎〕　　語根

**2214 peasant** [péznt] 発
〔peas(田舎) + ant(人)〕
名「(発展途上国などの)小作農」
▶ landless peasants「土地を持たない小作農」

## peculiar〔私有財産の〕　　語源

**2215 peculiar** [pikjúːljər]
〔私有(財産)の⇒個人特有の⇒自己流なので妙な〕
形「①(Aに)特有な、独特な (to A)　②一風変わった、妙な」
▶ customs peculiar to Japan「日本独特の習慣」
▶ a peculiar smell「妙な臭い」

## ped 〔足〕 語根

**2216 pedestrian** [pədéstriən]
〔足（で）+ 進む人〕
名「歩行者」
▶ a pedestrian walkway「歩行者用通路」

**2217 expedition** [èkspədíʃən]
〔ex（外に）+ 足を延ばす〕
名「遠征、探検」
▶ go on an expedition to the North Pole
「北極探検に出かける」

関 pedicure〔足 + cure（治療）〕
　名「ペディキュア（足や足の爪などの手入れ）」

## pel / pulse / peal 〔追う、押す〕 語根

**2218 compel** [kəmpél]
〔com（強く）+ 押す⇒強く押しやる〕
動「〜を強制する」
▶ compel the president to resign
「大統領に辞任するように強いる」
◆ compel A to do「Aに〜するよう強いる」
◆ feel compelled to do「〜しなければならない気持ちになる」

**2219 compulsory** [kəmpʌ́lsəri]
形「義務的な」
▶ compulsory education「義務教育」

**2220 expel** [ikspél]
〔ex（外に）+ 追う⇒追い出す〕
動「〜を追い出す」
▶ He was expelled from high school.
「彼は高校を退学になった」

**2221 expulsion** [ikspʌ́lʃən]
名「追放、退学」

**2222 impulse** [ímpʌls]
〔im（中に）+ 押す⇒心が押されること〕
名「衝動」
▶ feel an impulse to run「走り出したい衝動を感じる」

**2223 impulsive** [impʌ́lsiv]
形「衝動的な」

**2224 appeal** [əpíːl]
〔ap（〜のほうに）+ 押す〕
動「訴えかける」　名「訴え、魅力」
▶ appeal to a lot of people for help
「多くの人々に援助を訴えかける」
◆ appeal to A (for B)「Aに（Bを求めて）訴えかける」
◆ appeal to A to do「Aに〜するように訴えかける」

## pen / pain / pun 〔ペン、とがった先端、貫通、苦痛、罰〕　語根

2225 **pen**
[pén]
〔ペン〕
名「ペン」

2226 **penetrate**
[pénətrèit]
〔貫通する〕
動「①〜を貫通する　②〔貫通して中に入り込む〕〜に侵入する、浸透する」
- A bullet penetrated the wall.「銃弾が壁を貫通した」
- Her words penetrated their minds.
「彼女の言葉は彼らの心に浸透した」

2227 **penalty**
[pénəlti] 発
〔penal（罰の）+ 状態⇒刑罰〕
名「刑罰、罰金」
- impose a penalty「刑罰［罰金］を科す」

2228 **pain**
[péin]
〔苦痛〕
名「①痛み　②骨折り」複
- have a pain in my back「背中に痛みがある」
- takes pains with his students「生徒のことで骨を折る」

2229 **punish**
[pʌ́niʃ]
〔罰 + ish（する）〕
動「〜を罰する」
- punish a student for bad behavior
「素行不良で生徒を罰する」

2230 **punishment**
[pʌ́niʃmənt]
名「処罰」

## pend / pens 〔ぶら下がる、（重りをぶら下げて）量る〕　語根

2231 **pendant**
[péndənt]
〔ぶら下がる + ant（もの）〕
名「ペンダント」

2232 **depend**
[dipénd]
〔de（下に）+ ぶら下がる⇒何かにぶら下がる〕
動「①〔何かにぶら下がり頼る〕（Aに）頼る (on A)
　　②〔ぶら下がっている他者に左右される〕（Aに）左右される、（A）次第である (on A)」
- We depend on you.「私たちは君を頼りにしている」
- Success depends on your own efforts.
「成功は君自身の努力次第だ」

2233 **dependent**
[dipéndənt]
形「(Aに) 頼っている (on A)」
- be dependent on his grandmother「祖母に頼っている」

2234 **dependence**
[dipéndəns]
名「頼ること、依存」

2235 **independent** [indipéndənt] 〔in（ない）+頼っている〕
形「(A から) **独立した** (of A)」
▶ She is **independent** of her parents.
「彼女は親から**独立している**」

2236 **independence** [indipéndəns] 名「**独立**」

2237 **suspend** [səspénd] 〔sus（下に）+ぶら下げる⇒宙ぶらりんにする〕
動「①**~をつるす** ②〔物事を宙ぶらりんにする〕**~を一時中止する、停止する**」
▶ A lamp is **suspended** from the ceiling.
「ランプが天井から**つるされている**」
▶ **suspend** business「営業**を一時停止する**」

2238 **suspension** [səspénʃən] 名「**一時停止［中止］**」

2239 **spend** [spénd] 〔s = ex（外に）+重りをぶら下げて量る⇒量って支払う〕
動「(金額・時間) **を費やす、過ごす**」
▶ **spend** a week writing a paper
「レポートの作成に1週間**を費やす**」
◆ spend A *doing*「~してAを費やす［過ごす］」

2240 **suspense** [səspéns] アク 〔sus（下に）+ぶら下がる⇒宙づり⇒不安定〕
名「**不安、気がかり**」

2241 **dispense** [dispéns] 〔dis（分けて）+量る〕動「**~を分配する**」
▶ **dispense** food to the victims of the earthquake
「地震の被災者たちに食料**を配る**」
◆ dispense with A〔dis（~しない）+ pense（重さを量って考える）⇒考えない⇒なしで済ます〕「A なしで済ます」

2242 **indispensable** [ìndispénsəbl] 〔in（ない）+なしで済ますことができる⇒なしでは済まない〕
形「**不可欠な**」
▶ Computers are **indispensable** to modern living.
「コンピュータは現代生活に**不可欠**である」

2243 **expense** [ikspéns] 〔ex（外に）+重りをぶら下げて量る⇒量って支払うもの〕
名「①**費用、出費** ②**犠牲**」
▶ living **expenses**「生活**費**」
◆ at the expense of A「A を犠牲にして」

2244 **expensive** [ikspénsiv] 形「**高価な、値段が高い**」
▶ an **expensive** car「**高価な車**」

## P

**2245 expenditure** [ikspénditʃər]
〔expendit（支払う）+ ure（もの）〕
名「（主に国・地方自治体などの）**支出**」
▶ government expenditure「国の**歳出**」

**2246 pension** [pénʃən]
〔重りをぶら下げて量る⇒量って支払うもの〕
名「**年金**」
▶ receive a pension「**年金**を受け取る」

**2247 compensate** [kámpənsèit]
〔com（一緒に）+ 重さを量る⇒両者のバランスを取る〕
動「（A を）**補う、埋め合わせる**（for A）」
▶ compensate for a loss「損失を**埋め合わせる**」

**2248 compensation** [kàmpənséiʃən]
名「**賠償金、埋め合わせ**」

**2249 ponder** [pándər]
〔重りをぶら下げて量る⇒重さを量る⇒よく考える〕
動「**〜を熟考する**」
▶ ponder what to do「何をすべきか**熟考する**」

### peri (1) 〔試み、危険〕 語根

**2250 experience** [ikspíəriəns] アク
〔ex（十分に）+ 試み + ence（こと）〕
名「**経験、体験**」
動「**〜を経験する**」
▶ his lack of experience「彼の**経験**不足」

**2251 experiment** [ikspérəmənt]
〔ex（十分に）+ 試み + ment（こと）〕
名「**実験**」 動「**実験をする**」
▶ experiments on animals「動物に対する**実験**」

**2252 experimental** [ikspèrəméntl]
形「**実験的な**」

**2253 expert** [ékspə:rt]
〔ex（十分に）+ 試みた⇒十分な経験を積み知識を得た〕
名「**専門家**」 形「**熟達した**」
▶ a legal expert「法律の**専門家**」
▶ She is expert at [in] handling small children.
「彼女は子供の扱いが**上手だ**」

**2254 expertise** [èkspərtí:z]
名「**専門的知識**」

**2255 peril** [pérəl]
〔危険〕
名「（命にかかわるような）**危険**」
▶ He was in peril of his life.
「彼は生命の**危機**にさらされていた」
　◆ in peril of A「A の危機にさらされて」

256

## peri (2) 〔周囲〕　　　語根

2256 **period**
[píəriəd]
〔周囲の + od（道）⇒時の一回り⇒期間〕
名「①**期間**　②〔歴史上の期間〕（歴史上のある）**時代**
③〔物事が一回りすると一区切りつくことから文を区切る符号〕**終止符、ピリオド**」
▶ for a long **period**「長い**間**」
▶ the postwar **period**「戦後の**時代**」

## person 〔人〕　　　語根

2257 **person**
[pə́ːrsn]
〔人〕名「**人**」

2258 **personal**
[pə́ːrsnl]
〔人 + al（の）⇒個人の〕
形「（特定の）**個人の**」
▶ in my **personal** view「私**個人の**意見では」

2259 **personally**
[pə́ːrsnəli]
副「**個人的に**」
▶ **Personally** I think it's a good idea.
「**個人的には**それはいい考えだと思います」

2260 **personality**
[pə̀ːrsənǽləti]
〔個人の + ity（性質）⇒個性〕
名「**性格、人格**」
▶ He has a warm **personality**.
「彼は暖かい**人柄**である」
★ personality は「他人へのふるまい方や印象を表す先天的な人柄・性質」という意味で、character は「その人の持つ後天的な特徴や性格」という意味である。

2261 **impersonal**
[impə́ːrsnl]
〔im（ない）+ 個人的な⇒非個人的な⇒人間味のない〕
形「**人間味のない**」

2262 **personnel**
[pə̀ːrsənél] アク
〔人 + nel（の）⇒個人的な〕
名「①**人事部**　②（全）**職員**」
▶ hospital **personnel**「病院**職員**」

## pessim 〔最悪の〕　　　語根

2263 **pessimism**
[pésəmìzm]
〔最悪の + ise（状態）〕
名「**悲観主義**」

2264 **pessimistic**
[pèsəmístik]
形「**悲観的な**」
（⇔ optimistic「楽観的な」）
▶ take a **pessimistic** view of life「人生を**悲観的に見る**」

## pete / petite / peat 〔求める〕　　　　語根

2265 **compete** [kəmpíːt]
〔com（一緒に）+求める⇒求め合う〕
動「競争する」
▶ compete with each other for a prize「賞を目指して互いに競い合う」

2266 **competitive** [kəmpétətiv]
形「競争の激しい、競争力のある」
▶ a competitive market「競争の激しい市場」

2267 **competition** [kàmpətíʃən]
名「競争、競争相手、競技会」
▶ firce competition「激烈な競争」

2268 **competent** [kámpətənt]
〔競争力のある〕
形「有能な」
▶ a competent secretary「有能な秘書」

2269 **competence** [kámpətəns]
名「能力」
▶ his competence in dealing with a problem「彼の問題処理能力」

2270 **appetite** [ǽpətàit]
〔ap（〜を）+求める気持ち〕
名「食欲」
▶ lose her appetite「食欲をなくす」

2271 **repeat** [ripíːt]
〔re（再び）+求める〕
動「〜を繰り返す」
▶ repeat the question「質問を繰り返す」

2272 **repeatedly** [ripíːtidli]
副「繰り返して」

2273 **repetition** [rèpətíʃən]
名「繰り返し」
▶ learn words by repetition「繰り返して単語を覚える」

2274 **perpetual** [pərpétʃuəl]
〔per（通して）+求める⇒ずっと求め続ける⇒永続する〕
形「①（いらいらさせて）ひっきりなしの　②永続する」
▶ perpetual questions「ひっきりなしの質問」

## petr 〔石〕　　　　語根

2275 **petroleum** [pətróuliəm]
〔petr（石）+ oleum（油）〕
名「石油」
▶ petroleum products「石油製品」

## pha(n) / phen / photo 〔光、光が当たり現れるもの〕　　　　語根

☞語根 fant / focus

2276 **emphasis**
[émfəsis] アク
〔em（中に）+ 光⇒光を当てる〕
名「**強調、重点**」
▶ place **emphasis** on environmental conservation
「環境保護を**強調**する」

2277 **emphasize**
[émfəsàiz]
〔強調 + ize（〜化する）〕
動「**〜を強調する**」
▶ **emphasize** the importance of education
「教育の重要性を**強調**する」

2278 **phase**
[féiz]
〔光が当たり現れる月の相（新月・半月・満月など）⇒変化するものや状態の段階〕
名「**段階、時期**」
▶ the first **phase** of a project「計画の第一**段階**」

2279 **phenomenon**
[finámənàn]
〔光 + 前兆⇒光が当たり現れるもの〕
名「**現象**」 複 phenomena
▶ a natural **phenomenon**「自然**現象**」

2280 **photograph**
[fóutəgræf] アク
〔光 + graph（記録）〕
名「**写真**」

## phe 〔話す〕　　　　語根

2281 **prophecy**
[práfəsi]
〔pro（前もって）+ 話す + cy（こと）〕
名「**予言**」

2282 **prophet**
[práfit]
〔予言 + t（人）〕
名「**予言者、預言者**」
▶ a **prophet** of doom「災厄の**予言者**」

## phil 〔愛する《ギリシア語》〕　　　　語根

☞語根 am

2283 **philosophy**
[filásəfi] アク
〔愛する + soph（知恵）⇒知恵を愛すること〕
名「**哲学**」
▶ political **philosophy**「政治**哲学**」

2284 **philosopher**
[filásəfər]
名「**哲学者**」
固 Philadelphia〔愛する + adelphia（兄弟）⇒兄弟愛の町〕
　名「フィラデルフィア」

## physic 〔自然科学、医術〕　語根

2285 **physics**
[fíziks]
〔自然科学〕 名「物理学」

2286 **physical**
[fízikəl]
〔自然科学の / 医術の〕
形「①〔自然科学の〕物質の、物理的な　②〔医術の〕身体の」
▶ **physical** contact「体の接触」

2287 **physician**
[fizíʃən] アク
〔医術 + ian（精通する人）〕
名「医者、内科医」

2288 **physicist**
[fízəsist]
〔物理 + ist（専門家）〕
名「物理学者」

## pict 〔描く〕　語根

2289 **picture**
[píktʃər]
〔描かれた + ure（もの）〕
名「絵、写真、イメージ、画像、映画」
動「〜を心に描く」
▶ **picture** yourself flying
「自分が空を飛んでいる姿を心に描く」

2290 **depict**
[dipíkt]
〔de（下に）+ 描く〕
動「〜を描く」
▶ **depict** him as an unhappy man
「不幸な男性として彼を描く」

## pile 〔石の積み重ね〕　語根

2291 **pile**
[páil]
〔石の積み重ね〕
名「（整然と積み重なった）山」
▶ a **pile** of books「本の山」

2292 **compile**
[kəmpáil]
〔com（一緒に）+ 積み上げる⇒種々の文献から資料を集めて作る〕
動「（資料・辞書など）を編集する」
▶ **compile** a dictionary「辞書を編集する」

## pioneer 〔塹壕を掘るために先頭に立って行進した歩兵〕　語源

2293 **pioneer**
[pàiəníər] アク
〔塹壕を掘るために先頭に立って行進した歩兵⇒先駆者〕
名「先駆者、開拓者」
▶ a **pioneer** of genetic engineering「遺伝子工学の先駆者」

## pity 〔哀れみの気持ち〕　　　　　　　　　　　　　　　　　　　　　　　　　　　語源

2294 **pity**
[píti]
〔哀れみの気持ち〕
名「①哀れみ、同情　②残念なこと (a ~)」
動「～を気の毒に思う」
▶ feel **pity** for him「彼に同情する」
▶ It's a **pity** that you can't come.
　「あなたが来られなくて残念です」

## place 〔(平たい) 場所、(場所に) 置く〕　　　　　　　　　　　　　　　　　　語根

2295 **place**
[pléis]
〔場所〕
名「①場所　②立場」
動「～を（決まった場所に）置く」
▶ What would you do in my **place**?
　「もしあなたが私の立場ならどうしますか？」
　　◆ in one's place「～の立場なら」
◆ take place「行われる、起こる」

2296 **displace**
[displéis]
〔dis（逆）+ 置く⇒置かない⇒力を加えて位置を移す〕
動「①～に取って代わる (= replace)　②（災害・戦争などが）
（人など）を住処から追い出す」
▶ Robots have **displaced** workers in this factory.
　「この工場ではロボットが労働者に取って代わった」
▶ A lot of people were **displaced** by the war.
　「その戦争で多くの人々が退去させられた」

2297 **replace**
[ripléis]
〔re（新たに）+ 置く⇒取って代わる〕
動「～に取って代わる、取り替える」
▶ Horses have been **replaced** by cars.
　「馬は自動車に取って代わられた」

2298 **replacement**
[ripléismənt]
名「代わりの人［もの］、取り替え」

## plague 〔疫病〕　　　　　　　　　　　　　　　　　　　　　　　　　　　　　　語源

2299 **plague**
[pléig]
〔疫病〕　名「疫病」
▶ **Plagues** often broke out in the Middle Ages.
　「疫病がしばしば中世において発生した」

# P

## plain 〔嘆く〕　語根

### 2300 complain
[kəmpléin]

〔com（強く）+ 嘆く〕
動「①不満を言う（about 状況）、②訴える（of 痛み・病気）」
- complain about the noise「騒音のことで苦情を言う」
- complain of a bad headache「ひどい頭痛を訴える」

### 2301 complaint
[kəmpléint]

名「不平、苦情」
- a customer complaint「客からの苦情」
- ★「苦情」の意味の「クレーム」は和製英語。

## plan 〔平らな〕　語根

☞ flat と同語源

### 2302 plan
[plǽn]

〔平らな⇒平面図⇒計画〕
名「①平面図、設計図　②〔平面図を表にした予定表〕予定、計画」
動「①〜の計画〔予定〕を立てる　②〜するつもりである (to do)」
- make a plan for the summer vacation
「夏休みの計画を立てる」
- I'm planning to major in economics.
「経済学を専攻するつもりです」

### 2303 plane
[pléin]

〔平らな⇒翼を水平に広げる〕
名「飛行機」
- by plane「飛行機で」

### 2304 plain
[pléin]

〔平らな⇒地面が平らな⇒遮るものがなく、はっきり見える〕
形「①〔平らで遮るものがなく、はっきり見える〕明らかな　②〔言葉が平らで見通しやすい〕やさしい」
名「平野」
- the plain fact「明白な事実」
- express difficult things in plain language
「難しいことをやさしい言葉で表す」
- a vast plain「広々とした平野」

### 2305 explain
[ikspléin]

〔ex（外に）+ 平らな⇒見えるように平らに広げる⇒平たく説明する〕
動「〜を説明する」
- explain the rule to him「彼にルールを説明する」
- ◆ explain A (to 人) [ (to 人) A]「（人に）A を説明する」

### 2306 explanation
[èksplənéiʃən]

名「説明」

2307 **plate**
[pléit]
〔平らなもの〕
名「① (浅い) 皿　② (金属などの) 板」
▶ a soup plate「スープ皿」

## planet 〔放浪者〕　　　　　　　　　　　　　　　　　　　　　　　語源

2308 **planet**
[plǽnit]
〔放浪者〕
名「①惑星　②地球 (the ~)」
△惑星は、規則正しく太陽の周りを回っていることが知られるまでは、天界をさ迷う星と考えられていたようである。
▶ the planet Earth「地球という惑星」
▶ the future of the planet「地球の未来」
囲 planetarium〔惑星 + arium (〜に関するもの)〕
　　名「プラネタリウム」

## plant 〔(苗木を) 植える〕　　　　　　　　　　　　　　　　　　　語根

2309 **plant**
[plǽnt]
〔植える〕
名「①〔植えつけられたもの〕植物　②〔土に根付かせるようにある場所に据えつけられたもの〕工場」
動「〜を植える」
▶ a chemical plant「化学工場」

2310 **plantation**
[plæntéiʃən]
〔植える + ation (こと)〕
名「農場」
▶ a coffee plantation「コーヒー農場」

2311 **transplant**
[trænsplǽnt]
〔trans (別の場所へ) + 植える〕
動「〜を移植する」　名「移植」
▶ a heart transplant「心臓移植」

## plaud / plode 〔手をたたく〕　　　　　　　　　　　　　　　　　語根

2312 **applaud**
[əplɔ́ːd]
〔ap (〜に) + 手をたたく〕
動「拍手する、〜に拍手を送る」
▶ applaud the singer「その歌手に拍手を送る」

2313 **applause**
[əplɔ́ːz]
名「拍手」
▶ greet him with applause「拍手で彼を迎える」

2314 **explode**
[iksplóud]
〔ex (外に) + 手をたたく⇒パーンとたたき出す⇒爆発する〕
動「①爆発する　②〔数量が爆発的に増える〕急増する」
▶ A bomb exploded.「爆弾が爆発した」
▶ Populations have exploded in Asian countries.
「アジア諸国で人口が急増している」

# P

2315 **explosion** [iksplóuʒən] 名「①爆発 ②急増」
- a nuclear explosion「核爆発」
- a population explosion「人口の急増」

2316 **explosive** [iksplóusiv] 形「①爆発(性)の ②(気性などが)すぐカッとなる」
名「爆発物」

## pleas〔喜ばせる〕　　　語根
☞ grat(e) と joy

2317 **please** [plíːz] 〔喜ばせる〕
動「(人)を喜ばせる」
- These roses please the eye.
「このバラの花は目を楽しませてくれる」

2318 **pleased** [plíːzd] 形「(人が)喜んでいる」

2319 **pleasing** [plíːziŋ] 形「(人を)喜ばせる」

2320 **pleasure** [pléʒər] 発 名「喜び、楽しみ」
- travel for pleasure「楽しむために旅行する」
  ◆ for pleasure「楽しむために、遊びで」

2321 **pleasant** [plézənt] 形「(物事が)楽しい」(= pleasing)
★ pleasant のほうが pleasing よりも一般的。
- have a pleasant time「楽しい時を過ごす」

## pledge〔約束する・誓う〕　　　語源

2322 **pledge** [plédʒ] 〔約束する・誓う〕
動「〜を誓う」
名「誓約」
- pledge to do his best「最善を尽くすことを誓う」

## plore〔泣き叫ぶ〕　　　語根

2323 **explore** [iksplɔ́ːr] 〔ex(外に)+叫ぶ⇒狩猟の際に大声をあげて獲物を外に出す〕
動「〜を探索[探検]する」
- explore the island「その島を探検する」

2324 **exploration** [èksplɔəréiʃən] 名「探検、調査」

## plunge 〔鉛〕  語源

2325 **plunge**
[plʌ́ndʒ]
〔鉛⇒鉛を水に投げ入れた時のドボンという音〕
動「飛び込む」
🔍 鉛の元素記号は Pb で、これはラテン語 plumbum（鉛）による。
▶ The plane **plunged** into the ocean.
「飛行機は海に**突っ込んだ**」

## ply (1) / plic / plex / ploit / play / ploy / ple 〔折る〕  語根

2326 **apply**
[əplái]
〔ap（〜に）+折る⇒折りたたむ⇒2つのものが当たる⇒当てはまる、当てはめる〕
動「①〔当てはめる〕**〜を適用する**　②〔当てはまる〕(A に)**当てはまる** (to A)　③〔自らを応募先に当てはめる〕(A に)**申し込む** (for A)」
▶ **apply** a rule to the case「規則**を**その場合に**適用する**」
◆ apply A to B「A を B に適用する［応用する］」
▶ Traffic rules **apply** to everybody.
「交通ルールはすべての人に**適用される**」
▶ **apply** for a job「仕事に**申し込む**」

2327 **application**
[æplǝkéiʃən]
名「①**申込（書）**　②**応用、適用**」
▶ fill out[in] an **application**「**申込書**に記入する」
▶ the **application** of science to industry
「科学の工業への**応用**」

2328 **applicant**
[ǽplikənt]
名「**志願者、応募者**」
▶ **applicants** for the job「その仕事の**志願者**」

2329 **appliance**
[əpláiəns]
〔適用するもの〕
名「(家庭用) **器具**」
▶ an electrical **appliance**「電気**器具**」

2330 **imply**
[implái]
〔im（中に）+折る⇒中に織り込む⇒暗示する〕
動「**〜を暗示する、示唆する**」
▶ What are you **implying**?「何が**言いたいの？**」

2331 **implication**
[implǝkéiʃən]
名「①**示唆**　②〔中に織りこむ⇒中に巻き込み影響を与えること〕**影響**」
▶ have **implications** for humanity「人類に**影響を与える**」

2332 **implicit**
[implísit]
〔im（中に）+織り込まれた⇒暗に含んでいる〕
形「**暗に示された**」
▶ an **implicit** agreement「**暗黙の**同意」

265

# P

2333 **explicit** [iksplísit]
〔ex（外へ）+折る⇒包みを広げる〕
形「**明確な**」
▶ give her **explicit** instructions「彼女に**明確な**指示を出す」

2334 **multiply** [mʌ́ltəplài]
〔multi（多く）+折る⇒たくさん重なる〕
動「①**増える、~を増やす** ②**~を掛ける**」
☞語根 multi

2335 **multiple** [mʌ́ltəpl]
形「**多数の**」

2336 **multitude** [mʌ́ltət(j)ùːd]
〔多数+tude（~の状態）〕
名「**多数**」

2337 **reply** [riplái]
〔re（戻して）+折る⇒折り返す〕
動「(Aに)**答える、応じる** (to A)」
名「**返答、応答**」
▶ **reply** to the question「その質問に**答える**」

2338 **complicate** [kɑ́mpləkèit]
〔com（一緒に）+折る⇒全て一緒に折り込む⇒複雑になる〕
動「**~を複雑にする**」

2339 **complicated** [kɑ́mpləkèitid] アク
形「**複雑な、込み入った**」
▶ a **complicated** situation「**複雑な**状況」

2340 **complex** [kəmpléks]
〔一緒に+折られた⇒折り重なった⇒重なり合った〕
形「**複合的な、複雑な**」
▶ a **complex** system「**複雑な**システム」
★ complex は「多くの部分から成り、構造や仕組みが単純ではない」という意味で、科学の分野で多く用いられる。complicated は「込み入っていて、ややこしい」という心理的に否定的な反応を含意する。

2341 **complexity** [kəmpléksəti]
名「**複雑さ**」

2342 **duplicate** [d(j)úːplikət]
〔du（2つに）+折る⇒同じものが2つできる〕
動「**~を複製する**」
▶ Keys can be easily **duplicated**.「鍵は簡単に**複製**できる」

2343 **perplex** [pərpléks]
〔per（完全に）+折る⇒完全に織り込む⇒人をこんがらがらせる〕
動「(人)**を困惑させる**」
▶ She was **perplexed** by his behavior.
「彼女は彼のふるまいに**困惑した**」

## 2344 *exploit
[éksplɔit]

〔ex(外に)＋折る⇒折りたたんだものを開く⇒開発する・利用する〕
動「①〜を開発する、利用する　②〜を私的目的に利用する」
▶ exploit natural resources「天然資源を開発する」
▶ a company that exploits children
「子供を食い物にする会社」

## 2345 *exploitation
[èksplɔitéiʃən]

名「搾取、開発」

## 2346 *display
[displéi]

〔dis(逆にする)＋play(折る)⇒折りたたんだものを広げる⇒広げて中のものを見せる〕
動「①〜を展示する　②(感情・性質など)をはっきりと示す」
名「①展示　②(感情などの)表現」
▶ display the latest fashions
「最新ファッションを展示する」
▶ display his talent「才能を発揮する」

## 2347 *employ
[implɔ́i]

〔em(中に)＋折り込む⇒中に入れる⇒使う〕
動「①〔人を使う〕(人)を雇う　②(方法・技術など)を使う」
▶ employ her as a secretary「彼女を秘書として雇う」
▶ employ a new method in the experiment
「その実験で新しい方法を使う」

## 2348 *employment
[implɔ́imənt]

名「雇用」
▶ employment opportunities「雇用機会」

## 2349 *employer
[implɔ́iər]

名「雇い主」

## 2350 *employee
[implɔ́ii:]

〔雇う＋ee(〜される人)〕
名「従業員」

## 2351 *unemployment
[ʌ̀nimplɔ́imənt]

名「失業」
▶ unemployment rate「失業率」

## 2352 *unemployed
[ʌ̀nimplɔ́id]

形「失業中の」

## 2353 *simple
[símpl]

〔sim(1つ)＋折る⇒一つ折の⇒単純な〕
形「①単純な、簡単な　②単なる」
▶ a simple way「簡単な方法」

## 2354 *simply
[símpli]

副「単に、簡単に」
▶ simply a question of time「単に時間の問題」

## ply (2) / pli / ple〔満たす〕 語根

**2355 comply** [kəmplái]
〔com(完全に)+満たす⇒(要求・規則など)を満たす〕
動「(要求・命令・規則に)従う、応じる (with A)」
▶ comply with the rule「規則に従う」

**2356 compliance** [kəmpláiəns]
名「(要求・命令・規則に)従うこと、遵守」
▶ compliance with the law「法律の遵守」

**2357 supply** [səplái]
〔sup(下から)+満たす⇒十分に満たす〕
動「〜を供給する」 名「供給(量)」
▶ supply him with money「彼にお金を出す」
◆ supply A with B (= supply B to [for] A)「AにBを供給する」
▶ supply and demand「需要と供給」

**2358 accomplish** [əkάmpliʃ]
〔ac(〜のほうへ)+完全に満たす〕
動「〜を成し遂げる」
▶ accomplish a task「仕事を成し遂げる」

**2359 accomplishment** [əkάmpliʃmənt]
名「達成、業績」

**2360 compliment** [kάmpləmənt]
〔com(完全に)+満たすこと⇒相手の気持ちを満たす言葉〕
名「ほめ言葉、賛辞」
動「(人)をほめる、賛辞を言う」
▶ pay her a compliment「彼女をほめる」
◆ pay A a compliment「A(人)をほめる」

**2361 ample** [ǽmpl]
〔満たされた〕 形「豊富な、十分な」
▶ ample evidence「十分な証拠」

**2362 complete** [kəmplíːt]
〔com(完全に)+満たす〕
形「完全な、まったくの」
動「〜を完成させる、完全にする」
▶ a complete stranger「まったく知らない人」
▶ complete the building「その建物を完成させる」

**2363 completely** [kəmplíːtli]
副「完全に」

**2364 implement** [ímpləmənt]
〔im(中を)+満たす方法〕
名「道具、用具」
動「(計画・政策など)を実行する」
▶ implement a policy「政策を実行する」

**2365 plenty** [plénti]
〔満たす+ty(状態)⇒豊富〕
名「たくさん」
▶ plenty of time「十分な時間」

## poem / poet 〔作られたもの⇒詩〕 語源

2366 **poem**
[póuəm]
〔詩〕
名「(1編の) 詩」 ★可算名詞

2367 **poet**
[póuit]
〔詩を作る人〕名「詩人」
▶ a modern poet「近代詩人」

2368 **poetry**
[póuitri]
〔poet (詩) + ry (集合)〕
名「(集合的に) 詩」 ★不可算名詞

## pole 〔極〕 語源

2369 **pole**
[póul]
〔極〕 名「極」
▶ the North Pole [the South Pole]「北極〔南極〕」

2370 **polar**
[póulər]
〔極 + ar (〜の)〕
形「極の」

## poli 〔磨く〕 語根

2371 **polish**
[páliʃ]
〔磨く〕 動「〜を磨く」
▶ polish his shoes「靴を磨く」

2372 **polite**
[pəláit]
〔(言動が) 磨かれた⇒言動が丁寧な〕
形「丁寧な、礼儀正しい」
▶ a polite letter「丁寧な手紙」

## polic / polit 〔都市国家、秩序のための規則・統治・政治〕 語根

2373 **police**
[pəlí:s] アク
〔国家の統治〕
名「警察」 ★通例 the police で複数扱い。
▶ He was arrested by the police.「彼は警察に逮捕された」

2374 **policeman**
[pəlí:smən]
名「警官」

2375 **policy**
[páləsi]
〔統治、管理〕
名「政策、方針」
▶ economic policy「経済政策」

2376 **politics**
[pálətiks] アク
〔政治〕
名「政治」

2377 **political**
[pəlítikəl]
形「政治の」
▶ a political party「政党」

269

# P

2378 **politician** [pɑ̀lətíʃən]
名「政治家」

2379 **metropolis** [mətrɑ́pəlis]
〔metro（母の）+ 都市 ⇒ 母なる都市〕
名「大都市」 ☞語根 mater / metro

2380 **metropolitan** [mètrəpɑ́lətən]
形「大都市の」

## poll 〔頭〕 語源

2381 **poll** [póul]
〔頭 ⇒ 投票所で頭の数を数える〕
名「①世論調査 ②投票（所）《英》」
▶ conduct a poll「世論調査を行う」

## poor 〔貧しい〕 語源

2382 **poor** [púər]
〔貧しい〕
形「①貧しい ②劣悪な、低い ③かわいそうな」
▶ poor quality「低品質（の）」

2383 **poverty** [pɑ́vərti]
名「貧困」
▶ live in poverty「貧乏暮らしをする」
◆ in poverty「貧乏して」

## popula / people 〔人々 ⇒ 人を住まわせる〕 語根

☞ public も同語源。

2384 **people** [píːpl]
〔人々〕
名「①人々 ②国民、民族」
▶ a people without a country「祖国を持たぬ民族」

2385 **populate** [pɑ́pjuleit]
〔人々 + ate（させる）⇒ 人々を住まわせる〕
動「（場所に）住む (be populated の形で)」
▶ The region is populated by immigrants.
「その地域には移民が住んでいる」

2386 **population** [pɑ̀pjuléiʃən]
名「人口、全住民」
▶ a large population「多くの人口」

2387 **popular** [pɑ́pjulər]
〔人々 + ar（に関連した）⇒ 一般大衆に広まって〕
形「①（A に）人気のある (with [among] A) ②世間一般の」
▶ fashions popular among teenagers
「ティーンエイジャーに人気のあるファッション」
▶ a popular belief「世間一般の見方」

2388 **popularity** [pɑ̀pjulǽrəti]
名「人気、評判」

## port 〔運ぶ、港、門〕　　　　　　　　　　　　　　　　　　語根

**2389** **port** [pɔ́ːrt]
〔港〕 图「港」
▶ leave port「出港する」

**2390** **export** 動[ikspɔ́ːrt] アク　图[ékspɔːrt] アク
〔ex（外に）+ 運ぶ⇒運び出す〕
動「〜を輸出する」 图「輸出（品）」
▶ export cars to China「中国に車を輸出する」
▶ ban the export of weapon「武器の輸出を禁止する」

**2391** **import** 動[impɔ́ːrt] アク　图[ímpɔːrt] アク
〔in（中に）+ 運ぶ⇒運び入れる〕
動「〜を輸入する」 图「輸入（品）」
▶ import goods from foreign countries
「外国から商品を輸入する」
▶ the import of coffer from Brazil
「ブラジルからのコーヒーの輸入」

**2392** **important** [impɔ́ːrtənt]
〔im(中に)+ 運ぶ + ant(もの)⇒中に運び入れるほど重要な〕
形「重要な、大切な」
▶ an important meeting「重要な会議」

**2393** **importance** [impɔ́ːrtəns]
图「重要性」
▶ matters of great importance「極めて重要な問題」
　◆ of great [vital / crucial] importance「極めて重要な」

**2394** **report** [ripɔ́ːrt] アク
〔re（後ろに）+ 運ぶ⇒（ニュースなどを）運び戻す〕
動「①〜を報道する　②〜を報告する」
图「①報告（書）②報道」
▶ report the death of the president「大統領の死亡を報道する」
▶ submit a report「報告書を提出する」
★ 学生の出す「レポート」は paper。

**2395** **support** [səpɔ́ːrt]
〔sup（下で）+ 運ぶ⇒下から支える⇒支える〕
動「①〜を支える、養う　②〜を支持する　③〔主張などを支える〕〜を裏づける」
图「支持、援助」
▶ support my family「家族を養う」
▶ support the government「政府を支持する」
▶ facts that support my idea「私の考えを裏づける事実」

**2396** **transport** [trænspɔ́ːrt]
〔trans（別の場所へ）+ 運ぶ〕
動「〜を輸送する」
▶ transport goods by air「飛行機で商品を輸送する」

**2397** **transportation** [trænspərtéiʃən]
图「①交通機関　②輸送」
▶ public transportation「公共交通機関」

# P

**2398 opportunity**
[ὰpərt(j)úːnəti] アク
〔op（〜に向かって）+ 運べること⇒港に向かって風が吹き、船が入ることができること〕
图「**機会**」
🔖昔の帆船では、港に向かって都合よく風が吹かないと、入港できなかったことを示している。
▶ an opportunity to study abroad「留学する**機会**」
圞sport 图「**スポーツ**」
★ disport が昔の形で〔dis（離す）+ port（運ぶ）〕が語源で、「気持ちを別の所に運ぶ⇒気晴らしする」という意味になった。後に語頭の di が消えて今日の sport になった。

## pose / posit / post / pone / pound / pause 〔置く、止まる〕 語根

**2399 pose**
[póuz]
〔所定の場所に位置して止まる・止める〕
图「〔絵や写真のためにモデルが取る〕**姿勢、ポーズ**」
動「①**ポーズをとる** ②〔問題などを人前に持ち出す〕（問題・危険など）**をもたらす、提起する**」
▶ pose for photographs「写真のために**ポーズをとる**」
▶ pose a threat「脅威**をもたらす**」

**2400 compose**
[kəmpóuz]
〔com（一緒に）+ 置く⇒組み立てる〕
動「**①〜を構成する ②〜を作曲する**」
▶ The committee is composed of women.
「委員会は女性で**構成されている**」
▶ compose popular songs「ポピュラーソング**を作曲する**」

**2401 composition**
[kὰmpəzíʃən]
图「**構成、作品、作文**」

**2402 dispose**
[dispóuz]
〔dis（離して）+ 置く〕
動「（A を）**処分する** (of A)」
▶ dispose of nuclear waste「核廃棄物を**処分する**」

**2403 disposal**
[dispóuzəl]
图「**処分、処理**」

**2404 disposable**
[dispóuzəbl]
〔処分 + able（できる）〕
形「**使い捨ての**」

**2405 expose**
[ikspóuz]
〔ex（外に）+ 置く⇒さらす〕
動「①**〜をさらす** ②〔秘密などを外にさらす〕（犯罪・秘密など）**を暴露する**」
▶ The workers were exposed to radiation.
「作業員は放射能に**さらされた**」
◆ expose A to B「A を B にさらす」

| 2406 | **exposure**[ikspóuʒər] | 名「さらされること」 |
|---|---|---|
| 2407 | **impose**[impóuz] | 〔im（上に）＋置く⇒課す〕<br>動「(Aに)〜を課す、押しつける (on A)」<br>▶ impose a tax on wine「ワインに税金を課す」 |
| 2408 | **oppose**[əpóuz] | 〔op（反対に）＋置く〕<br>動「〜に反対する」(= be opposed to A)<br>▶ oppose his idea「彼の考えに反対する」 |
| 2409 | **opposite**[ápəzit] アク | 形「正反対の、反対側の」<br>▶ on the opposite side of the street「通りの反対側に」 |
| 2410 | **opposition**[àpəzíʃən] | 名「反対、対立」 |
| 2411 | **propose**[prəpóuz] | 〔pro（前に）＋置く〕<br>動「①〜を提案する ②(Aに)結婚を申し込む (to A)」<br>▶ propose a plan「計画を提案する」<br>◆ propose that S + 原形〔should 原形〕<br>「〜ということを提案する」 |
| 2412 | **proposal**[prəpóusəl] | 名「提案、結婚の申し込み」 |
| 2413 | **proposition**[prɑ̀pəzíʃən] | 名「主張、提案」<br>★ proposition の「提案」は proposal より「明確な条件を示した提案」を意味する。 |
| 2414 | **purpose**[pə́ːrpəs] | 〔pur（前もって）＋置く〕<br>名「目的」<br>▶ What is the purpose of your visit?<br>「訪問の目的は何ですか？」 |
| 2415 | **suppose**[səpóuz] | 〔sup（下に）＋置く⇒前提とする⇒仮定する〕<br>動「①〜と思う ②〜することになっている、〜しなければならない」<br>▶ I suppose it's going to rain.「雨になると思う」<br>▶ We're supposed to check out by 10.<br>「10時までにチェックアウトしなければならない」 |
| 2416 | **supposed**[səpóuzd] | 形「たぶんそうだと思われている」 |
| 2417 | **supposedly**[səpóuzidli] 発 | 副「一般に考えられているところでは」 |

## P

2418 **positive** [pázətiv]
〔置く場所が明確な〕
⑱「①確信している ②前向きな、プラスの、積極的な」
▶ a positive attitude「前向きな態度」

2419 **deposit** [dipázit]
〔de（下に）+ 置かれたもの〕
⑧「預金、保証金」
⑩「〜を置く、（金）を預金する」
▶ make a deposit「預金をする」

2420 **postpone** [pous*t*póun]
〔post（後に）+ 置く〕
⑩「〜を延期する」
▶ postpone my departure「出発を延期する」

2421 **posture** [pástʃər]
〔置かれた + ure（状態）⇒ 身の置き方〕
⑧「姿勢」
▶ have good posture「姿勢がいい」

2422 **component** [kəmpóunənt]
〔com（一緒に）+ 置かれてあるもの〕
⑧「構成要素、部品」
▶ electrical components「電気部品」

2423 **compound** [kámpaund]
〔com（一緒に）+ 置く ⇒ 一緒にする ⇒ 混ぜる〕
⑩「〜を混ぜる、悪化させる」
⑧「化合物」
▶ chemical compounds「化学化合物」

2424 **pause** [pɔ́ːz]
〔止まる〕
⑩「一時中止する、立ち止まる」
⑧「休止、沈黙」
▶ an awkward pause in the conversation
「会話中の気まずい沈黙」

## poss / potent 〔能力がある〕 　　　　　　　　　　　語根

☞語根 side (2)

2425 **possible** [pásəbl]
〔能力がある〕
⑱「①可能な ②可能性のある ③できる限り（最上級・all・every を強調して）」
★ 人を主語にできない。
▶ It is possible to get there by car.
「車でそこへ行くことは可能だ」
▶ by all means possible「できる限りあらゆる手段で」

2426 **possibility** [pàsəbíləti]
⑧「可能性」

2427 **possibly** [pάsəbli]
副「ひょっとすると」
▶ Possibly he will come here.
「ひょっとすると彼はここに来るかもしれない」

2428 **impossible** [impάsəbl]
形「不可能な」
▶ an impossible task「不可能な任務」

2429 **possess** [pəzés] 発
〔能力がある + sess（座る）⇒能力ある人が座る⇒支配者として座る⇒占領する⇒手に入れる〕
動「〜を所有する」
▶ possess nuclear weapons「核兵器を所有する」
★ 進行形にしない。

2430 **possession** [pəzéʃən]
名「所有（物）」

2431 **potential** [pəténʃəl]
〔能力がある + ial（関する）⇒可能性を秘めた〕
形「潜在的な」
名「可能性、潜在能力」
▶ a potential threat「潜在的な脅威」

## pour〔注ぐ〕 語源

2432 **pour** [pɔ́:r] 発
〔注ぐ⇒雨が降り注ぐ⇒人がどっと押し寄せる〕
動「①（液体）を注ぐ ②（雨が）降り注ぐ」
▶ pour milk into a glass「コップにミルクを注ぐ」

## practice〔実行する〕 語源

2433 **practice** [prǽktis]
〔実行する〕
名「①〔習慣的に実行すること〕習慣 ②〔技術習得のために習慣的に実行すること〕練習、実践 ③（医者・弁護士の）業務」
動「①（習慣的に）〜を行う ②〜を練習する ③〔医療行為を実行する〕（医者・弁護士など）を開業する」
▶ the practice of a theory「理論の実践」
▶ the practice of shaking hands「握手する習慣」
▶ practice medicine in his hometown
「故郷で医者を開業する」

2434 **practical** [prǽktikəl]
形「実際的な、現実的な」
▶ practical experience「実地体験」

2435 **practically** [prǽktikəli]
副「事実上、実際的に」

# P

## pray 〔祈願〕 語根

2436 **pray** [préi]
〔祈願〕 動「祈る」
▶ pray for peace「平和を祈る」

2437 **prayer** [préər] 発
名「祈り」

## preach 〔prea (= pre：人前で) + ch (宣言する)〕 語源

2438 **preach** [príːtʃ]
〔prea (= pre (人前で)) + ch (宣言する)〕
動「説教する」
▶ preach to the public「一般大衆に説教する」

## prehend / prise 〔つかむ〕 語根

2439 **apprehend** [æprihénd]
〔ap (〜を)+つかまえる〕
動「〜を逮捕する」

2440 **apprehension** [æprihénʃən]
〔〜をつかむこと⇒先に注意を払うこと⇒不安〕
名「①(将来に対する)不安、心配 ②逮捕」
▶ feel apprehension for my safety「身の安全に不安を感じる」

2441 **comprehend** [kàmprihénd] アク
〔com (全て)+つかむ〕
動「〜を理解する」
▶ comprehend what it means
「それの意味することを理解する」

2442 **comprehensive** [kàmprihénsiv]
〔全てつかむ⇒多くのものを含む〕
名「包括的な」
▶ a comprehensive study「包括的な研究」

2443 **comprehension** [kàmprihénʃən]
名「理解」

2444 **comprise** [kəmpráiz]
〔com (全て)+つかむ⇒〜を含む〕
動「〜から成る」
▶ The United States comprises fifty states.
(= The United States is comprised of fifty states.)
「合衆国は 50 の州から成る」

2445 **enterprise** [éntərpràiz] アク
〔enter (中に)+つかむこと⇒手の中につかむこと⇒手を出すこと⇒企てること〕
名「①企て、事業 ②企業」
▶ a joint enterprise「共同事業」
▶ a foreign enterprise「外国企業」

| | | |
|---|---|---|
| 2446 | **surprise** [sərpráiz] | 〔sur（上から）+つかむ⇒不意打ちにする〕<br>動「(人) を驚かす」 名「驚き、驚くべきこと」 |
| 2447 | **surprised** [sərpráizd] | 形「(人が) 驚いて」<br>▶ I was **surprised** at the news.「そのニュースに驚いた」 |
| 2448 | **surprising** [sərpráiziŋ] | 形「(人を) 驚かすような、驚くべき」 |
| 2449 | **prison** [prízn] | 〔つかむ⇒つかまえる⇒刑務所〕<br>名「刑務所」<br>▶ go to **prison**「刑務所に入る」 |
| 2450 | **prisoner** [prízənər] | 名「囚人、捕虜」 |
| 2451 | **imprison** [imprízn] | 〔im（〜の中に）+刑務所〕<br>動「(人) を投獄する」 |
| 2452 | **prey** [préi] | 〔つかまえたもの〕<br>名「獲物、えじき」 動「〜を捕食する」<br>▶ fall **prey** to a tiger「トラのえじきになる」<br>◆ fall prey to A「Aのえじきになる」 |

## press 〔押しつける〕　　　　　　　　　　　　　　語根

| | | |
|---|---|---|
| 2453 | **press** [prés] | 〔押しつける〕<br>動「①〜を押しつける ②(人) に強要する ③強く要求する」<br>名「新聞・雑誌、報道機関 (the ~)」<br>▶ **press** the president to quit「社長に辞職するよう迫る」<br>▶ the freedom of the **press**「報道の自由」<br>▶ **press** for payment「支払いを要求する」 |
| 2454 | **pressure** [préʃər] | 〔押しつける + ure（こと）〕<br>名「①圧力 ②（精神的な）重圧」<br>▶ the **pressure** of work「仕事の重圧」 |
| 2455 | **pressing** [présiŋ] | 「差し迫った」 |
| 2456 | **depress** [diprés] | 〔de（下に）+押しつける⇒押し下げる〕<br>動「(人) を落ち込ませる」 |
| 2457 | **depressed** [diprést] | 形「(人が) 落ち込んだ、気がめいる」<br>▶ feel **depressed** about the result「その結果に落ち込む」 |
| 2458 | **depressing** [diprésiŋ] | 形「(人を) ゆううつにさせる」 |

## P

**2459 depression** [dipréʃən]
 名「①ゆううつ、うつ病 ②(長期に及ぶ深刻な)不景気」
 ▶ suffer from depression「うつ病で苦しむ」
 ▶ the (Great) Depression
 「(1929年に始まった)大恐慌」
 ★ recession は「一時的な景気後退」という意味であるのに対し、depression は落ち込みがもっと深刻な「不景気」という意味。

**2460 express** [iksprés]
 〔ex(外に)+押しつける⇒押し出す〕
 動「~を表現する」
 名「(電車やバスの)急行」
 形「急行の」
 ▶ express his thanks「感謝の言葉を述べる」

**2461 expression** [ikspréʃən]
 名「表現、表情」

**2462 expressive** [iksprésiv]
 形「表情豊かな」

**2463 impress** [imprés]
 〔im(中に)+押しつける⇒心の中に押しつける〕
 動「(人)を感動させる」
 ▶ be impressed with the music「その音楽に感動する」

**2464 impression** [impréʃən]
 名「印象」
 ▶ first impression「第一印象」

**2465 impressive** [imprésiv]
 形「印象的な」
 ▶ an impressive scene「印象的な場面」

**2466 oppress** [əprés]
 〔op(~に向かって)+押しつける⇒圧迫する〕
 動「(人)を圧迫する、虐げる」
 ▶ oppress the poor「貧しい人たちを虐げる」

**2467 oppression** [əpréʃən]
 名「弾圧、迫害」

**2468 oppressive** [əprésiv]
 形「弾圧的な」

**2469 suppress** [səprés]
 〔sup(下に)+押しつける⇒押さえつける〕
 動「①(反乱など)を鎮圧する ②(感情など)を抑える」
 ▶ suppress a rebellion「反乱を鎮圧する」
 ▶ suppress your anger「怒りを抑える」

## price / preci / prize / praise / pret 〔価値・値段（をつける）〕語根

2470 **price**
[práis]
〔値段〕
名「①**値段、物価** ②**代償、犠牲**」
▶ a high **price**「高い**値段**」
★「（値段が）高い」の意味で expensive は使えない。
▶ pay a heavy **price** for their independence
「独立のために大きな**犠牲**を払う」

2471 **priceless**
[práislis]
〔値段 + less（つけられないほど）⇒ 値段がつけられないほど貴重な〕
形「**非常に貴重な**」
▶ a **priceless** work of art「**非常に貴重な**芸術作品」

2472 **precious**
[préʃəs]
〔価値 + ous（〜に富む）〕
形「**貴重な、大切な**」
▶ **precious** time「**貴重な**時間」

2473 **appreciate**
[əpríːʃièit]
〔ap（〜に）+ 価値をつける ⇒ 価値がわかる〕
動「①**〜の価値［良さ］がわかる**　②**〜を認識する**
　③〔価値がわかることから感謝の気持ちをもつ〕（物事を）**ありがたく思う**」
▶ **appreciate** the blessing of health
「健康のありがたさ**がわかる**」
▶ **appreciate** the importance of education
「教育の重要性**を認識する**」
▶ I **appreciate** your kindness.「ご親切に**感謝します**」
★ appreciate は「〜に価値をつける」という語源からわかるように、「ありがたく思う」という意味では「人」を目的語に取ることはできない（人には価値をつけられない）。一方 thank は次のように「人」を目的語に取る。
▶ Thank you for your kindness.「ご親切にありがとう」

2474 **appreciation**
[əpriːʃiéiʃən]
名「**感謝、鑑賞（力）**」

2475 **prize**
[práiz]
〔値段 ⇒ 賞〕
名「（試合・コンクールなどで与えられる）**賞**」
▶ win a **prize**「**賞**を獲得する」

2476 **praise**
[préiz]
〔値踏みする ⇒ 評価する〕
動「**〜をほめる**」
名「**ほめること**」
▶ **praise** him for his diligence「彼の勤勉さ**をほめる**」

## P

**2477 interpret** [intə́ːrprit] アク
〔inter（間で）+ 値段をつける⇒２つの側の間に立って世話をする〕
動「①～を解釈する　②〔２つの言語の間に立って仲介する〕～を通訳する」
▶ interpret his silence as anger
「彼の沈黙を怒っているものと解釈する」
◆ interpret A as B「A を B と解釈する」

**2478 interpretation** [intəːrpratéiʃən]
名「解釈、通訳」

**2479 interpreter** [intə́ːrpritər]
名「通訳者」

### priest 〔(初期キリスト教会の) 長老〕　語源

**2480 priest** [príːst]
〔(初期キリスト教会の) 長老〕
名「聖職者、司祭」
▶ a Catholic priest「カトリックの司祭」

### prim / pri 〔最初の、第一の〕　語根

**2481 primary** [práimeri]
〔第一の〕
形「第一の、主要な」
▶ his primary purpose in life「彼の人生の主要な目的」
◆ primary school「小学校」

**2482 primarily** [praimérəli]
副「主に」

**2483 prime** [práim]
形「第一の、主要な」
▶ prime minister「首相」

**2484 primitive** [prímətiv]
〔最初の + itive（性質を持った）〕
形「原始的な」
▶ a primitive society「原始社会」

**2485 primate** [práimeit]
〔第１位の〕
名「霊長類の動物」

**2486 principle** [prínsəpl]
〔最初⇒根本的な原理・原則〕
名「①原理、原則　②〔個人の行動や思考における原則〕行動規範、主義」
▶ the fundamental principle of the universe「宇宙の基本原理」
▶ Violence is against my principles.
「暴力は私の主義に反する」

| | | |
|---|---|---|
| 2487 | **principal** [prínsəpəl] | 〔第一の⇒最も重要な〕<br>形「**主要な**」<br>名〔学校において最も重要な人〕「**校長**」<br>▶ a **principal** cause of his failure「彼の失敗の**主な**原因」 |
| 2488 | **prior** [práiər] | 〔前の + or（より）⇒より前の〕<br>形「**事前の**」<br>▶ **prior** knowledge「**予備**知識」 |
| 2489 | **priority** [praiɔ́ːrəti] | 名「**優先すること**」<br>▶ a high **priority**「最**優先**事項」 |

## priv 〔奪う〕 語根

| | | |
|---|---|---|
| 2490 | **private** [práivət] 発 | 〔奪う⇒公職を奪われた⇒私的な、個人的〕<br>形「①**私的な、個人の**（⇔ public）　②**秘密の**　③**民間の**」<br>△ private は、初めは「公職を持たない」「兵士が位を持たない」という意味に用いられていたが、やがて「私的な」という意味で用いられるようになった。<br>▶ his **private** life「彼の**私**生活」 |
| 2491 | **privacy** [práivəsi] | 名「**プライバシー**」<br>▶ invade an indivudual's **privacy**<br>「個人の**プライバシー**を侵害する」 |
| 2492 | **privilege** [prívəlidʒ] | 〔privi（私的な）+ lege（法）⇒私的な権利〕<br>名「**特権**」　☞語根 leg |
| 2493 | **deprive** [dipráiv] | 〔de（離して）+ 奪う〕<br>動「（人から物事）**を奪う**」<br>▶ **deprive** the king of his power「王から権力**を奪う**」<br>◆ deprive A of B「A（人）から B（物事）を奪う」 |

## proach 〔近づく〕/ proxim 〔最も近い〕 語根

| | | |
|---|---|---|
| 2494 | **approach** [əpróutʃ] 発 | 〔ap（~に）+ 近づく⇒近づいて話しかける〕<br>動「**~に接近する**」<br>▶ The policeman **approached** the house.<br>「警官はその家**に近づいた**」 |
| 2495 | **approximate** [əpráksəmət] 発 | 〔ap（~に）+ 最も近い〕<br>形「**きわめて近い、およその**」<br>▶ the **approximate** time「**およその**時間」 |
| 2496 | **approximately** [əpráksəmətli] | 副「**およそ**」<br>▶ for **approximately** a year「**およそ** 1 年間」 |

## prone〔前に傾いている〕 語源

2497 **prone**
[próun]
〔前に傾いている〕
形「傾向がある」
▶ be **prone** to catch a cold「風邪をひき**やすい**」

## propri / proper 〔自分自身の〕 語根

2498 **appropriate**
[əpróupriət] 発
〔ap（〜に）+ 自分自身の + ate（ものにする）⇒自分自身のものにする⇒自分にふさわしいものになる〕
形「（状況・目的などに）**ふさわしい、適切な**」
▶ clothes that are **appropriate** for an interview「面接に**ふさわしい**服装」

2499 **inappropriate**
[inəpróupriət]
形「**不適切な**」

2500 **proper**
[prápər]
〔自分自身の⇒ふさわしい〕
形「①（社会的・法的に）**ふさわしい、適切な** ②**まともな**」
▶ get a **proper** job「**まともな仕事に就く**」

2501 **properly**
[prápərli]
副「**適切に、ふさわしく**」

2502 **property**
[prápərti]
〔自分自身の + ty（もの）⇒自分のもの〕
名「①〔自分のもの〕**財産、所有物** ②〔物が自ら持つ性質〕**特性**」
▶ private **property**「私有**財産**」

## proud〔優位な〕 語源

2503 **proud**
[práud]
〔pro（前に）+ ud（= ess：ある）⇒前に置くべきもの⇒何よりも優先されるもの⇒自尊心〕
形「**自尊心のある、誇りをもっている**」
▶ I am **proud** of my parents.「両親を**誇りに思っている**」

2504 **pride**
[práid]
名「**自尊心、誇り**」

## prove / probe 〔証明する、調べる〕 語根

2505 **prove**
[prú:v] 発
〔証明する〕
動「①**〜を証明する** ②**〜とわかる**」
▶ **prove** that it is true「それが真実であること**を証明する**」
▶ **prove** (to be) false「誤りだ**とわかる**」

2506 **proof**
[prú:f]
名「**証拠、証明**」

| | | |
|---|---|---|
| 2507 | □*approve<br>[əprúːv] | 〔ap（〜に対して）＋証明する⇒〜の良さを証明する⇒〜を認める〕<br>動「(A を) 認める、(A に) 賛成する (of A)」<br>▶ approve of your proposal「あなたの提案に賛成する」 |
| 2508 | □*approval<br>[əprúːvəl] | 名「承認、賛成」 |
| 2509 | □disapprove<br>[dìsəprúːv] | 動「(A に) 賛成しない、認めない (of A)」 |
| 2510 | □*probe<br>[próub] | 〔調べる〕<br>動「(徹底的に) 調べる」<br>名「調査、探査（機）」<br>▶ probe into the cause of the explosion<br>「爆発の原因を調査する」<br>▶ space probe「宇宙探査機」 |
| 2511 | □*probable<br>[prábəbl] | 〔証明する＋ able（できる）⇒証明できそうな⇒ありそうな〕<br>形「(十中八九) ありそうな」 |
| 2512 | □*probably<br>[prábəbli] | 副「たぶん」<br>▶ He will probably come.「彼はたぶん来るでしょう」 |
| 2513 | □*probability<br>[pràbəbíləti] | 名「見込み、起こりそうなこと」 |
| 2514 | □improbable<br>[imprábəbl] | 形「ありそうもない」 |

## psych 〔精神〕 語根

| | | |
|---|---|---|
| 2515 | □*psychology<br>[saikálədʒi] 発 | 〔精神＋ logy（学）⇒心の学問〕<br>名「心理（学）」 ☞語根 log |
| 2516 | □*psychologist<br>[saikálədʒist] | 名「心理学者」 |
| 2517 | □*psychological<br>[sàikəládʒikəl] | 形「①心理的な、精神的な ②心理学の」 |
| 2518 | □*psychiatric<br>[sàikiǽtrik] | 〔精神＋ ic（学）〕<br>形「精神医学の」 |
| 2519 | □psychiatrist<br>[sikáiətrist] | 名「精神科医」<br>▶ see a psychistrist「精神科医に診てもらう」 |

## public 〔公の、人々の〕　語根

**2520 public** [pʌ́blik]
〔公の〕
形「①公共の、公的な　②大衆の」
名「(一般)大衆」
▶ in a public place「公共の場所で」

**2521 publish** [pʌ́bliʃ]
〔公に + ish（する）〕
動「①〜を出版する　②〜を発表する」
▶ publish a novel「小説を出版する」

**2522 publication** [pʌ̀bləkéiʃən]
名「出版(物)、発表」

**2523 publicity** [pʌblísəti]
名「世間の注目、広告」
▶ get publicity「世間の注目を集める」

**2524 republic** [ripʌ́blik]
〔re (=real：もの) + 人民⇒人民のもの⇒共和制〕
名「共和国」
▶ the French Republic「フランス共和国」

## punct / point 〔突く、とがった先端で突き刺した点〕　語根

**2525 punctual** [pʌ́ŋktʃuəl]
〔点 + al（性質をもつ）⇒細かな点が気になる⇒几帳面な〕
形「時間を守る」
▶ punctual payment「期限通りの支払い」

**2526 puncture** [pʌ́ŋktʃər]
〔突く + ure（こと）⇒突いて穴を開けること〕
名「パンク」

**2527 point** [pɔ́int]
〔点⇒とがった先端〕
名「①地点　②時点　③〔議論全体の中の〕論点、意見
　④要点　⑤意味」
動「①〔とがった先端で〕(Aを)指さす、指す (to [at] A)
　②〔とがった先端を〕(AをBに)向ける (A to B)」
▶ make a point「意見を述べる」
▶ get to the point「要点に触れる[本題に入る]」
▶ There is no point in worrying.「心配しても無意味だ」
　◆ There is no point (in) *doing*「〜しても無意味だ」

**2528 appoint** [əpɔ́int]
〔a (〜を) + 突く⇒〜を指さす〕
動「〜を指名する、任命する」
▶ He was appointed as chairman.「彼は議長に任命された」

2529 **appointment** [əpɔ́intmənt] 名「① 任命 ②（仕事関係の人・弁護士・医者などと会う）約束、予約」
- make an **appointment** to see my doctor「医者に診てもらう予約をする」

2530 **disappoint** [dìsəpɔ́int] 〔dis（しない）+ 指名する⇒予定していた指名をしない⇒失望させる〕
動「（人）を失望させる」

2531 **disappointed** [dìsəpɔ́intid] 形「（人が）がっかりした」
- He was **disappointed** with the result.「彼はその結果にがっかりした」

2532 **disappointing** [dìsəpɔ́intiŋ] 形「（人を）がっかりさせる」
- Her performance was **disappointing**.「彼女の演技は期待はずれだった」

2533 **disappointment** [dìsəpɔ́intmənt] 名「失望」

## pute 〔考える〕 語根

2534 **dispute** [dispjúːt] 〔dis（分かれて）+ 考える⇒個々人が別々に考える〕
動「～を議論する、～に異議を唱える」
名「議論、論争」
- settle a **dispute**「論争を解決する」

2535 **reputation** [rèpjutéiʃən] 〔re（繰り返し）+ 考える⇒繰り返し話題にのぼること〕
名「（世間の）評判、名声」
- a man of good **reputation**「評判の良い人」

## puzzle ※語源不詳 語源

2536 **puzzle** [pʌ́zl] 動「（人）を当惑させる」
名「謎、難問」
- He was **puzzled** by the result.「彼はその結果に当惑していた」

# Q

## quali 〔どんな種類〕　語根

2537 **quality**
[kwάləti]
〔どんな種類 + ity (状態) ⇒どんな質〕
名「**質、性質、品質**」
▶ **quality** of life「生活の**質**」

2538 **qualify**
[kwάləfài]
〔どんな種類 + fy (にする) ⇒何らかの資格を与える〕
動「(Aの〔~する〕)**資格がある、適任とする** (for A [to do])」
▶ **qualify** for the job「その仕事に**適任である**」

2539 **qualification**
[kwὰləfikéiʃən]
名「**資格、適性**」

## quant 〔どんな量〕　語根

2540 **quantity**
[kwάntəti]
名「**量**」
▶ a large **quantity** of water「**大量の**水」

## quarrel 〔不平を言う〕　語源

2541 **quarrel**
[kwɔ́:rəl]
〔不平を言う〕
名「**口論**」　動「**口論する**」
▶ have a **quarrel** with him「彼と**口論**する」

## quire / quest / quer 〔捜し求める〕　語根

2542 **acquire**
[əkwáiər]
〔ac (~を) + 捜し求める〕
動「①**~を獲得する**　②(知識・技術・習慣など)**~を身につける**」
▶ **acquire** knowledge「知識**を身につける**」

2543 **acquisition**
[ækwəzíʃən]
名「**獲得**」

2544 **inquire**
[inkwáiər]
〔in (中を) + 捜し求める〕
動「(~を)**尋ねる**」

2545 **inquiry**
[inkwáiəri]
名「**問い合わせ、調査**」
▶ make an **inquiry**「**問い合わせ**をする」

2546 **require**
[rikwáiər]
〔re (強く) + 求める⇒要求する〕
動「①**~を必要とする**　②〔法律や義務により要求する〕**~を義務づける**」
▶ All passengers are **required** to show their tickets.
「乗客の皆様は切符を見せること**を義務づけ**られています」
◆ require A to do「Aに~するよう義務づける」

2547 **requirement**
[rikwáiərmənt]
名「**必要なもの、必要条件**」

2548 **quest**
[kwést]
〔捜し求めること〕
名「探求」
▶ the quest for knowledge「知識の探求」

2549 **question**
[kwéstʃən] 発
〔尋ねること〕
名「質問、疑問、問題」 動「〜に質問する、〜を疑う」

2550 **questionable**
[kwéstʃənəbl]
形「疑わしい、いかがわしい」

2551 **questionnaire**
[kwèstʃənéər] 発
〔質問+aire（〜に関するもの）〕
名「アンケート用紙」

2552 **request**
[rikwést]
〔re（強く）+求める⇒要請する〕
動「〜を要請する」 名「要請、要望」
▶ make a request「要請する」
◆ request A to do「Aに〜することを要請する」

2553 **conquer**
[káŋkər]
〔con（完全に）+求める⇒征服する〕
動「〜を征服する」
▶ conquer Mt. Everest「エベレスト山を征服する」

2554 **conquest**
[káŋkwest]
名「征服」

## quiet / quit 〔役務から解放された、静かな〕　語根

2555 **quiet**
[kwáiət]
〔静かな〕
形「①静かな ②（人が）おとなしい」

2556 **quit**
[kwít]
〔役務から解放された〕動「〜をやめる」
▶ quit your job「仕事を辞める」

2557 **quite**
[kwáit]
〔役務から解放された⇒完全に〔かなり〕静かな生活を送ることになることから〕
副「かなり、まったく」
▶ quite a good player「かなり良い選手」
◆ quite a few A「かなり多数のA」

## quote 〔韻文に番号をつけて分ける〕　語源

2558 **quote**
[kwóut]
〔韻文に番号をつけて分ける⇒文章などを引き合いに出す〕
動「〜を引用する」 名「引用文」
▶ quote Shakespeare「シェイクスピアを引用する」

2559 **quotation**
[kwoutéiʃən]
名「引用文、引用語句」

# R

## race 〔種族〕　語根

**2560 race** [réis]
〔種族〕
名「人種」　「競争」は別語源。
▶ children of all races「あらゆる人種の子供たち」

**2561 racial** [réiʃəl]
形「人種の」
▶ racial discrimination「人種差別」

**2562 racism** [réisizm]
名「人種差別主義」

## radio / radic / ray / root 〔根、車輪のスポーク（放射状に出るもの）〕　語根

**2563 radio** [réidiòu]
〔電波を放射状に送るもの〕
名「ラジオ（放送）、ラジオ番組」

**2564 radical** [rǽdikəl]
〔根 + al（に関する）〕
形 ①「根本的な」　②〔根本的な変化を求めることから〕「過激な」
名「急進主義者」
▶ a radical reform「抜本的改革」
圏 radish〔根〕　名「大根」

**2565 ray** [réi]
〔車輪のスポーク〕　名「光線」
▶ the sun's rays「太陽光線」
圏 X ray 〔最初の発見者レントゲンが、性質が未知数の光線だから X と名付けた〕名「エックス線」

**2566 radiation** [rèidiéiʃən]
名「放射線」
▶ radiation therapy「放射線治療」

**2567 radioactive** [rèidiouǽktiv]
〔radio（放射性）+ active（活動中）〕
形「放射性の、放射能のある」

**2568 root** [rúːt]
〔根〕
名 ①（植物の）「根」　②〔物事の根源〕（物事の）「根源、根本的原因、起源、基礎」
▶ the roots of the problem「その問題の根源」

## rage 〔怒り〕　語源

**2569 rage** [réidʒ]
〔怒り〕
名「激怒」　動「激怒する」
▶ He was in a rage.「彼は激怒していた」
◆ in a rage「激怒して」

**2570 outrage** [áutreidʒ]
〔out（度を越えた）+ 怒り〕
名「激しい怒り」　☞ 語根 act / age

## random 〔馬が乱暴に走る〕 語源

2571 **random**
[rǽndəm]
〔馬が乱暴に走る⇒でたらめの〕
形「手あたり次第の」
▶ a random selection「手あたり次第に選ぶこと」
◆ at random「手あたり次第に」

## range / rank 〔列、並び〕 語根

2572 **arrange**
[əréindʒ]
〔a（〜を）+ 並べる⇒整える〕
動「(会合・面会など)の手はずを整える、〜を手配する」
▶ arrange a meeting「会合の手はずを整える」

2573 **arrangement**
[əréindʒmənt]
名「手配、取り決め、配置」

2574 **range**
[réindʒ]
〔一列ずつ並べる⇒広範囲に及ぶ〕
動「(範囲などが) 及ぶ」
名「範囲」
▶ a wide range of products「幅広い範囲の製品」

2575 **rank**
[rǽŋk]
〔序列〕
名「地位、階級」
動「(地位に) 位置する、〜を格付けする」
▶ a person of high rank「地位の高い人」

## rap 〔強奪する〕 語根

2576 **rapid**
[rǽpid]
〔強奪する⇒すばやく運び去る〕
形「速い、すばやい」
▶ the rapid development of technology
「科学技術の急速な発展」

2577 **rapidly**
[rǽpidli]
副「速く」

## rare 〔まばらな〕 語源

2578 **rare**
[réər]
〔まばらな〕
形「まれな、珍しい」
▶ a rare type of cancer「珍しい種類のガン」

2579 **rarely**
[réərli]
〔まれな + ly（副詞語尾）〕
副「めったに〜ない」(= rarely)
▶ rarely get sick「めったに病気にならない」

## rat / rea 〔計算する、見積もる、推論する〕　語根

**2580 rate** [réit]
〔見積もった〕
名「①割合、率　②速度　③料金」　動「〜を評価する」
▶ the birth rate「出生率」

**2581 rating** [réitiŋ]
名「評価、格付け」

**2582 ratio** [réiʃou]
〔計算すること〕　名「比率」
▶ a ratio of 3 to 1「3対1の比率」

**2583 rational** [ræʃənl]
〔計算 + al（にかなう）⇒理にかなう〕
形「①合理的な　②理性的な」
▶ a rational explanation「合理的な説明」

**2584 irrational** [iræʃənl]
〔ir（否定）+ 理にかなう〕
形「不合理な」

**2585 reason** [ríːzn]
〔計算する + son（こと）⇒理由・理性・道理に基づいて考える〕
名「①理由　②理性」　動「〜と考える」
▶ You have no reason to apologize.
「君が謝る理由は何もない」
▶ lose your reason「理性を失う」
▶ reason that he must be guilty
「彼は有罪に違いないと考える」

**2586 reasonable** [ríːzənəbl]
〔道理に適した〕
形「①〔道理をわきまえた〕分別のある　②〔値段が道理にかなった〕（値段などが）手頃な」
▶ a reasonable person「分別のある人」
▶ at a reasonable price「手頃な価格で」

## raw 〔生の〕　語源

**2587 raw** [rɔː]
〔生の〕　形「生の、未加工の」
▶ a raw egg「生卵」

## reach 〔手を伸ばす〕　語源

**2588 reach** [ríːtʃ]
〔手を伸ばす⇒手が達する〕
動「①（A を取ろうと）手を伸ばす (for A)　②〜に達する
③〔場所に達する〕〜に着く」
名「（手などを）伸ばすこと、手の届く範囲」
▶ reach for his smart phone「スマホを取ろうと手を伸ばす」
▶ reach school age「就学年齢に達する」
▶ reach the hotel「ホテルに着く」

## real 〔現実の〕　　語源

2589 **real** [ríːəl]
〔（架空ではなく）現実の〕
形「①現実の、実在の、実際の　②本当の、本物の」
▶ real people「実在する人たち」
▶ the real thing「本物」

2590 **reality** [riǽləti]
名「現実（のもの）」
▶ the difference between fantasy and reality
「空想と現実の違い」

2591 **realistic** [rìːəlístik]
形「現実的な」

2592 **realize** [ríːəlàiz] アク
〔現実の + ize（〜にする）⇒現実のものとする〕
動「①〔現実のものとする〕（夢など）を実現する　②〔現実のものとして実感する〕（実感として）〜とわかる、〜に気づく」
▶ realize his dream「夢を実現する」
▶ realize your mistake「間違いに気づく」

2593 **realization** [rìːələzéiʃən]
名「理解、実現」

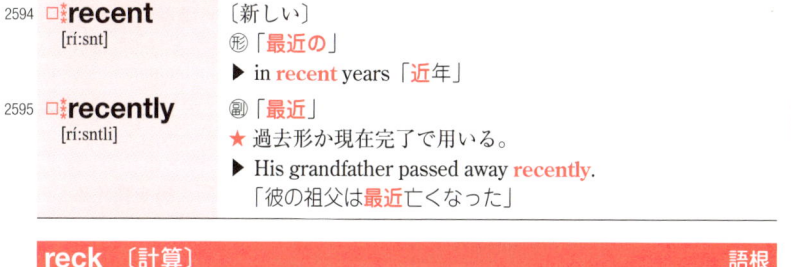

## recent 〔新しい〕　　語根

2594 **recent** [ríːsnt]
〔新しい〕
形「最近の」
▶ in recent years「近年」

2595 **recently** [ríːsntli]
副「最近」
★過去形か現在完了で用いる。
▶ His grandfather passed away recently.
「彼の祖父は最近亡くなった」

## reck 〔計算〕　　語根

2596 **reckon** [rékən]
〔ざっと計算する⇒ざっと計算して〜と推定する〕
動「〜と推定する、思う」
▶ reckon that he'll win「彼が勝つと思う」

2597 **reckless** [réklis]
〔計算 + less（ない）〕
形「無謀な」
▶ his reckless driving「彼の無謀な運転」

## reconcile 〔調停する〕  語源

2598 **reconcile**
[rékənsàil] アク
〔re(再び)+concile(調停する)⇒対立する人を和解させる〕
動「①~を和解させる　②〔2つの異なる考えや状況を〕~を両立させる、調和させる」
▶ He and his wife are now reconciled.
「彼と彼の妻は今では仲直りしている」
▶ reconcile your ideal with reality「理想を現実と両立させる」
◆ reconcile A with B「A を B と両立させる」

## rect 〔(まっすぐ)正しく導く〕  語根

2599 **correct**
[kərékt]
〔co(まったく)+正しく導く⇒正しくする〕
形「正しい」
動「~を訂正する」
▶ a correct answer「正解」

2600 **correction**
[kərékʃən]
名「訂正」

2601 **incorrect**
[inkərékt]
〔in(ない)+正しい〕
形「不正確な」

2602 **direct**
[dirékt]
〔di(完全に)+まっすぐ・正しく導く〕
動「①〔正しく導く〕(組織など)を指揮する、監督する
②〔場所に正しく導く〕(人)に(A への)道を教える (to A)
③〔言葉などをまっすぐ向ける〕(注意・感情・言葉など)を向ける」
形「①〔まっすぐな〕直接の　②(路線・乗り物が)直行の
③率直な」
▶ direct a film「映画を監督する」
▶ direct him to the hotel「彼にホテルへ行く道を教える」
▶ direct your attention to environmental problems
「環境問題に注意を向ける」
▶ direct sunlight「直射日光」

2603 **directly**
[diréktli]
副「直接に、まっすぐに」

2604 **direction**
[dirékʃən]
名「方向、指示、指導」
▶ walk in direction of the hospital「病院の方向に歩く」

2605 **director**
[diréktər]
名「①(映画や演劇の)監督　②取締役」

2606 **indirect**
[indərékt]
〔in(ない)+直接の⇒間接的な〕
形「①間接的な　②遠回りの」

2607 □\*erect [irékt]
〔e（外に）+ 正しく導く⇒まっすぐに建てる〕
動「〜を建てる、直立させる」
形「（体などが）直立した」
▶ erect a monument「記念碑を建てる」

2608 □rectangle [réktæ̀ŋgl]
〔rect（まっすぐな）+ angle（角）〕
名「長方形」

## refrain 〔後ろに抑える〕　　　語源

2609 □refrain [rifréin]
〔re（後ろ）+ frain（手綱）⇒馬の手綱を後ろに引く⇒馬の行動を抑制する〕
動「（〜するのを）控える (from *doing*)」
▶ Please refrain from smoking.「喫煙はご遠慮ください」

## reg(ul) / reig / right / rule 〔規定、支配〕　　　語根

2610 □\*regular [régjulər]
〔規定+ ar（〜のような）〕
形「①規則的な、定期的な　②正規の、通常の」
▶ regular exercise「規則的な運動」

2611 □\*regularly [régjulərli]
副「定期的に、たびたび」

2612 □\*regulate [régjulèit]
〔規定+ ate（〜する）〕
動「〜を規制する、調整する」
▶ regulate the temperature「温度を調整する」

2613 □\*regulation [règjuléiʃən]
〔規定〕　名「規則、規制」

2614 □\*region [ríːdʒən]
〔支配する+ ion（こと）⇒（支配された）地域〕
名「（かなり広い）地域、地帯」
▶ a forest region「森林地帯」

2615 □\*regional [ríːdʒənl]
形「地域の、地方の」

2616 □\*reign [rein] 発
〔支配する〕
動「（王などが）君臨する、支配する」
名「治世」
▶ the reign of Queen Victoria「ビクトリア女王の治世」

# R

2617 **right**
[ráit]

〔規定に合う⇒正しい〕
形「①**正しい** ②〔規定に照らして正しい〕**最適な** ③**右の**」
名「①〔正しいこと〕**正義、善** ②〔正当な規定が受けられる〕**権利** ③**右**」
副「**ちょうど**（場所・時の副詞句の前で）」

※ right は「右手のほうが正しく、正式な手」と考えられていたから「正しい」という意味を表すようになったようである。

- the right answer「**正**解」
- the right person for the job「その仕事に**最適な**人」
- know right from wrong「**善**悪を区別する」
- the right to vote「選挙**権**」
- Turn to the right.「**右**へ曲がりなさい」
- right in the middle of the road
「通りの**ちょうど**真ん中に」

2618 **rule**
[rú:l]

〔規定、支配〕
名「①**規則** ②**支配**」
動「**〜を支配する**」

- It is against the rules.「それは**規則**違反である」
- under foreign rule「外国の**支配**下で」
- Queen Victoria ruled England for 64 years.
「ビクトリア女王は 64 年間イギリス**を支配した**」
- ◆ rule out A「A を除外する」

## regret 〔嘆き悲しむ〕 語源

2619 **regret**
[rigrét]

〔re（何度も）+ gret（嘆く）〕
動「①**〜したことを後悔する** (*doing*) ②**残念ながら〜する** (to *do*)」
名「**残念、後悔**」

- regret leaving his job
「仕事を辞めたこと**を後悔する**」
- I regret to say that our presient has resigned.
「**残念ながら**社長が辞任したことを報告し**ます**」
- to my regret「**残念なことに**」

2620 **regrettable**
[rigrétəbl]

形「(事が) **残念な**」

2621 **regretful**
[rigrétfəl]

〔後悔 + ful（〜の気持ちで一杯の）〕
形「(人が) **後悔している**」

294

## remark 〔強く注意する〕　語源

2622 **remark**
[rimáːrk]
〔re（強く）+ mark（注意）⇒注意を喚起するため意見を述べる〕
動「〜と述べる」
名「発言、意見」
▶ remark that he is against the plan
「その計画に反対だと述べる」

2623 **remarkable**
[rimáːrkəbl]
〔注意を引く + able（できる）⇒注目に値する〕
形「注目に値する、すばらしい」
▶ a person of remarkable ability
「すばらしい才能を持った人」

## rescue 〔外に運び出す〕　語源

2624 **rescue**
[réskjuː]
〔外に運び出す〕
動「(A から) 〜を救う (from A)」
▶ rescue the child from the burning building
「燃えているビルから子供を救出する」

## retire 〔引退する〕　語源

2625 **retire**
[ritáiər]
〔re（後ろへ）+ tire（引く）⇒引退する〕
動「(定年や老齢で) 退職する、引退する」
▶ retire early「早期退職する」

2626 **retirement**
[ritáiərmənt]
名「(定年) 退職、引退、余生」

## retrieve 〔猟犬が獲物を見つけて持ち帰る〕　語源

2627 **retrieve**
[ritríːv]
〔re（再び）+ trieve（見つける）⇒猟犬が獲物を見つけて持ち帰る〕
動「(失ったもの) を回収する」
▶ The flight recorder was retrieved.
「フライトレコーダーが回収された」

2628 **retrieval**
[ritríːvəl]
名「回収」
関 retriever 名「レトリーバー（撃たれた獲物を回収する猟犬）」

## ride / road 〔馬での旅行〕　語源

2629 **ride**
[raid]
〔馬に乗る〕
動「乗馬をする、(自転車・バイクなど) に乗る」

# R

2630 **road**
[róud] 発
〔馬での旅行⇒馬の通る道〕
名「道（路）」
▶ a busy road「往来の激しい道路」

## ridicule 〔笑う〕 語源

2631 **ridicule**
[rídikjù:l]
〔笑う〕
名「嘲笑」 動「あざ笑う」

2632 **ridiculous**
[ridíkjuləs] アク
形「ばかげた」
▶ a ridiculous idea「ばかげた考え」
★ ridiculous はまともに取り合うのもごめんこうむるほどのばかばかしさを意味する。

## rigid 〔堅い〕 語源

2633 **rigid**
[ríʤid]
〔堅い〕
形「（規律などが）厳格な、（物が）硬直した、（人が）頑固な」
▶ rigid rules「厳しい規則」

## riot 〔けんかする〕 語源

2634 **riot**
[ráiət]
〔けんかする〕 名「暴動」
▶ a student riot「学生暴動」

## ripe 〔収穫が間近で〕 語源

2635 **ripe**
[ráip]
〔収穫が間近で〕
形「熟した」
▶ a ripe tomato「熟したトマト」

## rise / raise / rear / rouse 〔上がる、引き上げる、引き起こす〕 語根

2636 **arise**
[əráiz]
〔a（強意）+ 上がる〕
動「（A から）生じる（from A）」
▶ A new problem arose.「新たな問題が生じた」

2637 **rise**
[ráiz]
〔上がる〕
動「①上がる、増加する ②立ち上がる ③昇進する」
名「上昇、増加」
▶ The sun rises in the east.「太陽は東から昇る」
▶ the rise in violent crime「暴力犯罪の増加」
◆ give rise to A「A を引き起こす」
◆ be on the rise「増加傾向にある」

| 2638 | **raise**<br>[réiz] | 〔現状よりも高く上げる〕<br>動「①（物・体の一部など）**を上げる** ②（価格・給料・税金など）**を上げる** ③〔育つと背丈が高くなる〕（子供など）**を育てる** ④〔資金が積み上がる〕（資金など）**を集める** ⑤〔問題などを議論の場に差し上げる〕（問題など）**を提起する**」<br>▶ raise your hand「手**を上げる**」<br>▶ raise taxes「税金**を上げる**」<br>▶ raise children「子供**を育てる**」<br>▶ raise money to build a hospital「病院を建設するために資金**を集める**」<br>▶ raise an important issue「重要な問題**を提起する**」 |
|---|---|---|
| 2639 | **rear**<br>[ríər] | 〔引き上げる〕<br>動「〜**を育てる**」<br>▶ rear five children「5人の子供**を育てる**」 |
| 2640 | **arouse**<br>[əráuz] 発 | 〔a（強意）+引き起こす〕<br>動「（疑念・興味・怒りなど）**を起こさせる**」<br>▶ arouse suspicion「疑惑**を招く**」 |

## risk 〔船で絶壁の間を行く〕　語源

| 2641 | **risk**<br>[rísk] | 〔船で絶壁の間を行く⇒危険（を冒すこと）〕<br>名「（危害・損害を引き起こす）**危険性**」<br>動「①（生命・金銭など）**を賭ける** ②〜**の危険を冒す**」<br>▶ reduce the risk of heart disease「心臓病の**危険性**を減らす」 |
|---|---|---|
| 2642 | **risky**<br>[ríski] | 形「**危険な**」 |

## ritual 〔儀式の〕　語源

| 2643 | **ritual**<br>[rítʃuəl] | 〔儀式の〕<br>名「**儀式**」<br>▶ a religious ritual「宗教的**儀式**」 |
|---|---|---|

## rive 〔川岸、流れ〕　語根

| 2644 | **river**<br>[rívər] | 〔川岸〕 名「**川**」 |
|---|---|---|
| 2645 | **rival**<br>[ráivəl] | 〔川岸 + al（の人）⇒川の水をめぐって争う対岸の人〕<br>名「**競争相手、匹敵するもの**」<br>動「**競争する**」 |

# R

2646 **arrive** [əráiv]
〔ar（〜へ）＋川岸⇒岸に着く〕
動「着く、達する」
▶ arrive at the hotel「ホテルに着く」

2647 **arrival** [əráivəl]
名「到着」

2648 **derive** [diráiv]
〔de（離して）＋流れを引く⇒〜を引き出す〕
動「①〔引き出す〕（Aから）〜を得る (from A)
　②〔流れをくむ〕（Aに）由来する (from A)」
▶ derive pleasure from music「音楽から喜びを得る」
▶ This word derives [be derived] from German.
「この語はドイツ語に由来する」

## roam 〔放浪する〕　　　　語源

2649 **roam** [róum]
〔ローマ（Rome）へ巡礼に行く⇒放浪する〕
動「(〜を) 歩き回る」
▶ roam the streets「通りを歩き回る」

## roar 〔獣が吠える〕　　　　語源

2650 **roar** [rɔ́ːr]
〔獣が吠える〕
動「(人などが) 大声を上げる、(乗り物などが) 轟音を立てる」
▶ roar in pain「苦痛のあまり大声を上げる」

## rob 〔強奪する〕　　　　語源

2651 **rob** [ráb]
〔強奪する〕
動「(人から)(金・物) を強奪する」
▶ rob her of her money「彼女からお金を奪う」
　◆ rob A of B「A（人）からB（金・物）を奪う」

2652 **robber** [rábər]
名「強盗」

2653 **robbery** [rábəri]
名「強奪、強盗」

## rol / rot / round 〔転がる、巻き物〕　　　　語根

2654 **roll** [róul]
〔転がる〕
動「①転がる、〜を転がす　②〜を巻く」
名「①巻いた物　②〔巻き物〕名簿」
▶ The ball rolled into the street.
「ボールは通りへ転がって行った」

| | | |
|---|---|---|
| 2655 | **role** [róul] | 〔役者のせりふを書いた巻き物〕<br>名「①役 ②役割」<br>▶ play an important role「重要な役割を果たす」<br>関 role-playing game「ロールプレイングゲーム」 |
| 2656 | **control** [kəntróul] 発 | 〔cont（= contra：逆に）+ 転がせる⇒支配する〕<br>動「～を支配する、制御する、抑制する」<br>名「支配、制御、抑制」<br>▶ control inflation「インフレを抑制する」 |
| 2657 | **enroll** [inróul] | 〔en（中に）+ 名簿⇒名簿に載せる〕<br>動「入学［入会・登録］する」<br>▶ enroll in college「大学に入学する」 |
| 2658 | **enrollment** [inróulmənt] | 名「入学、入会」 |
| 2659 | **rotate** [róuteit] | 〔転がる〕 動「回転する」<br>▶ The moon rotates around the earth.<br>「月は地球の周りを回転する」 |
| 2660 | **rotation** [routéiʃən] | 名「回転、循環」 |
| 2661 | **round** [ráund] | 〔転がる⇒円い〕<br>形「①丸い ②ぽっちゃりした」 |

## room 〔空間〕　　　　　　　　　　　　　　　　　　　　　　　　　　　　語源

| | | |
|---|---|---|
| 2662 | **room** [rú:m] | 〔空間〕<br>名「①部屋（★可算名詞） ②空間、場所、余地（★不可算名詞）」<br>▶ There in no room for improvement.「改善の余地がある」 |

## rot 〔腐る〕　　　　　　　　　　　　　　　　　　　　　　　　　　　　　語源

| | | |
|---|---|---|
| 2663 | **rot** [rát] | 〔腐る〕<br>動「腐る、～を腐らせる」 名「腐敗」<br>▶ Chocolate will rot your teeth.<br>「チョコレートを食べると虫歯になる」 |
| 2664 | **rotten** [rátn] | 形「腐った」 |

## route 〔道〕　　　　　　　　　　　　　　　　　　　　　　　　　　　　　語根

| | | |
|---|---|---|
| 2665 | **route** [rú:t] 発 | 〔道〕 名「道（筋）」<br>▶ the quickest route to the station「駅までの一番の近道」 |

# R

2666 **routine**
[ruːtíːn] 発
〔よく通る道⇒型にはまったこと〕
图「日課」 形「日常的な、単調な」
▶ a daily **routine**「毎日の日課」

## row 〔列〕 語源

2667 **row**
[róu]
〔列〕
图「(人や物の横に並んだ)列、座席の列」 ★ line は「縦の列」
▶ the front **row**「最前列」
◆ in a **row**「一列に並んで」

## roy / rea 〔王の〕 語根

2668 **royal**
[rɔ́iəl]
〔王の〕 形「国王の」
▶ the **royal** family「王室」

2669 **realm**
[rélm]
〔王国〕 图「領域、範囲」
▶ within the **realm(s)** of possibility「可能性の範囲内に」

## rub 〔こする〕 語源

2670 **rub**
[ráb]
〔こする〕 動「〜をこする」
▶ **rub** your eyes「目をこする」

## rubbish 〔砕石〕 語源

2671 **rubbish**
[rábiʃ]
〔砕石⇒ごみ⇒くだらないこと〕
图「ごみ、くだらないこと」
▶ house **rubbish**「家庭ごみ」

## rude 〔生の〕 語源

2672 **rude**
[rúːd]
〔生の⇒材料を生のまま出すので無礼な〕
形「無礼な」
▶ a **rude** person「無礼な人」

## ruin 〔崩壊する〕 語源

2673 **ruin**
[rúːin]
〔崩壊する〕
動「〜を台なしにする、破滅させる」 图「破滅、廃墟」
▶ **ruin** your life「人生を台なしにする」

## rumor 〔雑音〕 語源

2674 **rumor**
[rúːmər]
〔雑音〕 图「うわさ」
▶ spread a **rumor**「うわさを広める」

## run 〔走る、走らせる〕 語源

2675 **run**
[rʌ́n]
〔走る、走らせる〕
動「①〔選挙で走る〕（選挙に）**立候補する** (for A)
　②〔事業などをきちんと走らせる〕**～を経営する**」
▶ **run** for president「大統領に**立候補する**」
▶ **run** a company「会社**を経営する**」

## rupt 〔壊れる、破裂する〕 語源

2676 **abrupt**
[əbrʌ́pt]
〔ab（離れて）+破裂する⇒突然破裂した〕
形「**突然の**」

2677 **abruptly**
[əbrʌ́ptli]
副「**突然に**」
▶ The bus stopped **abruptly**.「バスが**突然**停止した」

2678 **bankrupt**
[bǽŋkrʌpt]
〔bank（銀行）+破裂する〕 形「**破産した**」
▶ go **bankrupt**「**破産する**」

2679 **bankruptcy**
[bǽŋkrʌptsi]
名「**破産**」

2680 **corrupt**
[kərʌ́pt]
〔cor（完全に）+壊れる〕
動「**～を堕落させる**」　形「**堕落した**」

2681 **corruption**
[kərʌ́pʃən]
名「**腐敗、堕落**」
▶ political **corruption**「政治**腐敗**」

2682 **disrupt**
[disrʌ́pt]
〔dis（離して）+壊す⇒分裂させる〕
動「**～を中断させる、混乱させる**」
▶ The game was **disrupted** by bad weather.
　「試合は悪天候で**中断された**」

2683 **erupt**
[irʌ́pt]
〔e（外に）+破裂する〕
動「（火山が）**噴火する**」

2684 **eruption**
[irʌ́pʃən]
名「**爆発**」
▶ a volcanic **eruption**「火山の**爆発**」

2685 **interrupt**
[ìntərʌ́pt] アク
〔inter（間に入って）+破壊する〕
動「①**～をじゃまする**　②**～を中断する**」
▶ **interrupt** our conversation「私たちの会話**に口をはさむ**」

2686 **interruption**
[ìntərʌ́pʃən]
名「**妨害、中断**」

## rur 〔田舎〕 語根

2687 **rural**
[rúərəl]
〔田舎+al（の）〕　形「**田舎の**」
▶ **rural** areas「**田園**地帯」

## sacr / saint / sanct 〔神聖な〕　語根

**2688 sacred** [séikrid]
〔神聖な + ed（〜をもった）〕
形「神聖な」
▶ a sacred place「神聖な場所」

**2689 sacrifice** [sǽkrəfàis]
〔神聖な + fice（〜にする）⇒神に捧げる〕
動「〜を犠牲にする」 名「犠牲」
▶ sacrifice your life「命を犠牲にする」

**2690 saint** [séint]
〔神聖な〕 名「聖人」
▶ Saint John「聖ヨハネ」

**2691 sanctuary** [sǽŋktʃuèri]
〔神聖な + ary（場所）⇒聖域〕
名「鳥獣保護区、避難所」
▶ wildlife sanctuary「野生動物保護区」

## sal / sold 〔塩〕　語根

**2692 salt** [sɔ́:lt] 発
〔塩〕
名「塩」

**2693 salary** [sǽləri]
〔塩を買うための給金、塩銭〕
名「(オフィスで働く事務職・専門職の人に支払われる)給料」
✍冷凍保存が始まる前は、肉の腐敗を防ぐために塩は重要な意味を持っていた。
▶ get a high salary「高い給料をとる」

**2694 salad** [sǽləd]
〔(野菜に)塩をかけたもの〕
名「サラダ」
✍salad は元々野菜に塩をかけて食べたことに由来する。

**2695 soldier** [sóuldʒər] 発
〔給料 + ier（働く人）⇒給料のために働く人〕
名「軍人、兵士」
▶ a wounded soldier「負傷した兵士」

## sanit / safe / save 〔健康、安全〕　語根

**2696 sanitary** [sǽnətèri]
〔健康 + ary（の）〕
形「衛生の」
▶ sanitary conditions「衛生状態」

**2697 sanitation** [sæ̀nətéiʃən]
名「衛生」

**2698 sane** [séin]
〔健康な〕
形「正気の」

| | | |
|---|---|---|
| 2699 | **sanity** [sǽnəti] | 名「正気」 |
| 2700 | **insane** [inséin] | 〔in（ない）+ 正気の〕<br>形「正気でない」<br>▶ go insane「気が変になる」 |
| 2701 | **safe** [séif] | 〔安全な〕<br>形「安全な、無事な」 名「金庫」 |
| 2702 | **safely** [séifli] | 副「安全に」 |
| 2703 | **safety** [séifti] | 名「安全（性）」<br>▶ safety measure「安全対策」 |
| 2704 | **save** [séiv] | 〔安全に守る〕<br>動「①〔人の命を安全に守る〕（Aから）〜を救う (from A)<br>②〔お金を安全に守る〕（金）を蓄える ③〔時間など を安全に守る〕（金・時間・労力）を省く、節約する」<br>▶ save her from drowning<br>「彼女が溺れかけたところを救助する」<br>▶ save money to travel abroad<br>「海外旅行するためにお金をためる」<br>▶ save time by shopping online<br>「インターネットで買い物をして時間を節約する」 |
| 2705 | **saving** [séiviŋ] | 名「節約、貯金」 |

## satis / sad / set 〔十分な〕 語根

| | | |
|---|---|---|
| 2706 | **satisfy** [sǽtisfài] アク | 〔十分な + fy（にする）〕<br>動「①（人）を満足させる ②（欲求・必要など）を満たす」<br>▶ satisfy demand「需要を満たす」<br>◆ be satisfied with A「Aに満足している」 |
| 2707 | **satisfied** [sǽtisfàid] | 「（人が）満足した」 |
| 2708 | **satisfying** [sǽtisfàiiŋ] | 「（人を）満足させる」<br>▶ a satisfying meal「満足感のある食事」 |
| 2709 | **satisfactory** [sæ̀tisfǽktəri] | 形「（非常に良いとは言えないが）まずまず満足できる」<br>▶ a satisfactory meal「まずまずの食事」<br>★ satisfying よりも満足の度合いが弱い。 |
| 2710 | **satisfaction** [sæ̀tisfǽkʃən] | 名「満足（感）」 |

## S

2711 **sad** [sæd]
〔十分な⇒飽きる⇒悲しくなる〕
形「**悲しい**」
🔖人は十分すぎるほどあると、やがては飽きて悲しくなることから。

2712 **asset** [ǽset]
〔as（〜に）+ 十分な⇒十分持っている〕
名「**資産、財産** 覆」
▶ financial **assets**「金融**資産**」

### say 〔言う〕 語源

2713 **say** [séi]
〔言う〕
動「〔例えて言ってみれば〕（挿入で）**例えば、だいたい**
(= let's say)」
名「**発言権**」
▶ I need, **say**, 500 dollars.「**だいたい** 500 ドル必要だ」
▶ have a **say** in the matter「その件で**発言権**がある」

### scale 〔はしご〕 語源

2714 **scale** [skéil]
〔はしご⇒他と比べるための段階的な尺度〕
名「①**規模** ②**体重計、はかり**」
▶ on a large **scale**「**大規模に**」

### scape 〔風景〕 語根

2715 **landscape** [lǽndskèip]
〔land（土地）+ 風景〕
名「（一目で見渡せる陸地の）**風景**」
▶ **landscape** painting「**風景**画」
圏 seascape 名「海の風景」

### scarce 〔もぎ取られた〕 語源

2716 **scarce** [skéərs]
〔s（〜から）+ carce（もぎ取られた）⇒木から果実がもぎ取られた⇒（果実が）まれな⇒不足した〕
形「**乏しい、不足した**」

2717 **scarcely** [skéərsli]
〔乏しい + ly（副詞語尾）⇒乏しく⇒ほとんどない〕
副「**ほとんど〜ない**」
▶ I **scarcely** understood him.
「彼の言っていることは**ほとんどわからなかった**」

2718 **scarcity** [skéərsəti]
〔乏しい + ty（こと）〕
名「**欠乏、不足**」

## scare 〔臆病な〕　語源

2719 **scare**
[skéər]
〔臆病な⇒怖がらせる〕
動「(人)を怖がらせる」

2720 **scared**
[skéərd]
形「怖がった」
▶ be scared of snakes「へびを怖がる」

2721 **scary**
[skéəri]
形「怖い」

## scend 〔登る〕　語根

2722 **ascend**
[əsénd]
〔a(〜へ)+登る〕
動「(〜に)登る、(〜を)上がる」
▶ ascend a mountain「山に登る」
★ climb のほうが日常よく用いられる。

2723 **descend**
[disénd]
〔de(下に)+登る⇒下りる〕
動「(〜を)下りる」
▶ descend the stairs「階段を下りる」

2724 **descent**
[disént]
名「①降下　②家系」

2725 **descendant**
[diséndənt]
〔下りる+ant(人)⇒家系図で下の人〕
名「子孫」

## scent 〔におい〕　語源

2726 **scent**
[sént] 発
〔におい〕
名「におい、香り」
▶ the scent of flowers「花の香り」

## scheme 〔形〕　語源

2727 **scheme**
[skíːm] 発
〔形〕
名「①(公共)計画　②たくらみ」
▶ a pension scheme「年金計画[年金制度]」

## schol 〔休息⇒余暇〕　語根

2728 **school**
[skúːl]
〔余暇⇒余暇を使って議論や教育を行った〕
名「学校、授業、流派」

2729 **schooling**
[skúːliŋ]
名「学校教育」

## S

2730 **preschool** [príːskuːl]
〔pre（前の）+ 学校〕
名「幼稚園、保育園」

2731 **scholar** [skálər]
〔schol（学校）+ ar（に関連する人）〕
名「学者」

2732 **scholarship** [skálərʃip]
〔学生 + ship（特典）〕
名「奨学金」
▶ win a scholarship「奨学金を得る」

### sci〔知る〕 語根

2733 **science** [sáiəns]
〔知る + ence（こと）〕
名「科学」

2734 **scientific** [sàiəntífik] アク
形「科学の、科学的な」

2735 **scientist** [sáiəntist]
名「科学者」

2736 **conscience** [kánʃəns] 発
〔con（十分に）+ 知っていること⇒善悪の区別がついていること〕
名「善悪の判断力、良心」
▶ a matter of conscience「良心の問題」

2737 **conscientious** [kànʃiénʃəs] アク
形「良心的な」

2738 **conscious** [kánʃəs]
〔con（十分に）+ 知っている〕
形「意識している、気づいている」
▶ a conscious effort「意識的な努力」

2739 **consciousness** [kánʃəsnis]
名「意識」

2740 **unconscious** [ʌnkánʃəs]
形「意識を失った、無意識の、気づいていない」

### scope〔鏡〕 語根

2741 **scope** [skóup]
〔鏡⇒見る⇒視野⇒範囲、余地〕
名「範囲、余地」
▶ expand the scope of investigation
「調査の範囲を拡大する」

2742 **microscope** [máikrəskòup]
〔micro（微小）+ 鏡〕
名「顕微鏡」

2743 **telescope**
[téləskòup]
〔tele（遠い）+ 鏡〕
名「望遠鏡」
▶ observe the moon through a **telescope**
「望遠鏡で月を観察する」
圞 endoscope〔endo（中）+ 鏡〕
　名「内視鏡」
圞 horoscope〔horo（時間）+ 鏡⇒誕生時の天体の位置を見るもの〕　名「星占い」

## scorn 〔軽蔑〕　　語源

2744 **scorn**
[skɔ́ːrn]
〔軽蔑〕
名「軽蔑」　動「～を軽蔑する」
▶ **scorn** his ideas「彼の考えを軽蔑する」

2745 **scornful**
[skɔ́ːrnfəl]
形「軽蔑した」

## scratch 〔ひっかく〕　　語源

2746 **scratch**
[skrǽtʃ]
〔ひっかく〕
動「（～を）ひっかく、かく」　名「ひっかき傷」
▶ **scratch** his arm「腕をかく」

## scribe / script 〔書く〕　　語根

2747 **describe**
[diskráib]
〔de（下に）+ 書く⇒書き留める〕
動「～を描写する、～の特徴を述べる」
▶ **describe** the man「その男性の特徴を説明する」

2748 **description**
[diskrípʃən]
名「記述、（言葉による）描写」
▶ a detailed **description**「詳細な説明」
◆ beyond description「言葉では言い表せないほど」

2749 **prescribe**
[priskráib]
〔(前もって)+ 書く〕
動「（薬など）を処方する、指示する」
▶ **prescribe** medicine「薬を処方する」

2750 **prescription**
[priskrípʃən]
名「処方箋」

2751 **subscribe**
[səbskráib]
〔sub（下に）+ 署名する⇒購読申込書の下に署名する〕
動「（A を）定期購読する (to A)」
▶ **subscribe** to the *Times*「『タイムズ』紙を定期購読する」

2752 **subscription**
[səbskrípʃən]
名「定期購読」

# S

2753 **subscriber**
[səbskráibər]
名「定期購読者」

2754 *script
[skrípt]
〔書かれたもの〕
名「(映画・演劇などの) 台本」
▶ a movie script「映画の台本」

2755 *manuscript
[mǽnjuskrìpt]
〔手 + script (書かれた)〕
名「(手書きの) 原稿」　☞語根 man

## se / so / sin 〔種、種をまく〕　　　　語根

2756 *seed
[síːd]
〔種をまく〕　名「種」
▶ plant seeds「種をまく」

2757 sow
[sóu]
〔種をまく〕
動「(種) をまく」
▶ sow seed in the field「畑に種をまく」

2758 *cousin
[kʌ́zn]
〔cou (= con：一緒に) + 種 ⇒ 一緒の種から生まれた〕
名「いとこ」

## search 〔歩き回る〕　　　　語源

2759 *search
[sə́ːrtʃ]
〔歩き回る〕
動「① (武器などを隠していないかと) (場所など) を探す、(武器などを持っていないかと) (人) を身体検査する
② (A を) 捜す (for A)」
★ 動詞の目的語は捜す場所で、捜すものは for の目的語。
▶ search the house for weapon「武器が隠していないか、その家の中をくまなく捜索する」
▶ search the man for weapon「武器を持っていないか、その男のボディーチェックをする」
▶ search for the house [the man]「その家 [男] を探す」

2760 *research
[rɪsə́ːrtʃ]
〔re (徹底的に) + 捜し求める〕
名「研究、調査」
▶ medical research「医学的研究」

## sec(t) / seg / sc / sh / sk 〔切る、分ける〕　　　　語根

☞語根 cide と同語源

2761 *section
[sékʃən]
〔切る + こと ⇒ 区切られたもの〕
名「① 部分、区域　② (会社の) 部門　③ (新聞などの) 欄」
▶ a smoking section「喫煙コーナー」

| | | |
|---|---|---|
| 2762 | **insect** [ínsekt] | 〔in（中に）+ 切る⇒体に切れ目があるもの〕<br>名「昆虫」<br>▶ collect **insects**「昆虫を採集する」 |
| 2763 | **segment** [ségmənt] | 〔切る + ment（結果）⇒区切られたもの〕<br>名「（自然にできた境目で分かれた）部分」<br>▶ a large **segment** of the population「住民の大部分」 |
| 2764 | **scatter** [skǽtər] | 〔切り刻んでまき散らす〕<br>動「〜をまき散らす」<br>▶ **scatter** seeds over the field「畑に種をまく」 |
| 2765 | **scissors** [sízərz] | 〔sciss（切る）+ or（もの）〕<br>名「はさみ」<br>▶ a pair of **scissors**「はさみ一丁」 |
| 2766 | **score** [skɔ́ːr] | 〔刻み目〕<br>名「①（試合の）得点 ②（テストの）点数」<br>動「（試合やテストで）（点）を取る」<br>羊飼いが自分の羊を数えるのに手足の指を使い、20頭ごとに棒に刻み目をつけたことに由来する。<br>▶ **score** 80 points in the test「試験で80点を取る」 |
| 2767 | **share** [ʃéər] | 〔切り分ける〕<br>動「〜を分かち合う、共有する」<br>名「取り分、分担、株」<br>▶ **share** a room with him「彼と部屋を共有する」<br>◆ share A with B「AをB（人）と共有する」 |
| 2768 | **shed** [ʃéd] | 〔切り離す⇒振り落とす〕<br>動「①（血や涙）を流す ②（葉）を落とす ③（不要なものなど）を取り除く」<br>▶ **shed** blood [tears]「血〔涙〕を流す」 |
| 2769 | **short** [ʃɔ́ːrt] | 〔切られた⇒短い〕<br>形「①短い ②〔数量が基準より短い〕（Aが）不足している (of A)」<br>▶ be **short** of money「お金が不足している」 |
| 2770 | **shortage** [ʃɔ́ːrtidʒ] | 名「不足」<br>▶ a water **shortage**「水不足」 |
| 2771 | **shortcoming** [ʃɔ́ːtkʌ̀miŋ] | 〔coming short（標準に達しない）の語順が逆転した〕<br>名「欠点」<br>▶ He has a lot of **shortcomings**.「彼は欠点が多い」 |

## S

2772 **skill** [skíl]
〔切り分ける⇒区別する能力〕
② 「(訓練によって備わった仕事やスポーツなどの)技能、技量」
▶ language skills「言語技能」

2773 **skilled** [skíld]
⑱「熟練した」

### seek 〔捜し求める〕 語源

2774 **seek** [síːk]
〔捜し求める〕
⑩「~を捜す、求める、得ようとする」
▶ seek professional advice「専門家の助言を求める」

### seize 〔手に入れる〕 語源

2775 **seize** [síːz] 発
〔手に入れる〕
⑩「~をつかむ」
▶ seize an opportunity「機会をつかむ」

### seldom 〔めったに~ない〕 語源

2776 **seldom** [séldəm]
〔めったに~ない〕
⑩「めったに~ない」(= rarely)
▶ He seldom travels.「彼はめったに旅行しない」

### sem(i) / hemi 〔半分〕 語根

2777 **semester** [səméstər] アク
〔se (= six : 6) + mester (= month : 月) ⇒ 6ヶ月〕
②「(2学期制の)学期」
▶ the first [second] semester「前期[後期]」
★「(3学期制の)学期」という意味の場合、term を用いる。

2778 **semifinal** [sèmifáinəl]
〔半分 + final (決勝)〕
②「準決勝」

2779 **hemisphere** [hémisfiər]
〔半分 + sphere (天球)〕
②「半球」 ☞語根 sphere
▶ the Northern [Southern] Hemisphere
「北半球[南半球]」

## seni〔年取った〕 語根

**2780 senior** [síːnjər]
〔年取った + or（より）⇒ より年上の〕
形「(組織の中で地位が)**上級の、先輩の**」
名「①**年上の人** ②(高校や大学の)**最上級生**」
▶ a senior manager「**上級**管理者」
★ 受験参考書によく出ている be senior to ~「~より年上である」は英語圏で使われることは全くないし、入試問題でもまず出題されないと考えてよい。もし同じことを言いたい場合 be older than ~ を使うのが一般的である。

**2781 Senator** [sénətər]
〔古代ローマの元老院議員〕
名「**上院議員**」
▶ the Senator Hillary Clinton
「ヒラリー・クリントン**上院議員**」

## sens〔感じる〕 語根

**2782 sense** [séns]
〔五感で感じること〕
名「①〔五感で感じたこと〕**感じ** ②(五感の1つとしての)**感覚** ③〔知的な感覚〕**センス** ④〔道徳的な感覚〕**分別** ⑤〔知性で感じるもの〕**意味**」
▶ a sense of responsibility「責任**感**」
▶ the sense of touch「触**覚**」
▶ a sense of humor「ユーモアの**センス**」
▶ a person with good sense「**分別**のある人」
▶ in every sense「あらゆる**意味**で」

**2783 sensitive** [sénsətiv]
〔感じる + itive（傾向のある）〕
形「**敏感な、気配りのある**」
▶ a baby's sensitive skin「赤ちゃんの**敏感な肌**」

**2784 sensitivity** [sènsətívəti]
名「**思いやり、敏感さ**」

**2785 sensible** [sénsəbl]
〔分別 + ible（を持った）〕
形「**分別のある、賢明な**」
▶ a sensible man「**分別のある人**」

**2786 sensation** [senséiʃən]
〔感じたこと〕
名「①**感覚、感じ** ②**センセーション、大評判**」
▶ the sensation of excitement「興奮した**感じ**」

**2787 sensational** [senséiʃənl]
形「**センセーショナルな、人騒がせな**」

## S

**2788 consensus** [kənsénsəs]
〔con（一緒に）+ 感じたこと〕 ⑧「合意」
▶ reach consensus「合意に達する」

**2789 sentence** [séntəns]
〔感じたこと（を表明するもの）〕
⑧「①〔人が感じたことを表明するもの〕文
　②〔裁判官が感じたことを表明するもの〕判決、刑」
⑩「〜に判決を宣告する」
▶ in one sentence「1文で」
▶ a death sentence「死刑」
▶ The judge sentenced him to death.
「判事は彼に死刑を宣告した」

**2790 sentiment** [séntəmənt]
〔感じたこと〕
⑧「（ある事柄に対する）感情、意見」
▶ anti-American sentiment「反米感情」

**2791 sentimental** [sèntəméntl]
⑱「感傷的な」

**2792 consent** [kənsént]
〔con（一緒に）+ 感じる⇒同じ気持ちになる〕
⑧「（Aに対する）同意、承諾 (to A)」
⑩「（Aに）同意する (to A)」
▶ give consent to a marriage「結婚に同意する」

**2793 resent** [rizént]
〔re（反して）+ 感じる〕 ⑩「〜に憤慨する」
▶ resent his remarks「彼の発言に憤慨する」

**2794 resentment** [rizéntmənt]
⑧「憤慨」

### sequent / (se)cute / sue / suit 〔続く、後を追う〕　語根

**2795 subsequent** [sʌ́bsikwənt]
〔sub（下に）+ 続く⇒後に続く〕
⑱「後の」
▶ heavy rains and subsequent floods「豪雨とそれに続く洪水」

**2796 subsequently** [sʌ́bsikwəntli]
⑳「その後」

**2797 consequence** [kánsəkwèns] アク
〔con（一緒に）+ 後に続くもの⇒結果⇒結果の影響は重要〕
⑧「①（主に悪い）結果、影響　②重要性」
▶ serious consequences「深刻な結果」
▶ of no consequence「まったく重要でない」
◆ as a consequence「結果として」

**2798 consequently** [kánsəkwèntli]
⑳「その結果」

| 2799 | **sequence** [síːkwəns] | 〔続く + ence（もの）⇒続くもの⇒続く順序〕<br>名「①（関連する出来事などの）**連続、一連** ②**順序**」<br>▶ a sequence of events「**一連**の事件」 |
|---|---|---|
| 2800 | **execute** [éksikjùːt] アク | 〔ex（外まで）+ 追う⇒最後まで行う〕<br>動「①〔極刑を行う〕**〜を処刑する** ②〔最後まで行う〕**〜を実行する**」<br>▶ execute a prisoner「囚人**を処刑する**」<br>▶ execute a plan「計画**を実行する**」 |
| 2801 | **execution** [èksikjúːʃən] | 名「①**処刑** ②**実行**」 |
| 2802 | **executive** [igzékjutiv] 発 | 〔最後まで行う + ive（人）⇒執行権のある人〕<br>名「**管理職、重役**」<br>▶ a top executive「最高**幹部**」 |
| 2803 | **persecute** [pə́ːrsikjùːt] | 〔per（徹底的に）+ 追う⇒迫害する〕<br>動「**〜を迫害する、悩ます**」 |
| 2804 | **persecution** [pə̀ːrsikjúːʃən] | 名「**迫害**」<br>▶ religious persecution「宗教上の**迫害**」 |
| 2805 | **sue** [súː] | 〔後を追う⇒追及するため告訴する〕<br>動「**〜を告訴する**」<br>▶ sue a company for damages「損害賠償を求めて会社**を告訴する**」 |
| 2806 | **pursue** [pərsúː] | 〔pur（通して）+ 後を追う⇒どこまでも追う〕<br>動「①**〜を追い求める、追及する** ②（仕事・研究など）**を続ける**」<br>▶ pursue an interest「興味**を追い求める**」 |
| 2807 | **pursuit** [pərsúːt] | 名「**追求、追跡**」 |
| 2808 | **suit** [súːt] | 〔続くもの⇒ひと揃いの洋服〕<br>名「（衣服の）**スーツ**」<br>動「①〔ひと揃いの洋服は上下が合っている〕（人）**に都合がよい** ②〔物事が人に合っている〕（服装・色などが）（人）**に似合う**」<br>▶ What time suits you best?「何時がいちばん**都合がよい**でしょうか？」<br>▶ That dress really suits you.「そのドレス、とても**似合います**よ」 |
| 2809 | **suitable** [súːtəbl] | 〔適合する + able（できる）〕<br>形「**適した**」 |

## ser(t) 〔連結する〕　　　　　　　　　　　　　　　　　　　　　　　　　語根

2810 **series**
[síəri:z]
〔連なるもの〕
名「① 連続（もの）　② 連続番組（serial と異なり1話完結のもの）」
▶ a series of mistakes「ミスの連続」

2811 **assert**
[əsə́:rt]
〔as（〜に）+ 結合する⇒自分の権利を自分に結びつける⇒主張する〕
動「〜と主張する、断言する」
▶ assert that nuclear power is safe
「原子力は安全だと断言する」

2812 **assertion**
[əsə́:rʃən]
名「主張、断言」

2813 **desert**
動[dizə́:rt] アク
名[dézərt] アク
〔de（離して）+ 結合する⇒結びつけない⇒切り離す〕
動「〔家族・友人など〕を捨てる、見捨てる」
名「〔見捨てられた場所〕砂漠」
★ 名詞と動詞でアクセントが異なるので注意。
▶ a village deserted by its inhabitants
「住民に見捨てられた村」

2814 **deserted**
[dizə́:rtid]
形「人けのない、さびれた」

2815 **exert**
[igzə́:rt] 発
〔ex（外に）+ 結合する⇒外に力を及ぼす〕
動「〔権力など〕を行使する、〔影響など〕を及ぼす」
▶ exert influence on Japan「日本に影響を及ぼす」

2816 **insert**
[insə́:rt] アク
〔in（中で）+ 結合する〕
動「〜を挿入する」
▶ insert a coin into the machine
「機械に硬貨を入れる」

## serious 〔重大な〕　　　　　　　　　　　　　　　　　　　　　　　　　語源

2817 **serious**
[síəriəs]
〔重大な〕
形「①（事態、病気などが）重大な、深刻な　②〔重大な事態にまじめに取り組む〕まじめな、本気の」
▶ a serious illness「重病」

## serve (1) / sert 〔仕える〕　　語根

**2818 serve** [sə́ːrv]
〔仕える〕
動「① 〔食卓で仕える〕（飲食物）を出す　② 〔物事が人に仕えて役立つ〕（人）の役に立つ」
- serve dinner「夕食を出す」
- His knowledge of English will serve him in the future.「彼の英語の知識は将来彼の役に立つだろう」

**2819 service** [sə́ːrvis]
名「①（飲食店などの）サービス　②（水道・電気・ガスなどの）供給、（公共）事業」
- public services「公共事業」

**2820 deserve** [dizə́ːrv]
〔de（十分に）+仕える⇒賞賛に値する〕
動「（賞賛・報酬・罪など）に値する」
- deserve a punishment「罰に値する」

**2821 dessert** [dizə́ːrt] 発
〔de（〜から離れて）+給仕⇒給仕から離れる⇒食事の最後に出るもの〕
名「デザート」

## serve (2) 〔守る、保存する〕　　語根

**2822 servant** [sə́ːrvənt]
〔主人に守られている人〕
名「①（住み込みの）使用人　②（人や機関などに）仕える人、公務員」
- a public servant「公務員」

**2823 conserve** [kənsə́ːrv]
〔con（一緒に）+保存する〕
動「（環境・資源など）を保存する、保護する」

**2824 conservative** [kənsə́ːrvətiv]
形「保守的な」
- conservative views「保守的な見解」

**2825 conservation** [kὰnsərvéiʃən]
名「（環境・動植物などの）保護、保存」
- wildlife conservation「野生生物の保護」

**2826 observe** [əbzə́ːrv]
〔ob（〜を）+見守る〕
動「① 〔見守る〕〜を観察する　② 〔観察の結果〕（変化など）に気づく　③ 〔気づいたことを述べる〕（考えなど）を述べる　④ 〔守る〕（規則など）を守る」
- observe the moon「月を観察する」
- observe changes「変化に気づく」
- observe your idea「自分の考えを述べる」
- observe the rule「規則を守る」

## S

2827 **observation** [à̀bzərvéiʃən]
名「観察、注視、意見」★ observe の①②③の意味の名詞形
▶ make observations of the moon「月を観測する」

2828 **observance** [əbzə́:rvəns]
名「遵守」
★ observe の④の意味の名詞形

2829 **preserve** [prizə́:rv]
〔pre（前もって）＋保存する〕
動「（環境・文化財・食品など）を保存する、守る」
▶ preserve our heritage「私たちの遺産を保存する」

2830 **preservation** [prèzərvéiʃən]
名「保存」

2831 **reserve** [rizə́:rv]
〔re（後ろに）＋保存する⇒取っておく〕
動「①～を取っておく　②～を予約する」
名「①〔取っておくもの〕蓄え　②〔感情などを表に出さず取っておくこと〕控えめ」
▶ reserve money for emergencies「まさかのためにお金を取っておく」
▶ reserve a single room「シングルの部屋を予約する」
▶ oil reserves「石油の備蓄」
▶ without reserve「遠慮なく」

2832 **reservation** [rèzərvéiʃən]
名「（列車・飛行機・ホテル・レストラン・劇場などの）予約」

2833 **reserved** [rizə́:rvd]
形「控えめな、予約された」

### severe〔厳しい〕　語源

2834 **severe** [səvíər] アク
〔厳しい〕
形「①（事態・天気・規則・批判などが）厳しい、深刻な　②（痛みなどが）激しい」
▶ severe problems「深刻な問題」
★「厳しい」の意味で最も広く使われる語である。基準などを厳格に守り、手心を加えない厳しさを意味する。

### sew〔縫う〕　語源

2835 **sew** [sóu] 発
〔縫う〕　動「～を縫う」
▶ sew a dress「ドレスを縫う」

### sewage〔排水路〕　語源

2836 **sewage** [sú:idʒ]
〔排水路〕　名「下水」
▶ sewage plant「下水処理場」

## shad 〔陰〕 語根

2837 **shade**
[ʃéid]
〔陰〕 ⓝ「日陰」
▶ in the shade「日陰で」

2838 **shadow**
[ʃǽdou]
〔陰〕
ⓝ「(人・物などの) 影」
▶ follow him like a shadow「影のように彼につきまとう」

## shallow 〔浅瀬〕 語源

2839 **shallow**
[ʃǽlou]
〔浅瀬〕 ⓐ「浅い」
▶ a shallow dish「浅い皿」

## shame 〔恥ずかしさ〕 語根

2840 **shame**
[ʃéim]
〔恥ずかしさ〕
ⓝ「① 恥ずかしさ (★不可算) ② 残念なこと (a ~)」
▶ a sense of shame「羞恥心」
▶ What a shame!「それは残念だ！」

2841 **shameful**
[ʃéimfəl]
〔恥ずかしさ + ful (〜に満ちた)〕
ⓐ「(事が) 恥ずべき」

2842 **ashamed**
[əʃéimd]
〔a (強意) + 恥じさせる〕
ⓐ「恥じている (of A)」
▶ be ashamed of his behavior「自分のふる舞いを恥じている」
★「(罪の意識・良心の呵責から) 間違ったことをして恥ずかしい」の意。

## sharp 〔鋭い〕 語源

2843 **sharp**
[ʃáːrp]
〔(刃が) 鋭い〕
ⓐ「①〔変化の角度が鋭い〕(変化などが) 急激な、急な
② 〔痛みなどが鋭い〕(痛み・失望などが) 激しい」
▶ a sharp rise in prices「物価の急騰」
▶ a sharp pain「激しい痛み」

2844 **sharply**
[ʃáːrpli]
ⓐⓓ「急激に、激しく、はっきりと」

## sheer 〔罪から逃れた、純粋な〕 語源

2845 **sheer**
[ʃíər]
〔罪から逃れた⇒純粋な⇒完全な〕
ⓐ「まったくの」
▶ sheer luck「まったくの幸運」

317

# S

## shelter ※語源不詳 語源

2846 **shelter**
[ʃéltər]
- 名「①(風雨や危険などからの)避難(場所) ②(雨露をしのぐ)住居」
- ▶ take **shelter**「避難する」

## shift 〔分ける〕 語源

2847 **shift**
[ʃíft]
〔分ける⇒移す〕
- 動「①~を移動する ②~を変える、変わる」
- 名「①変化、移動 ②(勤務の)交替」
- ▶ **shift** your gaze「視線を移す」

## shrink 〔縮む〕 語源

2848 **shrink**
[ʃríŋk]
〔縮む⇒体が縮む⇒しりごみする〕
- 動「①縮む ②縮小する、減少する」
- △ sh は「縮こまる」の意。
- ▶ My sweater **shrank**.「私のセーターは縮んだ」
- ▶ Our resources are gradually **shrinking**.
「私たちの資源は徐々に減少しつつある」
- 圏shrimp〔縮んだもの〕 名「小エビ」

## shrug 〔肩をすくめる〕 語源

2849 **shrug**
[ʃrʌ́g]
〔肩をすくめる〕
- 動「(肩)をすくめる」 ★無関心などを示す。
- △ sh は「縮こまる」の意。
- ▶ **shrug** his shoulders「肩をすくめる」

## side / site / sit / seat / sess / set 〔座る〕 語根

2850 **reside**
[rizáid]
- 〔re(後ろに)+座る⇒留まる〕
- 動「居住する」 ★ live の堅い言い方。

2851 **resident**
[rézədənt]
- 〔住む+ ent(人)〕
- 名「居住者」
- 形「居住している」
- ▶ **residents** of Tokyo「東京都民」

2852 **residential**
[rèzədénʃəl]
- 形「住宅用の、居住の」

2853 **residence**
[rézədəns]
- 名「住居、居住」

| | | |
|---|---|---|
| 2854 | **president**<br>[prézədənt] | 〔pre（公衆の前に）+ 座る + ent（人）⇒統轄する人〕<br>图「**大統領、社長、会長**」<br>▶ the **President** of France「フランス**大統領**」 |
| 2855 | **subsidy**<br>[sʌ́bsədi] | 〔sub（そばに）+ 座っているもの⇒必要になるまで近くに置いてあるもの〕<br>图「**補助金**」<br>▶ a government **subsidy**「政府の**補助金**」 |
| 2856 | **sit**<br>[sít] | 〔座る〕 動「**座る**」 |
| 2857 | **site**<br>[sáit] | 〔場所〕<br>图「①**用地、跡地** ②（インターネット上の）**サイト**」<br>▶ the **site** of the new airport「新空港の**用地**」 |
| 2858 | **situate**<br>[sítʃuèit] | 〔situ（場所）+ ate（にする）⇒場所を定める〕<br>動「**〜を位置づける、置く**」 |
| 2859 | **situation**<br>[sìtʃuéiʃən] | 〔場所 + ate（〜にする）+ tion（こと）〕<br>图「**状況、立場、位置**」<br>▶ the current **situation**「現在の**状況**」 |
| 2860 | **seat**<br>[síːt] | 〔座るもの〕<br>動「（人）**を座らせる**」 图「**座席**」<br>▶ Please be **seated**.「**ご着席**ください」（会議・法廷などで）<br>▶ Take [Have] a **seat**, please.<br>「どうぞ**お座り**ください」（日常生活で） |
| 2861 | **session**<br>[séʃən] | 〔（全員が）座る + sion（こと）〕<br>图「（ある目的・活動のための）**会合、集まり**」<br>▶ a training **session**「研修**会**」 |
| 2862 | **assess**<br>[əsés] | 〔as（そばに）+ 座る⇒裁判官のそばに座って判断の補佐をする〕<br>動「（価値・能力など）**を評価する、判断する**」<br>▶ **assess** his ability properly「彼の能力**を**適切に**評価する**」 |
| 2863 | **assessment**<br>[əsésmənt] | 图「**評価、判断、査定**」<br>▶ his **assessment** of the situation「彼の状況**判断**」 |
| 2864 | **obsess**<br>[əbsés] | 〔ob（近くに）+ 座る〕<br>動「（考えなど）**に取りつかれる**」(be obsessed with [by] A)<br>魔物などがそばに居座り、取りつくことから。<br>▶ be **obsessed** with money<br>「お金**に取りつかれている**［金の**亡者**である］」 |

## S

**2865 obsession** [əbséʃən]
名「異常な執着」

**2866 possess** [pəzés]
〔能力がある + sess（座る）⇒能力ある人が座る⇒支配者として座る⇒占領する⇒手に入れる〕
動「〜を所有する」　☞ pos
▶ possess nuclear weapons「核兵器を所有している」
★ 進行形にしない。

**2867 possession** [pəzéʃən]
名「所有（物）」

**2868 settle** [sétl]
〔座らせる⇒落ち着かせる〕
動「①〔住まいを落ち着かせる〕定住する　②〔生活を落ち着かせる〕落ち着く、（結婚して）身を固める　③〔論争を落ち着かせる〕（論争・紛争など）を解決する」
▶ settle in Italy「イタリアに定住する」
▶ get married and settle down「結婚して身を固める」
▶ settle a dispute「論争を解決する」

**2869 settlement** [sétlmənt]
名「解決、入植（地）」
▶ reach [achieve] a settlement「解決［合意］に達する」

### sider / sire 〔星〕　語根

**2870 consider** [kənsídər] アク
〔con（しっかりと）+ 星⇒しっかり星を観察する⇒考慮する〕
動「①〜をよく考える、検討する　② O を C と思う［考える］」
▶ consider his suggestion「彼の提案を検討する」
▶ consider money important「お金を重要だと考える」

**2871 considerate** [kənsídərət]
〔配慮 + ate（〜のある）〕
形「思いやりのある」
▶ be considerate of old people
「老人に対して思いやりのある」

**2872 considerable** [kənsídərəbl] アク
〔考慮 + able（すべき）⇒程度がかなりの〕
形「かなりの」
▶ a considerable amount of money「かなりの額のお金」

**2873 considerably** [kənsídərəbli]
副「かなり」

**2874 consideration** [kənsìdəréiʃən]
名「①考慮　②思いやり」
▶ The proposal is under consideration.
「その提案は考慮中である」

| 2875 | **considering**<br>[kənsídəriŋ] | 前接「～を考えると、～のわりには」<br>▶ He looks young **considering** his age.<br>「彼は年**のわりには**若く見える」 |
|---|---|---|
| 2876 | **desire**<br>[dizáiər] | 〔de（～から離れて）+ 星⇒幸運の星を強く望む〕<br>名「欲望、願望」<br>▶ a strong **desire** to win「勝ちたいという強い**願望**」 |
| 2877 | **desirable**<br>[dizáiərəbl] | 形「望ましい」 |

## sigh ※「はーっ」というため息の音を表す擬音語  語源

| 2878 | **sigh**<br>[sái] 発 | 名「ため息」 動「ため息をつく」<br>▶ **sigh** heavily「深く**ため息をつく**」 |
|---|---|---|

## sight 〔見ること〕  語源

| 2879 | **sight**<br>[sáit] | 〔見ること〕<br>名「①見ること  ②〔見る能力〕視力  ③〔見えるもの〕光景  ④〔見る価値のあるもの〕名所 複」<br>▶ faint at the **sight** of blood「血を**見て**気を失う」<br>▶ lose your **sight**「**視力**を失う」<br>▶ a familiar **sight**「見慣れた**光景**」 |
|---|---|---|
| 2880 | **insight**<br>[ínsàit] | 〔in（中を）+ sight（見る）〕<br>名「洞察（力）」<br>▶ a person with deep **insight**「深い**洞察力**のある人」 |

## sign 〔印〕  語根
☞ note

| 2881 | **sign**<br>[sáin] | 〔情報を伝える印〕<br>名「①標示  ②〔物事の原因となる印〕兆し」<br>動「（契約書）に署名する」<br>▶ a no smoking **sign**「禁煙の**標示**」<br>▶ **signs** of improvement「改善の**兆し**」 |
|---|---|---|
| 2882 | **signal**<br>[sígnəl] | 〔情報を伝える印〕<br>名「合図、信号（機）」 |
| 2883 | **signature**<br>[sígnətʃər] | 〔印をつけること〕<br>名「署名」 |
| 2884 | **signify**<br>[sígnəfài] | 〔印をつける⇒印が何かを意味する〕<br>動「～を意味する」 |

# S

2885 **significant** [signífikənt] アク
〔印をつけるもの⇒重要なものに印をつける〕
形「①重要な ②かなりの」
▶ a significant difference「重要な違い」

2886 **significantly** [signífikəntli]
副「重要なことに、かなり」

2887 **significance** [signífikəns]
名「重要性、意味」

2888 **insignificant** [insignífikənt]
形「重要でない」

2889 **assign** [əsáin]
〔as（〜に）+印をつける⇒印をつけて仕事を割り当てる〕
動「〜を割り当てる」
▶ assign him the task「彼にその仕事を割り当てる」
◆ assign A to B [B + A]「A（物事）をB（人）に割り当てる」

2890 **assignment** [əsáinmənt]
名「任務、宿題、割り当て」

2891 **resign** [rizáin] 発
〔re（再び）+署名する⇒二回目の署名をして辞める〕
動「辞職する」
✎一度目の署名は仕事を始める時に、二度目の署名は仕事を辞める時にすることに由来する。
▶ The Prime Minister resigned yesterday.
「首相は昨日辞任した」

2892 **resignation** [rèzignéiʃən] 発
名「辞職、辞任」

2893 **designate** [dézigneit]
〔de（しっかりと）+印をつける⇒指名する〕
動「（人・物・場所）を指名する、指定する」
▶ designate him (as) chairman「彼を議長に指名する」

## silly 〔恵まれた〕 語源

2894 **silly** [síli]
〔恵まれた⇒働かなくてよい⇒怠惰な⇒愚かな〕
形「愚かな」
▶ a silly question「ばかげた質問」
★ silly は軽く笑い飛ばせる程度のとんちんかんさを意味。

## sim / sem / sy(m) / sam 〔同じ、1つ〕 語根

☞類義語根の equ

2895 **similar** [símələr]
〔同じ〕
形「似ている (to A)」
▶ My opinions are similar to yours.
「私の意見はあなたの意見に似ている」

| | | |
|---|---|---|
| 2896 | **similarity** [sìməlǽrəti] | 图「類似（点）」 |
| 2897 | **simultaneous** [sàiməltéiniəs] | 〔同時の〕<br>形「(A と) 同時の (with A)」<br>▶ simultaneous translation「同時通訳」 |
| 2898 | **simultaneously** [sàiməltéinjəsli] | 副「同時に」<br>圜facsimile〔fac（作る）+ 同じもの⇒同じものを作る〕<br>　　图「ファクシミリ」 |
| 2899 | **assemble** [əsémbl] | 〔as（〜に）+ 同じ⇒一緒にする⇒集める〕<br>動「集まる、〜を集める」<br>▶ assemble in the hall「ホールに集まる」 |
| 2900 | **assembly** [əsémbli] | 图「(大勢の人が特定の目的のために集まる) 集会、議会」 |
| 2901 | **resemble** [rizémbl] | 〔re（再び）+ 同じ⇒似ている〕<br>動「〜に似ている」<br>▶ She resembles her mother.「彼女は母親に似ている」 |
| 2902 | **resemblance** [rizémbləns] | 图「似ていること」 |
| 2903 | **sympathy** [símpəθi] | 〔sym（同じ）+ 感情〕<br>图「同情、共感」　☞語根 pathy |
| 2904 | **sympathetic** [sìmpəθétik] アク | 形「同情的な、共感できる」 |
| 2905 | **sympathize** [símpəθàiz] | 動「同情する、共感する」 |
| 2906 | **symptom** [símptəm] | 〔共に + ptom（起こる）⇒偶然起こること⇒不運⇒病気〕<br>图「症状、兆候」<br>▶ symptoms of depression「うつ病の症状」 |
| 2907 | **simple** [símpl] | 〔sim（1つ）+ 折る⇒一つ折の⇒単純な〕<br>形「①単純な、簡単な　②単なる」　☞語根 ple |
| 2908 | **simply** [símpli] | 副「単に、わかりやすく」 |
| 2909 | **single** [síŋgl] | 〔sin（1つ）+ le（小さい）〕<br>形「①たった1つの　②独身の」<br>▶ a single chair in the room<br>　「部屋の中のたった1つのいす」 |

## sin〔罪〕　　　　　　　　　　　　　　　　　　　　　　　　　　語源

2910 **sin**
[sín]
〔罪〕
名「(宗教・道徳上の) 罪」
▶ commit a sin「罪を犯す」

## sincere〔誠実な〕　　　　　　　　　　　　　　　　　　　　　　語源

2911 **sincere**
[sinsíər]
〔誠実な〕
形「誠実な、心からの」
▶ sincere thanks「心からの感謝」

2912 **sincerely**
[sinsíərli]
副「誠実に、心から」

## sist〔立つ〕　　　　　　　　　　　　　　　　　　　　　　　　　語根

2913 **assist**
[əsíst]
〔as (〜に) + 立つ ⇒ そばに立つ〕
動「(人) を助ける」
▶ assist him in [with] his work「彼の仕事を手伝う」
◆ assist A in [with] B
「A (人) の B (物事) を手伝う」

2914 **assistance**
[əsístəns]
名「援助」

2915 **assistant**
[əsístənt]
名「助手」

2916 **consist**
[kənsíst]
〔con (一緒に) + 立つ〕
動「① (A で) 成り立つ (of A)　② (A に) ある (in A)」
▶ This apartment consists of three rooms.
「このアパートは 3 つの部屋から成っている」
▶ Hapiness consists in contentment.「幸福は満足にある」

2917 **consistent**
[kənsístənt]
〔一致した + ent (状態で)〕
形「① (A で) 首尾一貫した (in A)　② (A と) 一致している (with A)」
▶ be consistent in your action
「行動が首尾一貫している」
▶ a theory that is consistent with the facts
「事実と一致する理論」

2918 **inconsistent**
[inkənsístənt]
〔in (〜ない) + 一致した状態で〕
形「一貫性のない、矛盾する」

2919 **consistency**
[kənsístənsi]
名「一貫性」

| | | |
|---|---|---|
| 2920 | **exist** [igzíst] 発 | 〔ex（外に）+ 立つ⇒存在する〕<br>動「存在する、生存する」<br>▶ I think ghosts exist.「私は、幽霊は存在すると思う」 |
| 2921 | **existence** [igzístəns] | 名「存在、生活」 |
| 2922 | **insist** [insíst] | 〔in（上に）+ 立つ⇒自分の考えに立って主張する〕<br>動「(〜と) 主張する、(〜を) 要求する (on A [that + S V] )」<br>▶ insist on going with me「私と一緒に行くと言い張る」 |
| 2923 | **insistence** [insístəns] | 名「主張」 |
| 2924 | **persist** [pərsíst] | 〔per（一貫して）+ 立つ⇒ずっと立ち続ける〕<br>動「(A を) 続ける、(A に) 固執する (in A)」<br>▶ persist in talking「おしゃべりを続ける」 |
| 2925 | **persistent** [pərsístənt] | 形「固執する、(望ましくない状態が) 継続している」 |
| 2926 | **persistence** [pərsístəns] | 名「固執、永続」 |
| 2927 | **resist** [rizíst] | 〔re（反対して）+ 立つ⇒抵抗する〕<br>動「〜に抵抗する、我慢する」<br>▶ I can't resist chocolate.<br>「私はチョコレートには我慢できない」 |
| 2928 | **resistant** [rizístənt] | 形「(A に) 抵抗力のある、抵抗する (to A)」 |
| 2929 | **resistance** [rizístəns] | 名「抵抗、抵抗力」 |

## sk / sc〔覆う〕　　　　　　　　　　　　　　　　　語根

| | | |
|---|---|---|
| 2930 | **sky** [skái] | 〔大地を覆うもの〕<br>名「空」 |
| 2931 | **skin** [skín] | 〔体を覆うもの〕　名「皮膚」<br>▶ soft skin「柔らかい肌」 |
| 2932 | **scene** [sí:n] | 〔舞台を覆うもの＝劇場のテント⇒舞台の場面〕<br>名「①（舞台などの）場面、（事件などの）現場<br>　　②（特定の場所の限られた範囲の）景色」<br>▶ the scene of the crime「犯行現場」 |
| 2933 | **scenery** [sí:nəri] | 〔景色 + ery（〜に関する）〕<br>名「（ある土地、あるいは一地方全般の）景色、風景」 |

# S

2934 **obscure**
[əbskjúər]
〔ob（～の上に）+ 覆いがある⇒ぼんやりとした〕
形「①あいまいな ②〔ぼんやりとしか知られていない〕世に知られてない」
▶ an obscure meaning「あいまいな意味」
▶ an obscure painter「無名の画家」

2935 **obscurity**
[əbskjúərəti]
名「不明瞭、世に知られていないこと」

## skeptical 〔よく考える〕 語源

2936 **skeptical**
[sképtikəl]
〔skept（よく考える）+ ical（性質をもつ）⇒よく考える⇒容易に信じない〕
形「懐疑的な」
▶ be skeptical of his ability「彼の能力に懐疑的である」

2937 **skeptic**
[sképtik]
名「疑い深い人」

## slap 〔平たいものでピシャリと打つ（擬音語）〕 語源

2938 **slap**
[slǽp]
動「～を平手で打つ」 名「平手打ち」
▶ slap his face「彼の顔を平手で打つ」

## slav 〔スラブ人⇒奴隷〕 語根

✎中世初期に多くのスラブ人が奴隷にされたことに由来

2939 **slave**
[sléiv]
〔奴隷〕 名「奴隷」
▶ treat him like a slave「彼を奴隷のように扱う」

2940 **slavery**
[sléivəri]
〔奴隷 + ry（状態）〕
名「奴隷状態、奴隷制度」

## slight 〔ほっそりした〕 語源

2941 **slight**
[sláit]
〔ほっそりした⇒わずかな〕
形「わずかな、少しの」
▶ a slight difference「わずかな違い」

2942 **slightly**
[sláitli]
副「わずかに、少し」

## smart 〔鋭い〕 語源

2943 **smart**
[smá:rt]
〔鋭い⇒切れる⇒頭が切れる〕
形「頭がいい、賢明な」
▶ a smart move「賢明な行動」

## sn 〔鼻の動きを表す擬音語〕 　語根

2944 **sniff** [sníf]
- 動「鼻をすする、くんくん嗅ぐ」
- ▶ Blow your nose instead of sniffing.
「鼻をすすらないで、かみなさい」

2945 **snore** [snɔ́ːr]
- 動「いびきをかく」
- ▶ He snores.「彼はいびきをかく」

2946 **sneer** [sníər]
- 動「あざ笑う」
- ▶ She sneered at him.「彼女は彼をあざ笑った」

## soak / sorb / suck 〔吸う〕 　語根

2947 **soak** [sóuk]
- 〔吸い込む⇒液体に浸す〕
- 動「①〜を（液体に）つける ②〜をびしょぬれにする」
- ▶ soak a shirt in warm water「シャツをお湯につける」
- ▶ be soaked (to the skin) in a shower
「にわか雨にあってびしょぬれになる」

2948 **absorb** [æbsɔ́ːrb]
- 〔ab（〜から）+ 吸い込む〕
- 動「〜を吸収する」
- ▶ absorb impact「衝撃を吸収する」
- ◆ be absorbed in A「A に没頭する」

2949 **suck** [sʌ́k]
- 〔吸う〕
- 動「（液体など）を口で吸う、（指・あめなど）をしゃぶる」
- ▶ a baby sucking its thumb「親指をしゃぶっている赤ん坊」

## sob 〔むせび泣く〕 　語源

2950 **sob** [sɑ́b]
- 〔むせび泣く〕
- 動「むせび泣く」 名「むせび泣き」
- ▶ hear her sobbing「彼女がむせび泣くのが聞こえる」

## soci 〔仲間〕 　語根

2951 **social** [sóuʃəl]
- 〔仲間 + al（の）⇒社会の〕
- 形「社会の、社交の」
- ▶ social status「社会的地位」

2952 **sociable** [sóuʃəbl]
- 形「社交的な」

2953 **society** [səsáiəti]
- 〔仲間 + の集まり〕
- 名「社会、協会、社交界」
- ▶ a member of society「社会の一員」

| | | |
|---|---|---|
| 2954 | □*associate<br>[əsóuʃièit] | 〔as（〜に）+ 仲間を作る⇒仲間になる、結びつく〕<br>動「①〜を結びつける［関連づける］(with A) ②（Aと）交際する (with A)」<br>▶ be associated with Japan「日本と関連がある」<br>▶ Don't associate with criminals.「犯罪者とは付き合うな」<br>★ 好ましくない人との交際を表すことが多い。 |
| 2955 | □*association<br>[əsòusiéiʃən] | 名「協会、交際、関連」 |

## soil〔土地〕　　　　　　　　　　　　　　　　　　　　　語源

| | | |
|---|---|---|
| 2956 | □*soil<br>[sɔ́il] | 〔土地〕　名「土、土壌」<br>▶ rich soil「肥えた土壌」 |

## sole (1) / soli (1)〔単独の〕　　　　　　　　　　　　　　語根

| | | |
|---|---|---|
| 2957 | □*sole<br>[sóul] | 〔単独の〕　形「唯一の」<br>▶ the sole survivor「唯一生き残った人」 |
| 2958 | □*solely<br>[sóulli] | 副「ただ一人で、単に」 |
| 2959 | □*solitary<br>[sάlətèri] | 〔単独の〕<br>形「単独の、孤独な」<br>▶ lead a solitary life「孤独な生活を送る」 |
| 2960 | □solitude<br>[sάlət(j)ùːd] | 名「孤独」 |

## sole (2) / soli (2)〔完全な〕　　　　　　　　　　　　　　語根

| | | |
|---|---|---|
| 2961 | □solemn<br>[sάləm] 発 | 〔完全に固定された（宗教上の）儀式⇒儀式にのっとった⇒厳粛な〕<br>形「厳粛な、（表情などが）真剣な」<br>▶ a solemn ceremony「厳粛な儀式」 |
| 2962 | □*solid<br>[sάlid] | 〔完全な⇒中身が詰まっている⇒固い〕<br>形「①固体の ②確固たる」<br>▶ solid food「固形食」<br>▶ a solid foundation「確固たる基礎［基盤］」 |

## sole (3)〔なぐさめる〕　　　　　　　　　　　　　　　　　語根

| | | |
|---|---|---|
| 2963 | □*console<br>[kənsóul] | 〔con（一緒に）+ なぐさめる〕<br>動「（人）をなぐさめる」<br>▶ console him for his misfortune「彼の不運をなぐさめる」 |

2964 □ **consolation** 名「なぐさめ」
[kànsəléiʃən]

## solve / solute 〔溶く、解く〕　　　　　　　　　　　　語根

2965 □\***solve** 〔解く〕
[sálv] 動「〜を解く、解決する」
▶ solve a problem「問題を解決する」

2966 □\***solution** 名「解決（法）」
[səlúːʃən]

2967 □\***dissolve** 〔dis（分離して）+ 溶く⇒〜を溶かす〕
[dizálv] 発 動「①溶解する　②〔議会や人間関係などを溶かす〕（議会など）を解散する、（結婚や契約など）を解消する」
★ melt は「熱によって固体から液体へと溶ける」という意味だが、dissolve は「固体が液体の中で溶解する」という意味である。
▶ Sugar dissolves in water.「砂糖は水に溶ける」
▶ dissolve a marriage「結婚を解消する」

2968 □\***resolve** 〔re（完全に）+ 解く⇒解決する〕
[rizálv] 動「①（問題・論争など）を解決する　②〜しようと決意［決心］する (to do)」
▶ resolve a dispute「紛争を解決する」
▶ resolve to study harder
「もっと熱心に勉強しようと決心する」

2969 □\***resolution** 名「決議、解決、決意」
[rèzəlúːʃən]

2970 □\***absolute** 〔ab（分離して）+ 解き放たれた⇒束縛から解放される⇒自分勝手にふるまう⇒独断的な⇒完全な〕
[ǽbsəlùːt] 形「完全な、絶対的な」

2971 □\***absolutely** 副「本当に」
[ǽbsəlùːtli]
▶ You're absolutely right.「まったくその通りだよ」

## somehow 〔何かの方法で〕　　　　　　　　　　　　　語源

2972 □\***somehow** 〔some（何らかの）+ how（方法で・理由で）〕
[sámhau] 副「①何とかして (= in some way)　②どういうわけか (= for some reason)」
▶ Somehow I must get a job.
「なんとかして就職しなければならない」

## somewhat〔多少の何か〕　　　　　　　　　　　　語源

2973 **somewhat**
[sámhwàt]
〔some（多少の）+ what（何か）〕
副「いくぶん」
▶ The village has changed somewhat.
「村はいくぶん変わった」

## soothe〔真実であることを証明する〕　　　　　　　語源

2974 **soothe**
[súːð]
〔真実であることを証明する⇒なだめる〕
動「①〜をなだめる　②（痛みなど）を和らげる」
▶ soothe a baby「赤ん坊をなだめる」

## soph〔知恵〕　　　　　　　　　　　　　　　　　語根

2975 **sophisticated**
[səfístəkèitid] アク
〔知恵 + ate（のある）⇒洗練された〕
形「①（人が）洗練された　②（機械などが）高性能の」
▶ a sophisticated man「洗練された男性」
▶ a sophisticated computer「高性能のコンピュータ」

2976 **sophistication**
[səfìstəkéiʃən]
名「教養のあること、精巧さ」

2977 **philosophy**
[filásəfi]
〔philo（愛する）+ 知恵〕
名「哲学」　☞語根 phil

## sore〔痛い〕　　　　　　　　　　　　　　　　　語根

2978 **sore**
[sóːr]
〔痛い〕　形「痛い」
▶ a sore throat「のどの痛み」

2979 **sorry**
[sá(ː)ri]
〔痛い⇒心が痛い〕
形「①〔自分の行為に心が痛い〕申し訳なく思って　②〔人の不幸に心が痛い〕気の毒に思って　③〔思い通りにならない状況に心が痛い〕残念に思って」
▶ I'm sorry to have kept you waiting.
「お待たせして申し訳ありません」
▶ I'm sorry for the sick child.
「病気の子供を気の毒に思います」
▶ I'm sorry (that) I can't come.「行けなくて残念です」

## sorrow〔悲しみ〕　　　　　　　　　　　　　　　語源

2980 **sorrow**
[sárou]
〔悲しみ〕　名「悲しみ」
▶ feel great sorrow「深い悲しみを感じる」

## sort (1) 〔宿命⇒分類する〕　語根

2981 **sort**
[sɔ́ːrt]
〔分類する〕
動「〜を分類する」
名「種類」
▶ sort e-mails by date「Eメールを日付で分類する」
▶ all sorts of flowers「あらゆる種類の花」

## sort (2) 〔出かける〕　語根

2982 **resort**
[rizɔ́ːrt]
〔re（繰り返し）+（助けを求めて）出かける〕
名「①〔繰り返し出かける場所〕行楽地　②〔助けを求めて出向く〕頼みの綱、手段」
動「（手段・力などに）頼る、訴える (to A)」
▶ a summer resort「夏の行楽地」
▶ as a last resort「最後の手段として」
▶ resort to violence「暴力に訴える」

## soul 〔魂〕　語源

2983 **soul**
[sóul]
〔魂〕
名「①魂、心　②〔魂が宿るところ〕人」
▶ the souls of the dead「死者の魂」
▶ There wasn't a soul in sight.「人っ子一人、見えなかった」

## sound (1) 〔音〕　語源

2984 **sound (1)**
[sáund]
〔音〕
名「音」　動「Cに聞こえる、思われる」
▶ That story sounds strange.「その話は奇妙に聞こえる」

## sound (2) 〔健全な〕　語源

2985 **sound (2)**
[sáund]
〔健全な〕
形「①（人・心・体などが）健全な、健康な　②〔判断などが健全な〕適切な　③〔知識などが健全な〕確かな　④〔基礎などが健全な〕堅実な、しっかりとした」
副「〔眠りが健全に〕ぐっすりと」
▶ sound mind「健全な精神」
▶ sound advice「適切なアドバイス」
▶ a sound knowledge「確かな知識」
▶ a sound basis「しっかりとした基盤」
▶ be sound asleep「ぐっすり眠っている」

## source 〔わき出る起点〕 語源

**2986 source** [sɔ́:rs]
〔わき出る起点〕
名「①源 ②原因 ③情報源」
▶ an energy source「エネルギー源」

**2987 resource** [rí:sɔ:rs]
〔re（再び）+わき出る⇒次々にわき出るもの〕
名「資源、資金」
▶ natural resources「天然資源」

## sp 〔噴出、拡散、飛散（擬音語の一種でもある）〕 語根

**2988 spring** [spríŋ]
〔跳ぶ、跳び出る〕
名「①〔動物が跳躍し芽が出るイメージ〕春 ②〔水が飛び出る〕泉」
動「①跳び上がる、急に動く ②（A から）生じる（from A）」
▶ hot springs「温泉」
▶ spring out of bed「ベッドから跳び起きる」

**2989 offspring** [ɑ́:fspriŋ]
〔off（～から）+跳ぶ⇒（母体から）跳び出る〕
名「子、子孫（集合的に）」
▶ produce offspring「子孫を産む」
★ 単数でも an offspring としない。

**2990 spread** [spréd]
〔放散する〕
動「広がる、～を広げる」
名「広まり」
▶ The fire is spreading.「火事は燃え広がっている」

**2991 widespread** [wáidspred]
形「広範囲に及ぶ」
▶ widespread support「幅広い支持」

**2992 spill** [spíl]
〔血を流す〕
動「（液体など）をこぼす」
▶ spill coffee on her kimono
「着物の上にコーヒーをこぼす」

## spare〔使うのを控える〕　　中心義

2993 **spare**
[spéər]
〔使うのを控える〕
動「①〔労力・費用など〕**を惜しんで使わない**　②〔使うのを控えて相手に分け与える〕（時間・人・金など）**を割く**」
形「①〔使うのを控えて残してある〕**予備の**　②（席や時間などが）**空いている**」
▶ spare no effort「努力を**惜しま**ない」
▶ Can you spare me a minute?
「少し時間**を割いて**もらえませんか？」
▶ a spare key「**予備の**鍵」
▶ spare time「**空いた**時間［余暇］」

## spect / spec / spic〔見る〕　　語根

2994 **spectator**
[spékteitər]
〔見る + or（人）〕
名「**観客**」
▶ spectators at a baseball game「野球の試合の**観客**」

2995 **aspect**
[æspekt]
〔a（〜を）+ 見る⇒外観上の特徴〕
名「**外観、側面**」
▶ every aspect of the problem「その問題のあらゆる**面**」

2996 **expect**
[ikspékt]
〔ex（外を）+ 見る⇒何かを期待して外を見る〕
動「**〜を予期する、期待する**」
▶ expect the situation to get worse
「状況が更に悪くなると**思っている**」
◆ expect A to *do*「A が〜するだろうと思う［期待する］」

2997 **expectation**
[èkspektéiʃən]
名「**予想、期待**」
▶ meet your expectations「**期待**に応える」

2998 **expectancy**
[ikspéktənsi]
名「**見込み**」

2999 **inspect**
[inspékt]
〔in（中を）+ 見る⇒中をよく見る〕
動「（欠陥や不備の有無、法規の遵守を確認するため役人などが）**〜を（立ち入り）検査する**」
▶ inspect the contents of his bag
「彼のカバンの中身**を検査する**」

3000 **inspection**
[inspékʃən]
名「**立ち入り検査**」

## S

**3001 prospect** [práspekt]
〔pro（前方を）+ 見る〕
名「見込み、予想」
▶ prospect of success「成功の見込み」

**3002 respect** [rispékt]
〔re（後ろを振り返って）+ 見る⇒注目する⇒尊重する〕
動「〜を尊重する、尊敬する」
名「①尊重、尊敬 ②〔尊重する点〕点」
▶ respect others' rights「他人の権利を尊重する」
▶ in this respect「この点において」

**3003 respectful** [rispéktfəl]
〔敬意 + ful（〜で満ちた）〕
形「敬意を表する」
▶ be respectful of him「彼に敬意を表している」

**3004 respectable** [rispéktəbl]
〔尊敬 + able（できる）⇒ちゃんとした〕
形「（社会的に）ちゃんとした、まともな」
★ 本来の「尊敬できる」の意味は薄れていて、「尊敬できる」という意の形容詞には admirable を用いる。
▶ a respectable young man「ちゃんとした若者」

**3005 respective** [rispéktiv]
〔点 + ive（〜の性質をもった）⇒個々の〕
形「それぞれの」
▶ Go back to your respective seats.「各自の席に戻りなさい」

**3006 respectively** [rispéktivli]
副「それぞれ」

**3007 suspect** [səspékt]
〔sus（下から）+ 見る⇒疑って見上げる〕
動「①（人）に容疑をかける ②〜ではないかと思う (that + SV)」
名「容疑者」
▶ suspect him of murder「彼に殺人の容疑をかける」
　◆ suspect A of B「A（人）を B のことで怪しいと思う」
▶ suspect that he is lying
「彼がうそをついているのではないかと思う」

**3008 suspicion** [səspíʃən]
名「疑い、不信感」

**3009 suspicious** [səspíʃəs]
形「疑っている、不審な」

**3010 perspective** [pərspéktiv]
〔per（通して）+ 見る〕
名「観点、見方」
▶ from my perspective「私の観点からすると」

| | | |
|---|---|---|
| 3011 | □\***spectacle**<br>[spéktəkl] | 〔見る + cle（もの）⇒見るに値するもの〕<br>名「**見世物、光景**」<br>▶ magnificent **spectacle**「壮大な**光景**」 |
| 3012 | □\***spectacular**<br>[spektǽkjulər] | 〔spectacle（見世物）+ ar（〜のような）〕<br>形「**目をみはるような**」 |
| 3013 | □\***speculate**<br>[spékjulèit] | 〔見る⇒見て思いめぐらす〕<br>動「（A について）**推測する、憶測する** (about [on] A)」<br>▶ **speculate** on the criminal's motive<br>「犯人の動機について**あれこれ推測する**」 |
| 3014 | □\***speculation**<br>[spèkjuléiʃən] | 名「**憶測**」 |
| 3015 | □\***specimen**<br>[spésəmən] 発 | 〔見るもの〕<br>名「**見本、標本**」<br>▶ **specimens** of butterflies「蝶の**標本**」 |
| 3016 | □\*\***species**<br>[spíːʃiːz] 発 | 〔見えるもの⇒見分けがつくもの〕<br>名「（生物の）**種**」<br>▶ an endangered **species**「絶滅危惧**種**」 |
| 3017 | □\*\***special**<br>[spéʃəl] | 〔especial と 2 重語（e = 外へ）+ species（種）⇒普通の種の外⇒特別な〕<br>形「**特別な**」 |
| 3018 | □\***specialize**<br>[spéʃəlàiz] | 〔特別な + ize（する）⇒特別に扱う⇒専門に扱う〕<br>動「（A を）**専門にする、専攻する** (in A)」<br>▶ **specialize** in Japanese history「日本史を**専門にする**」 |
| 3019 | □\*\***especially**<br>[ispéʃəli] | 〔especial と special が 2 重語：especial（特別な）+ ly（副詞語尾）〕<br>副「**特に**」 |
| 3020 | □\***specify**<br>[spésəfài] | 〔見分けがつくようにする⇒明確にする〕<br>動「**具体的に述べる[指定する]**」 |
| 3021 | □\*\***specific**<br>[spisífik] アク | 〔明確な〕<br>形「①**明確な** ②**特定の**」<br>▶ **specific** instructions「**明確な**指示」 |
| 3022 | □\***conspicuous**<br>[kənspíkjuəs] | 〔con（完全に）+ 見える〕<br>形「**目立つ**」<br>▶ be **conspicuous** in her white dress<br>「白いドレスを着て**目立っている**」 |

335

## S

3023 **despise** [dispáiz]
〔de（下に）+見る⇒見下す〕
動「**～を軽蔑する**」
▶ **despise** him for his dishonesty「彼の不正直さ**を軽蔑する**」

3024 **despite** [dispáit]
〔軽蔑して⇒無視して〕
前「**～にもかかわらず**」
▶ **Despite** the fog I went for a walk.
「霧**にもかかわらず**散歩に出かけた」

### sper 〔希望〕 語根

3025 **prosper** [práspər]
〔pro（～に向かって）+希望⇒希望をもたらす〕
動「**繁栄する**」

3026 **prosperous** [práspərəs]
形「**繁栄している**」

3027 **prosperity** [prɑspérəti]
名「**繁栄**」
▶ economic **prosperity**「経済的**繁栄**」

3028 **despair** [dispéər]
〔de（ない）+希望⇒希望がない〕
動「**絶望する**」
名「**絶望**」
▶ commit suicide in **despair**「**絶望して自殺する**」

3029 **desperate** [déspərət] アク
形「①**絶望的な** ②**必死の**」
▶ get **desperate**「**絶望的な気分になる**」
▶ a **desperate** attempt「**必死の試み**」

3030 **desperately** [déspərətli]
副「**必死で、ひどく**」

### sphere 〔球〕 語根

3031 **sphere** [sfíər]
〔球〕
名「①**球（体）** ②**領域**」
▶ The earth is a **sphere**.「地球は**球体**である」

3032 **atmosphere** [ǽtməsfìər] アク
〔atmos（空気）+球⇒地球の周囲の空気〕
名「①**大気** ②〔特定の場所の周囲の空気〕**雰囲気**」
▶ pollute the earth's **atmosphere**「地球の**大気**を汚染する」
▶ a relaxed **atmosphere**「くつろいだ**雰囲気**」

3033 **atmospheric** [ætməsférik]
形「**大気の**」

3034 **hemisphere** [hémisfìər]
〔hemi（半分）+（天）球〕
名「**半球**」☞語根 semi / hemi

## spire 〔息をする〕　　　　　　　　　　　　　　　　　　　　語根

**3035 aspire** [əspáiər]
〔a（〜に向かって）+息をする⇒〜に心が弾む〕
動「熱望する」

**3036 aspiration** [æ̀spəréiʃən]
名「熱望」
▶ have aspirations to enter college
「大学入学を熱望する」

**3037 expire** [ikspáiər]
〔ex（外に）+息をする⇒息を吐き出す⇒息を引き取る〕
動「(定期券・ピザなどが) 有効期限が切れる」
▶ My driver's license expires in February.
「私の運転免許証は2月に期限が切れる」

**3038 inspire** [inspáiər]
〔in（中に）+息をする⇒人の中に意欲を吹き込む〕
動「①(人)を鼓舞する　②〔人に気持ちを吹き込む〕(愛情・感情など)を抱かせる」
▶ inspire him to study harder
「彼を鼓舞していっそう熱心に勉強する気にさせる」
　◆ inspire A to do「Aを鼓舞して〜する気にさせる」
▶ inspire confidence in him「彼に自信を持たせる」

**3039 inspiration** [ìnspəréiʃən]
名「インスピレーション、ひらめき」

**3040 spirit** [spírit]
〔息⇒命の気⇒精神〕
名「①精神　②〔死んで肉体を離れた精神〕霊　③〔活動を支える精神〕気分」
▶ body and spirit「肉体と精神」
▶ an evil spirit「悪霊」
▶ be in high spirits「上機嫌である」

**3041 spiritual** [spíritʃuəl]
形「①精神的な、霊的な　②宗教上の」

## spoil 〔だめにする〕　　　　　　　　　　　　　　　　　　　中心義

**3042 spoil** [spɔ́il]
〔だめにする〕
動「①〜を台なしにする　②〔子供をだめにする〕(子供)を甘やかす」
▶ The rain spoiled our picnic.
「雨で私たちのピクニックは台なしになった」
▶ spoil children「子供を甘やかす」

## spond / spons 〔応じる、約束する〕 語根

**3043 correspond** [kɔ̀:rəspánd]
〔cor（共に）+ 応じる⇒応じ合う⇒一致する⇒等しく相当する〕
動「①（A に）一致する (to [with] A) ②（A に）相当する (to A) ③〔互いに手紙で応じ合う〕（A と）文通する」
- His actions **corresponds** with his words.「彼の行動は彼の言葉に一致している」
- Birds' wings **correspond** to human arms and hands.「鳥の翼は人間の腕と手に相当する」

**3044 correspondence** [kɔ̀:rəspándəns]
名「①一致 ②文通、通信」

**3045 corresponding** [kɔ̀:rəspándiŋ]
形「一致する、対応する」

**3046 correspondent** [kɔ̀:rəspándənt]
名「（新聞やテレビの）特派員」

**3047 respond** [rispánd]
〔re（戻す）+ 約束する⇒約束を返す⇒返答する〕
動「①（A に）返答する (to A) ②（A に）反応する (to A)」
- **respond** to a question「質問に答える」
- **respond** to stimulation「刺激に反応する」

**3048 response** [rispáns]
名「返答、反応」

**3049 responsible** [rispánsəbl]
〔response（返答）+ ible（できる）⇒責任をもって返答できる〕
形「（A に対して）責任がある (for A)」
- be **responsible** for the accident「事故の責任がある」

**3050 irresponsible** [irispánsəbl]
〔ir（ない）+ 責任がある〕
形「無責任な」

**3051 responsibility** [rispànsəbíləti]
名「責任」
- Take **responsibility** for your own actions.「自分の行動に責任を持ちなさい」

## spontaneous 〔自発的な〕 語源

**3052 spontaneous** [spɑntéiniəs]
〔自発的な〕
形「自発的な、自然発生的な」
- a **spontaneous** action「自発的な行動」

**3053 spontaneously** [spɑ:ntéiniəsli]
副「自発的に」

## spot 〔小さなしみ・点〕　　　語源

3054 **spot**
[spát]
〔小さなしみ・点〕
图「①斑点、しみ　②場所、地点」
動「〔しみや地点を見つける〕～を見つけ出す」
▶ a tourist spot「観光地」
▶ spot him in the crowd「人ごみの中で彼を見つけ出す」

## spur 〔足で蹴る〕　　　語源

3055 **spur**
[spə́ːr]
〔靴のかかとに付けた拍車（馬に乗るとき靴のかかとに取り付ける金具で一端に歯車がある）で馬の腹部を蹴り走らせる〕
動「～に拍車をかける、～を駆り立てる」
图「拍車」
▶ spur economic growth「経済発展に拍車をかける」

## squeeze 〔圧搾する〕　　　語源

3056 **squeeze**
[skwíːz] 発
〔圧搾する〕
動「～をぎゅっと握る〔絞る〕」
▶ squeeze her hand「彼女の手をぎゅっと握る」

## sta(n) / stitute / stine / st 〔立つ〕　　　語根

3057 **stand**
[stǽnd]
〔立っている〕
動「①立っている　②建っている　③〔立ち続ける〕～に我慢する」
★「我慢する」の意味では stand は否定・疑問文で can と共に用いる。肯定文では put up with や tolerate を用いる。
▶ Her father can't stand her boyfriend.
「父親は娘の恋人に我慢できない」

3058 **outstanding**
[àutstǽndiŋ]
〔out（外に）＋立っている⇒突出した〕
形「傑出した」
▶ outstanding achievements「傑出した功績」

3059 **standard**
[stǽndərd]
〔立っている＋ard（場所）⇒立っている場所〕
图「基準、水準」
▶ the standard of living「生活水準」

3060 **understand**
[ʌ̀ndərstǽnd]
〔under（下に）＋立つ⇒相手の近くに立つ⇒よくわかる〕
動「～を理解する、がわかる」
▶ He understands Spanish.「彼はスペイン語がわかる」

## S

**3061 stay** [stéi]
〔立っている⇒とどまる〕
動「①（場所に）いる、とどまる ②（Aに）滞在する (at [in] A) ③Cのままである」
名「滞在」
▶ stay awake all night「一晩中起きたままでいる」

**3062 state** [stéit]
〔立っている状態・立場〕
名「①状態 ②〔政治的に自立した状態〕国家 ③〔自治を持った状態〕州」
動「〔自らの立場を維持するため〕（意見など）を述べる」
▶ be in a state of war「戦争状態にある」
▶ an independent state「独立国家」
▶ state your opinion「自分の意見を述べる」

**3063 statement** [stéitmənt]
名「声明、発言」
▶ make a statement「声明を出す」

**3064 statesman** [stéitsmən]
名「政治家」
▶ a great statesman「偉大な政治家」

**3065 statistics** [stətístiks] アク
〔stat（国家）+ ics（学）⇒政治学⇒統計学〕
名「統計、統計学」
▶ crime statistics「犯罪統計」

**3066 statistical** [stətístikəl] アク
形「統計の」

**3067 estate** [istéit]
〔e (= ex 外に) 立っているもの⇒立ったまま動かないもの⇒不動産〕
名「地所、財産」
▶ have a large estate in the country
「田舎に大きな地所を持っている」
◆ a real estate agent「不動産業者」(= a estate agent《英》)

**3068 static** [stǽtik]
〔立たせる⇒静止している〕
形「静止した、動きのない」
▶ static electricity「静電気」

**3069 statue** [stǽtʃu:]
〔立てられたもの〕
名「（人や動物などをかたどった）像」
▶ the Statue of Liberty「自由の女神像」

**3070 status** [stéitəs]
〔立っている状態〕
名「（社会的・職業的な）地位」
▶ social status「社会的地位」

| 3071 | **stable** [stéibl] | 〔立っている + able（〜できる）⇒立っていられる〕<br>形「安定した」<br>▶ a stable government「安定した政府」 |
|---|---|---|
| 3072 | **stability** [stəbíləti] | 名「安定（性）」 |
| 3073 | **establish** [istǽbliʃ] | 〔e（= ex 外に）+ tablish（立てる）⇒設立する〕<br>動「〜を設立する、築く」<br>▶ establish a company「会社を設立する」 |
| 3074 | **established** [istǽbliʃt] | 形「確立した、（人が）定評のある」 |
| 3075 | **establishment** [istǽbliʃmənt] | 名「施設、体制、設立」 |
| 3076 | **constant** [kάnstənt] | 〔con（しっかり）+ 立っている⇒ずっと立ち続ける〕<br>形「絶え間のない、一定の」<br>▶ be in conctant pain「絶えず痛みがある」 |
| 3077 | **constantly** [kάnstəntli] | 「絶えず」 |
| 3078 | **contrast** 名[kάːntræst] アク<br>動[kəntrǽst] アク | 〔contra（反対して）+ st（立つ）〕<br>名「対照、相違」<br>動「〜を対比する、対照を成す」<br>▶ the contrast between light and shade「光と陰の対照」<br>▶ contrast butterflies with moths「チョウとガを対比する」 |
| 3079 | **contrary** [kάntreri] | 副「〜とは反対に (to A)」<br>▶ contrary to popular belief「世間一般の考えとは反対に」<br>◆ on the contrary「それどころか」 |
| 3080 | **circumstance** [sə́ːrkəmstæns] | 〔circum（まわりに）+ 立っている〕<br>名「状況」<br>☞語根 circle / cir / cycle |
| 3081 | **distance** [dístəns] | 〔di（離れて）+ 立っている〕<br>名「（物理的・精神的な）距離」<br>▶ the distance from my house to the station「自宅から駅までの距離」 |
| 3082 | **distant** [dístənt] | 形「遠い、よそよそしい」 |
| 3083 | **instance** [ínstəns] | 〔in（近くに）+ 立っているもの〕<br>名「例、実例」<br>▶ an instance of success「成功例」<br>◆ for instance「例えば」 |

# S

3084 **instant** [ínstənt]
〔近くに立っている⇒即座の〕
形「即座の」
名「瞬間、一瞬」

3085 **substance** [súbstəns]
〔sub（下に）+ 立っているもの⇒万物の下に存在しているもの〕
名「物質」
▶ a harmful substance「有害物質」

3086 **substantial** [səbstǽnʃəl]
〔物質 + ial（の）⇒中身のある⇒中身の度合いがかなりの〕
形「（数量などが）かなりの」
▶ a substantial meal「たっぷりの食事」

3087 **constitute** [kánstət(j)ùːt] アク
〔con（一緒に）+ 立てる⇒組み立てる⇒構成する〕
動「〜を構成する」
▶ In soccer, eleven players constitute a team.
「サッカーでは11人の選手が1チームを構成する」

3088 **constitution** [kànstət(j)úːʃən]
〔組み立てられたもの⇒国を構成するもの〕
名「憲法」
▶ the Constitution of Japan「日本国憲法」

3089 **destiny** [déstəni]
〔de（下に）+ stiny（立つこと）⇒神の下に立つこと⇒運命〕
名「運命」
▶ fight against destiny「運命に逆らう」

3090 **destination** [dèstənéiʃən]
名「目的地、行先」
▶ a tourist destination「旅行者の目的地」

3091 **destined** [déstind]
形「運命づけられた」

3092 **install** [instɔ́ːl]
〔in（中に）+ 立たせる⇒設置する〕
動「（装置など）を設置する」
▶ install a security camera「防犯カメラを設置する」

3093 **installation** [ìnstəléiʃən]
名「設置」

3094 **institute** [ínstət(j)ùːt]
〔in（中に）+ 立てる⇒設立・制定する〕
動「（制度・法律など）を制定する」
名「〔設立されたもの〕（学術・教育などのための）研究所」

3095 **institution** [ìnstət(j)úːʃən]
〔設立されたもの〕
名「（銀行・病院・大学などの）機関、制度」
▶ a financial institution「金融機関」

3096 **obstacle** [ábstəkl]
〔ob（反対して）+ 立つもの〕
名「障害、妨げ」
▶ an obstacle to progress「進歩の妨げ」

### 3097 obstinate
[ábstənət]

〔ob（反対して）+ 立つ⇒手に負えない〕
形「手に負えない、頑固な」
▶ an obstinate father「頑固な父親」

### 3098 *substitute
[sʌ́bstət(j)ùːt] アク

〔sub（下に）+ 立てる⇒代わりに立てる〕
動「〜を代用する」
名「代用品、代理人」
▶ substitute honey for sugar
　「砂糖の代わりにハチミツを代用する」
　◆ substitute A for B「Bの代わりにAを代用する」

### 3099 superstition
[sùːpərstíʃən]

〔super（超えて）+ 立つもの⇒人知を超えているもの〕
名「迷信」
▶ an old superstition「古い迷信」

### 3100 superstitious
[sùːpərstíʃəs]

形「迷信深い」

### 3101 *still
[stíl]

〔じっとして動かない〕
形「じっとしている、動かない」
副「①〔動きがないことから継続性を表して〕まだ
　　②〔そのまま押し進めて〕更に（比較級の前で）」
▶ Keep still.「じっとしていなさい」
▶ It's still raining.「まだ雨が降っている」
▶ still worse news「更に悪いニュース」

### 3102 *rest
[rést]

〔re（後ろに）+ 立つ〕
名「①〔後ろに残る〕残り、他の人たち (the ~)　②〔表に出ない〕休息、休養」
動「休む」
▶ the rest of the class「クラスの他の人たち」
▶ need a long rest「長期の休養が必要である」
★ rest は「（特に体を使った後の）休息、休養」という意味であるのに対し、break は「（仕事や授業の合間の）休憩、一休み」という意味である。

### 3103 restless
[rétlis]

〔休息 + less（ない）⇒休まらない〕
形「落ち着かない」
▶ a restless child「落ち着きのない子」

### 3104 *arrest
[ərést]

〔ar（= at：〜に）+ 休む⇒引き留める〕
動「〜を逮捕する」
名「逮捕」
▶ arrest him for drunk driving「彼を飲酒運転で逮捕する」

## staff 〔支えになる人たち〕 語源

3105 **staff**
[stǽf]
〔支えになる人たち〕
⑧「(集合的に)(全)職員」
★ その職場で働く職員全体を指す。1人の人を指してa staff とは言えない。代わりに a staff member や an employee を使う。
▶ staff meeting「職員会議」

## stare 〔じっと見る〕 語源

3106 **stare**
[stéər]
〔じっと見る〕
⑩「(驚きや好奇心などで)じっと見つめる」
▶ stare at the man「その男性をじろじろ見る」

## start 〔突然動く〕 語根

3107 **start**
[stάːrt]
〔突然動く〕
⑩「始める、始まる」

3108 **startle**
[stάːrtl]
〔突然動く⇒びっくりさせる〕
⑩「(人)をびっくりさせる」
▶ be startled at his sudden death
「彼の突然死にびっくりする」

## starve 〔死ぬ〕 語源

3109 **starve**
[stάːrv]
〔死ぬ〕
⑩「飢える、餓死する」
▶ starve to death「飢えて死ぬ」

3110 **starvation**
[stɑːrvéiʃən]
⑧「餓死」

## stead 〔場所〕 語根

3111 **steady**
[stédi]
〔場所 + y (〜にとどまっている) ⇒一か所にとどまる〕
⑯「安定した、着実な」
▶ at a steady pace「一定の速度で」

3112 **steadily**
[stédili]
⑪「着実に」

3113 **instead**
[instéd]
〔in（〜の中に）＋場所⇒ある人や物がいた場所に入る⇒ある人や物と入れ代わる〕
副「その代わりに」
▶ stay home **instead** of going to school
「学校に行か**ないで**家にいる」
◆ instead of A「Aの代わりに、Aではなくて」

## steal 〔こっそり盗む〕　　語根

3114 **steal**
[stí:l]
〔こっそり盗む〕
動「〜を盗む」
▶ **steal** money from the safe「金庫から金**を盗む**」

3115 **stalk**
[stɔ́:k]
〔こっそり歩く〕
動「〜の後をそっと追う、〜にしつこくつきまとう」
▶ **stalk** the suspect「容疑者を尾行する」
園 stalker 名「ストーカー」

## steep 〔険しい、高い〕　　語源

3116 **steep**
[stí:p]
〔険しい、高い〕
形「**険しい、急な**」
▶ a **steep** slope「**急な**坂」

## stem 〔茎〕　　語源

3117 **stem**
[stém]
〔茎⇒枝葉や根を生じる〕
動「（Aから）**生じる**（from A）」 名「茎」
▶ Crimes often **stem** from poverty.
「犯罪はしばしば貧困から**起こる**」

## step 〔歩む〕　　語源

3118 **step**
[stép]
〔歩む⇒一歩踏み出すための対策〕
名「①**歩み** ②**対策、措置**」 動「歩く」
▶ take **steps** to promote economic recovery
「景気回復を促すための**対策**を講じる」

## stern 〔堅い、厳しい〕　　語根

3119 **stern**
[stɔ́:rn]
〔厳しい〕
形「**厳しい、厳格な**」
▶ a **stern** face「**厳しい**顔」
★ stern は情け容赦のない厳しさを意味する。

## S

3120 **stereotype** [stériətàip]
〔活字合金の堅い板から印刷した結果、「いつまでも変化がない」ことを意味したことより〕
名「**固定観念**」
- **stereotypes** about the elderly
「お年寄りに対する**固定観念**」

### sti (mul) 〔（棒状のものを）（突き）刺す〕　　　語根

3121 **stick** [stík]
〔突き刺す〕
動「①〔突き刺して固定する〕**〜をはりつける**
②〔突き刺して固定する〕（A を）**やり通す、貫く** (to A)
③〔突き刺して動かないようにする〕**動けない** (be stuck)
④〔突き刺すように外に出す〕**〜を突き出す**」
名「**棒（切れ）、ステッキ（杖）**」
- **stick** a stamp on a letter「手紙に切手**を貼る**」
- **stick** to your principles「自分の主義**を貫く**」
- be **stuck** in a traffic jam「交通渋滞で**動けない**」
- **stick** your tongue out「舌**を出す**」

3122 **sticker** [stíkər]
名「**ステッカー**」

3123 **stimulate** [stímjulèit]
〔刺す + ate（使用する）〕
動「**〜を刺激する、促す**」
- **stimulate** economic growth「経済成長**を刺激する**」

3124 **stimulus** [stímjuləs]
名「**刺激**」　複 stimuli

3125 **distinguish** [distíŋgwiʃ]
〔dis（離して）+ 刺す⇒刺して区別する〕
動「**〜を見分ける、区別する**」
🖉イギリスのカレッジでは、礼拝に参加すると礼拝堂の入口で、名札の横にピンで印を付けられる。これが distinguish の語源「刺して区別する」である。
- **distinguish** right from [and] wrong「善と悪**を区別する**」
  ◆ distinguish A from [and] B「A を B と区別する」

3126 **distinguished** [distíŋgwiʃt]
〔（他とは）区別された〕
形「**優れた**」

3127 **distinct** [distíŋkt]
〔区別できる〕
形「**まったく異なる、明確な**」

3128 **distinction** [distíŋkʃən]
名「**区別**」

3129 **extinguish** [ikstíŋgwiʃ]
〔ex（完全に）+刺す⇒殺害する⇒消す〕
動「(火・光など)を消す」
▶ extinguish the fire「火を消す」

3130 **extinct** [ikstíŋkt]
形「消えた、絶滅した」

3131 **extinction** [ikstíŋkʃən]
名「絶滅」
▶ be in danger of extinction「絶滅の危機にある」

3132 **instinct** [ínstiŋkt]
〔in（中から）+刺す⇒中から刺激するもの〕 名「本能」
▶ maternal instincts「母性本能」

3133 **instinctive** [instíŋktiv]
形「本能的な」

## stiff 〔固い〕　語源

3134 **stiff** [stíf]
〔固い〕
形「①固い、堅苦しい　②〔対象となるものが強硬な〕（反対などが）強硬な、（競争や刑などが）厳しい」
▶ a stiff manner「堅苦しい態度」
▶ stiff competition「厳しい競争」

## stock 〔切り株〕　語源

3135 **stock** [stάk]
〔切り株〕
名「①株、株式　②〔切り株⇒商売の根元〕在庫、蓄え」
▶ hold stock「株式を保有している」
▶ a stock of knowledge「知識の蓄積」

## store 〔蓄える、補給する〕　語根

3136 **store** [stɔ́:r]
〔蓄える〕
動「〜を蓄える、保管する」 名「店、蓄え」
▶ store food「食糧を貯蔵する」

3137 **restore** [ristɔ́:r]
〔re（再び）+補給する⇒元に戻す〕
動「①〜を取り戻す　②〜を修復する」
▶ restore your confidence「自信を取り戻す」
▶ restore an old castle「古城を修復する」

3138 **restoration** [rèstəréiʃən]
名「修復」

3139 **restaurant** [réstərənt]
〔re（再び）+ staur（補給する）+ ant（ところ）⇒元気を回復させるところ〕
名「レストラン」

## storm / stir 〔回転する〕　　　　　　　　　　　　　　　　　　　語根

**3140 storm**
[stɔ́ːrm]
〔回転する〕
名「嵐、暴風雨」
▶ a violent storm「激しい嵐」

**3141 stir**
[stə́ːr]
〔回転する〕
動「①(液体など)をかき回す　②〔かき回して刺激する〕(感情・想像力・記憶など)をかき立てる」
▶ His story stirred my imagination.
「彼の話は私の想像力をかき立てた」

## story 〔話〕　　　　　　　　　　　　　　　　　　　　　　　　　語源

**3142 story**
[stɔ́ːri]
〔話〕
名「①物語　②記事　③階」
★ history と 2 重語である。
🖉 建物の前面の各階の窓に聖書伝説を描いたことから storied windows(絵画で装飾を施した窓)という建築用語が生まれ、これから storied が独立して story になり「階」という意味が生まれた。
▶ a news story「ニュース記事」
▶ a two-story house「2 階建ての家」

## str 〔きつく縛る、ぴんと張る〕　　　　　　　　　　　　　　　　語根

**3143 strict**
[stríkt]
〔きつく縛る⇒縛りが厳しい〕
形「厳しい、厳密な」
▶ strict laws「厳しい法律」
★ strict はしつけ上の、また規則を守らせることにおける厳しさを意味する。

**3144 strictly**
[stríktli]
副「厳しく」

**3145 district**
[dístrikt]
〔dis(離して)+線引きする⇒線引きして分けた区域〕
名「(行政などの目的で区分された)区域、地区」
▶ a school district「学区」

**3146 restrict**
[ristríkt]
〔re(強く)+縛る⇒行動の自由を奪う〕
動「〜を制限する」
▶ restrict the sale of guns「銃の販売を制限する」

**3147 restriction**
[ristríkʃən]
名「制限」

| | | |
|---|---|---|
| 3148 | □\***strain**<br>[stréin] | 〔きつく縛ること⇒ぴんと張ること〕<br>名「**緊張、重圧**」<br>▶ the **strain** of raising five children<br>「5人の子供を養育する**重圧**」 |
| 3149 | □\***restrain**<br>[ristréin] | 〔re（後ろに）+ きつく縛る⇒表に出るのを引きとめる〕<br>動「①（人）**を引きとめる**　②〔感情などが表に出るのを引き止める〕（感情など）**を抑える**」<br>▶ **restrain** him from quitting his job<br>「彼が仕事を辞めるの**を引きとめる**」<br>◆ restrain A from *doing*「Aが〜するのを引きとめる」<br>▶ **restrain** your anger「怒り**を抑える**」<br>★ restrict と restrain は2重語である。 |
| 3150 | □\***restraint**<br>[ristréint] | 名「**抑制**」 |
| 3151 | □\***stress**<br>[strés] | 〔きつく縛る⇒圧力を加える〕<br>動「**〜を強調する**」<br>名「①**ストレス、圧迫**　②**重視、強調**」<br>▶ **stress** the importance of education<br>「教育の重要性**を強調する**」<br>▶ reduce **stress**「**ストレスを軽減する**」<br>▶ put **stress** on foreign languages「外国語**を重視**する」 |
| 3152 | □\***distress**<br>[distrés] | 〔dis（強く）+ 引っぱる⇒苦しめる（こと）〕<br>名「**苦悩、困窮**」<br>動「**〜を苦しめる**」<br>▶ financial **distress**「**財政難**」 |
| 3153 | □\***string**<br>[stríŋ] | 〔結ぶひも〕　名「**ひも**」<br>▶ a piece of **string**「一本の**ひも**」 |
| 3154 | □\***strong**<br>[stróːŋ] | 〔力が強い〕<br>形「①（人が）**力が強い**　②（証拠・議論などが）**説得力のある**」 |
| 3155 | □\***strength**<br>[stréŋkθ] | 名「（肉体的）**力**、（精神的）**強さ**」<br>▶ physical **strength**「**体力**」 |
| 3156 | □\***strenghten**<br>[stréŋkθn] | 動「**〜を強固にする**」 |
| 3157 | □\***stretch**<br>[strétʃ] | 〔手足を伸ばす〕<br>動「**〜を伸ばす**、（体・手・脚など）**を伸ばす**」<br>▶ **stretch** his arms「両腕**を伸ばす**」 |

3158 **prestige**
[prestíːʒ] 発 アク
〔pre（前を）+ひもで結ぶ⇒目隠しをする⇒目をくらませる⇒手品師の技⇒幻惑させる力⇒（賞賛の気持ちを込めて）威信〕
名「威信」
▶ lose prestige「威信を失う」

3159 **prestigious**
[prestídʒəs] 発 アク
形「一流の、名門の」

## strange 〔外の〕　　語源

3160 **strange**
[stréindʒ] 発
〔外の（世界）⇒知らない〕
形「①見知らぬ　②〔知らないと奇妙に感じる〕奇妙な」

3161 **stranger**
[stréindʒər]
〔知らない + er（人）〕
名「①（人から見て）見知らぬ人、外国人　②〔ある場所の地理を知らない人〕（ある場所に）不案内な人」
▶ a complete stranger「まったく見知らぬ人」
▶ I'm a stranger here.「私はこの辺はよく知らないのです」

## strategy 〔将軍〕　　語源

3162 **strategy**
[strǽtədʒi] アク
〔将軍⇒軍隊を導く計画〕
名「戦略」
▶ a business strategy「経営戦略」

3163 **strategic**
[strətíːdʒik]
形「戦略的な」

## strike 〔打つ〕　　語源

3164 **strike**
[stráik]
〔打つ〕
動「①〔考えなどが人の頭を打つ〕（考えなどが）（人）の心に浮かぶ　②〔物事が人の心を打つ〕（人）に~という感じを与える　③〔災害などが地域や人を襲う〕（災害や病気などが）~を襲う」
▶ A good idea struck him.「彼に良い考えが浮かんだ」
▶ The idea strikes me as ridiculous.
「その考えは私にはばかげたものに感じられる」
　◆ strike A as B「A（人）にBという感じを与える」
▶ An earthquake struck the Bay Area.
「地震が湾岸地域を襲った」

3165 **stroke**
[stróuk]
〔打つこと〕　名「脳卒中」
▶ have a stroke「脳卒中を起こす」

## strive〔粘り強く努力する〕 中心義

3166 **strive**
[stráiv]
〔粘り強く努力する〕
動「(〜しようと) **努力する** (to *do*)」
▶ **strive** to solve a problem「問題を解決しようと**努力する**」

## stroll〔ぶらぶら歩く〕 語源

3167 **stroll**
[stróul]
〔ぶらぶら歩く〕
動「**ぶらぶら歩く**」
▶ **stroll** in the park「公園を**ぶらぶら歩く**」

## struct / stry〔積み重ねる、建設する〕 語根

3168 **structure**
[stráktʃər]
〔積み重ねる + ure（こと）〕
名「**構造、建造物**」
▶ a social **structure**「社会**構造**」

3169 **construct**
[kənstrʌ́kt]
〔con（一緒に）+ 建設する〕
動「①**〜を建設する** ②（理論など）**を組み立てる**」

3170 **construction**
[kənstrʌ́kʃən]
名「**建設**」
▶ under **construction**「**建設**中で」

3171 **constructive**
[kənstrʌ́ktiv]
形「**建設的な**」

3172 **instruct**
[instrʌ́kt]
〔in（中に）+ 積み重ねる⇒人の中に知識などを積み重ねる〕
動「(人)**を指導する**、(人)**に指示する**」

3173 **instruction**
[instrʌ́kʃən]
名「**取扱説明書、指示**」
▶ follow the **instructions**「**取扱説明書**に従う」

3174 **instructive**
[instrʌ́ktiv]
形「**教育的な、ためになる**」

3175 **instructor**
[instrʌ́ktər]
名「(スポーツなどの)**指導員**」

3176 **instrument**
[ínstrəmənt] アク
〔in（中に）+ 積み重ねてあるもの⇒備品⇒器具〕
名「①(科学や医療などの)**器具、道具** ②**楽器**」
▶ surgical **instruments**「手術用**器具**」
▶ play an **instrument**「**楽器**を演奏する」

3177 **destroy**
[distrɔ́i]
〔de（逆にする）+ 建設する⇒取り壊す〕
動「**〜を破壊する、台なしにする**」
▶ **destroy** the environment「環境**を破壊する**」

3178 **destruction**
[distrʌ́kʃən]
名「**破壊**」

## S

3179 **destructive** [distrʌ́ktiv]
名「破壊的な」

3180 **industry** [índəstri]
〔indu（中に）+積み重ねる⇒努力・勤勉⇒勤勉によって生み出される産業〕
名「①産業、工業 ②業界」
▶ heavy industry「重工業」

3181 **industrial** [indʌ́striəl]
〔産業 + ial（に関する）〕
名「産業の、工業の」

### struggle 〔もがく〕　語源

3182 **struggle** [strʌ́gl]
〔もがく⇒奮闘する〕
動「もがく、奮闘する (to do)」
名「闘争、奮闘」
▶ struggle to get freedom「自由を得ようと奮闘する」

### stubborn 〔頑固な〕　語源

3183 **stubborn** [stʌ́bərn]
〔stub（切り株）+（〜生まれの）⇒切り株のように動じない⇒頑固な〕
形「頑固な、強情な」
▶ a stubborn child「強情な子供」

### stuff 〔物〕　語源

3184 **stuff** [stʌ́f]
〔物⇒物を詰め込む〕
名「もの」
動「〜を詰め込む」
▶ His drawings are good stuff.「彼の絵は良いものだ」

### stumble 〔つまずく〕　語源

3185 **stumble** [stʌ́mbl]
〔つまずく〕
動「つまずく」
▶ stumble on a stone「石につまずく」

### stupid 〔呆然とした〕　語源

3186 **stupid** [st(j)úːpəd]
〔呆然とした⇒愚鈍な〕
形「愚かな、ばかな」
▶ a stupid mistake「ばかな間違い」

## suade 〔説得する〕　　　　　　　　　　　　　　　　　　　　　　　語源

3187 **persuade**
[pərswéid] 発
〔per（完全に）+ suade（説得する）〕
動「(人)を説得する」
▶ persuade him to come with me
「彼を説得して私と一緒に来てもらう」
　◆ persuade A to *do*「A を説得して〜させる」

3188 **persuasive**
[pərswéisiv]
形「説得力のある」

3189 **persuasion**
[pərswéiʒən]
名「説得」

## sult (2) / sault / sal 〔跳ぶ〕　　　　　　　　　　　　　　　　　語根

☞語根 cil / sult (1)〔呼び集める〕と区別する

3190 **insult**
動[insʌ́lt] アク
名[ínsʌlt] アク
〔in（上に）+ 跳ぶ⇒相手に言葉で跳びかかる〕
動「(人)を侮辱する」
名「侮辱」
▶ take his remark as an insult「彼の発言を侮辱と受け取る」

3191 **result**
[rizʌ́lt]
〔re（後ろに）+ 跳ぶ⇒跳ね返ってくるもの〕
動「結果として生じる、起こる」
名「結果」
▶ The flood resulted from heavy rains.
「洪水は豪雨のために起きた」
　◆ A result from B「A は B が原因で起こる」
▶ The project resulted in success.
「その計画は成功という結果になった」
　◆ A result in B「A は B という結果になる」
▶ the end result「最終結果」

3192 **assault**
[əsɔ́:lt]
〔as（〜に）跳ぶ⇒〜に跳びかかる〕
名「攻撃、暴行」
動「〜を暴行する、攻撃する」
▶ an assault on the enemy「敵への攻撃」

3193 **salmon**
[sǽmən]
〔跳ぶ魚⇒産卵のため川をさかのぼるときに跳びはねることから〕
名「サケ」

## sum 〔最上〕 語根

3194 **sum**
[sám]
〔最上⇒最も重要なところ⇒数や金額の合計〕
名「①合計 ②金額」
動「〜を要約する（up）」
📖 古代ローマ人は下から数え上げ、合計を一番上に書いた。
▶ the sum total of expenses「費用の合計」
▶ a large sum「多額」

3195 **summit**
[sámit]
〔最上⇒頂上〕
名「①頂上 ②首脳会談」
▶ reach the summit「頂上に到達する」

3196 **summary**
[sáməri]
〔最上⇒最も重要なところ〕
名「要約」

3197 **summarize**
[sáməràiz]
動「〜を要約する」

## sume 〔取る〕 語根

3198 **assume**
[əsúːm]
〔as（〜に）+取る⇒自分の考えとして引き受ける〕
動「①〜だと思い込む ②〔責任を引き受ける〕（責任など）を引き受ける」
▶ assume that he is innocent「彼が無罪だと思い込む」
▶ assume responsibility「責任を引き受ける」

3199 **assumption**
[əsʌ́mpʃən]
名「想定、思い込み、引き受けること」

3200 **consume**
[kənsúːm]
〔con（全て）+取る⇒使い果たす〕
動「（燃料・時間・エネルギーなど）を消費する」
▶ consume much time studying
「勉強に多くの時間を費やす」

3201 **consumption**
[kənsʌ́mpʃən]
名「消費、飲食」

3202 **consumer**
[kənsúːmər]
名「消費者」

3203 **presume**
[prizúːm]
〔pre（前もって）+取る⇒前もって考える〕
動「〜を推定する、〜だと思う」
▶ I presume his innocence.「彼は無罪だと思う」

3204 **presumably**
[prizúːməbli]
「たぶん、おそらく」

| | | |
|---|---|---|
| 3205 | □***resume**<br>[rezjú:m] | 〔re（再び）+ 取る〕<br>動「～を再開する」<br>▶ **resume** your work「仕事**を再開する**」 |

## super / sur 〔上位〕  語根

| | | |
|---|---|---|
| 3206 | □***supervise**<br>[sú:pərvàiz] | 〔上から + vise（見る）〕<br>動「～を監督する」 ☞語根 vise<br>▶ **supervise** the workers「労働者**を監督する**」 |
| 3207 | □***supervisor**<br>[sú:pərvàizər] | 〔監督する + or（人）〕<br>名「監督者」 |
| 3208 | □***superficial**<br>[sù:pərfíʃəl] | 〔super（上の）+ ficial（面の）〕<br>形「表面的な」 ☞語根 face |
| 3209 | □***superior**<br>[səpíəriər] | 〔上にある〕<br>形「(A より)**優れている** (to A)」<br>▶ This car is **superior** to that one.<br>「この車はあの車より**優れている**」 |
| 3210 | □***superiority**<br>[səpìərió:rəti] | 名「**優位**」 |
| 3211 | □***supreme**<br>[səprí:m] | 〔最も上の〕<br>形「最高の」<br>▶ a **supreme** effort「**最大限の**努力」 |
| 3212 | □***surface**<br>[sə́:rfis] | 〔上の + face（面）⇒表面〕<br>名「表面」 |
| 3213 | □***surplus**<br>[sə́:rplʌs] | 〔上に + plus（加えた）〕<br>名「余剰」<br>▶ a trade **surplus**「貿易**黒字**」 |

## surd 〔聞くに堪えない〕  語根

| | | |
|---|---|---|
| 3214 | □***absurd**<br>[æbsə́:rd] | 〔ab（まったく）+ 聞くに堪えない〕<br>形「ばかげた」<br>▶ an **absurd** idea「**ばかげた**考え」 |

## sure 〔確かな〕 語根

3215 **sure** [ʃúər]
〔確かな〕
形「確かな、確信している」

3216 **surely** [ʃúərli]
「確かに」

3217 **assure** [əʃúər]
〔as（〜に対して）+ 確実だと言う〕
動「(人)を確信させる、(人)に保証する」
▶ assure him of the drug's safety「薬の安全性を彼に保証する」

3218 **assurance** [əʃúərəns]
名「確信、保証」

3219 **ensure** [inʃúər]
〔en（〜にする）+ 確かな⇒確実にする〕
動「〜を確実にする、確保する」
▶ ensure success「成功を確実にする」

3220 **insure** [inʃúər]
〔ensure の異形：確実にする⇒保証する⇒保険をかける〕
動「〜に保険をかける」

3221 **insurance** [inʃúərəns]
名「保険」
▶ health insurance「健康保険」

3222 **reassure** [rìːəʃúr]
〔re（再び）+ 保証する⇒安心させる〕
動「(人)を安心させる」
▶ reassure his parents「両親を安心させる」

3223 **reassurance** [rìːəʃúərəns]
名「安心」

## surgeon 〔外科医〕 語源

3224 **surgeon** [sə́ːrdʒən]
〔sur（手）+ geon（仕事）⇒外科医〕
名「外科医」 ★ physician「内科医」

3225 **surgery** [sə́ːrdʒəri]
名「外科手術」
▶ heart surgery「心臓手術」

## swear 〔誓う〕 語源

3226 **swear** [swéər]
〔誓う〕 動「〜を誓う」
▶ swear to tell the truth「真実を述べると誓う」

## swell 〔膨らむ〕 語源

3227 **swell** [swél]
〔大きさが増す、膨らむ〕 動「膨らむ」
▶ My injured ankle is swelling.
「けがをした足首がだんだんはれてきた」

## tach / tack (1) 〔くい〕　　　語根

**3228 attach** [ətætʃ]
〔at（〜に）+ くい ⇒ くいに固定する ⇒ くっ付ける〕
動「〜をくっ付ける」
▶ **Attach** a photo to your application.
「申込書に写真を添付してください」
◆ attach A to B「A を B にくっ付ける」
◆ be attached to A「〔物に気持ちをくっ付ける〕A に愛着を感じている」

**3229 attachment** [ətætʃmənt]
名「愛情、付属品」

**3230 attack** [ətæk]
〔at（〜に）+ くい ⇒ くいを打ち込む ⇒ 攻撃する〕
名「① 攻撃　② 〔言葉の攻撃〕非難　③ 〔病気の攻撃〕発作」
動「〜を攻撃する、非難する」
▶ a terrorist **attack**「テロ攻撃」
▶ have a heart **attack**「心臓発作を起こす」

## tact / tack (2) / take / tegral / tire / tain / tax / taminate / taste / touch 〔触れる、つかむ〕　　　語根

**3231 contact** [kάntækt]
〔con（一緒に）+ 触れる ⇒ 触れ合う〕
名「接触」
動「（電話や手紙や直接会って）（人）に連絡する」
▶ come into **contact** with a foreigner「外国人と接触する」
◆ come into contact with A「A と接触する」

**3232 tackle** [tǽkl]
〔つかむ + le（道具）〕
動「（問題など）に取り組む」
★ ラグビーで相手選手に「タックルする」の意もある。
▶ **tackle** the problem of global warming
「地球温暖化の問題に取り組む」

**3233 take** [téik]
〔つかむ ⇒ 自分の方に取り込む〕
動「① 〔時間などを取り込む〕（時間・労力・勇気など）を必要とする　② 〔薬を体内に取り込む〕（薬など）を飲む」
▶ It **takes** courage to admit your faults.
「自分の非を認めるには勇気を必要とする」
◆ It takes A to *do*「〜するのに A（時間・金・労力・勇気など）を必要とする」
▶ **Take** this medicine before bedtime.
「寝る前にこの薬を飲んでください」

## T

**3234 integral** [íntigrəl]
〔in（～しない）+ 触れる⇒触れていない⇒手をつけていない⇒完全な⇒不可欠な〕
形「**不可欠な**」
▶ Rice is an integral part of our diet.
「米は私たちの食事に**不可欠なものだ**」

**3235 integrity** [intégrəti]
〔完全な + ity（状態）⇒誠実〕
名「**誠実さ**」
▶ a man of great integrity「極めて**誠実**な人」

**3236 integrate** [íntəgrèit]
〔integr（完全な）+ ate（する）⇒一体化する〕
動「**～を溶け込ませる、統合する**」
▶ integrate immigrants into our society
「私たちの社会に移民**を溶け込ませる**」

**3237 integration** [ìntəgréiʃən]
名「**溶け込むこと、統合**」

**3238 entire** [intáiər]
〔en（～しない）+ 触れる⇒触れていない⇒手をつけていない⇒完全な〕
形「**完全な、全体の**」
▶ the entire family「家族**全員**」

**3239 entirely** [intáiərli]
副「**完全に**」

**3240 attain** [ətéin]
〔at（～に）+ 触れる⇒手が届く⇒～に到達する〕
動「**～を達成する、獲得する**」
▶ attain your goal「目標**を達成する**」

**3241 tax** [tæks]
〔触れて値踏みする⇒課税する〕
名「**税金**」
▶ raise taxes「**税金を上げる**」

**3242 task** [tæsk]
〔tax の 2 重語：税を金銭ではなく労働で払わせたことに由来〕
名「（義務として課せられた困難な）**任務、課題**」
▶ a difficult task「困難な**任務**」

**3243 contaminate** [kəntǽmənèit]
〔con（一緒に）+ 触れる⇒触れて汚す〕
動「**～を汚染する**」
▶ water contaminated by chemicals
「化学物質で**汚染された**水」

**3244 contamination** [kəntæ̀mənéiʃən]
名「**汚染**」

| 3245 | **taste**<br>[téist] | 〔触れる⇒味を感じる〕<br>動「①〜の味がする ②〜を味見する」<br>名「①味 ②(服装・音楽などの)趣味、好み」<br>▶ taste very sweet「とても甘い味がする」<br>▶ the taste of coffee「コーヒーの味」<br>▶ a matter of taste「好みの問題」 |
|---|---|---|
| 3246 | **touch**<br>[tʌtʃ] | 〔触れる〕<br>動「①〜に触れる ②〔心に触れる〕(人)を感動させる」<br>名「①触れること ②感触 ③連絡」<br>▶ The musical touched her.<br>「そのミュージカルは彼女を感動させた」<br>▶ get in touch with him「彼と連絡を取る」 |

## tail 〔切る〕 語根

| 3247 | **retail**<br>[ríːteil] | 〔re(完全に)+切る⇒切り売りする〕<br>名「小売り」<br>動「〜を小売りする」<br>▶ a retail store「小売店」 |
|---|---|---|
| 3248 | **detail**<br>[ditéil] | 〔de(離して)+切る⇒細かく切り分ける〕<br>名「詳細」<br>▶ the details of the accident「事故の詳細」<br>◆ in detail「詳細に」 |

## tain / tinue 〔保つ、保持する〕 語根

| 3249 | **contain**<br>[kəntéin] | 〔con(一緒に)+保つ〕<br>動「(中身の全体として)〜を含む」<br>▶ a box containing books「本が入っている箱」 |
|---|---|---|
| 3250 | **container**<br>[kəntéinər] | 名「容器」 |
| 3251 | **content (1)**<br>[kántent] アク | 〔一緒に含まれたもの〕<br>名「中身、内容、目次」<br>▶ the contents of the bag「バッグの中身」 |
| 3252 | **content (2)**<br>[kəntént] アク | 〔中身が満たされた〕<br>形「満足した」<br>▶ be content with his life「自分の生活に満足している」 |
| 3253 | **contentment**<br>[kənténtmənt] | 名「満足」 |

# T

| 3254 | **entertain** [èntərtéin] アク | 〔enter（中に）+保つ⇒人を家の中に保つ〕<br>動「(人)を楽しませる、(人)をもてなす」<br>▶ entertaine his children with games「ゲームをして子供たちを楽しませる」 |
|---|---|---|
| 3255 | **entertainment** [èntərtéinmənt] | 名「娯楽、もてなし」 |
| 3256 | **maintain** [meintéin] | 〔main（手で）+保持する⇒一定の状態を保持する〕<br>動「①（関係・温度・速度・割合など）を保ち続ける ②（道・建物・機会など）を整備する ③〔自分の立場を保持するため〕（意見など）を主張する」<br>☞語根 man(1) |
| 3257 | **maintenance** [méintənəns] | 名「整備、維持」<br>★ つづりに注意。maint<u>e</u>nance |
| 3258 | **obtain** [əbtéin] | 〔ob（そばで）+保持する〕<br>動「～を手に入れる」<br>▶ obtain permission「許可を得る」 |
| 3259 | **retain** [ritéin] | 〔re（後ろに）+保つ〕<br>動「（性質・権利・水分など）を保つ」<br>▶ retain independence「独立を保つ」 |
| 3260 | **sustain** [səstéin] | 〔sus（下から）+保持する⇒～を支える〕<br>動「（生命・活動・状況など）を維持する、持続させる」<br>▶ sustain economic growth「経済成長を維持する」 |
| 3261 | **sustainable** [səstéinəbl] | 形「（農業・製法などが）持続可能な、環境に優しい」 |
| 3262 | **continue** [kəntínju:] アク | 〔con（一緒に）+保持する⇒ひと続きになる⇒続く〕<br>動「続く、続ける」<br>▶ continue to drink「酒を飲み続ける」 |
| 3263 | **continuous** [kəntínjuəs] | 形「絶え間ない、連続した」 |
| 3264 | **continuity** [kàntən(j)ú:əti] | 名「連続、一続き」 |
| 3265 | **continent** [kántənənt] | 〔con（一緒に）+保持する⇒ひと続きになったもの〕<br>名「大陸」<br>▶ the African continent「アフリカ大陸」 |

## tal / tel 〔話す〕　　　　　　　　　　　　　　　　　　　　　　　　　　　語根

3266 □ **talk**
[tɔ́:k]

〔話す⇒言語でやり取りする〕
動「**話す**」
▶ talk to her on the phone「彼女と電話で**話す**」
★「〜と話す」の意味では talk は直後に目的語を取らない。talk to ~ または talk with ~ とする。
◆ talk A into *doing*「A を説得して〜させる」
◆ talk A out of *doing*「A を説得して〜するのをやめさせる」

3267 □ **tale**
[téil]

〔話〕 名「**話**」
▶ fairly tales「おとぎ**話**」

3268 □ **tell**
[tél]

〔話す⇒相手に内容を伝える〕
動「(人)**に**(〜)**を伝える**」
▶ tell the children the story「子供たち**に**その話**を伝える**」
▶ tell him to be here「彼**に**ここに来るように**言う**」
◆ tell A to *do*「A に〜するように言う」

## talent 〔貨幣・重さの単位〕　　　　　　　　　　　　　　　　　　　　　　語源

3269 □ **talent**
[tǽlənt] アク

〔貨幣・重さの単位⇒才能〕
名「(生まれつきの)**才能**」
🔖「各自の能力に応じて talent（貨幣）を与える」と聖書に引用されたことから「才能」という意味が生じた。
▶ a man of many talents「多くの**才能**を持つ男性」

3270 □ **talented**
[tǽləntid]

形「**才能のある**」

## tame 〔飼いならされた〕　　　　　　　　　　　　　　　　　　　　　　　語源

3271 □ **tame**
[téim]

〔飼いならされた〕
形「**飼いならされた**」
動「(野生の動物)**を飼いならす**」
▶ a tame monkey「**飼いならされたサル**」

## tap 〔手の平でたたく〕　　　　　　　　　　　　　　　　　　　　　　　　語源

3272 □ **tap**
[tǽp]

〔手の平でたたく〕
動「**〜を軽くたたく**」
名「**コツコツたたく音**」
▶ tap him on the shoulder「彼の肩**を軽くたたく**」
◆ tap A on the shoulder「A（人）の肩を軽くたたく」

361

## tear 〔引き裂く〕  語源

3273 **tear** [téər] 発
〔引き裂く〕
動「〜を引き裂く」
▶ tear his pants「ズボンを破く」

## tease 〔羊毛をすく〕  語源

3274 **tease** [tíːz]
〔羊毛をすく⇒髪を逆立てる⇒神経を逆なでする〕
動「〜をからかう、いじめる」
▶ Stop teasing me.「からかうなよ」

## techn 〔技術〕  語根

3275 **technique** [tekníːk] アク
〔技術〕
名「(専門的な) 技術」
▶ surgical techniques「外科技術」

3276 **technical** [téknikəl]
形「科学 [工業] 技術の、専門的な」

3277 **technology** [teknálədʒi] アク
〔techno (技術) + logy (学)〕
名「科学技術」
▶ modern technology「現代科学技術」

3278 **technological** [tèknəládʒikəl]
形「科学 [工業] 技術の」

## tect 〔覆い〕  語根

3279 **detect** [ditékt]
〔de (離す) + 覆い⇒覆いを取る〕
動「〜を見つける」
▶ detect an error「誤りを見つける」

3280 **detective** [ditéktiv]
〔覆いを取る人〕
名「刑事、探偵」

3281 **protect** [prətékt]
〔pro (前を) + 覆う〕
動「〜を保護する」
▶ protect the environment「環境を保護する」

3282 **protection** [prətékʃən]
名「保護」

## temper 〔自然の中の4要素（熱、冷、乾、湿）の混合具合によって生じる気質〕語根

### 3283 temper
[témpər]
〔気質〕
名「①気質 ②短気 ③平静（な気分）」
- have a temper「短気である」
- keep one's temper「平静を保つ」
- lose one's temper「平静を失う［腹を立てる］」

### 3284 temperament
[témpərəmənt]
名「気質」
- a man of artistic temperament「芸術家気質の人」

### 3285 temperature
[témpərətʃər] 発
〔4要素がしかるべき割合に混じった⇒気候の温和さ〕
名「温度」
- the temperature in Tokyo「東京の気温」

### 3286 temperate
[témpərət]
〔温和な〕
形「温和な、温暖な」

## temple 〔神殿〕 語根

### 3287 temple
[témpl]
〔神殿〕
名「神殿、寺院」
- a Greek temple「ギリシア神殿」

### 3288 contemplate
[kántəmplèit]
〔con（しっかり）+ 神殿で占う⇒熟考する〕
動「～を熟考する」
★ 神殿は占いを行う場所であった。
- contemplate his future「将来を熟考する」

## tempor 〔時〕 語根

### 3289 temporary
[témpərèri]
〔時 + ary（に関する）〕
形「一時的な」
- a temporary job「臨時の仕事」

### 3290 contemporary
[kəntémpərèri] アク
〔con（一緒の）+ 時間に関する〕
形「同時代の、現代の」 名「同時代人」
- contemporary music「現代音楽」

## tempt 〔誘う、試す〕 語根

### 3291 tempt
[témpt]
〔誘う〕
動「(人)を誘惑する」
- tempt him with a bribe「わいろで彼を誘惑する」

### 3292 temptation
[temptéiʃən]
名「誘惑」

# T

### 3293 attempt
[ətémpt]

〔at（〜を）+ 試みる〕
- 图「試み、挑戦 (to *do*)」
- 動「〜を試みる、挑戦する (to *do*)」
▶ an attempt to climb Mount Everest
「エベレスト登山への挑戦」
▶ attempt to escape「逃走を試みる」

## tend / tens / tent / tone / tune 〔伸ばす、張る〕　語根

### 3294 tend
[ténd]

〔伸ばす⇒〜に向かう〕
- 動「〜する傾向がある (to *do*)」
▶ He tends to boast.
「彼は自慢する傾向がある」

### 3295 tendency
[téndənsi]

- 图「傾向 (to *do*)」
▶ He has a tendency to overeat.
「彼には食べすぎる傾向がある」

### 3296 tender
[téndər]

〔伸びた先端⇒柔らかくて弱い〕
- 形「①（食べ物などが）柔らかい　②（植物などが）弱い　③〔心が柔らかい〕優しい」
▶ He is tender toward children.「彼は子供たちに優しい」

### 3297 attend
[əténd]

〔at（〜に）+（足を）伸ばす⇒心を向ける〕
- 動「①〔会合などに心を向ける〕〜に出席する、通う　②〔仕事などに心を向ける〕（〜に）対処する (to A)　③〔病人などに心を向ける〕（病人などの）世話をする (to A)」
▶ attend the ceremony「式典に出席する」
★「出席する、通う」の意味の場合 attend at 〜 とはしない。
▶ attend to his business「仕事を処理する」
▶ attend to the baby「赤ん坊の世話をする」

### 3298 attendance
[əténdəns]

- 图「出席、出席率」

### 3299 attendant
[əténdənt]

〔世話をする人〕
- 图「接客係」

### 3300 attention
[əténʃən]

- 图「注意、注目」
▶ pay attention to his words「彼の言葉に注意を払う」
◆ pay attention to A「A に注意を払う」

### 3301 attentive
[əténtiv]

- 形「注意深い」

| 3302 | □\*contend [kənténd] | 〔con（一緒に）+ 伸ばす⇒互いに張り合う〕<br>動「①〔互いに張り合う〕**～と主張する**　②〔張り合って〕**競争する**」<br>▶ contend that vitamin D might help prevent cancer「ビタミン D はガンを抑制する可能性があると**主張する**」<br>▶ contend for a prize「賞を目指して**競争する**」 |
|---|---|---|
| 3303 | □\*extend [iksténd] | 〔ex（外に）+ 伸ばす⇒線的に伸ばす〕<br>動「**～を延長する、拡大する**」<br>▶ extend our business to China「中国に事業**を拡大する**」 |
| 3304 | □\*extension [iksténʃən] | 名「**延長、拡大**」 |
| 3305 | □\*extensive [iksténsiv] | 形「**幅広い、大規模な**」 |
| 3306 | □\*extent [ikstént] | 〔伸ばす範囲・程度〕<br>名「**程度、範囲**」<br>▶ to some extent「ある**程度**まで」 |
| 3307 | □\*intend [inténd] | 〔in（中に）+ 伸ばす⇒中に心や注意を向ける⇒意図する〕<br>動「**～するつもりである** (to *do*)」<br>▶ intend to be a doctor「医者になる**つもりだ**」 |
| 3308 | □\*intention [inténʃən] | 名「**意図**」 |
| 3309 | □\*intent [intént] | 〔中に心や注意を向けて〕<br>形「**集中して、決意して**」<br>▶ be intent on his work「仕事に**集中している**」 |
| 3310 | □\*intense [inténs] | 〔intend の2重語：意図する⇒一途になる⇒激しい〕<br>形「**激しい**」<br>▶ intense heat「**酷暑**」 |
| 3311 | □\*intensive [inténsiv] | 〔激しい + ive（傾向のある）〕<br>形「**集中的な**」 |
| 3312 | □\*intensity [inténsəti] | 名「**強烈さ**」 |
| 3313 | □\*intensify [inténsəfài] | 〔強い + fy（～化する）〕<br>動「**～を強める**」 |
| 3314 | □\*pretend [priténd] | 〔pre（人前に）+ 伸ばす⇒人前に口実を広げる⇒見せかける〕<br>動「**～するふりをする** (to *do*)」<br>▶ pretend to be ignorant「知らない**ふりをする**」 |

| | | |
|---|---|---|
| 3315 | □***tension**<br>[ténʃən] | 〔伸ばした状態⇒張りつめた状態〕<br>名「**緊張（状態）**」<br>▶ racial **tension**「人種間の**緊張**」 |
| 3316 | □***tense**<br>[téns] | 〔張りつめた状態の〕<br>形「**張りつめた、緊張した**」 |
| 3317 | □***tone**<br>[tóun] | 〔(音を) 伸ばすこと⇒音調〕<br>名「(楽器などの) **音色、口調**」 |
| 3318 | □***tune**<br>[t(j)úːn] | 〔tone の変形〕<br>名「**曲、メロディ**」<br>▶ a catchy **tune**「覚えやすい**曲**」 |

## term 〔終わり、境界〕　　　　　　　　　　　　　　　　　　　　　　　　語根

| | | |
|---|---|---|
| 3319 | □***term**<br>[tə́ːrm] | 〔終わり⇒限定すること〕<br>名「①〔限定された時間〕**期間、学期**<br>　②〔限定された言葉〕**(専門) 用語、言葉**<br>　③〔限定された条件〕**条件**<br>　④〔限定された人間関係〕**間柄**」<br>▶ a long **term** effect「長**期**的影響」<br>▶ a medical **term**「医学**用語**」<br>▶ offer good **terms**「好**条件**を提示する」<br>▶ be on friendly **terms** with my neighbors<br>「近所の人と親しい**間柄**である」<br>◆ in terms of A「A の観点から」 |
| 3320 | □***terminal**<br>[tə́ːrmənl] | 〔終点〕<br>名「(鉄道・バス・飛行機などの) **終点、ターミナル**」<br>形「**終点の、末期の**」<br>▶ airport **terminal**「空港**ターミナル**」<br>★ terminal building とは言わない。 |
| 3321 | □***terminate**<br>[tə́ːrmənèit] | 〔終わり + nate（〜にする）〕<br>動「**〜を終結させる**」 |
| 3322 | □***determine**<br>[ditə́ːrmin] アク | 〔de（はっきりと）+境界を定める〕<br>動「①**〜を特定する** ②〔心を定める〕**〜を決定する、〜することを決心する** (to *do*)」<br>▶ **determine** the cause of the accident<br>「事故原因を**特定する**」<br>▶ **determine** to quit my job「仕事を辞める**決心をする**」 |
| 3323 | □***determination**<br>[ditə̀ːrmənéiʃən] | 名「**決意、決定**」 |

## terr 〔ぎょっとさせる、恐怖〕　　　　　　　　　　　　　　　　　　　　語根

3324 □*terror
[térər]
〔恐怖〕
名「(非常な) 恐怖」
▶ scream in terror「恐怖のあまり叫ぶ」
　◆ in terror「恐怖のあまり」

3325 □terrorism
[térərizm]
名「テロ」
▶ the fight against terrorism「テロとの戦い」

3326 □*terrible
[térəbl]
〔ぎょっとさせる〕
形「(損害などが) ひどい、恐ろしい」
▶ a terrible accident「ひどい事故」

3327 □*terribly
[térəbli]
副「とても」

3328 □terrific
[tərífik]
〔恐ろしい⇒恐ろしいほどすばらしい〕
形「すばらしい、ものすごい」
★ 20世紀になり、terrible と違って、良い意味だけで使うようになった。
▶ a terrific idea「すばらしい考え」

3329 □*terrify
[térəfài]
〔恐ろしい + ify (〜にする)〕
動「(人) をひどく怖がらせる」

## terri / terra 〔土地〕　　　　　　　　　　　　　　　　　　　　　　　語根

3330 □*territory
[térətɔ̀:ri]
〔町の周りの土地〕
名「領土」
▶ enemy territory「敵の領土」

3331 □Mediterranean
[mèdətəréiniən]発アク
〔medi (中間の) + terrane (土地)〕
形「地中海の」

## test (1) 〔つぼ〕　　　　　　　　　　　　　　　　　　　　　　　　　語根

3332 □*test
[tést]
〔つぼ〕
名「①試験、検査　②〔能力などを試すための〕判断基準、試練」
✎硬貨の純度や硬貨の真偽を調べるために、つぼに入れて硬貨が溶けるかどうか調べたことから test が「試験、検査」という意味に使われるようになった。
▶ stand the test of time「時の試練に耐える」

## test (2) 〔証言する〕　　　語根

### 3333 testify
[téstəfài]
〔証言する〕
動「証言をする」
▶ testify against him「彼に不利な証言をする」
　◆ testify against A「Aに不利な証言をする」
　◆ testify for A「Aに有利な証言をする」

### 3334 testimony
[téstəmòuni]
〔証言〕　名「証言、証拠」

### 3335 protest
[próutest]
〔pro（人前で）+ 証言する⇒抗議する〕
名「抗議」　動「抗議する」
▶ make a protest「抗議する」

## text / tle 〔編む、織る〕　　　語根

### 3336 context
[kántekst]
〔con（一緒に）+ 織り込まれたもの〕
名「①〔言葉に織りこまれたもの〕文脈
　　②〔状況に織りこまれたもの〕背景、状況」
▶ guess the meaning of a word from the context
　「語の意味を文脈から推測する」
▶ social context「社会的背景」

### 3337 tissue
[tíʃuː]
〔織られたもの〕　名「(細胞の) 組織」
▶ brain tissue「脳組織」
★ tissue には「薄い織物」の意味があり、そこから「ティッシュペーパー」の意味が生まれた。

### 3338 subtle
[sʌ́tl] 発
〔sub（下の）+ 織物⇒繊細な織物⇒繊細な〕
形「微妙な」★ b は黙字
▶ subtle differences「微妙な違い」

## the (1) 〔置く〕　　　語根

### 3339 theme
[θíːm]
〔(論題として) 置かれるもの + me（下に）⇒主題〕
名「主題、テーマ」
▶ the theme of his lecture「彼の講義の主題」

### 3340 thesis
[θíːsis]
〔(議論において) 置かれるもの + sis（下に）⇒主張⇒論文〕
名「主張、論文」
▶ a thesis on economics「経済学に関する論文」

### 3341 hypothesis
[haipáθəsis]
〔hypo（基底に）+ 置く⇒仮説〕
名「仮説」
▶ test a hypothesis「仮説を検証する」

## the (2) 〔見る〕 語根

**3342 theater** [θíːətər]
〔見る + 場所〕
名「**劇場、映画館**」

**3343 theory** [θíːəri]
〔見る + ory（こと）⇒熟視すること〕
名「**学説、理論**」
☞ theory は theme や thesis と語源が異なる。
▶ the **theory** of evolution「進化**論**」

**3344 theoretical** [θìːərétikəl]
形「**理論的な、理論（上）の**」

## thus 〔神〕 語根

☞語根 div

**3345 enthusiasm** [inθúːziæ̀zm] アク
〔en（中に）+ thus（神）+ asm（状態）⇒心の中に神がとりついた状態〕
名「**熱狂、熱意**」
▶ have **enthusiasm** for rock music「ロックに**夢中**である」

**3346 enthusiastic** [inθùːziǽstik]
形「**熱狂的な**」

## thick 〔厚みがある〕 語源

**3347 thick** [θík]
〔厚みがある⇒密集した⇒濃い〕
形「①**厚い** ②（スープ・霧・煙などが）**濃い**」
▶ a **thick** wall「**厚い**壁」
▶ a **thick** soup「**濃厚なスープ**」
★ お茶やコーヒーが「濃い」は strong

## thirsty 〔のどの渇き〕 語源

**3348 thirsty** [θə́ːrsti]
〔のどの渇き〕
形「①**のどの渇いた** ②**渇望して**」
▶ I am **thirsty**.「私は**のどが渇いた**」
★ My throat is thirsty. とは言わない。

**3349 thirst** [θə́ːrst]
名「**のどの渇き**」

## thread 〔糸〕 語源

**3350 thread** [θréd] 発
〔糸〕 名「**糸**」
▶ a needle and **thread**「**糸**を通した針」

## threat 〔圧迫〕　　　語源

3351 **threat**
[θrét] 発
〔圧迫〕
名「① 脅迫　②（A に対する）脅威（to A）」
▶ a threat to peace「平和を脅かすもの」

3352 **threaten**
[θrétn]
〔脅迫 + en（〜をする）〕
動「〜を脅す、脅かす」
▶ threaten to kill himself「自殺すると脅す」

## thrive 〔繁栄する〕　　　語源

3353 **thrive**
[θráiv]
〔繁栄する〕
動「繁栄する」
▶ The business is thriving.「商売が繁盛している」

## through 〔〜を通して〕　　　語源

3354 **through**
[θrú:]
〔〜を通して〕
前「〜を通って、通り抜けて」

3355 **thorough**
[θə́:rou]
〔through の強調形：完全に通して〕
形「徹底的な」
▶ a thorough investigation「徹底的な調査」

3356 **thoroughly**
[θə́:rouli]
副「徹底的に」
▶ thoroughly enjoy the show「ショーを徹底的に楽しむ」

## thunder / ton / tun 〔雷〕　　　語根

3357 **thunder**
[θʌ́ndər]
〔雷〕　名「雷鳴」
▶ thunder and lightning「雷鳴と稲妻」

3358 **astonish**
[əstániʃ]
〔as（強意）+ ton（雷が鳴る）⇒ 大きな雷が鳴る ⇒ びっくりさせる〕
動「（人）をびっくりさせる」

3359 **astonishing**
[əstániʃiŋ]
形「（人を）驚かせる、驚くべき」
▶ an astonishing achievement「驚くべき業績」

3360 **astonished**
[əstániʃt]
形「（人が）驚いている」

3361 **astonishment**
[əstániʃmənt]
名「（大きな）驚き」

3362 **stun** [stÁn]
〔大きな雷が鳴る⇒ぼう然とさせる⇒気絶させる〕
動「(人) をぼう然とさせる」
▶ Her confession **stunned** me.
「彼女の告白に私は**ぼう然とした**」
熟 stun gun 名「スタンガン(高圧電流などを発して相手を一時的に動けなくする道具)」

## tidy 〔時を得た〕　語源

3363 **tidy** [táidi]
〔tide (= time:時) + y (の性質の) ⇒時を得た⇒適切な〕
形「きちんとしている」
▶ Keep your room **tidy**.
「部屋は**きちんと片づけ**ておきなさい」

## tight 〔ぴんと張った〕　語源

3364 **tight** [táit]
〔ぴんと張った⇒余裕がない〕
形「(衣服などが) きつい」
▶ **tight** jeans「**ぴったりしたジーンズ**」

3365 **tightely** [táitli]
副「きつく」

3366 **tighten** [táitn]
動「きつく締める」

## timid 〔恐れる〕　語源

3367 **timid** [tímid]
〔恐れる〕 形「臆病な」
▶ a **timid** girl「**臆病な**女の子」

## tiny 〔とても小さい〕　語源

3368 **tiny** [táini]
〔tine (とても小さい) + y (性質の)〕
形「とても小さい」
▶ a **tiny** kitten「**とても小さい**子猫」

## tire 〔身体が弱まる⇒疲れさせる〕　語源

3369 **tire** [táiər]
〔疲れさせる〕
動「(人) を疲れさせる、(人) をうんざりさせる」

3370 **tired** [táiərd]
形「(人が) 疲れている、うんざりしている」
▶ You look **tired**.「**お疲れの**ようですね」

3371 **tiring** [taiəriŋ]
形「(人を) 疲れさせる」

# T

## title 〔表題〕 語源

3372 **title** [táitl]
〔表題〕
名「①書名、(絵、劇、曲などの)タイトル ②肩書き」

3373 **entitle** [intáitl]
〔en (〜を与える) + 権利〕
動「(人)に権利を与える」
▶ be entitled to use the library
「図書館を利用する資格がある」
◆ be entitled to *do*「〜する権利を与えられている」

## toler 〔耐える〕 語根

3374 **tolerate** [tálərèit]
〔耐える + ate (にする)〕
動「〜に耐える、許容する」
▶ tolerate criticism「批判に耐える」

3375 **tolerant** [tálərənt]
形「寛大な」

3376 **tolerance** [tálərəns]
名「寛容、我慢強さ」

## toll 〔税金〕 語源

3377 **toll** [tóul]
〔税金⇒支払うべき代償や犠牲〕
名「①(道路や橋などの)通行料 ②死者〔死傷者・被害者〕数」
▶ pay a toll to cross the bridge
「橋を渡るのに通行料を支払う」

## tom 〔切る〕 語根

3378 **atom** [ǽtəm]
〔a (ない) + 切る⇒これ以上分割できないもの⇒不可分にして最小のもの〕
名「原子」

3379 **atomic** [ətámik]
形「原子の、原子力の」
▶ atomic bomb「原子爆弾」

## tool 〔準備に使う道具〕 語源

3380 **tool** [túːl] 発
〔too (準備に使う) + l (道具)〕
名「道具、手段」
▶ The Internet is a useful tool.
「インターネットは便利な道具である」

372

## tort 〔ねじる〕　語根

**3381 torture** [tɔ́ːrtʃər]
〔ねじる + ure（こと）⇒体をねじること〕
图「拷問、苦痛」
動「(人)を拷問にかける、苦しめる」
▶ suffer torture「苦痛を受ける」

**3382 torment** 图[tɔ́ːrment] 動[tɔːrmént]
〔ねじること〕
图「苦痛、苦悩」
動「(人)を苦しめる」
▶ be in torment「苦しんでいる」

**3383 tortoise** [tɔ́ːrtəs] 発
〔(カメの) ねじれた脚〕
图「(陸上の) カメ」

**3384 distort** [distɔ́ːrt]
〔dis（強く）+ ねじる〕
動「(事実など)をゆがめる」
▶ distort the truth「事実を歪曲する」

**3385 distortion** [distɔ́ːrʃən]
图「歪曲、ゆがみ」

## tough 〔折れにくい〕　語源

**3386 tough** [tʌ́f] 発
〔折れにくい⇒固い〕
形「①〔肉体が固い〕たくましい　②〔方針などが断固としている〕(方針・言動・法律・規則などが) 厳しい　③〔問題などが固くて厄介〕困難な」
▶ a tough guy「腕っぷしの強い男」
▶ be tough on crime「犯罪に厳しい態度をとる」
▶ a tough job「困難な仕事」

## toxic 〔毒矢を作るために矢を浸す毒〕　語源

**3387 toxic** [táksik]
〔毒矢を作るために矢を浸す毒〕
形「有毒な」
▶ toxic chemicals「有毒化学物質」

## tract / trace / track / trail / trait / treat 〔引っぱる〕　語根

☞ dra

**3388 attract** [ətrǽkt]
〔at（～のほうへ）+ 引っぱる⇒引きつける〕
動「～を引きつける、魅惑する」
▶ attract attention「注目を集める」

**3389 attractive** [ətrǽktiv]
形「魅力的な」

# T

3390 **attraction** [ətrǽkʃən]
名「魅力、呼び物」

3391 **contract** [kάntrækt]
〔con（一緒に）+引っぱる⇒二者を引き寄せる⇒契約〕
名「契約（書）」
動「①〔引き寄せ合う〕**〜を契約する** ②〔病気を引き寄せる〕（病気など）**に感染する** ③〔物事が引き締まる〕（物質・筋肉などが）**収縮する**、（経済が）**縮小する**」
- sign a **contract**「契約書に署名する」
- **contract** a disease「病気**に感染する**」
- The economy **contracted** by two percent.「経済が2パーセント縮小した」

3392 **extract** [ikstrǽkt]
〔ex（外に）+引っぱる⇒引き出す〕
動「**〜を引き抜く、抽出する**」
- **extract** a tooth「歯**を抜く**」

3393 **abstract** [ǽbstrækt]
〔ab（離して）+引っぱる⇒事物などから引き出す〕
形「**抽象的な**」
（⇔ concrete「具体的な」）
- an **abstract** painting「抽象画」

3394 **distract** [distrǽkt]
〔dis（離して）+引っぱる⇒気持ちを引き離す〕
動「（気持ち・注意など）**をそらす**」
- **distract** his attention from reading「読書から彼の注意**をそらす**」

3395 **distraction** [distrǽkʃən]
名「注意［気］をそらすもの、気晴らし」

3396 **trace** [tréis]
〔引いてできた跡⇒痕跡〕
名「**痕跡**」
動「〔痕跡をたどる〕（起源など）**をたどる**」
- find no **trace** of the criminal「犯人の**痕跡**が見つからない」
- **trace** the origin of a word「単語の起源**をたどる**」

3397 **track** [trǽk]
〔引きずる⇒引きずった跡〕
名「**通った跡、小道**」
動「**〜の跡を追う**」
- tire **tracks** in the snow「雪の中に残るタイヤ**痕**」
- **track** a bear to its den「巣穴までクマ**を追う**」

3398 **trail** [tréil]
〔引きずる⇒跡が残る⇒跡〕
名「①**跡、通った跡** ②（山中などの）**小道**」
- a mountain **trail**「山道」

| 3399 | **trait** [tréit] | 〔引かれたもの⇒一筆⇒筆の運びにはその人の特徴が表れることから〕<br>名「特徴、特性」<br>▶ a character trait「性格上の特性」 |
|---|---|---|
| 3400 | **portrait** [pɔ́ːrtrit] | 〔port（前に）＋引っぱる⇒線を引いて描かれたもの〕<br>名「肖像画」<br>▶ a portrait of my father「父の肖像画」 |
| 3401 | **portray** [pɔːrtréi] | 動「～を描く」 |
| 3402 | **treat** [tríːt] | 〔引く⇒引き回す⇒扱う〕<br>動「①（～）を扱う ②〔病気・患者などを扱う〕～を治療する ③（人）をもてなす」<br>▶ treat people with respect「人々に敬意を持って対応する」<br>▶ treat cancer with drugs「薬でガンを治療する」<br>▶ I'll treat you to lunch.「昼食をごちそうします」 |
| 3403 | **treatment** [tríːtmənt] | 名「治療、待遇」 |
| 3404 | **treaty** [tríːti] | 〔取り扱う⇒取り扱いを定めたもの〕<br>名「条約」<br>▶ sign a treaty with America「アメリカとの条約に署名する」 |
| 3405 | **retreat** [ritríːt] | 〔re（後ろに）＋引っぱる⇒後退する〕<br>動「（軍隊などが）撤退する」<br>名「撤退」<br>▶ retreat from the front「前線から撤退する」 |

## trade 〔道〕 語源

| 3406 | **trade** [tréid] | 〔道⇒人々が行き交う⇒貿易〕<br>名「貿易」<br>動「貿易する」<br>▶ international trade「国際貿易」 |
|---|---|---|

## tragedy ※語源諸説あり 語源

| 3407 | **tragedy** [trǽdʒədi] | 名「悲劇」<br>▶ end in tragedy「悲劇に終わる」 |
|---|---|---|
| 3408 | **tragic** [trǽdʒik] | 形「悲惨な、悲劇の」 |

# T

## trap 〔動物が踏む〕　　　語源

3409 **trap**
[trǽp]

〔動物が踏むもの⇒わな〕
图「①（動物を捕える）**わな**　②（人に対する）**策略**」
動「（人）**を閉じ込める**」
▶ fall into a **trap**「**策略**にはまる」
▶ be **trapped** in the elevator
「エレベーターの中に**閉じ込められる**」

## trash　※語源不詳　　　語源

3410 **trash**
[trǽʃ]

图「**ごみ**」
▶ take out the **trash**「**ごみ**を出す」

## travel 〔拷問台〕　　　語源

3411 **travel**
[trǽvəl]

〔拷問台⇒骨を折って働く⇒骨の折れる旅をする〕
動「①**旅行する**　②（噂・光などが）**進む**」图「**旅行、移動**」
⚠現在の電車・飛行機などを利用できる旅行と違い、昔の旅行は拷問のように骨が折れたのだ。
▶ **travel** abroad「海外**旅行をする**」
▶ Light **travels** faster than sounds.「光は音よりも速く**進む**」

## treasure 〔倉庫、宝庫〕　　　語源

3412 **treasure**
[tréʒər]

〔倉庫、宝庫〕
图「**宝物**」　動「**～を大切に取っておく**」
▶ hidden **treaure**「隠された**財宝**」

## trem 〔震える〕　　　語根

3413 **tremble**
[trémbl]

〔震える〕
動「（恐怖・興奮・怒りなどで）**震える**」
▶ **tremble** with fear「恐怖で**震える**」

3414 **tremendous**
[triméndəs]

〔震えること + ous（～の多い）⇒（震えるほど）ものすごい⇒（震えるほど）すばらしい〕
形「①**とても大きな**　②**すばらしい**」
▶ a **tremendous** effort「**多大な**努力」

## trend 〔回転する〕　　　語源

3415 **trend**
[trénd]

〔回転する⇒特定の方向に傾く〕
图「**傾向、流行**」
▶ a current **trend**「現在の**傾向**」

## trib(ute) 〔分配する、割り当てる〕 　語根

3416 **attribute**
[ətríbjuːt] アク
〔at（〜に）+ 割り当てる⇒〜に原因を割り当てる〕
動「(A は B が) 原因 だと考える（attribute A to B）」
▶ attribute his death to cancer
「彼の死はガンが原因だと考える」

3417 **contribute**
[kəntríbjuːt] アク
〔con（一緒に）+ 分配する⇒寄せ集めて贈る〕
動「①（A に）貢献する、(A の) 一因となる (to A)
　②（お金など）を与える」
▶ contribute to world peace「世界平和に貢献する」
▶ contribute money to the fund「基金にお金を寄付する」
◆ contribute A to B「A を B に与える」

3418 **contribution**
[kàntrəbjúːʃən]
名「貢献、寄付（金）」

3419 **distribute**
[distríbjuːt] アク
〔dis（分けて）+ 割り当てる⇒分配する〕
動「〜を分配する、配布する」
▶ distribute food to poor families
「貧しい家庭に食料を配布する」

3420 **distribution**
[dìstrəbjúːʃən]
名「分配、流通」

3421 **tribe**
[tráib]
〔初期ローマ人を構成した tri（3つ）の部族が原義〕
名「部族」
▶ a native tribe「先住民族」

## tric / trig 〔もつれ〕 　語根

✐ ギリシャ語 thrix（頭髪）から由来したという説がある。古来、女性は髪で男性を誘惑し、興味をそそり陥れたのである。

3422 **trick**
[trík]
〔もつれ⇒もつれさせること⇒だます策略〕
名「①策略　②〔悪意のない策略〕いたずら」
▶ political tricks「政治的策略」
▶ play a trick on him「彼にいたずらをする」

3423 **intricate**
[íntrikət]
〔in（中に）+ もつれ⇒中が入り組んだ〕
形「入り組んだ、複雑な」
▶ an intricate pattern「複雑な模様」

3424 **intrigue**
[intríːg]
〔in（中に）+ もつれ⇒もつれさせる⇒興味をそそる〕
動「（人）の興味をそそる」

3425 **intriguing**
[intríːgiŋ]
形「興味をそそる」
▶ an intriguing story「興味をそそる話」

## trigger 〔引く〕 語源

3426 **trigger**
[trígər]
〔引く〕
名「（銃の）引き金」
動「（戦争・暴動など）の引き金となる、（反応・感情など）を引き起こす」
▶ The incident **triggered** the war.
「その事件が戦争の引き金となった」

## triumph 〔凱旋行進〕 語源

3427 **triumph**
[tráiəmf]
〔凱旋行進（戦争の勝利を祝う行進）〕
名「勝利」
✎ 「凱旋門」はフランス語で Arc de triomphe。
▶ the **triumph** of democracy「民主主義の勝利」

## troop 〔人・動物の群れ〕 語源

3428 **troop**
[trúːp]
〔人・動物の群れ〕
名「軍隊 複」
▶ U.S. **troops** stationed in Japan「在日米軍」

## tru / tre 〔堅固な、しっかりしている〕 語根

3429 **true**
[trúː]
〔しっかりしている⇒間違いない⇒本当の〕
形「本当の、当てはまる」

3430 **truth**
[trúːθ]
名「真実」

3431 **trust**
[trʌ́st]
〔堅固⇒信頼〕
動「〜を信頼する、信用する」 名「信頼、信用」
▶ **trust** him completely「全面的に彼を信用している」

## trud / thrus 〔押す〕 語根

3432 **thrust**
[θrʌ́st]
〔押す〕
動「〜を強く押す、押しつける」
▶ **thrust** the money into his hand
「彼の手にそのお金を押しつける」

3433 **intrude**
[intrúːd]
〔in（中に）＋押す⇒押し入る〕
動「立ち入る、侵入する」
▶ **intrude** on his prtivacy「彼のプライバシーに立ち入る」

## try 〔ふるいにかける〕　語源

3434 **try** [trái]
〔ふるいにかける⇒試しに〜してみる〕
動「①〜しようとする (to *do*) ②試しに〜してみる (*doing*)」
名「試し」
▶ I **tried** to call her. 「彼女に電話を**しようとした**」
▶ I **tried** calling her. 「彼女に電話を**してみた**」

3435 **trial** [tráiəl]
〔ふるいにかける⇒人の正否について試みる〕
名「①〔人の正否を試みるもの〕**裁判** ②〔物事の成否・適否を試みるもの〕（安全性・効果などの）**試験**、**試用**」
▶ a murder **trial**「殺人事件の**裁判**」
▶ clinical **trials** of a drug「薬の臨床**試験**」

## tuit 〔見守る〕　語根

3436 **tuition** [t(j)u(:)íʃən]
〔見守る + tion（こと）⇒指導〕
名「①（個人や少人数の）**指導** ②**授業料**」
▶ have private **tuition** in French
「フランス語の個人**指導**を受ける」

3437 **tutor** [t(j)ú:tər]
〔指導する + or（人）〕
名「**家庭教師**」

3438 **intuition** [ìnt(j)u:íʃən]
〔in（中で）+ tuition（見ること）⇒心の中で見ること〕
名「**直観**」
▶ women's **intuition**「女の**勘**」

3439 **intuitive** [int(j)ú:ətiv]
形「**直観の**」

## tum / tom / thum / thous / thigh 〔膨れる〕　語根

3440 **tumor** [t(j)ú:mər]
〔膨れる〕
名「**腫瘍**」
▶ a brain **tumor**「脳**腫瘍**」

3441 **tomb** [tú:m]
〔膨れる⇒墓の盛り土〕
名「**墓**」
▶ the family **tomb**「一族の**墓**」

3442 **thumb** [θʌ́m] 発
〔膨れた指〕
名「**親指**」 ★b は黙字

3443 **thousand** [θáuzənd]
〔百が膨れた⇒千の〕
名「①**千** ②**何千もの〜** (thousands of A)」

## T

### 3444 trifle
[tráifl]

〔土の中で膨れるもの⇒キノコ⇒くだらないこと〕
⑧「**くだらないこと**」

trifle は truffle「トリュフ（フランス料理の高級食材）」と同じ語であったが、その後 trivial「些細な、くだらない」の影響を受けて「くだらないこと」という意味になった。

▶ Don't waste your time on **trifles**.
「**くだらないこと**で時間をつぶすな」

## turb / tur 〔乱す〕 語根

### 3445 disturb
[distə́ːrb]

〔dis（強く）+ 乱す⇒かき乱す〕
⑩「①（人）**の邪魔をする**　②（人）**を不安にする**」

▶ Don't **disturb** me when I am working.
「仕事中は**邪魔をしないで**くれ」

### 3446 disturbance
[distə́ːrbəns]

⑧「**騒動**」
圞 turban「（イスラム教徒が頭に巻く）ターバン」
★ turb〔乱す⇒ぐるぐる回す〕と band〔ひも〕から出来ているので、「頭にぐるぐる巻くひも」という意味である。

### 3447 trouble
[trʌ́bl]

〔混乱させること⇒面倒〕
⑧「①〔個人的な面倒〕**心配ごと**
　②〔人間同士の面倒〕**もめごと、トラブル**
　③〔面倒を引き起こすもの〕**困ること**
　④〔面倒な労力〕**手間**　⑤〔身体や機械の面倒〕
　（身体の）**不調**、（機械・乗り物などの）**故障**」

▶ My heart is full of **trouble**.
「私の心は**悩みごと**でいっぱいだ」
▶ have **trouble** with the neighbors
「隣人たちと**もめごと**を起こす」
▶ Their son is **trouble**.「彼らの息子は**困り者**である」
▶ This machine will save you a lot of **trouble**.
「この機械を使えば大いに**手間**が省けるよ」
▶ What seems to be the **trouble**?
（医者が患者に）「どうなさいましたか？」
◆ The trouble is that + S V「困ったことに〜」
◆ have trouble (in) *doing*「〜するのに苦労する」

### 3448 troublesome
[trʌ́blsəm]

〔面倒 + some（〜をかけやすい）〕
⑱「**面倒な**」

## turn 〔ろくろ〕  語源

3449 **turn**
[tə́ːrn]
〔ろくろ⇒回る〕
動「①〜を回す ②（角など）**を曲がる** ③**C になる**」
名「〔回ってくる〕**順番**」
▶ turn a corner「角**を曲がる**」
▶ He turned pale.「彼は真っ青**になった**」
▶ It's your turn to drive.「今度は君が運転する**順番**だ」
◆ in turn「今度は、順番に」

## typical 〔典型的な〕  語源

3450 **typical**
[típikəl] 発
〔typ（= type：タイプ）+ ical（的な）⇒典型的な〕
形「①**典型的な** ②**特有の**」
▶ typical British weather「**典型的な**イギリスの天気」

## tyrant 〔専制君主〕  語源

3451 **tyrant**
[táiərənt]
〔専制君主〕
名「**専制君主、暴君**」

3452 **tyranny**
[tírəni]
〔暴君 + y（状態）〕
名「**専制政治**」
▶ a tyranny over the country「その国を支配する**専制政治**」

# U

## ultimate 〔最終の〕　　　語源

3453 **ultimate**
[ʌ́ltəmət]
〔最終の〕
形「**最終的な、最後の**」
▶ my ultimate goal in life「人生における私の**最終的な**目標」

3454 **ultimately**
[ʌ́ltəmətli]
副「**最終的には、最後に**」

## un + 動詞 〔～の逆をする〕　　　語根

3455 **uncover**
[ʌnkʌ́vər]
〔逆 + cover（覆う）⇒覆いを取る〕
動「**～を発見する、（秘密など）を明るみに出す**」
☞語根 cover
▶ uncover the truth「真相**を明らかにする**」

3456 **undo**
[ʌndúː]
〔逆 + do（する）⇒元に戻す〕
動「**～を元に戻す**」
▶ What's done cannot be undone.
「一度してしまったことは**元に戻せ**ない」《ことわざ》

3457 **unfold**
[ʌnfóuld]
〔逆 + fold（折りたたむ）⇒広げる⇒明らかになる〕
動「（真相などが）**明らかになる**」
☞語根 fold

## unda / ound 〔波〕　　　語根

3458 **abundant**
[əbʌ́ndənt]
〔ab（～から）+ 波⇒波打って～からあふれ出る⇒豊富な〕
形「**豊富な**」
▶ an abundant supply of water「水の**十分な**供給」

3459 **abundance**
[əbʌ́ndəns]
名「**豊富**」

3460 **surround**
[səráund]
〔sur（上に）+ 波打つ⇒周囲に流れる波⇒取り囲む波〕
動「**～を取り囲む**」
▶ The house is surrounded by the trees.
「その家は木々に**囲まれている**」

3461 **surroundings**
[səráundiŋz]
〔取り囲むもの〕
名「**環境**」

## under 〔下に(を)〕　語根

3462 **undergo**
[ʌ̀ndərgóu]
〔下を + go（行く）⇒困難にあう〕
動「(悪い状況など)**を経験する**、(手術・試練など)**を受ける**」
▶ **undergo** a change「変化**を遂げる**」

3463 **underlie**
[ʌ̀ndərlái]
〔下に + lie（横たわる）〕
動「**～の根底にある**」

3464 **underlying**
[ʌ́ndərlàiiŋ]
形「**根底にある、根本的な**」
▶ an **underlying** cause「**根本的な**原因」

3465 **undertake**
[ʌ̀ndərtéik]
〔下を + take（取る）〕
動「(仕事など)**を引き受ける**」
▶ **undertake** a job「仕事**を引き受ける**」

## uneasy 〔気楽でない〕　語源

3466 **uneasy**
[ʌ̀ní:zi]
〔un（ない）+ easy（気楽な）〕
形「**不安な**」
▶ feel **uneasy** about the health
「健康について**不安に**感じる」

## unless 〔～する場合を除いて〕　中心義

3467 **unless**
[ənlés]
〔～する場合を除いて〕
接「**～しない限り、～する場合を除いて**」
▶ I won't go **unless** you go.
「君が行か**ない限り**、僕は行かないよ」
★ I won't go unless you go. には If you go, I'll go.「君が行けば私は行きます」という意味が含まれる。

## upset 〔物をひっくり返す〕　語源

3468 **upset**
[ʌ́pset]
〔物をひっくり返す〕
動「①〔計画などをひっくり返す〕(計画・状態など)**をだめにする**　②〔人の気分をひっくり返す〕(人)**を動揺させる**」
▶ The news may **upset** him.
「その知らせは彼**を動揺させる**かもしれない」

# U

## urb 〔都市〕 語根

3469 **urban** [ə́ːrbən]
〔都市 + an（〜の）〕
形「都市の」
▶ **urban** areas「都市部」

3470 **suburb** [sʌ́bəːrb] 発 アク
〔sub（〜に近い）+ 都市 ⇒ 都市に近いところ〕
名「郊外」
▶ a **suburb** of New York「ニューヨーク郊外」

3471 **suburban** [səbə́ːrbən]
形「郊外の」

## urge 〔押しつける〕 語源

3472 **urge** [ə́ːrdʒ]
〔押しつける〕
動「〜を強く促す」 名「衝動」
▶ **urge** him to reconsider「彼に考え直すように強く勧める」
 ◆ **urge** A to *do*「A に〜するよう強く勧める」

3473 **urgent** [ə́ːrdʒənt]
〔押しつける ⇒ せきたてる〕
形「緊急の」
▶ be in **urgent** need of money「お金を緊急に必要としている」

3474 **urgency** [ə́ːrdʒənsi]
名「緊急（性）」

## use / uti 〔使用する〕 語根

3475 **used** [júːst]
〔使われた ⇒ 使い慣れる〕
形「(A〔〜すること〕に)慣れている (to A [*doing*])」
▶ I'm **used** to getting up early.「私は早起きには慣れている」
★「〜に慣れている」の意味では to の直後に動詞の原形は置けない。

3476 **abuse** [əbjúːz]
〔ab（逸脱して）+ 使う ⇒ 不当に扱う〕
動「①〔物を不当に扱う〕〜を乱用する ②〔人を不当に扱う〕〜を虐待する」
名「①乱用 ②虐待」
▶ drug **abuse**「麻薬の乱用」
▶ child **abuse**「児童虐待」

3477 **utilize** [júːtəlàiz]
〔util（有用な）+ ize（〜にする）⇒ 役立たせる〕
動「〜を利用する」
▶ **utilize** solar energy「太陽エネルギーを利用する」

3478 **utility** [juːtíləti]
〔役に立つ + ity（こと）〕
名「役に立つこと、（電気・ガス・水道などの）公益サービス」

## ut 〔(= out):外に[の]〕 語根

**3479 utter (1)** [ʌ́tər]
〔外に + ter(出す)〕
動「(言葉など)を口に出す」
▶ utter a sigh of relief「安堵のため息をもらす」

**3480 utterance** [ʌ́tərəns]
名「発言」

**3481 utter (2)** [ʌ́tər]
〔外の + er(比較級語尾)⇒より外の⇒全く外の⇒完全な〕
形「全くの」
▶ an utter stranger「全く知らない人」

**3482 utterly** [ʌ́tərli]
副「全く」

**3483 utmost** [ʌ́tmòust]
〔外の + most(最上級)⇒最も外の⇒最大限の〕
形「最大限の」
▶ Handle with the utmost care.
「最大の注意を払って扱いなさい」

385

## vac / van / vain / void / vita 〔空（から）〕　語根

**3484 vacant** [véikənt]
〔空 + ant（の）⇒空いている〕
形「（場所・家などが）（人に使われておらず）空いている」
（⇔ occupied「人が使用している」）
▶ a vacant house「空き家」
▶ a vacant room「（ホテルなどの）空室」

**3485 vacancy** [véikənsi]
名「（職などの）空席、（ホテルなどの）空室」

**3486 vacation** [veikéiʃən]
〔空 + ation（〜にすること）⇒（心を）空っぽにすること〕
名「（家・学校・職場を離れて過ごす）休暇《米》」

**3487 vacuum** [vǽkjuəm]
〔空の〕
名「空白、真空（状態）」
▶ a political vacuum「政治的空白」

**3488 vanish** [vǽniʃ]
〔空 + ish（なる）⇒消える〕
動「（突然）消える」
▶ vanish into the crowd「群衆の中に消える」

**3489 vain** [véin]
〔空の・空虚な⇒実質のない⇒中身のない〕
形「①むだな　②虚栄心の強い」
▶ make a vain effort「むだな努力をする」
◆ in vain「むだに」

**3490 vanity** [vǽnəti]
〔空 + ity（であること）⇒空虚〕
名「空虚、虚栄心」

**3491 avoid** [əvɔ́id]
〔a（外に）+ void（空にする）⇒空にする〕
動「〜を避ける」
△当初は「空にする」という意味だったが、フランス語 eviter（避ける）と混同されて「避ける」の意味になった。
▶ avoid walking alone at night「夜の1人歩きを避ける」

**3492 inevitable** [inévətəbl]
〔in（〜ない）+ 避けられる〕
形「避けられない、当然の」
△フランス語 eviter（避ける）から生まれたと思われる。
▶ an inevitable consequence「当然の結果」

**3493 inevitably** [inévitəbli]
副「必然的に」

## vade 〔行く〕  語根

☞ほぼ同意の語根 it

3494 **evade**
[ivéid]
〔e（外に）+行く⇒逃れる〕
動「(責任・義務など)を逃れる、回避する」
▶ evade responsibility「責任を回避する」

3495 **invade**
[invéid]
〔in（中に）+行く⇒侵入する〕
動「(国など)を侵略する」
▶ The Romans invaded Britain.
「古代ローマ人はグレートブリテン島を侵攻した」

3496 **invasion**
[invéiʒən]
名「侵入、侵略」

## vague / vagant 〔さまよう、放浪する〕  語根

☞ wander

3497 **vague**
[véig] 発
〔さまよっている⇒さまよっていると周囲の物があいまいに見える〕
形「あいまいな」
▶ a vague memory of my grandfather
「祖父についてのおぼろげな記憶」

3498 **vaguely**
[veigli]
副「あいまいに」

3499 **extravagant**
[ikstrǽvəgənt]
〔extra（度を越して）+放浪する⇒限度を超えて放浪する〕
形「ぜいたくな、度を越した」
▶ an extravagant lifestyle「ぜいたくな暮らし」

## val / vail 〔価値、力〕  語根

3500 **value**
[vǽlju:]
〔価値〕
名「価値、価値観」
動「〜を重んじる、評価する」
▶ place a high value on health「健康に高い価値を置く」

3501 **valuable**
[vǽljuəbl]
形「高価な、貴重な」(= of value)

3502 **invaluable**
[invǽljuəbl]
〔in（ない）+ valuable（評価できる）〕
形「(評価できないほど)大いに役立つ」
▶ invaluable information「大いに役立つ情報」
★ invaluable はお金に関係なく「大いに役立つ」という意味である。

# V

3503 **evaluate**
[ivǽljuèit]
〔e（外に）+価値+ ate（する）⇒価値を見極める〕
動「〜を評価する」
▶ evaluate a student's ability「学生の能力を評価する」

3504 **evaluation**
[ivæ̀ljuéiʃən]
名「評価」

3505 **available**
[əvéiləbl]
〔a（〜に）+価値がある+ able（できる）⇒役に立つことができる⇒役立てられる⇒利用できる〕
形「①〔物が利用できる〕（物が）利用できる、入手できる
　　②〔人が利用できる〕（人が）時間がある、都合がつく」
▶ The tickets are available here.
　「チケットはここで購入できます」
▶ I'll make myself available.「時間の都合をつけましょう」

3506 **availability**
[əvèiləbíləti]
名「入手〔利用〕の可能性」

3507 **ambivalent**
[æmbívələnt]
〔ambi（両方の）+価値がある⇒どちらか決めかねる〕
形「どちらか決めかねる」　☞語根 ambi

3508 **ambivalence**
[æmbívələns]
名「どちらとも決めかねる状態」

3509 **equivalent**
[ikwívələnt]
〔equi（等しい= equal）+価値がある〕　☞語根 equ
名「同等のもの、相当するもの」
形「(Aと) 同等の、相当する (to A)」

3510 **valid**
[vǽlid]
〔力+ id（〜の状態）⇒力がある〕
形「①〔効力がある〕(切符・書類などが) 有効な　②〔論理的に力がある〕(考えなどが事実に基づき) もっともな、妥当な」
▶ a valid passport「有効なパスポート」
▶ a valid reason「妥当な理由」

3511 **prevail**
[privéil]
〔pre（完全に）+力を持っている⇒大きな力を持つ・普及する〕
動「(習慣などが) 普及する、(思想などが) 勝つ」
▶ This custom still prevails in Japan.
　「この慣習は今でも日本で広く行われている」

3512 **prevalent**
[prévələnt]
〔普及している〕
形「(考えや病気などが特定の場所や時期に) 一般的な、普及している」

## vapor 〔蒸気〕　語根

3513 **vapor** [véipər]
〔蒸気〕 ⑧「蒸気」
▶ water vapor「水蒸気」

3514 **evaporate** [ivǽpərèit]
〔e (= ex：外に) + 蒸気⇒蒸発する〕
⑩「蒸発する」

## vari 〔変化する〕　語根

3515 **vary** [véəri] 発
〔変化する〕
⑩「様々である、異なる」
▶ Gestures vary from culture to culture.「ジェスチャーは文化によって異なる」

3516 **variety** [vəráiəti] 発
⑧「変化（に富んでいること）」
▶ give variety to a diet「食事に変化をつける」
◆ a variety of A「様々な A」

3517 **variation** [vèəriéiʃən]
⑧「変化」

3518 **various** [véəriəs]
⑱「様々な」
▶ various kinds of fruit「様々な種類の果物」

3519 **variable** [véəriəbl]
⑱「変わりやすい」

3520 **invariably** [invéəriəbli]
〔in (ない) + vary (変化する) + able (できる) ⇒変化し得ない〕
⑳「常に」

## vast 〔非常に大きい〕　語源

3521 **vast** [vǽst]
〔非常に大きい〕
⑱「広大な、膨大な」
▶ vast areas of Siberia「シベリアの広大な地域」

## veal 〔覆い〕　語根

3522 **reveal** [riví:l]
〔re (離す) + 覆い⇒覆いを取る〕
⑩「〜を明らかにする、(隠れていたもの) を見せる」
▶ reveal a secret「秘密を漏らす」

3523 **revelation** [rèvəléiʃən]
⑧「明らかにされたこと、新事実」

## vehicle 〔運ぶ小さいもの〕 語源

3524 **vehicle** [ví:ikl] 発
〔運ぶ小さいもの〕
名「(車・バスなどの) 乗り物、手段」
▶ motor vehicles「自動車」

## velop 〔包む〕 語根

3525 **envelope** [énvəlòup]
〔en (中に) + 包む〕
名「封筒」
▶ seal an envelope「封筒に封をする」

3526 **develop** [divéləp]
〔de (解く) + 包み⇒包みを開く⇒可能性を開く〕
動「発達する、〜を発達させる」
▶ develop your communication skills
「コミュニケーション能力を発達させる」

3527 **development** [divéləpmənt] アク
名「発達、進歩、開発」

## vent / ven 〔来る〕 語根

3528 **advent** [ǽdvent]
〔a (〜へ) + 来る⇒到来〕
名「到来」
▶ the advent of spring「春の到来」

3529 **adventure** [ædvéntʃər]
〔〜へ来るもの⇒まさに起きようとしていること〕
名「冒険」

3530 **venture** [véntʃər]
〔adventure の ad が消えたもの〕
名「冒険的事業」
動「(危険を冒して) 思い切ってやる」
▶ a joint venture「合弁事業」
★ adventure は「一般的な冒険」を指し、venture は主に「事業」を指す。

3531 **convention** [kənvénʃən]
〔con (一緒に) + 来る + tion (こと) ⇒集まること〕
名「①(政党や協会などの) 総会、大会 ②〔集団にはしきたりが必要〕しきたり、慣習」
▶ an annual convention「年次総会」
▶ social convention「社会的慣習」

3532 **conventional** [kənvénʃənl]
形「従来の、平凡な」

3533 **event** [ivént] アク
〔e (外に) + 来る⇒出て来ること⇒出来事〕
名「出来事、行事」
▶ a series of events「一連の出来事」

| | | |
|---|---|---|
| 3534 | □*__eventually__<br>[ivéntʃuəli] | 副「結局は、遂に」<br>▶ The project **eventually** succeeded.<br>「その計画は**遂に**成功した」 |
| 3535 | □*__invent__<br>[invént] | 〔in（上に）＋来る⇒上に出て来る⇒発見する〕<br>動「**〜を発明する**」<br>▶ **invent** something new「何か新しいもの**を発明する**」 |
| 3536 | □*__invention__<br>[invénʃən] | 名「**発明、発明品**」 |
| 3537 | □__inventor__<br>[invéntər] | 名「**発明家**」 |
| 3538 | □*__prevent__<br>[privént] | 〔pre（前に）＋来る⇒妨げる〕<br>動「**〜を妨げる、防ぐ**」<br>▶ Illness **prevented** him from going to school.<br>「病気のため彼は登校**できなかった**」<br>◆ prevent A from *doing*「A が〜するのを妨げる」 |
| 3539 | □*__prevention__<br>[privénʃən] | 名「**防止、予防**」 |
| 3540 | □*__avenue__<br>[ǽvən(j)ùː] | 〔a（〜へ）＋来る⇒〜へ来る道〕<br>名「**大通り**」 |
| 3541 | □*__convenient__<br>[kənvíːnjənt] | 〔con（一緒に）＋来る⇒出会いのタイミングが好都合な〕<br>形「**好都合な、便利な**」<br>▶ Call me when it is **convenient** for you.<br>[×Call me when you are convenient.]<br>「**都合のいい**ときに電話してね」<br>★ convenient は人を主語にしない。 |
| 3542 | □*__convenience__<br>[kənvíːnjəns] | 名「**都合のよさ、便利**」 |
| 3543 | □*__intervene__<br>[intərvíːn] | 〔inter（間に）＋来る⇒間に入って来る〕<br>動「**介入［干渉］する、仲裁に入る**」 |
| 3544 | □*__intervention__<br>[intərvénʃən] | 名「**介入、干渉**」<br>▶ a military **intervention**「軍事**介入**」 |
| 3545 | □*__revenue__<br>[révən(j)ùː] | 〔re（元に）＋来る⇒戻って来る金〕<br>名「**（会社や組織の）収入**」<br>▶ advertising **revenue**「広告**収入**」 |

## ver 〔真実、本当〕　　語根

**3546** **very**
[véri]
〔真実の⇒真に⇒本当に〕
副「まさに（形容詞の最上級の前で）」
形「まさにその（名詞の前で）」
▶ the very latest information「まさに最新の情報」
▶ the very person for the job「その仕事にうってつけの人」

**3547** **verdict**
[və́ːrdikt]
〔真実 + dict（話す）⇒真実を話すこと〕
名「（陪審員が下す）評決」

**3548** **verify**
[vérəfài]
〔真実 + fy（にする）〕
動「〜が正しいかどうかを確認する、〜を証明する」
▶ verify a theory「理論が正しいことを確認する」

## verb 〔言葉〕　　語根

**3549** **verb**
[və́ːrb]
〔単語⇒単語の中で花形なのは動詞〕
名「動詞」

**3550** **verbal**
[və́ːrbəl]
〔言葉 + al（の）〕 形「言葉の、口頭の」
▶ verbal communication skills
「言葉のコミュニケーション能力」

**3551** **nonverbal**
[nɑ̀nvə́ːrbəl]
形「言葉を用いない」

**3552** **adverb**
[ǽdvəːrb]
〔ad（〜に）+ 動詞⇒動詞に付加されたもの〕
名「副詞」

**3553** **proverb**
[prɑ́vəːrb]
〔pro（代わりに）+ 言葉⇒言葉の代わり⇒隠れた意味⇒
（聖書の中の）格言⇒ことわざ〕
名「ことわざ」
▶ an old Japanese proverb「古い日本のことわざ」

## verse / versa / vert / vorce 〔向く、回る〕　　語根

**3554** **adverse**
[ædvə́ːrs]
〔ad（〜のほうに）+ 向く⇒向かって来る⇒逆らった〕
形「（状況などが）不都合な、好ましくない」
▶ have an adverse effect on health「健康に悪い影響を与える」

**3555** **converse (1)**
[kənvə́ːrs]
〔con（一緒に）+ 向く⇒顔を向け合う〕
動「会話する」

**3556** **conversation**
[kɑ̀nvərséiʃən]
名「会話」
▶ a telephone conversation「電話での会話」

| | | |
|---|---|---|
| 3557 | **converse (2)** [kənvə́ːrs] | 〔con（一緒に）+向く⇒背を向け合う⇒逆に向く〕<br>名「逆」|
| 3558 | **conversely** [kənvə́ːrsli] | 副「逆に」<br>▶ Switzerland is a mountainous country. **Conversely**, Holland is flat.<br>「スイスは山国だ。逆に、オランダは平地だ」|
| 3559 | **controversy** [kántrəvə̀ːrsi] | 〔contro（反対して）+向く⇒反目すること〕<br>名「論争、議論」<br>▶ a **controversy** over nuclear power「原子力をめぐる論争」|
| 3560 | **controversial** [kàntrəvə́ːrʃəl] | 〔論争 + al（～の性質をもつ）⇒論争を引き起こす〕<br>形「論争を引き起こす」|
| 3561 | **reverse** [rivə́ːrs] | 〔re（後ろに）+向く〕<br>動「（左右・上下・表裏・順序など）を逆にする、逆転させる」<br>形「（位置・方向・順序などが）逆の」<br>名「逆 (the ～)」<br>▶ This coat can be **reversed**.<br>「このコートは裏返しでも着られる」<br>▶ say the alphabet in **reverse** order<br>「アルファベットを逆の順序で言う」|
| 3562 | **reversal** [rivə́ːrsəl] | 名「逆転」|
| 3563 | **universe** [júːnəvə̀ːrs] | 〔uni（1つに）+回る⇒一つになって回るもの〕<br>名「宇宙」 ☞語根 uni<br>▶ the origins of the **universe**「宇宙の起源」|
| 3564 | **university** [jùːnəvə́ːrsəti] アク | 〔教師と学生が一つになった組織〕<br>名「（総合）大学」<br>▶ go to **university**「大学に行く」|
| 3565 | **universal** [jùːnəvə́ːrsəl] | 形「世界共通の、万人に通じる、普遍的な」<br>▶ Music is a **universal** language.「音楽は世界共通語である」|
| 3566 | **version** [və́ːrʒən] | 〔転回したもの⇒方向が変わったもの〕<br>名「～版、～型」<br>▶ the latest **version** of a smartphone「スマホの最新型」|
| 3567 | **vice versa** [váis və́ːrsə] | 〔vice（変化）+回る⇒回転する方向を変える〕<br>副「逆に」<br>▶ He hates me, and **vice versa**.<br>「彼は私を嫌っているが、逆に（私も彼を嫌っている）」|

# V

### 3568 advertise
[ǽdvərtàiz] アク
〔ad（〜のほうに）+ 向ける⇒〜へ注意を向けるようにする〕
動「**〜を宣伝する、広告する**」
▶ advertise a new product on TV「テレビで新製品**を宣伝する**」

### 3569 advertisement
[ædvərtáizmənt]
名「**広告**」
▶ put an advertisement in a newspaper「新聞に**広告**を出す」

### 3570 convert
[kənvə́ːrt]
〔con（完全に）+ 回る⇒向きを変える〕
動「（別のもの・形・状態に）**〜を変換する、（人）を転向させる**」
▶ convert living room into a study「居間を書斎に**改装する**」

### 3571 conversion
[kənvə́ːrʒən]
名「**変換、転向**」

### 3572 divert
[divə́ːrt]
〔di（離して）+ 向ける⇒脇に向ける〕
動「（注意など）**をそらす**」
▶ divert attention from the problem
「その問題から注意**をそらす**」

### 3573 diversion
[divə́ːrʒən]
〔di（離れて）+ 向くこと⇒向きを変えて離れること⇒気分を変えること〕
名「**注意をそらすもの、気分転換**」
▶ a diversion from work「仕事からの**気分転換**」

### 3574 diverse
[divə́ːrs]
〔di（離れて）+ 向く⇒様々な方向に向く〕
名「**多様な**」

### 3575 diversity
[divə́ːrsəti]
名「**多様性**」
▶ cultural diversity「文化的**多様性**」

### 3576 divorce
[divɔ́ːrs]
〔di（離れて）+ 向く⇒別々の方向に向かう〕
名「**離婚**」 動「**〜と離婚する**」
▶ get a divorce「**離婚**する」

## vest 〔衣服（を着る）〕　語根

### 3577 vest
[vést]
〔衣服〕
名「（背広の下に着る、袖のない）**ベスト**」

### 3578 invest
[invést]
〔in（中に）+ 衣服を着る〕　動「（金など）**を投資する**」
▶ invest all his money in the company
「その会社に持ち金を全部**投資する**」
　若者が社会に出ていく時に、立身出世を期待して、新調の服（vest）を着せたことから、「利益を見込んで何かに投資する」という比喩的な意味が生まれた。vest は本来「長い上着」を意味していた。

### 3579 investment
[invéstmənt]
名「**投資**」
▶ make an investment「**投資**を行う」

## via / vi / voy / vey 〔道〕　　　　　　　　　　　語根

**3580** □\***via**
[váiə]
〔道⇒道を通って〕
前「～経由で」(= by way of)
▶ fly to Athens via Paris「パリ経由でアテネへ飛ぶ」

**3581** □\***trivial**
[tríviəl]
〔tri（3つ）+ via（道）⇒道が交差するところは昔から情報がやり取りされる場所であり、ほとんどの情報は取るに足らないゴシップであった⇒取るに足らない〕
形「取るに足らない」
▶ a trivial matter「取るに足らない問題」

**3582** □\***obvious**
[ábviəs] アク
〔ob（上に）+ vious（道）⇒道の上で出会った⇒明らかな〕
形「明らかな」
▶ for obvious reasons「明白な理由で」
★ apparent、evident よりも明白さの度合いが強い。

**3583** □\***obviously**
[ábviəsli]
副「明らかに」

**3584** □\***previous**
[prí:viəs] 発
〔pre（前の）+ vious（道）⇒道の前方を行く〕
形「以前の」
▶ previous experience「以前の経験」

**3585** □\***previously**
[prí:viəsli]
副「以前に」

**3586** □\***voyage**
[vɔ́iidʒ]
〔voy（道）+ age（状態）⇒旅〕
名「航海」

**3587** □\***convey**
[kənvéi]
〔con（一緒に）+ 道⇒一緒に道を進む⇒運ぶ〕
動 ①〔物を運ぶ〕（物）を運ぶ　②〔情報などを運ぶ〕（情報など）を伝える」
▶ convey the baggage to the hotel「ホテルまで荷物を運ぶ」
▶ convey his message to her
　「彼女に彼のメッセージを伝える」

**3588** □\***vein**
[véin]
〔道⇒血液の道〕
名「静脈」
▶ the main vein「大静脈」

## vic(t) 〔勝つ、征服する〕 　語根

3589 **victory**
[víktəri]
〔勝つ + tor（人）+ y（すること）⇒勝利すること〕
名「**勝利**」

3590 **convince**
[kənvíns]
〔con（完全に）+ 勝つ⇒相手の異議に打ち勝つ⇒相手を納得させる〕
動「(人)**に納得させる、確信させる**」
▶ **convince** us of his innocence
「彼が無実であることを私たち**に確信させる**」
◆ convince A of B「A（人）に B を納得させる」

3591 **convincing**
[kənvínsiŋ]
形「**説得力がある**」

3592 **conviction**
[kənvíkʃən]
名「**確信、信念**」

3593 **victim**
[víktim]
〔征服された⇒生贄の動物〕
名「**犠牲者、被害者**」
▶ **victims** of crime「犯罪の**被害者たち**」

## vice 〔悪徳〕 　語源

3594 **vice**
[váis]
〔悪徳〕
名「**悪徳、悪行**」
▶ virtue and **vice**「美徳と**悪徳**」

3595 **vicious**
[víʃəs]
形「**悪意のある、暴力的な**」
▶ a **vicious** circle「**悪**循環」

## vio 〔暴力〕 　語根

3596 **violate**
[váiəlèit]
〔暴力的に + late（運ぶ）⇒暴力的に扱う〕
動「①（法律など）**に違反する** ②（権利など）**を侵害する**」
▶ **violate** the law「法律**に違反する**」
▶ **violate** human rights「人権**を侵害する**」

3597 **violation**
[vàiəléiʃən]
名「**違反、侵害**」

3598 **violent**
[váiələnt]
〔暴力 + 性質がある〕
形「**暴力的な、激しい**」
▶ a rise in **violent** crime「**暴力**犯罪の増加」

3599 **violently**
[váiələntli]
副「**乱暴に、激しく**」

3600 **violence**
[váiələns]
名「**暴力（行為）**」
▶ domestic **violence**「家庭内**暴力**」

## viron 〔円〕 語根

☞語根 circle

**3601 environment** [inváiərənmənt] アク
〔en（～の中に）+円+ ment（状態）⇒円の中にいる状態〕
图「（社会・生活などの）環境、自然環境 (the ～)」
▶ bring up children in a safe environment
「安全な環境で子供を育てる」
▶ preserve the natural environment
「自然環境を保護する」

**3602 environmental** [invàiərənméntl]
形「環境の」

**3603 environmentalist** [invàiərənméntəlist]
图「環境保護論者」

## virt 〔男らしさ、力強さ〕 語根

**3604 virtue** [vɔ́ːrtʃuː]
〔男らしさ⇒正義の基準を満たす⇒道徳・美徳に合う〕
图「美徳、長所」
▶ a person of high virtue「徳の高い人」

**3605 virtual** [vɔ́ːrtʃuəl]
〔男らしさ+ al（～の性質をもった）⇒男らしい⇒力を持っている〕
形「①（名目上はそうではないが）事実上の ②仮想の」
▶ He is the virtual head of the company.
「彼はその会社の事実上の社長だ」
▶ a virtual tour of the White
「ホワイトハウスの仮想のツアー」

**3606 virtually** [vɔ́ːrtʃuəli]
副「ほとんど」
▶ Virtually all the students passed the test.
「ほぼ全員の生徒がテストに合格した」

## virus 〔毒〕 語源

**3607 virus** [váiərəs] 発
〔毒〕
图「ウイルス」
▶ people infected with the AIDS virus
「エイズウイルスに感染している人々」

# V

## vis(e) / vide / vey / view / vy 〔見る〕　　語根

**3608** **vision**
[víʒən]
〔見える + ion（こと）〕
名「①〔ものが見えること〕視力　②〔先のことが見えること〕先見の明　③〔将来の見通し〕展望」
▶ drivers with good vision「視力のよいドライバー」
▶ a man with vision「先見の明のある人」
▶ have visions of becoming an astronaut
「宇宙飛行士になる展望を持つ」

**3609** **visible**
[vízəbl]
〔見る + ible（ことができる）〕
形「目に見える」
▶ stars visible to the naked eye「肉眼で見える星」

**3610** **invisible**
[invízəbl]
形「目に見えない」

**3611** **visual**
[víʒuəl]
〔見る + al（〜に関する）⇒視覚に関する〕
形「視覚の」
▶ visual images「視覚的イメージ」

**3612** **visit**
[vízit]
〔見に行く〕
動「〜を訪ねる」　名「訪問」
▶ visit Taiwan「台湾を訪れる」

**3613** **visitor**
[vízitər]
名「訪問者」

**3614** **visa**
[víːzə]
〔見られる記録〕
名「(旅券の) ビザ」《旅行先の政府が与える出入国の許可証》

**3615** **advise**
[ædváiz] アク
〔ad（〜のほうを）+ 見る⇒自分の見方を人に助言する〕
動「(人) に助言〔忠告〕する」
▶ advise him to lose weight
「体重を減らすように彼に助言する」
◆ advise A to do「Aに〜するように助言する」

**3616** **advice**
[ædváis] アク
名「助言、忠告」

**3617** **revise**
[riváiz]
〔re（再び）+ 見る⇒見直す〕
動「〜を修正する、改訂する」
▶ a revised edition「改訂版」

**3618** **revision**
[rivíʒən]
名「修正、改訂」

**3619** **supervise**
[súːpərvàiz]
〔super（上から）+ 見る⇒監視する〕
動「〜を監督する」　☞語根 super

| | | |
|---|---|---|
| 3620 | □* **supervisor**<br>[súːpərvàizər] | 〔監督する + or（人）〕<br>名「監督者」 |
| 3621 | □* **evidence**<br>[évədəns] | 〔e（外に）+ 見える + ence（状態）⇒明白な状態⇔証拠〕<br>名「証拠」<br>▶ medical **evidence**「医学的な証拠」 |
| 3622 | □* **evident**<br>[évədənt] | 〔明白な〕　形「明白な」 |
| 3623 | □* **provide**<br>[prəváid] | 〔pro（前もって）+ 見る⇒前もって準備して提供する〕<br>動「～を提供する」<br>▶ **provide** the children with food<br>「子供たちに食べ物を提供する」<br>◆ provide A with B [provide B for A]<br>「A（人）にB（物）を提供する」 |
| 3624 | □* **provision**<br>[prəvíʒən] | 名「提供、準備」 |
| 3625 | □* **provided(that)**<br>**[providing(that)]**<br>[prəváidid (ðət)]<br>[prəváidiŋ (ðət)] | 接「～する場合に限り」<br>★ provided のほうが好まれる。 |
| 3626 | □* **survey**<br>[sərvéi] | 〔sur（上から）+ 見る⇒概観して調べる〕<br>動「～を調査する」　名「調査」<br>▶ conduct a **survey**「調査を行う」 |
| 3627 | □* **view**<br>[vjúː] | 〔見る⇒見渡す〕<br>名「①〔見渡せるもの〕（ある場所からの）眺め　②〔物事の見渡し方〕見方、考え方、意見」<br>動「①～を見る　②～を考える」<br>▶ a room with an ocean **view**「海が眺められる部屋」<br>▶ in my **view**「私の意見では」<br>▶ **view** him as a clever person「彼を賢い人だと考えている」<br>◆ view A as B「AをBと考える」 |
| 3628 | □* **viewpoint**<br>[vjúːpɔint] | 〔見る + point（点）〕<br>名「観点」<br>▶ consider a proposal from a different **viewpoint**<br>「異なる観点から提案を考える」 |
| 3629 | □* **interview**<br>[íntərvjùː] アク | 〔inter（相互に）+ 見る⇒面談する〕<br>名「①面接（試験）②インタビュー」<br>動「①（人）を面接する　②（人）にインタビューする」<br>▶ a job **interview**「就職の面接」 |

| 3630 | **review**<br>[rivjúː] | 〔re（再び）+ 見る⇒見直す〕<br>動「①（状況・方針・事件など）**を見直す** ②〔詳しく見直して〕（本・映画・演劇など）**を批評する**」<br>名「①**見直し** ②**批評**」<br>▶ review the case「その事件**を見直す**」<br>▶ a book review「**書評**」 |
|---|---|---|
| 3631 | **envy**<br>[énvi] | 〔en（中を）+ 見る⇒（悪意を持って）中をじっと見る⇒うらやむ〕<br>動「**～をうらやむ、ねたむ**」 名「**ねたみ**」<br>▶ envy his wealth「彼の財産**をうらやむ**」 |
| 3632 | **envious**<br>[énviəs] | 形「**うらやんで、ねたんで**」 |

## vite 〔求める〕　　　　　　　　　　　　　　　　　　語根

| 3633 | **invite**<br>[inváit] | 〔in（～の中に）+ 求める⇒招く〕<br>動「**～を招待する**」<br>▶ invite her to dinner「夕食に彼女**を招待する**」 |
|---|---|---|
| 3634 | **invitation**<br>[invətéiʃən] | 名「**招待（状）**」 |

## viv / vit / vig / veg 〔生きている、生命〕　　　　　語根

☞ biology の bi も同語源

| 3635 | **vivid**<br>[vívid] | 〔生きている + id（状態）〕<br>形「（記憶・描写などが）**生き生きとした、鮮明な**」<br>▶ vivid memories of childhood「子供時代の**鮮明な記憶**」 |
|---|---|---|
| 3636 | **vividly**<br>[vívidli] | 副「**鮮明に**」 |
| 3637 | **revive**<br>[riváiv] | 〔re（再び）+ 生きる⇒生き返る〕<br>動「**～を生き返らせる、生き返る**」<br>▶ revive economy「経済**を生き返らせる**」 |
| 3638 | **revival**<br>[riváivəl] | 名「**復活**」 |
| 3639 | **survive**<br>[sərváiv] | 〔sur（超えて）+ 生きる〕<br>動「～を（切り抜けて）**生き残る**」<br>▶ survive a crisis「危機**を乗り切る**」 |
| 3640 | **survival**<br>[sərváivəl] | 名「**生き残ること**」 |

3641 **vital**
[váitl]
〔生命 + al（〜に関する）⇒生命（力）に関わる〕
形「①生命維持に必要な ②〔生命力にあふれた〕活気のある ③〔生命に関わるほど〕極めて重要な」
▶ vital organs「生命維持に必要な器官（脳・心臓・肺など）」
▶ a vital man「活気のある男性」
▶ play a vital role「極めて重要な役割を果たす」

3642 **vitality**
[vaitǽləti]
名「生命力、活力」

3643 **vigorous**
[vígərəs]
〔生き生きとしている〕
形「精力的な、活発な」
▶ vigorous exercise「活発な運動」

3644 **vigor**
[vígər]
名「精力、活力」

3645 **vegetable**
[védʒətəbl]
〔活力 + able（〜を持った）〕
名「野菜」

## voc / voi / vok 〔声、語、呼ぶ〕　語根

3646 **vocal**
[vóukəl]
〔声 + al（の）〕
形「声高に言う」
▶ vocal critic「声高に批判する人」

3647 **vocabulary**
[voukǽbjulèri] アク
〔語 + ary（に関するもの）〕
名「語い」
▶ a large vocabulary「豊富な語い」
✎ある言語を構成する単語の総体、1つ1つの具体的な語は word。

3648 **vocation**
[voukéiʃən]
〔voc(呼ぶ) + ation(状態)⇒神のお呼び⇒神のお召し⇒天職〕
名「天職」
▶ find a vocation「天職を見つける」

3649 **vocational**
[voukéiʃənl]
形「職業（上）の」

3650 **advocate**
[ǽdvəkèit]
〔ad（〜のほうへ）+ 呼ぶ⇒呼びかける⇒主張する〕
動「（主義など）を主張する」
名「主張者」
▶ an advocate of gun control「銃規制の主張者」

3651 **voice**
[vɔ́is]
〔声〕
名「声」
▶ speak in a loud voice「大きな声で話す」

## V

**3652 evoke** [ivóuk]
〔e（外に）+ 呼ぶ⇒呼び出す⇒刺激する⇒刺激して、ある行為を起こさせる〕
動「（感情・反応など）を呼び起こす」
▶ evoke an angry reaction「怒りの反応を引き起こす」

**3653 provoke** [prəvóuk]
〔pro（前へ）+ 呼ぶ⇒呼び出す⇒刺激する〕
動「①〔刺激して、ある行為を起こさせる〕（感情・反応など）を引き起こす ②〔人を刺激する〕（人）を怒らせる」
▶ provoke discussion「議論を巻き起こす」

## vol (unt) 〔意志〕 語根

**3654 volunteer** [vàləntíər] アク
〔意志 + eer（従事者）⇒自らの意志で従事する人〕
名「ボランティア、有志」 動「進んで申し出る」
▶ work as a volunteer「ボランティアとして働く」
▶ volunteer to wash dishes「進んで皿を洗う」

**3655 voluntary** [váləntèri]
〔意志 + ary（に関する）〕
形「自発的な、ボランティアの」
▶ do voluntary work「ボランティアの仕事をする」

## volve / volume / volt 〔巻く、回転する〕 語根

**3656 evolve** [iválv]
〔e（外に）+ 回転する⇒巻き物が開く⇒展開する⇒進化する〕
動「発展する、進化する」
▶ Human species evolved from apes.
「人類は類人猿から進化した」

**3657 evolution** [èvəlúːʃən]
名「発展、進化」
▶ the theory of evolution「進化論」

**3658 evolutionary** [èvəlúːʃənèri]
形「発展の、進化の」

**3659 involve** [inválv]
〔in（中に）+ 巻く⇒中に巻き込む〕
動「①～を巻き込む、関与させる、参加させる ②〔他のものを巻き込む〕～を伴う、必要とする」
▶ pedestrians involved in the traffic accident
「交通事故に巻き込まれた歩行者たち」
▶ His job involves traveling abroad.
「彼の仕事には海外出張が必要である」

**3660 involvement** [inválvmənt]
名「関与、参加」

**3661 revolve** [riválv]
〔re（戻って）+ 回転する〕
動「回転する」

3662 **revolution** [rèvəlúːʃən]
〔戻って回転する⇒社会組織を回して元に戻すこと〕
图「革命」
▶ the Industrial **Revolution**「産業**革命**」

3663 **revolutionary** [rèvəlúːʃənèri]
形「革命的な、画期的な」
▶ a **revolutionary** idea「**画期的な**考え」

3664 **revolver** [riválvər]
图「回転式連発拳銃」

3665 **volume** [váljuːm] アク
〔巻き物⇒厚みのある本〕
图「①(全集などの) 一巻、一冊 ②〔厚い本は体積があることから〕(売上・取引・生産などの) 量 ③(テレビなどの) 音量」
▶ an encyclopedia in 12 **volumes**「12**巻**からなる百科事典」
▶ the **volume** of traffic「交通**量**」
▶ turn the **volume** down「**音量**を下げる」

3666 **revolt** [rivóult]
〔re (逆に) + 回転する⇒寝返る〕
動「反乱を起こす、反抗する」 图「反乱、反抗」
▶ **revolts** against authority「権威に対する**反抗**」

## vote / vow 〔誓う、誓約〕 語根

3667 **vote** [vóut]
〔誓約⇒願望⇒自分の願望を知らせる公的な方法⇒投票〕
图「投票、投票権」 動「投票する」
▶ cast my **vote** for the proposal「その提案に賛成の**投票**をする」
古代人は何かに身を委ねたり、身を捧げたりするとき、そのことに関して誓いを立てたと言われている。

3668 **devote** [divóut]
〔de (正式に) + 誓いを立てる⇒誓いを立てて身を捧げる〕
動「(時間・努力など) を捧げる、あてる」
▶ **devote** all his time to studying English
「英語の勉強に全ての時間**をあてる**」
◆ devote A to B「A を B に捧げる、あてる」
◆ devote oneself to A「A に身を捧げる、専念する」

3669 **devotion** [divóuʃən]
图「献身、深い愛情」

3670 **vow** [váu]
〔誓う〕 動「誓う」 图「誓い」
▶ make a **vow** never to drink「二度と飲酒しないと**誓い**を立てる」

## vulnerable 〔傷つきやすい〕 語源

3671 **vulnerable** [válnərəbl]
〔vulner (傷つく) + able (〜しやすい)〕
形「傷つきやすい、弱い」
▶ be **vulnerable** to disease「病気に**かかりやすい**」

# W

## wage〔払うという誓約〕　　　語源

**3672 wage**
[wéidʒ]
〔払うという誓約〕
图「(主に肉体労働者に支払われる)**賃金**」
▶ earn a wage「**賃金**を稼ぐ」

## wand / wind〔曲がった小枝⇒曲がっていること〕　　　語根

**3673 wander**
[wándər] 発
〔曲がりくねって歩く⇒当てもなくふらつく〕
動「①(当てもなく)**歩き回る**　②〔心・注意・考えなどがふらつく〕(心・注意などが)**つい他のことに向く**」
▶ wander around the city「街を**歩き回る**」

**3674 wind(1)**
[wáind]
〔曲がりくねる〕
動「**曲がりくねって進む**」
▶ The river winds through the forest.
「その川は森の中を**蛇行している**」

## ward (1) / ware〔見守る、見張る〕　　　語根

**3675 award**
[əwɔ́ːrd] 発
〔a(完全に)+見守る⇒見守った後で判断して授与する〕
動「(賞など)**を授与する**」
图「(正式な審査員によって決定される)**賞**」
▶ win an academy award「アカデミー**賞**を獲得する」

**3676 reward**
[riwɔ́ːrd]
〔re(後ろを)+見守る⇒これまでの行為に目を向け、報いる〕
图「**ほうび、報酬**」
動「**〜に報酬を与える**」
▶ give a reward for good behavior「善行に**ほうびを与える**」

**3677 aware**
[əwéər]
〔a(しっかりと)+見張っている⇒気づいている〕
形「**気づいている**」
▶ be aware of the dangers of smoking
「喫煙の危険性を**認識している**」

**3678 awareness**
[əwéərnəs]
图「**意識**」

**3679 warn**
[wɔ́ːrn] 発
〔見張る⇒警告する〕
動「(人)**に警告する**」
▶ warn her of the danger「彼女に危険を**警告する**」
◆ warn A of [about / against] B
「A(人)にBを警告する」

**3680 warning**
[wɔ́ːrniŋ]
图「**警告**」

## ward (2) 〔方向へ〕 語根

### 3681 awkward
[ɔ́:kwərd]

〔awk（間違った）+方向へ⇒困る⇒扱いに困る〕
形「①〔物や人が扱いに困る〕**扱いにくい** ②〔状況が扱いに困る〕（人と一緒で）**落ち着かない**、（状況・沈黙などが）**気まずい** ③〔扱いに困る状況にいる〕（動作・ふるまいなどが）**ぎこちない、不器用な**」
- The cellphone is awkward to use.「その携帯は**扱いにくい**」
- I felt awkward with him.「彼と一緒にいて**落ち着かなかった**」
- He is awkward with chopsticks.「彼は箸の扱いが**不器用だ**」

### 3682 forward
[fɔ́:rwərd]

〔for（前もって）+〜の方向へ⇒前方へ〕
副「**前へ、先へ**」
動「〔先へ送る〕**〜を転送する**」 ☞語源 for

## wast / vast 〔荒廃させる、消耗させる〕 語根

### 3683 waste
[wéist] 発

〔消耗させる〕
動「**〜を浪費する**」 名「**浪費、廃棄物**」
- waste time「時間**を浪費する**」
- industrial waste「産業**廃棄物**」

### 3684 devastate
[dévəstèit]

〔de（徹底的に）+荒廃させる〕
動「**〜を完全に破壊する**」
- The atomic bomb devastated the city.
「原子爆弾が市**を完全に破壊した**」

### 3685 devastating
[dévəstèitiŋ]

形「**壊滅的な**」

## way 〔道〕 語根

### 3686 way
[wéi]

〔道〕
名「①〔道案内の際の〕**道順** ②〔道筋を定める方向〕**方向** ③〔道の分かれ目は分岐点〕**点** ④〔道に沿って物を運ぶ方法〕**方法**」
- Could you tell me the way to the station?
「駅までの**道**を教えていただけませんか？」
- Walk this way, please.
「こちらの**ほうへ**〔こちらへ〕お進みください」
- He is different from his brother in many ways.
「彼は兄とは多くの**点**で異なる」
- E-mail is a way of communicating.
「Eメールはコミュニケーションの一**手段**である」

# W

## weapon 〔武器〕 語源

3687 **weapon** 〔武器〕 ②「武器」
[wépən]
▶ nuclear weapons「核兵器」

## wear 〔着る〕 語源

3688 **wear** 〔着る〕
[wéər]発 ⑩「①~を着ている ②〔身に着けると衣服がすり減る〕すり切れる［減る］、~をすり減らす ③〔人の体力をすり減らす〕(人)を疲れさせる」
▶ His jeans were wearing at the knees.
「彼のジーンズはひざのところがすり切れていた」
▶ He is worn out.「彼は疲れ切っている」

## weary 〔疲れた〕 語源

3689 **weary** 〔疲れた〕
[wíəri]発 ㊗「疲れ果てた」
▶ a weary look「疲れた表情」

## weave / web 〔織る〕 語根

3690 **weave** 〔織る〕
[wíːv] ⑩「(糸・布など)を織る」
▶ weave a rug「じゅうたんを織る」

3691 **web** 〔織られたもの〕
[wéb] ②「①クモの巣 ②(インターネット上の)ウェブ」
▶ surf the web「ウェブを見て回る」

## weed 〔雑草〕 語源

3692 **weed** 〔雑草〕 ②「雑草」
[wíːd]
▶ pull weeds「雑草を抜く」

## weigh 〔天秤で物の重さを量る〕 語源

3693 **weigh** 〔天秤で物の重さを量る〕
[wéi]発 ⑩「①重さが~である ②〔2つのものを天秤にかけて比べる〕~を(比較)検討する」
▶ How much do you weigh?「体重はどれくらいですか？」
▶ weigh one plan against [with] another
「ある計画を他のものと比較検討する」

| | | |
|---|---|---|
| 3694 | □\***weight**<br>[wéit] 発 | 名「重量、体重」<br>▶ put on weight「体重が増える」<br>（⇔ lose weight「体重が減る」） |

## wheat 〔白い〕　　　　　　　　　　　　　　　　　　　語源

| | | |
|---|---|---|
| 3695 | □\***wheat**<br>[hwí:t] | 〔白い（white）⇒小麦粉が白いことに由来〕<br>名「小麦」<br>▶ a field of wheat「小麦畑」<br>☞語根 blan / ble / blu「白い」 |

## wheel 〔輪〕　　　　　　　　　　　　　　　　　　　　語源

| | | |
|---|---|---|
| 3696 | □\***wheel**<br>[hwí:l] | 〔輪〕<br>名「①車輪　②（自動車の）ハンドル」<br>▶ a hospital bed on wheels<br>「車輪［キャスター］付きの病院のベッド」<br>▶ at the wheel「ハンドルを握って［運転して］」<br>★「自動車のハンドル」の意味では handle は不可。「自転車やオートバイのハンドル」は handlebars。 |

## whisper 〔ささやく〕　　　　　　　　　　　　　　　　　語源

| | | |
|---|---|---|
| 3697 | □\***whisper**<br>[hwíspər] | 〔ささやく〕<br>動「ささやく」<br>▶ whisper to her「彼女にささやく」 |

## wi / we 〔吹く、風〕　　　　　　　　　　　　　　　　　語根

| | | |
|---|---|---|
| 3698 | □\***wind (2)**<br>[wínd] | 〔吹く〕　名「風」 |
| 3699 | □\***window**<br>[wíndou] | 〔風 + ow（目）⇒家の壁に目のように開いた穴〕<br>名「窓、ショーウィンドー」 |
| 3700 | □**wither**<br>[wíðər] | 〔風にさらす〕<br>動「（植物などが）枯れる」<br>▶ The grass has withered.「芝生は枯れてしまった」 |
| 3701 | □\***weather**<br>[wéðər] | 〔wither と同根：風にさらす〕<br>名「（ある時・ある場所の）天気」<br>▶ weather permitting「天気が良ければ」 |

# W

## will / wel / weal 〔意志、望み、満足〕　　語根

**3702 will** [wíl]
〔意志〕
图「①意志　②遺書」
▶ He was fired against his **will**.「彼は**意志**に反して解雇された」
▶ make a **will**「**遺言状**を作る」

**3703 willing** [wíliŋ]
〔意志 + ing（に関わる）〕
形「**～することをいとわない、してもかまわない** (to *do*)」
★「喜んで～する」という意味ではない。
▶ I am **willing** to help him.「彼を助け**てもかまわない**」

**3704 willingly** [wíliŋli]
副「**快く**」

**3705 welfare** [wélfèər]
〔うまく + fare（行うこと）⇒快適な生活を提供すること〕
图「①**生活保護**　②**福祉**」☞語根 far / fare

**3706 well-being** [wélbíːiŋ]
〔満足な + being（状態）〕
图「**幸福、健康**」

**3707 well off** [wél ɔ́ːf]
〔満足 + off（～の状態で）〕
形「**裕福な**」
　（⇔ badly off「貧乏な」）
▶ **well off** families「**裕福な**家庭」

**3708 wealth** [wélθ]
〔望み + こと⇒望むこと⇒幸福⇒富〕
图「**富**」
▶ a man of **wealth**「**資産**家」
　wealth の最初の意味は「幸福」だったが、幸福の尺度が金銭であり、貧乏な人も金銭で幸福が買えると考えるようになり、「富」という意味が定着した。

**3709 wealthy** [wélθi]
形「**裕福な**」

## win 〔戦う〕　　語源

**3710 win** [wín]
〔戦う⇒勝つ〕
動「①（競技・戦争など）**に勝つ**　②〔勝ち取る〕（賞・メダルなど）**を獲得する**　③（支持・名声・賞賛など）**を得る**」
▶ **win** a game「試合**に勝つ**」
▶ **win** public support「大衆の支持**を得る**」

## wipe 〔ふく〕 　　語源

3711 **wipe**
[wáip]
〔(布や手で) ふく⇒ふき取る⇒完全に消す〕
動「～をふく、ふき取る」
▶ **wipe** the table「テーブル**を**ふく」
関 wiper　名「(車の) ワイパー」

## wit / wis / wiz 〔知力、見ること〕 　　語根

3712 **wit**
[wít]
〔知力〕
名「知力、機知」
▶ a man of **wit**「機知**に**富む人」

3713 **witty**
[wíti]
形「気の利いた」

3714 **witness**
[wítnis]
〔wit (見る) + ness (こと)⇒目撃者⇒ (裁判の) 証人〕
名「目撃者、証人」
動「～を目撃する」
▶ a **witness** to the accident「その事故の**目撃者**」

3715 **wise**
[wáiz]
〔知力+のある〕
形「賢い」
▶ a **wise** man「**賢い**人」

3716 **wisdom**
[wízdəm]
〔賢い + dom (状態)〕
名「賢明さ、知恵」

3717 **wizard**
[wízərd]
〔知力+ ard (のある人)〕
名「魔法使い」

3718 **witch**
[wítʃ]
名「魔女」
▶ a wicked **witch**「邪悪な**魔女**」

## with 〔～から離れて、対抗して〕 　　語根

✎ with のこの意味は古英語の時代の名残である。

3719 **withdraw**
[wiðdrɔ́ː]
〔離れて + draw (引く)⇒引っ込める〕
動「①〔申し出などを引っ込める〕(申し出・発言など) を撤回する　②〔お金を引き出す〕(預金) を引き出す」
☞語根 draw

3720 **withdrawal**
[wiðdrɔ́ːəl]
名「撤退、撤回、引き出し」

3721 **withhold**
[wiðhóuld]
〔離れて + hold (持つ)⇒～に与えないでおく〕
動「(情報・証拠・許可など) を与えないでおく」
▶ **withhold** information from him「彼に情報**を**知らせずにおく」

# W

### 3722 withstand
[wiθstǽnd]
〔対抗して + stand（耐える）〕
動「~に持ちこたえる」
▶ withstand earthquakes「地震に耐える」

## wonder 〔驚き、疑念〕 語源

### 3723 wonder
[wʌ́ndər] 発
〔驚き、疑念〕
動「①~だろうかと思う ②（A［~ということ］に）驚く（at A [that + S V]）」
名「驚嘆（すべきこと）、不思議」
▶ I wonder if it will rain.「雨が降るのかなあ」
◆ wonder if + S V「~かなあ、~かどうかと思う」
▶ wonder at her patience「彼女の忍耐力に驚く」
▶ a sense of wonder「驚嘆する心」
◆ It is no wonder that + S V「~は不思議ではない」

### 3724 wonderful
[wʌ́ndərfəl]
〔驚き + ful（満ちた）〕
形「驚くべき、不思議な、すばらしい」

## worth 〔価値がある〕 語源

### 3725 worth
[wɔ́ːrθ]
〔価値がある〕
前「~の価値がある」 名「価値」
▶ The movie is worth seeing.「その映画は見る価値がある」

### 3726 worthy
[wɔ́ːrði] 発
形「価値がある (of A)」
▶ a person worthy of respect「尊敬に値する人」

### 3727 worthwhile
[wɔ̀ːrθhwáil]
〔価値 + while（時間）⇒時間をかける価値がある〕
形「する価値のある、やりがいのある」
▶ a worthwhile job「やりがいのある仕事」

### 3728 worship
[wɔ́ːrʃip]
〔wor（価値のある）+ ship（状態）⇒価値のあるものを崇拝する〕
動「~を崇拝する」 名「崇拝」
▶ the worship of God「神の崇拝」

## wound 〔けが〕 語源

### 3729 wound
[wúːnd] 発
〔けが〕
名「（銃・刃物などによる）傷」
動「（銃弾・刃物などで）（人）を傷つける」
★ wound は「銃や刀などの武器による負傷」。
injury は「事故による負傷」。
▶ a gunshot wound「弾丸による負傷」
▶ He was wounded in the fight.「彼は戦いで負傷した」

## wr / wor 〔ねじる、ひねる〕 語根

**3730 wrap** [rǽp]
〔ねじる⇒巻き付ける〕
動「〜を包む」
▶ wrap the present「プレゼントを包む」

**3731 wreck** [rék] 発
〔ねじりつぶす〕
動「〜を破壊する、破滅する」
▶ a car wrecked in an accident「事故で大破した車」

**3732 wrinkle** [ríŋkl]
〔ねじれているところ〕
名「しわ」
▶ the wrinkles around his eyes「彼の目元のしわ」

**3733 wrist** [ríst]
〔ねじれる関節〕 名「手首」

**3734 wrong** [rɔ́ːŋ]
〔ねじられた⇒不正な〕
形「間違った」
▶ You have the wrong number.
「番号をお間違えですよ」《電話で》
◆ There is something wrong with A「Aの調子がどこか悪い」

**3735 word** [wə́ːrd]
〔舌をひねる⇒言葉〕
名「①語 ②一言 ③知らせ ④〔約束の言葉〕約束（one's 〜）」
▶ I must keep my word.「約束を守らなければならない」

**3736 work** [wə́ːrk]
〔体をひねる⇒働く〕
動「①働く ②勉強する ③〔機械が働く〕（機械などが）作動する ④〔効果的に働く〕（方法・計画などが）うまくいく ⑤〔効果的に働く〕（薬などが）効果がある」
名「①仕事 ②職場 ③〔働いた結果としての〕作品」
▶ This method is sure to work.「この方法はきっとうまくいく」
▶ This drug will work against the cancer.
「この薬はそのガンに効果があるでしょう」
▶ his works of art「彼の芸術作品」

**3737 worm** [wə́ːrm] 発
〔くねくねしたもの〕
名「（足のない細長い地上をはう）虫」

**3738 worry** [wə́ːri]
〔首をひねる⇒心を悩ます〕
動「①（〜のことで）心配する（about A） ②（人）を心配させる」
▶ She worries about gaining weight.
「彼女は太るのを心配している」
▶ The cost of repairs worries her.「修理費が彼女には心配だ」

## yawn 〔大きく口を開ける〕 語源

3739 **yawn**
[jɔ́ːn]
〔大きく口を開ける際の「あーん」という擬音語〕
動「**あくびをする**」
▶ He stretched and yawned.
「彼は伸びをして**あくびをした**」

## yearn 〔切望する〕 語源

3740 **yearn**
[jə́ːrn]
〔切望する〕
動「**切望する**」
▶ yearn for a pet dog「ペットの犬を**ほしいと思っている**」

## yell 〔大声をあげる〕 語源

3741 **yell**
[jél]
〔大声をあげる〕
動「**叫ぶ、どなる**」
▶ yell at the boys「少年たちを**どなりつける**」
◆ yell at A「A（人）をどなりつける」

## yield 〔与える〕 語源

3742 **yield**
[jíːld]
〔与える⇒自らの圧力で何かを生み出す〕
動「①**~を生み出す** ②〔他者からの圧力に屈する〕（Aに）**屈する** (to A)」
▶ yield results「結果**をもたらす**」
▶ yield to pressure「圧力に**屈する**」

## 数

### one〔1〕 語根

**3743 once**
[wʌ́ns]
〔on (1) + ce〕
副「一度、かつて」
接「いったん~したら」
▶ **Once** you have learned, you never forget.
「**いったん**覚え**れば**決して忘れません」

**3744 only**
[óunli] 発
〔on (1つ) + ly (ような)〕
副「①ただ~だけ ②つい~、~してやっと」
▶ **Only** then did I realize he was lying.
「その時になって**やっと**彼がうそをついていると気づいた」
★ only を含む副詞句は否定の概念を含むので、強調のために文頭に置かれると、語順が倒置[転倒]する。
◆ only to *do*「あいにく~する結果に終わって」

**3745 alone**
[əlóun]
〔al (= all まったく) + one (一人)〕
☞語根 al
形「①たった一人で、**孤独で** ②~**だけ**(名詞の後ろ)」
副「一人で」
▶ She was **alone**, but she was not lonely.
「彼女は**一人**だったが、寂しくはなかった」
★ alone は lonely と異なり、「寂しい」というニュアンスはない。
▶ He **alone** knows the truth.「彼**だけ**が真実を知っている」

**3746 lonely**
[lóunli]
〔lone (alone の頭音消失：一人で) + ly〕
形「**孤独な、寂しい**」
▶ I sometimes feel **lonely** in a crowd.
「私は群衆の中にいても**寂しい**と感じることがある」

**3747 none**
[nʌ́n]
〔no (= not ない) + one (1つ)〕
代「1つ[1人]も~ない、全く~ない」
▶ **None** of these CDs are mine.
「これらの CD は**どれも私のものではない**」

# 数

## uni（ラテン語系）〔1〕　　　　　　　　　　　　　　　　　　　　　語根

3748 **uniform** [júːnəfɔ̀ːrm]
〔uni（1つ）+ 形〕
名「制服」　形「同一の」
☞語根 form

3749 **union** [júːnjən]
〔1つ + ion（であること）〕
名「組合」
▶ a **union** member「組合員」

3750 **reunion** [riːjúːniən]
〔re（再び）+ 1つ〕
名「同窓会、再会」
▶ college **reunion**「大学の同窓会」

3751 **unique** [juːníːk]
〔1つ + ique（の）〕
形「独特な、唯一の」
▶ have a **unique** personality「独特の個性がある」

3752 **unite** [júːnait]
〔1つ + ite（する）〕
動「〜を団結する、結びつける」
▶ **unite** the country「国を団結させる」

3753 **unity** [júːnəti]
名「団結、統一、まとまり」
▶ The report lacks **unity**.「その報告書はまとまりに欠ける」

3754 **unit** [júːnit]
名「単位」
▶ The family is the basic social **unit**.
「家族は社会の基本単位である」

3755 **universe** [júːnəvə̀ːrs]
〔1つに + verse（回る）⇒一つになって回るもの〕
名「宇宙」　☞ verse

3756 **university** [jùːnəvə́ːrsəti] アク
〔教師と学生が一つになった組織〕
名「（総合）大学」

3757 **universal** [jùːnəvə́ːrsəl]
形「世界共通の、万人に通じる、普遍的な」

## mono（ギリシア語系）〔1〕　　　　　　　　　　　　　　　　　　　語根

3758 **monarch** [mánərk]
〔1人の + arch（支配者）〕
名「（専制）君主」　☞語根 arch

3759 **monarchy** [mánərki]
名「君主政治」
関 monorail〔1本の + rail（レール）⇒1本のレールに沿って走る鉄道〕名「モノレール」

3760 **monk** [máŋk] 発
〔1人暮らしの〕
名「修道士、僧」

| 3761 | **monopoly** [mənápəli] | 〔1つ + poly（販売）⇒専売権〕<br>图「**専売権、独占**」<br>▶ have a monopoly on salt「塩の**専売**権を持っている」 |
|---|---|---|
| 3762 | **monotonous** [mənátənəs] アク | 〔1つ + tone（色調）⇒単調な〕<br>形「**単調な**」<br>▶ a monotonous job「**単調な仕事**」 |

## two〔2〕　　　　　　　　　　　　　　　　　　　　　　　　　　　　　　語根

| 3763 | **twice** [twáis] | 〔twi（2）+ ce（副詞語尾）〕<br>副「**2度、2倍**」<br>▶ You are twice as strong as I am.<br>「君は私の**2倍**の力がある」 |
|---|---|---|
| 3764 | **twilight** [twáilàit] | 〔twi（2つの）+ light（光）⇒日の出、日没は太陽光と月光という2つの光が交差するから〕<br>图「（日の出前の）**薄明かり**、（日没後の）**たそがれ**」<br>▶ in the twilight「**たそがれ**時に［**薄明かりの中で**］」 |
| 3765 | **twin** [twín] | 〔twi（2人）〕图「**双子の一人**」 |
| 3766 | **twist** [twíst] | 〔2本の束をより合わせる〕<br>動「**～をねじる、ひねる**」<br>▶ She fell and twisted her ankle.<br>「彼女は転んで足首**をひねった**」 |
| 3767 | **between** [bitwíːn] | 〔be（間に）+ tween（2つ）〕<br>動「**～の間に**」 |

## du / dou / bi（ラテン語系）〔2〕　　　　　　　　　　　　　　　　　　語根

| 3768 | **dual** [d(j)úːəl] | 〔du（2）+ al（の）〕<br>形「**二重の**」<br>▶ a dual purpose「**2つの目的**」 |
|---|---|---|
| 3769 | **duplicate** [d(j)úːplikət] | 〔du（2つ）+ 折る⇒同じものが2つできる〕<br>動「**～を複製する**」☞語根 ply（2） |
| 3770 | **double** [dʌ́bl] | 〔dou（2つ）+ ble（重ねる）⇒二重に重ねる〕<br>形副「**2倍の［に］、二重の［に］**」<br>動「**2倍になる、～を2倍にする**」<br>▶ The population of the town has doubled.<br>「その町の人口は**2倍になった**」 |

数

# 数

**3771 doubt** [dáut] 発
〔dou（2つ）のうちから1つを選ぶ⇒迷う⇒疑う〕
動「〜を疑う」
名「疑い」
▶ I have never **doubted** his innocence.
「私は彼の無実**を疑った**ことがない」

**3772 doubtful** [dáutfəl]
形「疑っている、疑わしい」

**3773 dozen** [dázn]
〔do（2）+ zen（= 10）⇒ 12〕
名「12、ダース」
▶ a **dozen** eggs「1**ダース**の卵」

**3774 bicycle** [báisikl]
〔bi（2つ）+ cycle（車輪）〕
名「自転車」

**3775 bilingual** [bailíŋgwəl]
〔bi（2つ）+ lingua（言語）〕
形「2言語使用の」
名「2言語話者」
☞語根 langu / lingu / tongue

**3776 combine** [kəmbáin]
〔com（一緒に）+ bi（2つ）⇒ 2つのものを組み合わせる〕
動「組み合わせる」
▶ **combine** exercise and a healthy diet
「運動と健康に良い食事を**組み合わせる**」

**3777 combination** [kùmbənéiʃən]
名「組み合わせ」

## di（ギリシア語系）〔2〕 語根

**3778 dilemma** [dilémə]
〔di（2つ）+ lemma（想定）⇒ 2つの想定を抱えている状態〕
名「（二者択一の）ジレンマ、板挟み」
▶ face a **dilemma**「**ジレンマ**に直面する」

**3779 diploma** [diplóumə]
〔di（2つ）+ ploma（折りたたんだ紙）⇒公文書⇒卒業証書〕
名「卒業証書」
▶ a high school **diploma**「高校の**卒業証書**」

**3780 diplomat** [dípləmæ̀t]
〔公文書を携えている人〕
名「外交官」

**3781 diplomatic** [dìpləmǽtik]
形「外交の、駆け引きのうまい」
▶ establish **diplomatic** relations「**外交**関係を結ぶ」

**3782 diplomacy** [diplóuməsi]
名「外交」

## tri（ラテン語・ギリシア語系）〔3〕　　　語根

3783 **＊triangle**
[tráiæ̀ŋgl]
〔tri（3つ）+ angle（角）〕
名「三角形」

3784 **＊tribe**
[tráib]
〔初期ローマ人を構成した tri（3つ）の部族が原義〕
名「部族」　☞ trib(ute)

3785 **＊triple**
[trípl]
〔tri（3）+ ple（重ねる・倍）〕
形「3倍の、三重の」
動「3倍になる、3倍にする」

3786 **＊trivial**
[tríviəl]
〔tri（3つ）+ via（道）⇒道が交差するところは昔からニュースがやり取りされる場所であり、ほとんどのニュースは取るに足らないゴシップであった⇒取るに足らない〕
形「取るに足らない」　☞ via

## four〔4〕　　　語根

3787 **＊fortnight**
[fɔ́ːrtnàit]
〔fourteen night の短縮形〕
名「(14の夜) 2週間」
▶ a **fortnight**'s holiday「2週間の休暇」

## quart（ラテン語系）〔4〕　　　語根

3788 **＊quarter**
[kwɔ́ːrtər]
〔4番目の〕
名「4分の1、(街を東西南北の4地区に分けたことから)地区」
▶ a **quarter** of an hour「1時間の4分の1〔15分〕」

3789 **quarterly**
[kwɔ́ːrtərli]
〔quarter（年4回）+ ly（〜の間隔で繰り返し起こる）〕
形「年4回の」

3790 **＊square**
[skwéər]
〔quare（四角にする）〕
名「正方形、広場」
▶ draw a **square**「正方形を描く」

## five〔5〕　　　語根

3791 **＊finger**
[fíŋgər] 発
〔5つ⇒片手に指は5本ある〕
名「指」

3792 **＊fist**
[físt]
〔握りしめた5本指〕
名「握りこぶし」
▶ pump one's **fist**
「こぶしを振り上げる、ガッツポーズをする」

## 数

### deca (ギリシア語系) 〔10〕 語根

3793 **decade**
[dékeid]
名「10 年間」
▶ a decade ago「10 年前に」

### cent (ラテン語系) 〔100、100 分の 1、100 番目の〕 語根

3794 **century**
[séntʃəri]
名「世紀、100 年間」
▶ the twenty-first century「21 世紀」

### mill (ラテン語系) 〔1000〕 語根

3795 **millennium**
[miléniəm]
〔mille (1000) + ennium (年)〕
名「1000 年間」

3796 **millionaire**
[mìljənéər] アク
〔milli (1000) + on (大きな) + aire (〜に関する人)
⇒ 1,000 × 1,000 = 百万を持つ人〕
名「百万長者」

3797 **mile**
[máil]
〔1000 歩の距離〕
名「マイル」

### micro 〔100 万分の 1、微小〕 語根

3798 **microscope**
[máikrəskòup] アク
〔micro (微小なもの) + scope (鏡)〕
名「顕微鏡」
▶ under a microscope「顕微鏡で」

### billion 〔1 兆〕 語源

3799 **billion**
[bíljən]
(フランス語系)〔bi (2 乗) + (mi)llion (100 万) = 1 兆〕
名「10 億」
▶ one billion yen「10 億円」

語源の「1 兆」は現在では使われない。フランスで、数字は 3 桁で区切り、million, billion, trillion は桁が 3 つ上がるごとに用いるべきだとされ、billion は million「100 万」より 3 桁多い数字、つまり「10 億」を意味するようになった。

# 索 引

## A

|  |  |
|---|---|
| abandon | 30 |
| ability | 12 |
| able | 12 |
| abnormal | 234 |
| aboard | 39 |
| abolish | 238 |
| abolition | 238 |
| abroad | 43 |
| abrupt | 301 |
| abruptly | 301 |
| absence | 110 |
| absent | 110 |
| absolute | 329 |
| absolutely | 329 |
| absorb | 327 |
| abstract | 374 |
| absurd | 355 |
| abundance | 382 |
| abundant | 382 |
| abuse | 384 |
| academic | 12 |
| academy | 12 |
| accelerate | 59 |
| accent | 59 |
| accept | 51 |
| acceptable | 51 |
| acceptance | 51 |
| access | 58 |
| accessible | 58 |
| accident | 65 |
| accidental | 65 |
| accidentally | 65 |
| accommodate | 222 |
| accommodation | 222 |
| accompany | 244 |
| accomplish | 268 |
| accomplishment | 268 |
| accord | 77 |
| accordingly | 77 |
| account | 79 |
| accountable | 80 |
| accumulate | 87 |
| accumulation | 87 |
| accuracy | 88 |
| accurate | 88 |
| accusation | 55 |
| accuse | 55 |
| accustomed | 89 |
| ache | 12 |
| achieve | 50 |
| achievement | 50 |
| acid | 15 |
| acknowledge | 153 |
| acquaint | 153 |
| acquaintance | 153 |
| acquire | 286 |
| acquisition | 286 |
| act | 13 |
| action | 13 |
| active | 13 |
| activity | 13 |
| actor | 13 |
| actress | 13 |
| actual | 14 |
| actually | 14 |
| acute | 14 |
| adapt | 24 |
| adaptation | 24 |
| add | 99 |
| addict | 92 |
| addicted | 92 |
| addiction | 92 |
| addition | 99 |
| additional | 100 |
| address | 101 |
| adequacy | 109 |
| adequate | 109 |
| adhere | 164 |
| adjective | 177 |
| adjust | 179 |
| adjustment | 179 |
| administer | 217 |
| administration | 217 |
| admirable | 218 |
| admiration | 218 |
| admire | 218 |
| admission | 219 |
| admit | 219 |
| adolescence | 238 |
| adolescent | 238 |
| adopt | 239 |
| adoption | 240 |
| adore | 240 |
| adult | 238 |
| advance | 23 |
| advanced | 23 |
| advantage | 23 |
| advantageous | 23 |
| advent | 390 |
| adventure | 390 |
| adverb | 392 |
| adverse | 392 |
| advertise | 394 |
| advertisement | 394 |
| advice | 398 |
| advise | 398 |
| advocate | 401 |
| aesthetic | 15 |
| affair | 115 |
| affect | 115 |
| affection | 115 |
| affirm | 131 |
| afflict | 134 |
| affluent | 135 |
| afford | 15 |
| age | 15 |
| aged | 15 |
| agency | 14 |
| agent | 14 |
| aggression | 158 |
| aggressive | 158 |
| aging | 15 |
| agree | 157 |
| agreement | 157 |
| agricultural | 76 |
| agriculture | 76 |
| aim | 112 |
| air | 15 |
| alarm | 26 |
| alarmed | 26 |
| alarming | 26 |
| alert | 17 |
| alien | 17 |
| alienate | 17 |
| alike | 195 |
| alive | 197 |
| allergic | 17 |
| allergy | 17 |
| allow | 198 |
| allowance | 198 |
| almost | 16, 225 |
| alone | 16, 413 |
| already | 16 |
| also | 16 |
| alter | 17 |
| alteration | 17 |
| alternate | 17 |
| alternative | 17 |
| although | 16 |
| altitude | 18 |
| altogether | 147 |
| always | 16 |
| amateur | 18 |
| amaze | 18 |
| amazed | 18 |
| amazing | 18 |
| ambassador | 18 |
| ambiguity | 19 |
| ambiguous | 18 |
| ambition | 19, 175 |
| ambitious | 19, 175 |
| ambivalence | 19, 388 |
| ambivalent | 19, 388 |
| ambulance | 19 |
| amend | 209 |
| amendment | 209 |
| amount | 227 |
| ample | 268 |
| amuse | 20 |
| amused | 20 |
| amusement | 20 |
| amusing | 20 |
| analogy | 20 |
| analysis | 20 |
| analyst | 20 |
| analyze | 20 |
| ancestor | 23, 58 |
| anchor | 21 |
| ancient | 23 |
| anger | 20 |
| angle | 21 |
| angry | 20 |
| animal | 21 |
| animate | 21 |
| animation | 21 |
| ankle | 21 |
| anniversary | 22 |
| announce | 235 |
| announcement | 235 |
| announcer | 235 |
| annoy | 22 |
| annoyance | 22 |
| annoyed | 22 |
| annoying | 22 |
| annual | 21 |
| annually | 22 |
| anonymous | 22 |
| Antarctic | 23 |
| anthropologist | 22 |

|  |  |  |  |  |  |  |  |
|---|---|---|---|---|---|---|---|
| anthropology | 22 | aristocratic | 82 | atmosphere | 336 | bankruptcy | 301 |
| anticipate | 22 | arithmetic | 25 | atmospheric | 336 | bare | 31 |
| anticipation | 23 | arm | 25 | atom | 372 | barefoot | 31 |
| antique | 23 | army | 25 | atomic | 372 | barely | 31 |
| antiquity | 23 | arouse | 297 | attach | 357 | barrier | 30 |
| anxiety | 21 | arrange | 289 | attachment | 357 | base | 31 |
| anxious | 21 | arrangement | 289 | attack | 357 | basic | 31 |
| apart | 249 | arrest | 343 | attain | 358 | basically | 31 |
| apartment | 249 | arrival | 298 | attempt | 364 | basis | 31 |
| apologize | 199 | arrive | 298 | attend | 364 | bat | 31 |
| apology | 199 | arrogance | 26 | attendance | 364 | battery | 32 |
| apparatus | 248 | arrogant | 26 | attendant | 364 | battle | 32 |
| apparent | 246 | art | 26 | attention | 364 | battlefield | 32 |
| apparently | 246 | article | 26 | attentive | 364 | bear | 34 |
| appeal | 253 | artificial | 26, 118 | attitude | 24 | beard | 34 |
| appear | 246 | ascend | 305 | attract | 373 | beast | 34 |
| appearance | 246 | ashamed | 317 | attraction | 374 | beat | 32 |
| appetite | 258 | aspect | 333 | attractive | 373 | because | 33 |
| applaud | 263 | aspiration | 337 | attribute | 377 | become | 33 |
| applause | 263 | aspire | 337 | auction | 27 | beetle | 37 |
| appliance | 265 | assault | 353 | audience | 28 | before | 32 |
| applicant | 265 | assemble | 323 | authentic | 29 | beforehand | 32 |
| application | 265 | assembly | 323 | author | 27 | beg | 34 |
| apply | 265 | assert | 314 | authority | 28 | beggar | 34 |
| appoint | 284 | assertion | 314 | autobiography | 28, 156 | behave | 161 |
| appointment | 285 | assess | 319 | autograph | 156 | behavior | 161 |
| appreciate | 279 | assessment | 319 | automatic | 28 | behind | 165 |
| appreciation | 279 | asset | 304 | automatically | 28 | belong | 200 |
| apprehend | 276 | assign | 322 | automobile | 28 | belongings | 200 |
| apprehension | 276 | assignment | 322 | autonomous | 29 | bend | 35 |
| approach | 281 | assist | 324 | autonomy | 29 | beneath | 33 |
| appropriate | 282 | assistance | 324 | availability | 388 | beneficial | 35, 117 |
| approval | 283 | assistant | 324 | available | 388 | benefit | 35, 117 |
| approve | 283 | associate | 328 | avenue | 391 | beside | 32 |
| approximate | 281 | association | 328 | average | 29 | besides | 33 |
| approximately | 281 | assume | 354 | avoid | 386 | bet | 35 |
| apt | 24 | assumption | 354 | award | 404 | betray | 33 |
| aptitude | 24 | assurance | 356 | aware | 404 | betrayal | 33 |
| arbitrary | 24 | assure | 356 | awareness | 404 | between | 33, 415 |
| archaeologist | 25, 199 | astonish | 370 | awe | 29 | beyond | 33 |
| archaeology | 25, 199 | astonished | 370 | awful | 29 | bias | 35 |
| architect | 24 | astonishing | 370 | awfully | 29 | Bible | 35 |
| architectural | 24 | astonishment | 370 | awkward | 405 | biblical | 36 |
| architecture | 24 | astrology | 27 | | | bicycle | 416 |
| Arctic | 23 | astronaut | 27 | **B** | | bilingual | 182, 416 |
| area | 25 | astronomer | 27 | background | 159 | bill | 36 |
| argue | 25 | astronomy | 27 | baggage | 30 | billion | 418 |
| argument | 25 | athlete | 27 | ban | 30 | bind | 36 |
| arise | 296 | athletic | 27 | bank | 30 | biography | 36, 156 |
| aristocracy | 82 | athletics | 27 | bankrupt | 301 | biological | 36 |

|  |  |  |  |  |  |  |  |
|---|---|---|---|---|---|---|---|
| ☐ biologist | 36 | ☐ bribe | 42 | ☐ capitalism | 48 | ☐ characterize | 62 |
| ☐ biology | 36, 199 | ☐ bride | 43 | ☐ capitalist | 48 | ☐ charge | 53 |
| ☐ biotechnology | 36 | ☐ brief | 43 | ☐ captain | 48 | ☐ charitable | 63 |
| ☐ birth | 34 | ☐ briefing | 43 | ☐ captive | 49 | ☐ charity | 63 |
| ☐ bit | 37 | ☐ briefly | 43 | ☐ captivity | 49 | ☐ charm | 63 |
| ☐ bite | 37 | ☐ bright | 44 | ☐ capture | 49 | ☐ charming | 63 |
| ☐ bitter | 37 | ☐ brilliant | 44 | ☐ care | 54 | ☐ chart | 53 |
| ☐ blame | 37 | ☐ broad | 43 | ☐ career | 53 | ☐ chase | 52 |
| ☐ blank | 37 | ☐ broadcast | 43, 54 | ☐ careful | 54 | ☐ chat | 63 |
| ☐ bleed | 38 | ☐ broaden | 43 | ☐ carefully | 54 | ☐ chatter | 63 |
| ☐ bless | 39 | ☐ brutal | 44 | ☐ careless | 54 | ☐ cheat | 63 |
| ☐ blessing | 39 | ☐ brute | 44 | ☐ carve | 54 | ☐ chemical | 64 |
| ☐ blind | 38 | ☐ budget | 44 | ☐ case | 49, 65 | ☐ chemist | 63 |
| ☐ blood | 38 | ☐ bulk | 44 | ☐ cash | 49 | ☐ chemistry | 63 |
| ☐ bloody | 38 | ☐ bullet | 44 | ☐ cast | 54 | ☐ cherish | 63 |
| ☐ bloom | 38 | ☐ bully | 44 | ☐ casual | 66 | ☐ chest | 64 |
| ☐ blossom | 38 | ☐ bullying | 44 | ☐ casually | 66 | ☐ chief | 49 |
| ☐ blow | 38 | ☐ bump | 45 | ☐ casualty | 66 | ☐ chill | 75 |
| ☐ blur | 37 | ☐ burden | 34 | ☐ catastrophe | 55 | ☐ chilly | 75 |
| ☐ board | 39 | ☐ bureau | 45 | ☐ Catholic | 55 | ☐ choice | 64 |
| ☐ boast | 39 | ☐ bureaucracy | 45, 82 | ☐ cattle | 48 | ☐ choke | 64 |
| ☐ bold | 39 | ☐ bureaucrat | 45, 82 | ☐ cause | 55 | ☐ choose | 64 |
| ☐ bomb | 39 | ☐ bureaucratic | 45 | ☐ caution | 55 | ☐ chore | 64 |
| ☐ bomber | 39 | ☐ bureaucratic | 82 | ☐ cautious | 55 | ☐ chronic | 64 |
| ☐ bombing | 39 | ☐ burial | 45 | ☐ cave | 46 | ☐ circle | 68 |
| ☐ bond | 36 | ☐ burst | 45 | ☐ cease | 58 | ☐ circular | 68 |
| ☐ book | 40 | ☐ bury | 45 | ☐ celebrate | 58 | ☐ circulate | 68 |
| ☐ booking | 40 | ☐ but | 45 | ☐ celebration | 58 | ☐ circulation | 68 |
| ☐ boom | 40 |  |  | ☐ celebrity | 59 | ☐ circumstance | 68, 341 |
| ☐ boost | 40 | **C** |  | ☐ cell | 56 | ☐ cite | 69 |
| ☐ border | 39 | ☐ cabin | 46 | ☐ cellular | 56 | ☐ citizen | 69 |
| ☐ bore | 40 | ☐ cabinet | 46 | ☐ censor | 59 | ☐ citizenship | 69 |
| ☐ bored | 40 | ☐ cage | 46 | ☐ censorship | 59 | ☐ civil | 69 |
| ☐ boredom | 40 | ☐ calculate | 46 | ☐ center | 59 | ☐ civilian | 69 |
| ☐ boring | 40 | ☐ calculation | 46 | ☐ central | 59 | ☐ civilization | 69 |
| ☐ borrow | 40 | ☐ call | 46 | ☐ century | 418 | ☐ civilize | 69 |
| ☐ boss | 40 | ☐ calm | 46 | ☐ ceremony | 60 | ☐ civilized | 69 |
| ☐ bother | 41 | ☐ calorie | 46 | ☐ certain | 61 | ☐ claim | 70 |
| ☐ bound | 36, 41 | ☐ camp | 47 | ☐ certainly | 61 | ☐ clarify | 70 |
| ☐ boundary | 41 | ☐ campaign | 47 | ☐ certificate | 61, 118 | ☐ class | 71 |
| ☐ bow | 41 | ☐ campus | 47 | ☐ certify | 61 | ☐ classification | 71 |
| ☐ branch | 42 | ☐ canal | 47 | ☐ challenge | 61 | ☐ classify | 71 |
| ☐ brave | 42 | ☐ cancer | 47 | ☐ champion | 47 | ☐ clear | 70 |
| ☐ bravery | 42 | ☐ candidate | 47 | ☐ chance | 66 | ☐ clearly | 70 |
| ☐ bread | 42 | ☐ candle | 47 | ☐ change | 62 | ☐ clerk | 71 |
| ☐ breadth | 43 | ☐ cap | 48 | ☐ channel | 47 | ☐ client | 72 |
| ☐ breakthrough | 43 | ☐ capability | 48 | ☐ chaos | 62 | ☐ climate | 72 |
| ☐ breath | 42 | ☐ capable | 48 | ☐ chapter | 49 | ☐ cling | 72 |
| ☐ breathe | 42 | ☐ capacity | 48 | ☐ character | 62 | ☐ clinic | 71 |
| ☐ breed | 42 | ☐ capital | 48 | ☐ characteristic | 62 | ☐ clinical | 71 |

421

| ☐ close | 73 | ☐ comparative | 247 | ☐ conduct | 103 | ☐ constant | 341 |
| --- | --- | --- | --- | --- | --- | --- | --- |
| ☐ closet | 74 | ☐ comparatively | 247 | ☐ conference | 126 | ☐ constantly | 341 |
| ☐ cloth | 72 | ☐ compare | 246 | ☐ confess | 127 | ☐ constitute | 342 |
| ☐ clothes | 72 | ☐ comparison | 246 | ☐ confession | 127 | ☐ constitution | 342 |
| ☐ clothing | 73 | ☐ compatible | 251 | ☐ confide | 128 | ☐ construct | 351 |
| ☐ clue | 74 | ☐ compel | 253 | ☐ confidence | 128 | ☐ construction | 351 |
| ☐ clumsy | 74 | ☐ compensate | 256 | ☐ confident | 128 | ☐ constructive | 351 |
| ☐ cognition | 153 | ☐ compensation | 256 | ☐ confidential | 128 | ☐ consult | 68 |
| ☐ cognitive | 153 | ☐ compete | 258 | ☐ confine | 130 | ☐ consultant | 68 |
| ☐ coin | 74 | ☐ competence | 258 | ☐ confirm | 131 | ☐ consume | 354 |
| ☐ coincide | 65 | ☐ competent | 258 | ☐ confirmation | 131 | ☐ consumer | 354 |
| ☐ coincidence | 65 | ☐ competition | 258 | ☐ conflict | 134 | ☐ consumption | 354 |
| ☐ cold | 75 | ☐ competitive | 258 | ☐ conform | 139 | ☐ contact | 357 |
| ☐ collapse | 183 | ☐ compile | 260 | ☐ conformity | 139 | ☐ contain | 359 |
| ☐ collar | 75 | ☐ complain | 262 | ☐ confront | 143 | ☐ container | 359 |
| ☐ colleague | 189 | ☐ complaint | 262 | ☐ confrontation | 143 | ☐ contaminate | 358 |
| ☐ collect | 188 | ☐ complete | 268 | ☐ confuse | 145 | ☐ contamination | 358 |
| ☐ collection | 188 | ☐ completely | 268 | ☐ confused | 145 | ☐ contemplate | 363 |
| ☐ collective | 188 | ☐ complex | 266 | ☐ confusing | 145 | ☐ contemporary | 363 |
| ☐ college | 189 | ☐ complexity | 266 | ☐ confusion | 145 | ☐ contempt | 77 |
| ☐ collide | 193 | ☐ compliance | 268 | ☐ congratulate | 157 | ☐ contend | 365 |
| ☐ collision | 193 | ☐ complicate | 266 | ☐ congratulation | 157 | ☐ content | 359 |
| ☐ colonial | 75 | ☐ complicated | 266 | ☐ congress | 158 | ☐ content | 359 |
| ☐ colony | 75 | ☐ compliment | 268 | ☐ connect | 232 | ☐ contentment | 359 |
| ☐ combat | 32 | ☐ comply | 268 | ☐ connection | 232 | ☐ context | 368 |
| ☐ combination | 416 | ☐ component | 274 | ☐ conquer | 287 | ☐ continent | 360 |
| ☐ combine | 416 | ☐ compose | 272 | ☐ conquest | 287 | ☐ continue | 360 |
| ☐ comfort | 137 | ☐ composition | 272 | ☐ conscience | 306 | ☐ continuity | 360 |
| ☐ comfortable | 137 | ☐ compound | 274 | ☐ conscientious | 306 | ☐ continuous | 360 |
| ☐ command | 205 | ☐ comprehend | 276 | ☐ conscious | 306 | ☐ contract | 374 |
| ☐ comment | 210 | ☐ comprehension | 276 | ☐ consciousness | 306 | ☐ contradict | 93 |
| ☐ commerce | 212 | ☐ comprehensive | 276 | ☐ consensus | 312 | ☐ contradiction | 93 |
| ☐ commercial | 212 | ☐ comprise | 276 | ☐ consent | 312 | ☐ contradictory | 93 |
| ☐ commission | 220 | ☐ compromise | 221 | ☐ consequence | 312 | ☐ contrary | 341 |
| ☐ commit | 219 | ☐ compulsory | 253 | ☐ consequently | 312 | ☐ contrast | 341 |
| ☐ commitment | 219 | ☐ conceal | 56 | ☐ conservation | 315 | ☐ contribute | 377 |
| ☐ committee | 220 | ☐ conceive | 50 | ☐ conservative | 315 | ☐ contribution | 377 |
| ☐ commodity | 222 | ☐ concentrate | 59 | ☐ conserve | 315 | ☐ control | 299 |
| ☐ common | 223 | ☐ concentration | 60 | ☐ consider | 320 | ☐ controversial | 393 |
| ☐ commonplace | 223 | ☐ concept | 50 | ☐ considerable | 320 | ☐ controversy | 393 |
| ☐ communicate | 223 | ☐ conception | 50 | ☐ considerably | 320 | ☐ convenience | 391 |
| ☐ communication | 223 | ☐ concern | 60 | ☐ considerate | 320 | ☐ convenient | 391 |
| ☐ communism | 223 | ☐ concerned | 60 | ☐ consideration | 320 | ☐ convention | 390 |
| ☐ communist | 223 | ☐ concerning | 60 | ☐ considering | 321 | ☐ conventional | 390 |
| ☐ community | 223 | ☐ concise | 67 | ☐ consist | 324 | ☐ conversation | 392 |
| ☐ commute | 224 | ☐ conclude | 73 | ☐ consistency | 324 | ☐ converse | 392, 393 |
| ☐ commuter | 224 | ☐ conclusion | 73 | ☐ consistent | 324 | ☐ conversely | 393 |
| ☐ companion | 245 | ☐ concrete | 83 | ☐ consolation | 329 | ☐ conversion | 394 |
| ☐ company | 245 | ☐ condemn | 90 | ☐ console | 328 | ☐ convert | 394 |
| ☐ comparable | 246 | ☐ condition | 77 | ☐ conspicuous | 335 | ☐ convey | 395 |

| | | | | | | | |
|---|---|---|---|---|---|---|---|
| ☐ conviction | 396 | ☐ creature | 84 | ☐ death | 94 | ☐ democratic | 82 |
| ☐ convince | 396 | ☐ credit | 84 | ☐ debate | 32 | ☐ democratic | 91 |
| ☐ convincing | 396 | ☐ creed | 84 | ☐ debt | 90 | ☐ demonstrate | 211 |
| ☐ cool | 75 | ☐ creep | 84 | ☐ decade | 418 | ☐ demonstration | 211 |
| ☐ cooperate | 239 | ☐ crime | 85 | ☐ decay | 67 | ☐ denial | 233 |
| ☐ cooperation | 239 | ☐ criminal | 85 | ☐ deceive | 50 | ☐ dense | 91 |
| ☐ cooperative | 239 | ☐ crisis | 85 | ☐ decent | 91 | ☐ density | 92 |
| ☐ coordinate | 241 | ☐ criterion | 85 | ☐ deception | 50 | ☐ deny | 233 |
| ☐ coordination | 241 | ☐ critic | 85 | ☐ decide | 67 | ☐ depart | 249 |
| ☐ copy | 77 | ☐ critical | 85 | ☐ decision | 67 | ☐ department | 249 |
| ☐ core | 77 | ☐ criticism | 85 | ☐ decisive | 67 | ☐ departure | 249 |
| ☐ corporate | 78 | ☐ criticize | 85 | ☐ declaration | 70 | ☐ depend | 254 |
| ☐ corporation | 78 | ☐ crop | 86 | ☐ declare | 70 | ☐ dependence | 254 |
| ☐ correct | 292 | ☐ cross | 86 | ☐ decline | 71 | ☐ dependent | 254 |
| ☐ correction | 292 | ☐ crowd | 86 | ☐ decrease | 83 | ☐ depict | 260 |
| ☐ correspond | 338 | ☐ crowded | 86 | ☐ dedicate | 93 | ☐ deposit | 274 |
| ☐ correspondence | 338 | ☐ crucial | 86 | ☐ dedicated | 93 | ☐ depress | 277 |
| ☐ correspondent | 338 | ☐ crude | 86 | ☐ dedication | 93 | ☐ depressed | 277 |
| ☐ corresponding | 338 | ☐ cruel | 86 | ☐ deed | 97 | ☐ depressing | 277 |
| ☐ corridor | 87 | ☐ cruelty | 86 | ☐ defeat | 119 | ☐ depression | 278 |
| ☐ corrupt | 301 | ☐ crush | 86 | ☐ defect | 116 | ☐ deprive | 281 |
| ☐ corruption | 301 | ☐ cultivate | 76 | ☐ defective | 116 | ☐ derive | 298 |
| ☐ cosmic | 78 | ☐ cultural | 75 | ☐ defend | 124 | ☐ descend | 305 |
| ☐ cosmos | 78 | ☐ culture | 75 | ☐ defense | 124 | ☐ descendant | 305 |
| ☐ cost | 79 | ☐ curb | 88 | ☐ defensive | 124 | ☐ descent | 305 |
| ☐ costly | 79 | ☐ cure | 88 | ☐ deficiency | 116 | ☐ describe | 307 |
| ☐ costume | 89 | ☐ curiosity | 88 | ☐ deficient | 116 | ☐ description | 307 |
| ☐ cough | 79 | ☐ curious | 88 | ☐ deficit | 116 | ☐ desert | 314 |
| ☐ council | 68 | ☐ currency | 87 | ☐ define | 130 | ☐ deserted | 314 |
| ☐ count | 79 | ☐ current | 87 | ☐ definite | 130 | ☐ deserve | 315 |
| ☐ counterpart | 249 | ☐ currently | 87 | ☐ definitely | 130 | ☐ designate | 322 |
| ☐ country | 80 | ☐ curriculum | 87 | ☐ definition | 130 | ☐ desirable | 321 |
| ☐ courage | 78 | ☐ curse | 89 | ☐ defy | 128 | ☐ desire | 321 |
| ☐ courageous | 78 | ☐ curve | 88 | ☐ degrade | 155 | ☐ despair | 336 |
| ☐ court | 80 | ☐ custom | 89 | ☐ degree | 155 | ☐ desperate | 336 |
| ☐ courteous | 80 | ☐ customary | 89 | ☐ delay | 186 | ☐ desperately | 336 |
| ☐ courtesy | 80 | ☐ customer | 89 | ☐ deliberate | 192 | ☐ despise | 336 |
| ☐ cousin | 308 | | | ☐ deliberately | 192 | ☐ despite | 336 |
| ☐ cover | 81 | **D** | | ☐ delicate | 91 | ☐ dessert | 315 |
| ☐ coverage | 81 | ☐ damage | 90 | ☐ delicious | 192 | ☐ destination | 342 |
| ☐ coward | 81 | ☐ danger | 98 | ☐ delight | 192 | ☐ destined | 342 |
| ☐ craft | 82 | ☐ dangerous | 98 | ☐ delighted | 192 | ☐ destiny | 342 |
| ☐ craftsman | 82 | ☐ data | 99 | ☐ delightful | 192 | ☐ destroy | 351 |
| ☐ cram | 82 | ☐ date | 99 | ☐ deliver | 192 | ☐ destruction | 351 |
| ☐ crash | 83 | ☐ dawn | 90 | ☐ delivery | 192 | ☐ destructive | 352 |
| ☐ crawl | 83 | ☐ dead | 94 | ☐ demand | 205 | ☐ detail | 359 |
| ☐ create | 84 | ☐ deadline | 94 | ☐ demanding | 205 | ☐ detect | 362 |
| ☐ creation | 84 | ☐ deadly | 94 | ☐ democracy | 82 | ☐ detective | 362 |
| ☐ creative | 84 | ☐ deaf | 90 | ☐ democracy | 91 | ☐ deteriorate | 92 |
| ☐ creator | 84 | ☐ deal | 97 | ☐ Democrat | 82, 91 | ☐ determination | 366 |

423

|  |  |
|---|---|
| determine | 366 |
| devastate | 405 |
| devastating | 405 |
| develop | 390 |
| development | 390 |
| device | 96 |
| devise | 96 |
| devote | 403 |
| devotion | 403 |
| diagnose | 92, 152 |
| diagnosis | 152 |
| diagnosis | 92 |
| dialect | 92, 189 |
| dialogue | 92, 199 |
| diameter | 92, 213 |
| dictate | 93 |
| dictation | 93 |
| dictator | 93 |
| die | 94 |
| diet | 94 |
| Diet | 95 |
| differ | 125 |
| difference | 125 |
| different | 125 |
| difficult | 115 |
| difficulty | 115 |
| digest | 150 |
| digestion | 150 |
| dignified | 95 |
| dignity | 95 |
| dilemma | 416 |
| diligent | 190 |
| dim | 95 |
| diminish | 217 |
| dinosaur | 95 |
| diploma | 416 |
| diplomacy | 416 |
| diplomat | 416 |
| diplomatic | 416 |
| direct | 292 |
| direction | 292 |
| directly | 292 |
| director | 292 |
| disability | 12 |
| disabled | 12 |
| disadvantage | 23 |
| disagree | 157 |
| disagreement | 157 |
| disappear | 246 |
| disappoint | 285 |
| disappointed | 285 |
| disappointing | 285 |
| disappointment | 285 |
| disapprove | 283 |
| disaster | 27 |
| disastrous | 27 |
| discard | 53 |
| discern | 60 |
| discharge | 53 |
| disciple | 52 |
| discipline | 52 |
| disclose | 74 |
| disclosure | 74 |
| discount | 80 |
| discourage | 78 |
| discourse | 87 |
| discover | 81 |
| discovery | 81 |
| discriminate | 85 |
| discrimination | 85 |
| discuss | 89 |
| discussion | 89 |
| disease | 105 |
| disguise | 95 |
| disgust | 95 |
| disgusted | 95 |
| disgusting | 95 |
| dismal | 96 |
| dismay | 208 |
| dismiss | 221 |
| dismissal | 221 |
| disorder | 240 |
| dispense | 255 |
| displace | 261 |
| display | 267 |
| disposable | 272 |
| disposal | 272 |
| dispose | 272 |
| dispute | 285 |
| disregard | 146 |
| disrupt | 301 |
| dissolve | 329 |
| distance | 341 |
| distant | 341 |
| distinct | 346 |
| distinction | 346 |
| distinguish | 346 |
| distinguished | 346 |
| distort | 373 |
| distortion | 373 |
| distract | 374 |
| distraction | 374 |
| distress | 349 |
| distribute | 377 |
| distribution | 377 |
| district | 348 |
| disturb | 380 |
| disturbance | 380 |
| diverse | 394 |
| diversion | 394 |
| diversity | 394 |
| divert | 394 |
| divide | 96 |
| divine | 96 |
| division | 96 |
| divorce | 394 |
| dizzy | 97 |
| do | 97 |
| doctor | 97 |
| doctrine | 97 |
| document | 97 |
| documentary | 97 |
| domain | 98 |
| domestic | 98 |
| dominance | 98 |
| dominant | 98 |
| dominate | 97 |
| donate | 98 |
| donation | 99 |
| donor | 99 |
| doom | 100 |
| dose | 100 |
| double | 415 |
| doubt | 416 |
| doubtful | 416 |
| dozen | 416 |
| draft | 100 |
| drag | 100 |
| drain | 100 |
| drastic | 101 |
| draw | 101 |
| drawer | 101 |
| dread | 101 |
| drift | 102 |
| drive | 102 |
| drought | 101 |
| drown | 102 |
| dual | 415 |
| due | 90 |
| dull | 104 |
| dumb | 104 |
| duplicate | 266, 415 |
| durable | 104 |
| during | 104 |
| duty | 91 |
| dwell | 104 |

## E

|  |  |
|---|---|
| eager | 106 |
| eagerly | 106 |
| earn | 105 |
| earnest | 105 |
| earnings | 105 |
| ease | 105 |
| easily | 105 |
| easy | 105 |
| eccentric | 60 |
| ecological | 199 |
| ecology | 199 |
| economic | 105 |
| economical | 105 |
| economically | 105 |
| economics | 105 |
| economy | 105 |
| edge | 106 |
| edit | 99 |
| edition | 99 |
| editor | 99 |
| educate | 104 |
| educated | 104 |
| education | 104 |
| educational | 104 |
| effect | 115 |
| effective | 115 |
| effectively | 115 |
| efficiency | 118 |
| efficient | 118 |
| effort | 137 |
| elaborate | 181 |
| elbow | 41 |
| elderly | 106 |
| elect | 188 |
| election | 188 |
| electric | 106 |
| electrical | 106 |
| electricity | 106 |
| electron | 106 |
| electronic | 106 |
| electronics | 106 |
| elegance | 189 |

|  |  |  |  |  |  |  |  |
|---|---|---|---|---|---|---|---|
| ☐ elegant | 189 | ☐ enemy | 18 | ☐ eruption | 301 | ☐ excitement | 69 |
| ☐ element | 107 | ☐ enforce | 137 | ☐ escape | 49 | ☐ exciting | 69 |
| ☐ elementary | 107 | ☐ enforcement | 137 | ☐ especially | 335 | ☐ exclaim | 70 |
| ☐ elevate | 191 | ☐ engage | 108 | ☐ essence | 110 | ☐ exclamation | 70 |
| ☐ elevator | 191 | ☐ engagement | 108 | ☐ essential | 110 | ☐ exclude | 73 |
| ☐ eliminate | 195 | ☐ enhance | 108 | ☐ essentially | 110 | ☐ exclusion | 73 |
| ☐ eloquent | 199 | ☐ enjoy | 178 | ☐ establish | 341 | ☐ exclusive | 73 |
| ☐ embark | 107 | ☐ enjoyable | 178 | ☐ established | 341 | ☐ exclusively | 73 |
| ☐ embarrass | 30 | ☐ enjoyment | 178 | ☐ establishment | 341 | ☐ excursion | 87 |
| ☐ embarrassed | 30 | ☐ enlighten | 194 | ☐ estate | 340 | ☐ excuse | 55 |
| ☐ embarrassing | 31 | ☐ enlightened | 194 | ☐ estimate | 111 | ☐ execute | 313 |
| ☐ embarrassment | 31 | ☐ enlightenment | 194 | ☐ eternal | 112 | ☐ execution | 313 |
| ☐ embassy | 18 | ☐ enormous | 234 | ☐ eternity | 112 | ☐ executive | 313 |
| ☐ embody | 107 | ☐ enormously | 234 | ☐ ethic | 112 | ☐ exercise | 109 |
| ☐ embrace | 42 | ☐ enough | 108 | ☐ ethical | 112 | ☐ exert | 314 |
| ☐ emerge | 213 | ☐ enroll | 299 | ☐ ethics | 112 | ☐ exhaust | 113 |
| ☐ emergence | 213 | ☐ enrollment | 299 | ☐ ethnic | 112 | ☐ exhaustion | 113 |
| ☐ emergency | 213 | ☐ ensure | 356 | ☐ evade | 387 | ☐ exhibit | 160 |
| ☐ emigrant | 216 | ☐ enter | 108 | ☐ evaluate | 388 | ☐ exhibition | 160 |
| ☐ emigrate | 216 | ☐ enterprise | 276 | ☐ evaluation | 388 | ☐ exist | 325 |
| ☐ eminence | 217 | ☐ entertain | 360 | ☐ evaporate | 389 | ☐ existence | 325 |
| ☐ eminent | 217 | ☐ entertainment | 360 | ☐ event | 390 | ☐ exit | 174 |
| ☐ emission | 220 | ☐ enthusiasm | 369 | ☐ eventually | 391 | ☐ exotic | 113 |
| ☐ emit | 220 | ☐ enthusiastic | 369 | ☐ evidence | 399 | ☐ expand | 245 |
| ☐ emotion | 226 | ☐ entire | 358 | ☐ evident | 399 | ☐ expansion | 245 |
| ☐ emotional | 226 | ☐ entirely | 358 | ☐ evil | 112 | ☐ expect | 333 |
| ☐ emperor | 171 | ☐ entitle | 372 | ☐ evoke | 402 | ☐ expectancy | 333 |
| ☐ emphasis | 259 | ☐ entrance | 108 | ☐ evolution | 402 | ☐ expectation | 333 |
| ☐ emphasize | 259 | ☐ entry | 108 | ☐ evolutionary | 402 | ☐ expedition | 253 |
| ☐ empire | 171 | ☐ envelope | 390 | ☐ evolve | 402 | ☐ expel | 253 |
| ☐ employ | 267 | ☐ envious | 400 | ☐ exact | 14 | ☐ expenditure | 256 |
| ☐ employee | 267 | ☐ environment | 397 | ☐ exactly | 14 | ☐ expense | 255 |
| ☐ employer | 267 | ☐ environmental | 397 | ☐ exaggerate | 112 | ☐ expensive | 255 |
| ☐ employment | 267 | ☐ environmentalist | 397 | ☐ exaggeration | 112 | ☐ experience | 256 |
| ☐ empty | 107 | ☐ envy | 400 | ☐ examination | 113 | ☐ experiment | 256 |
| ☐ enable | 12 | ☐ epidemic | 91 | ☐ examine | 113 | ☐ experimental | 256 |
| ☐ enclose | 74 | ☐ equal | 108 | ☐ example | 19 | ☐ expert | 256 |
| ☐ enclosure | 74 | ☐ equality | 108 | ☐ exceed | 56 | ☐ expertise | 256 |
| ☐ encounter | 80 | ☐ equally | 108 | ☐ excel | 58 | ☐ expire | 337 |
| ☐ encourage | 78 | ☐ equator | 109 | ☐ excellence | 58 | ☐ explain | 262 |
| ☐ encouragement | 78 | ☐ equip | 109 | ☐ excellent | 58 | ☐ explanation | 262 |
| ☐ encyclopedia | 68 | ☐ equipment | 109 | ☐ except | 51 | ☐ explicit | 266 |
| ☐ end | 107 | ☐ equivalent | 109 | ☐ except that | 51 | ☐ explode | 263 |
| ☐ endanger | 98 | ☐ equivalent | 388 | ☐ exception | 51 | ☐ exploit | 267 |
| ☐ endangered | 98 | ☐ erase | 109 | ☐ exceptional | 51 | ☐ exploitation | 267 |
| ☐ endeavor | 91 | ☐ eraser | 109 | ☐ excess | 56 | ☐ exploration | 264 |
| ☐ endow | 99 | ☐ erect | 293 | ☐ excessive | 56 | ☐ explore | 264 |
| ☐ endowed | 99 | ☐ erode | 110 | ☐ exchange | 62 | ☐ explosion | 264 |
| ☐ endurance | 104 | ☐ erosion | 110 | ☐ excite | 69 | ☐ explosive | 264 |
| ☐ endure | 104 | ☐ erupt | 301 | ☐ excited | 69 | ☐ export | 271 |

425

|  |  |  |  |  |  |  |  |
|---|---|---|---|---|---|---|---|
| expose | 272 | fare | 122 | fire | 131 | formula | 139 |
| exposure | 273 | farewell | 122 | firm | 131 | formulate | 139 |
| express | 278 | farm | 131 | firmly | 131 | fortnight | 417 |
| expression | 278 | farmer | 131 | fist | 417 | fortunate | 140 |
| expressive | 278 | fascinate | 122 | fit | 117 | fortunately | 140 |
| expulsion | 253 | fascinated | 122 | fitness | 117 | fortune | 140 |
| extend | 365 | fascinating | 122 | fix | 132 | forward | 138, 405 |
| extension | 365 | fascination | 122 | fixed | 132 | fossil | 140 |
| extensive | 365 | fashion | 118 | flame | 132 | foster | 136 |
| extent | 365 | fast | 122 | flat | 132 | found | 141 |
| external | 113 | fasten | 122 | flatter | 132 | foundation | 141 |
| extinct | 347 | fatal | 122 | flavor | 132 | fraction | 141 |
| extinction | 347 | fate | 122 | flaw | 133 | fragile | 141 |
| extinguish | 347 | fatigue | 123 | flee | 133 | fragment | 141 |
| extra | 241 | fault | 120 | flesh | 133 | fraud | 141 |
| extract | 374 | favor | 128 | flexibility | 133 | free | 142 |
| extraordinary | 241 | favorable | 128 | flexible | 133 | freedom | 142 |
| extravagant | 387 | favorite | 128 | flight | 133 | frequency | 142 |
| extreme | 113 | feast | 123 | float | 133 | frequent | 142 |
| extremely | 113 | feat | 119 | flock | 134 | frequently | 142 |
|  |  | feature | 119 | flood | 135 | friction | 142 |
| **F** |  | federal | 123 | flour | 134 | friend | 142 |
| fabric | 114 | fee | 123 | flourish | 134 | fright | 142 |
| face | 114 | feed | 136 | flow | 135 | frighten | 143 |
| facial | 114 | fellow | 124 | flower | 134 | frightened | 143 |
| facility | 115 | female | 124 | flu | 135 | frightening | 143 |
| fact | 114 | feminine | 124 | fluent | 134 | frontier | 143 |
| factor | 114 | feminist | 124 | fluid | 134 | frown | 143 |
| factory | 114 | ferry | 125 | focus | 121 | frustrate | 143 |
| faculty | 115 | fertile | 127 | fold | 135 | frustrated | 143 |
| fade | 119 | fertility | 127 | folk | 135 | frustrating | 143 |
| fail | 120 | fertilizer | 127 | follow | 136 | frustration | 143 |
| failure | 120 | fetch | 127 | following | 136 | fuel | 144 |
| faint | 119 | feudal | 124 | food | 136 | fulfill | 129 |
| fair | 119 | fever | 127 | forbid | 136 | full | 144 |
| faith | 128 | feverish | 127 | force | 137 | full-time | 144 |
| faithful | 128 | fiction | 118 | forecast | 137 | fully | 144 |
| fake | 120 | fierce | 129 | forefinger | 137 | function | 117 |
| fall | 120 | fiercely | 129 | forehead | 137 | fund | 141 |
| false | 120 | figure | 116 | foreign | 138 | fundamental | 141 |
| fame | 123 | fill | 129 | foreigner | 138 | fundamentally | 141 |
| familiar | 121 | final | 129 | foresee | 137 | funeral | 144 |
| familiarity | 121 | finally | 129 | forest | 138 | furious | 145 |
| family | 120 | finance | 130 | forget | 151 | furnish | 144 |
| famine | 121 | financial | 130 | forgetful | 151 | furniture | 144 |
| famous | 123 | financially | 130 | forgive | 138 | further | 121 |
| fancy | 121 | fine | 129 | form | 138 | fury | 145 |
| fantastic | 121 | finger | 417 | formal | 139 | fuss | 145 |
| fantasy | 121 | finish | 129 | former | 138 |  |  |
| far | 121 | finite | 130 | formerly | 138 |  |  |

## G

- gain 146
- galaxy 146
- gap 146
- garbage 147
- gather 147
- gaze 147
- gender 148
- gene 147
- general 149
- generalization 149
- generalize 149
- generally 149
- generate 147
- generation 147
- generosity 148
- generous 148
- genetic 147
- genetics 147
- genius 148
- gentle 149
- gentleman 149
- genuine 148
- geographic 149
- geographical 149
- geography 149, 156
- geography 156
- geological 149
- geology 149, 199
- geometry 149, 213
- gesture 149
- get 150
- giant 151
- gift 151
- gigantic 151
- given 151
- glad 152
- glance 152
- glass 152
- glimpse 152
- global 152
- globe 152
- glorious 152
- glory 152
- glow 152
- govern 154
- government 154
- governor 154
- grab 154
- grace 157
- graceful 157
- grade 154
- gradual 154
- gradually 154
- graduate 154
- graduation 155
- grain 155
- grammar 155
- grammatical 155
- grant 155
- grasp 156
- grass 154
- grateful 156
- gratify 156
- gratitude 156
- grave 157, 158
- gravity 157
- greed 158
- greedy 158
- greet 158
- greeting 158
- grief 157
- grieve 157
- grocery 159
- gross 159
- ground 159
- grow 154
- growth 154
- guarantee 159
- guard 147
- guest 159
- guilt 159
- guilty 159

## H

- habit 160
- habitat 160
- habitual 160
- halt 161
- hand 161
- hang 161
- happen 161
- happily 161
- happy 161
- harass 162
- harassment 162
- hardly 162
- hardship 162
- harm 162
- harmful 162
- harmless 162
- harmony 26
- harsh 162
- harvest 163
- hate 163
- hatred 163
- haunt 163
- haunted 163
- have 160
- hazard 163
- hazardous 163
- headache 13
- heal 166
- health 167
- healthy 167
- heap 163
- heir 164
- help 164
- hemisphere 310
- hemisphere 336
- hereditary 164
- heredity 164
- heritage 164
- hesitate 165
- hesitation 165
- hidden 165
- hide 165
- hinder 165
- hire 165
- historic 166
- historical 166
- history 166
- hold 166
- horrible 167
- horrify 167
- horror 167
- hospital 167
- hospitality 167
- host 167
- hostage 168
- hostel 167
- hostile 168
- hostility 168
- hotel 167
- household 167
- huge 168
- human 169
- human being 169
- humanity 169
- humble 169
- humid 168
- humidity 168
- humiliate 169
- humiliation 169
- humor 168
- humorous 168
- hunger 169
- hungry 169
- hydrogen 148
- hypocrisy 169
- hypothesis 368

## I

- idea 170
- ideal 170
- identical 170
- identify 170
- identity 170
- idle 170
- ignorance 153
- ignorant 153
- ignore 153
- illegal 190
- illiterate 197
- illuminate 201
- illumination 201
- illusion 201
- illustrate 201
- illustration 201
- image 170
- imaginable 171
- imaginary 171
- imagination 171
- imaginative 171
- imagine 171
- imitate 171
- imitation 171
- immature 208
- immediate 215
- immediately 215
- immense 213
- immigrant 216
- immigrate 216
- immigration 216
- immoral 224
- immortal 225
- immune 224
- impact 244
- impartial 248
- impatient 251

427

| | | | | | | | |
|---|---|---|---|---|---|---|---|
| ☐ imperial | 171 | ☐ indirect | 292 | ☐ innovative | 236 | ☐ interested | 110 |
| ☐ impersonal | 257 | ☐ indispensable | 255 | ☐ innumerable | 237 | ☐ interesting | 110 |
| ☐ implement | 268 | ☐ individual | 96 | ☐ inquire | 286 | ☐ interfere | 125 |
| ☐ implication | 265 | ☐ individualism | 96 | ☐ inquiry | 286 | ☐ interference | 125 |
| ☐ implicit | 265 | ☐ individuality | 96 | ☐ insane | 303 | ☐ internal | 172 |
| ☐ imply | 265 | ☐ individually | 96 | ☐ insect | 309 | ☐ Internet | 172 |
| ☐ import | 271 | ☐ induce | 102 | ☐ insert | 314 | ☐ interpret | 280 |
| ☐ importance | 271 | ☐ indulge | 171 | ☐ insight | 321 | ☐ interpretation | 280 |
| ☐ important | 271 | ☐ indulgence | 171 | ☐ insignificant | 322 | ☐ interpreter | 280 |
| ☐ impose | 273 | ☐ industrial | 352 | ☐ insist | 325 | ☐ interrupt | 301 |
| ☐ impossible | 275 | ☐ industry | 352 | ☐ insistence | 325 | ☐ interruption | 301 |
| ☐ impress | 278 | ☐ inevitable | 386 | ☐ inspect | 333 | ☐ interval | 173 |
| ☐ impression | 278 | ☐ inevitably | 386 | ☐ inspection | 333 | ☐ intervene | 391 |
| ☐ impressive | 278 | ☐ infamous | 123 | ☐ inspiration | 337 | ☐ intervention | 391 |
| ☐ imprison | 277 | ☐ infancy | 123 | ☐ inspire | 337 | ☐ interview | 399 |
| ☐ improbable | 283 | ☐ infant | 123 | ☐ install | 342 | ☐ intimacy | 173 |
| ☐ improve | 117 | ☐ infect | 116 | ☐ installation | 342 | ☐ intimate | 173 |
| ☐ improvement | 117 | ☐ infection | 116 | ☐ instance | 341 | ☐ intricate | 377 |
| ☐ impulse | 253 | ☐ infer | 125 | ☐ instant | 342 | ☐ intrigue | 377 |
| ☐ impulsive | 253 | ☐ inference | 125 | ☐ instead | 345 | ☐ intriguing | 377 |
| ☐ inability | 12 | ☐ inferior | 172 | ☐ instinct | 347 | ☐ introduce | 102 |
| ☐ inadequate | 109 | ☐ infinite | 130 | ☐ instinctive | 347 | ☐ introduction | 102 |
| ☐ inappropriate | 282 | ☐ infinitely | 130 | ☐ institute | 342 | ☐ intrude | 378 |
| ☐ incapable | 48 | ☐ inflict | 134 | ☐ institution | 342 | ☐ intuition | 379 |
| ☐ incentive | 59 | ☐ influence | 135 | ☐ instruct | 351 | ☐ intuitive | 379 |
| ☐ incident | 65 | ☐ influential | 135 | ☐ instruction | 351 | ☐ invade | 387 |
| ☐ inclination | 72 | ☐ inform | 139 | ☐ instructive | 351 | ☐ invaluable | 387 |
| ☐ inclined | 72 | ☐ informal | 139 | ☐ instructor | 351 | ☐ invariably | 389 |
| ☐ include | 73 | ☐ information | 139 | ☐ instrument | 351 | ☐ invasion | 387 |
| ☐ including | 73 | ☐ ingenious | 148 | ☐ insufficient | 118 | ☐ invent | 391 |
| ☐ income | 76 | ☐ ingenuity | 148 | ☐ insult | 353 | ☐ invention | 391 |
| ☐ inconsistent | 324 | ☐ ingredient | 158 | ☐ insurance | 356 | ☐ inventor | 391 |
| ☐ incorporate | 78 | ☐ inhabit | 160 | ☐ insure | 356 | ☐ invest | 394 |
| ☐ incorrect | 292 | ☐ inhabitant | 160 | ☐ integral | 358 | ☐ investigate | 173 |
| ☐ increase | 83 | ☐ inherent | 165 | ☐ integrate | 358 | ☐ investigation | 173 |
| ☐ increasingly | 83 | ☐ inherit | 164 | ☐ integration | 358 | ☐ investment | 394 |
| ☐ incredible | 84 | ☐ inheritance | 164 | ☐ integrity | 358 | ☐ invisible | 398 |
| ☐ incredibly | 84 | ☐ initial | 172 | ☐ intellect | 189 | ☐ invitation | 400 |
| ☐ indefinite | 130 | ☐ initiate | 172 | ☐ intellectual | 189 | ☐ invite | 400 |
| ☐ independence | 255 | ☐ initiation | 172 | ☐ intelligence | 189 | ☐ involve | 402 |
| ☐ independent | 255 | ☐ initiative | 172 | ☐ intelligent | 189 | ☐ involvement | 402 |
| ☐ index | 94 | ☐ inject | 176 | ☐ intend | 365 | ☐ ironic | 173 |
| ☐ indicate | 94 | ☐ injection | 176 | ☐ intense | 365 | ☐ ironically | 173 |
| ☐ indication | 94 | ☐ injure | 179 | ☐ intensify | 365 | ☐ irony | 173 |
| ☐ indicator | 94 | ☐ injury | 179 | ☐ intensive | 365 | ☐ irrational | 290 |
| ☐ indifference | 125 | ☐ injustice | 179 | ☐ intent | 365 | ☐ irrelevant | 191 |
| ☐ indifferent | 125 | ☐ innate | 231 | ☐ intention | 365 | ☐ irresponsible | 338 |
| ☐ indigenous | 148 | ☐ innocence | 233 | ☐ interact | 13 | ☐ irritate | 174 |
| ☐ indignant | 95 | ☐ innocent | 233 | ☐ interaction | 13 | ☐ irritated | 174 |
| ☐ indignation | 95 | ☐ innovation | 236 | ☐ interest | 110 | ☐ irritating | 174 |

| irritation | 174 |
| island | 174 |
| isolate | 174 |
| isolated | 174 |
| isolation | 174 |
| issue | 175 |
| item | 175 |

## J

| jealous | 176 |
| jealousy | 176 |
| job | 177 |
| join | 177 |
| joint | 177 |
| jointly | 177 |
| journal | 178 |
| journalism | 178 |
| journalist | 178 |
| journey | 178 |
| joy | 178 |
| judge | 179 |
| judgment | 179 |
| jury | 179 |
| justice | 178 |
| justification | 179 |
| justify | 179 |
| juvenile | 179 |

## K

| keen | 180 |
| keep | 180 |
| key | 180 |
| know | 153 |
| knowledge | 153 |

## L

| label | 181 |
| labor | 181 |
| laboratory | 181 |
| laborer | 181 |
| laborious | 181 |
| lack | 181 |
| lacking | 181 |
| ladder | 181 |
| lady | 198 |
| lament | 182 |
| land | 182 |
| landscape | 304 |
| lane | 182 |
| language | 182 |
| last | 184 |
| late | 183 |
| lately | 184 |
| later | 183 |
| latest | 183 |
| latter | 183 |
| launch | 185 |
| law | 186 |
| lawn | 182 |
| lawyer | 186 |
| lay | 186 |
| layer | 186 |
| lead | 187 |
| leak | 187 |
| lean | 72 |
| leap | 187 |
| leave | 187 |
| lecture | 189 |
| lecturer | 189 |
| legacy | 190 |
| legal | 190 |
| legend | 189 |
| legislation | 190 |
| legitimate | 190 |
| leisure | 190 |
| lend | 190 |
| length | 200 |
| lengthen | 200 |
| lesson | 189 |
| let | 190 |
| letter | 197 |
| liability | 194 |
| liable | 194 |
| liberal | 191 |
| liberate | 191 |
| liberty | 191 |
| librarian | 192 |
| library | 192 |
| lie | 186 |
| life | 193 |
| lift | 193 |
| light | 194 |
| lightning | 194 |
| like | 194, 195 |
| likelihood | 195 |
| likely | 195 |
| limb | 195 |
| limit | 195 |
| line | 196 |
| linger | 200 |
| linguist | 182 |
| linguistic | 182 |
| linguistics | 182 |
| link | 196 |
| liquid | 196 |
| liquor | 196 |
| literacy | 197 |
| literal | 196 |
| literally | 196 |
| literary | 196 |
| literate | 197 |
| literature | 197 |
| litter | 197 |
| live | 197 |
| lively | 197 |
| load | 197 |
| loaf | 198 |
| local | 198 |
| locate | 198 |
| location | 198 |
| logic | 199 |
| logical | 199 |
| lonely | 413 |
| long | 200 |
| longing | 200 |
| loose | 186 |
| loosen | 186 |
| lord | 198 |
| lot | 200 |
| lottery | 200 |
| loyal | 200 |
| loyalty | 200 |
| luxurious | 201 |
| luxury | 201 |

## M

| machine | 202 |
| machinery | 202 |
| magnificent | 202 |
| maintain | 204, 360 |
| maintenance | 204, 360 |
| major | 202 |
| majority | 202 |
| make | 203 |
| malaria | 16 |
| male | 203 |
| mamma | 203 |
| mammal | 203 |
| manage | 204 |
| mandatory | 205 |
| manifest | 204 |
| manifestation | 204 |
| manipulate | 204 |
| manner | 204 |
| manual | 203 |
| manufacture | 114, 204 |
| manufacturer | 115, 204 |
| manuscript | 204, 308 |
| margin | 206 |
| marginal | 206 |
| marriage | 206 |
| married | 206 |
| marry | 206 |
| marvel | 218 |
| marvelous | 218 |
| masculine | 203 |
| mass | 206 |
| massive | 207 |
| match | 207 |
| material | 207 |
| materialism | 207 |
| matter | 207 |
| mature | 208 |
| maturity | 208 |
| maximize | 202 |
| maximum | 202 |
| mayor | 202 |
| meal | 214 |
| mean | 211, 215 |
| meaning | 211 |
| means | 215 |
| meanwhile | 216 |
| measure | 214 |
| measurement | 214 |
| mechanic | 202 |
| mechanical | 202 |
| mechanism | 202 |
| media | 215 |
| medical | 208 |
| medicine | 208 |
| medieval | 215 |
| meditate | 212 |
| meditation | 212 |
| Mediterranean | 215, 367 |
| medium | 215 |
| meet | 209 |
| meeting | 209 |
| melt | 209 |
| memorial | 210 |
| memorize | 210 |

| | | | | | | | |
|---|---|---|---|---|---|---|---|
| ☐ memory | 210 | ☐ missing | 219 | ☐ mutual | 224 | ☐ none | 413 |
| ☐ menace | 217 | ☐ mission | 220 | ☐ myth | 229 | ☐ nonverbal | 392 |
| ☐ mend | 209 | ☐ missionary | 221 | | | ☐ norm | 234 |
| ☐ mental | 210 | ☐ mobile | 228 | **N** | | ☐ normal | 234 |
| ☐ mentality | 210 | ☐ mobility | 228 | ☐ naive | 230 | ☐ normally | 234 |
| ☐ mentally | 210 | ☐ moderate | 222 | ☐ naked | 230 | ☐ notable | 234 |
| ☐ mention | 210 | ☐ modern | 222 | ☐ name | 230 | ☐ note | 234 |
| ☐ menu | 217 | ☐ modest | 222 | ☐ namely | 230 | ☐ notebook | 235 |
| ☐ merchandise | 212 | ☐ modification | 222 | ☐ narrate | 153 | ☐ notice | 235 |
| ☐ merchant | 212 | ☐ modify | 222 | ☐ narration | 153 | ☐ noticeable | 235 |
| ☐ mercy | 212 | ☐ moist | 222 | ☐ narrative | 153 | ☐ notion | 235 |
| ☐ mere | 213 | ☐ moisture | 222 | ☐ narrow | 230 | ☐ notorious | 235 |
| ☐ merely | 213 | ☐ mold | 222 | ☐ narrowly | 230 | ☐ nourish | 237 |
| ☐ merge | 213 | ☐ molecule | 223 | ☐ nation | 230 | ☐ nourishment | 237 |
| ☐ merger | 213 | ☐ moment | 226 | ☐ national | 230 | ☐ novel | 236 |
| ☐ merit | 212 | ☐ monarch | 24, 414 | ☐ nationalism | 230 | ☐ novelty | 236 |
| ☐ mess | 221 | ☐ monarchy | 24, 414 | ☐ nationality | 230 | ☐ nuclear | 236 |
| ☐ message | 221 | ☐ monk | 414 | ☐ native | 230 | ☐ nuisance | 233 |
| ☐ messy | 221 | ☐ monopoly | 415 | ☐ natural | 231 | ☐ number | 237 |
| ☐ metaphor | 214 | ☐ monotonous | 415 | ☐ naturally | 231 | ☐ numerous | 237 |
| ☐ method | 214 | ☐ monument | 211 | ☐ nature | 231 | ☐ nurse | 237 |
| ☐ metropolis | 207, 270 | ☐ mood | 212 | ☐ naval | 231 | ☐ nursery | 237 |
| ☐ metropolitan | 208, 270 | ☐ moral | 224 | ☐ navigate | 231 | ☐ nursing | 237 |
| ☐ microscope | 306, 417 | ☐ morality | 224 | ☐ navigation | 231 | ☐ nurture | 237 |
| ☐ middle | 214 | ☐ moreover | 224 | ☐ navy | 231 | ☐ nutrient | 237 |
| ☐ migrate | 216 | ☐ mortal | 225 | ☐ nearby | 231 | ☐ nutrition | 237 |
| ☐ mile | 418 | ☐ mortality | 225 | ☐ nearly | 231 | | |
| ☐ military | 216 | ☐ most | 225 | ☐ neat | 232 | **O** | |
| ☐ millennium | 418 | ☐ mostly | 225 | ☐ necessarily | 233 | ☐ obedience | 28 |
| ☐ millionaire | 418 | ☐ motivate | 226 | ☐ necessary | 233 | ☐ obedient | 28 |
| ☐ mind | 211 | ☐ motivation | 226 | ☐ necessity | 233 | ☐ obey | 28 |
| ☐ mine | 218 | ☐ motive | 226 | ☐ negative | 232 | ☐ object | 176 |
| ☐ miner | 218 | ☐ mount | 227 | ☐ neglect | 188 | ☐ objection | 176 |
| ☐ mineral | 218 | ☐ mourn | 227 | ☐ negligence | 188 | ☐ objective | 176 |
| ☐ minimum | 216 | ☐ mouse | 229 | ☐ negligent | 188 | ☐ obligation | 193 |
| ☐ minister | 216 | ☐ move | 227 | ☐ negligible | 188 | ☐ oblige | 193 |
| ☐ ministry | 216 | ☐ movement | 227 | ☐ negotiate | 233 | ☐ obscure | 326 |
| ☐ minor | 217 | ☐ movie | 227 | ☐ negotiation | 233 | ☐ obscurity | 326 |
| ☐ minority | 217 | ☐ much | 228 | ☐ neighbor | 232 | ☐ observance | 316 |
| ☐ minute | 217 | ☐ multiple | 228, 266 | ☐ neighborhood | 232 | ☐ observation | 316 |
| ☐ miracle | 218 | ☐ multiply | 228, 266 | ☐ neighboring | 232 | ☐ observe | 315 |
| ☐ miraculous | 218 | ☐ multitude | 228, 266 | ☐ nephew | 232 | ☐ obsess | 319 |
| ☐ mirror | 218 | ☐ municipal | 52, 223 | ☐ nerve | 232 | ☐ obsession | 320 |
| ☐ mischief | 49 | ☐ municipality | 52, 224 | ☐ nervous | 232 | ☐ obsolete | 238 |
| ☐ mischievous | 49 | ☐ murder | 225 | ☐ neutral | 233 | ☐ obstacle | 342 |
| ☐ miserable | 219 | ☐ murderer | 225 | ☐ new | 236 | ☐ obstinate | 343 |
| ☐ misery | 219 | ☐ muscle | 229 | ☐ news | 236 | ☐ obtain | 360 |
| ☐ misfortune | 140 | ☐ muscular | 229 | ☐ nightmare | 233 | ☐ obvious | 395 |
| ☐ miss | 219 | ☐ mutate | 224 | ☐ noble | 235 | ☐ obviously | 395 |
| ☐ missile | 221 | ☐ mutation | 224 | ☐ nod | 234 | ☐ occasion | 66 |

|  |  |  |  |  |  |  |  |
|---|---|---|---|---|---|---|---|
| occasional | 66 | ornament | 242 | patriotism | 252 | phenomenon | 259 |
| occupation | 52 | otherwise | 242 | pattern | 252 | philosopher | 259 |
| occupy | 52 | outbreak | 242 | pause | 274 | philosophy | 259, 330 |
| occur | 87 | outcome | 242 | pay | 244 | photograph | 259 |
| occurrence | 87 | outrage | 14, 288 | payment | 244 | physical | 260 |
| odd | 238 | outraged | 14 | peace | 244 | physician | 260 |
| odds | 238 | outstanding | 339 | peasant | 252 | physicist | 260 |
| offend | 124 | overall | 243 | peculiar | 252 | physics | 260 |
| offense | 124 | overcome | 76 | pedestrian | 253 | picture | 260 |
| offensive | 124 | overlook | 243 | peer | 246, 247 | pile | 260 |
| offer | 126 | overtake | 243 | pen | 254 | pioneer | 260 |
| officer | 118 | overwhelm | 243 | penalty | 254 | pity | 261 |
| official | 118 | overwhelming | 243 | pendant | 254 | place | 261 |
| offspring | 332 | owe | 243 | penetrate | 254 | plague | 261 |
| old | 106 | own | 243 | pension | 256 | plain | 262 |
| omission | 220 | oxygen | 148 | people | 270 | plan | 262 |
| omit | 220 | | | perceive | 50 | plane | 262 |
| once | 413 | **P** | | perception | 50 | planet | 263 |
| only | 413 | Pacific | 244 | perfect | 116 | plant | 263 |
| operate | 239 | pain | 254 | perfection | 116 | plantation | 263 |
| operation | 239 | palm | 244 | perfectly | 116 | plate | 263 |
| opinion | 240 | paper | 245 | perform | 139 | pleasant | 264 |
| opportunity | 272 | paragraph | 156, 247 | performance | 139 | please | 264 |
| oppose | 273 | parallel | 247 | perhaps | 161 | pleased | 264 |
| opposite | 273 | parasite | 247 | peril | 256 | pleasing | 264 |
| opposition | 273 | part | 248 | period | 257 | pleasure | 264 |
| oppress | 278 | partial | 248 | permanent | 205 | pledge | 264 |
| oppression | 278 | partially | 248 | permission | 220 | plenty | 268 |
| oppressive | 278 | participant | 52, 249 | permit | 220 | plunge | 265 |
| optimism | 239 | participate | 51, 249 | perpetual | 258 | poem | 269 |
| optimist | 239 | participation | 52, 249 | perplex | 266 | poet | 269 |
| optimistic | 239 | particle | 248 | persecute | 313 | poetry | 269 |
| option | 239 | particular | 248 | persecution | 313 | point | 284 |
| optional | 239 | particularly | 248 | persist | 325 | polar | 269 |
| oral | 240 | partly | 248 | persistence | 325 | pole | 269 |
| orbit | 174 | party | 249 | persistent | 325 | police | 269 |
| order | 240 | pass | 250 | person | 257 | policeman | 269 |
| orderly | 240 | passage | 250 | personal | 257 | policy | 269 |
| ordinary | 240 | passenger | 250 | personality | 257 | polish | 269 |
| organ | 241 | passion | 251 | personally | 257 | polite | 269 |
| organic | 241 | passionate | 251 | personnel | 257 | political | 269 |
| organism | 241 | passive | 251 | perspective | 334 | politician | 269 |
| organization | 241 | past | 250 | persuade | 353 | politics | 269 |
| organize | 241 | pastime | 250 | persuasive | 353 | poll | 270 |
| orient | 241 | pasture | 252 | persuasion | 353 | pollute | 201 |
| orientation | 241 | path | 252 | pessimism | 257 | pollution | 201 |
| origin | 242 | patience | 251 | pessimistic | 257 | ponder | 256 |
| original | 242 | patient | 251 | pesticide | 67 | poor | 270 |
| originally | 242 | patriot | 252 | petroleum | 258 | popular | 270 |
| originate | 242 | patriotic | 252 | phase | 259 | popularity | 270 |

431

| | | | |
|---|---|---|---|
| ☐ populate | 270 | ☐ prepare | 247 |
| ☐ population | 270 | ☐ preschool | 306 |
| ☐ port | 271 | ☐ prescribe | 307 |
| ☐ portion | 250 | ☐ prescription | 307 |
| ☐ portrait | 375 | ☐ presence | 111 |
| ☐ portray | 375 | ☐ present | 111 |
| ☐ pose | 272 | ☐ presentation | 111 |
| ☐ positive | 274 | ☐ preservation | 316 |
| ☐ possess | 275, 320 | ☐ preserve | 316 |
| ☐ possession | 275, 320 | ☐ president | 319 |
| ☐ possibility | 274 | ☐ press | 277 |
| ☐ possible | 274 | ☐ pressing | 277 |
| ☐ possibly | 275 | ☐ pressure | 277 |
| ☐ postpone | 274 | ☐ prestige | 350 |
| ☐ posture | 274 | ☐ prestigious | 350 |
| ☐ potential | 275 | ☐ presumably | 354 |
| ☐ pour | 275 | ☐ presume | 354 |
| ☐ poverty | 270 | ☐ pretend | 365 |
| ☐ practical | 275 | ☐ prevail | 388 |
| ☐ practically | 275 | ☐ prevalent | 388 |
| ☐ practice | 275 | ☐ prevent | 391 |
| ☐ praise | 279 | ☐ prevention | 391 |
| ☐ pray | 276 | ☐ previous | 395 |
| ☐ prayer | 276 | ☐ previously | 395 |
| ☐ preach | 276 | ☐ prey | 277 |
| ☐ precaution | 55 | ☐ price | 279 |
| ☐ precede | 57 | ☐ priceless | 279 |
| ☐ precedent | 57 | ☐ pride | 282 |
| ☐ preceding | 57 | ☐ priest | 280 |
| ☐ precious | 279 | ☐ primarily | 280 |
| ☐ precise | 67 | ☐ primary | 280 |
| ☐ precisely | 67 | ☐ primate | 280 |
| ☐ precision | 67 | ☐ prime | 280 |
| ☐ predecessor | 57 | ☐ primitive | 280 |
| ☐ predict | 93 | ☐ principal | 281 |
| ☐ predictable | 93 | ☐ principle | 280 |
| ☐ prediction | 93 | ☐ prior | 281 |
| ☐ predominantly | 98 | ☐ priority | 281 |
| ☐ prefer | 126 | ☐ prison | 277 |
| ☐ preferable | 126 | ☐ prisoner | 277 |
| ☐ preference | 126 | ☐ privacy | 281 |
| ☐ pregnant | 148 | ☐ private | 281 |
| ☐ prehistoric | 166 | ☐ privilege | 190, 281 |
| ☐ prejudice | 179 | ☐ prize | 279 |
| ☐ premature | 208 | ☐ probability | 283 |
| ☐ premise | 221 | ☐ probable | 283 |
| ☐ preoccupation | 52 | ☐ probably | 283 |
| ☐ preoccupied | 52 | ☐ probe | 283 |
| ☐ preoccupy | 52 | ☐ problem | 38 |
| ☐ preparation | 247 | ☐ procedure | 56 |

| | | | |
|---|---|---|---|
| ☐ proceed | 56 | ☐ proud | 282 |
| ☐ process | 56 | ☐ prove | 282 |
| ☐ proclaim | 70 | ☐ proverb | 392 |
| ☐ produce | 103 | ☐ provide | 399 |
| ☐ product | 103 | ☐ provided that | 399 |
| ☐ production | 103 | ☐ providing that | 399 |
| ☐ productive | 103 | ☐ provision | 399 |
| ☐ productivity | 103 | ☐ provoke | 402 |
| ☐ profession | 127 | ☐ psychiatric | 283 |
| ☐ professional | 127 | ☐ psychiatrist | 283 |
| ☐ professor | 127 | ☐ psychological | 199, 283 |
| ☐ profit | 117 | ☐ psychologist | 199, 283 |
| ☐ profitability | 117 | ☐ psychology | 199, 283 |
| ☐ profitable | 117 | ☐ public | 284 |
| ☐ profound | 141 | ☐ publication | 284 |
| ☐ program | 155 | ☐ publicity | 284 |
| ☐ progress | 158 | ☐ publish | 284 |
| ☐ progressive | 158 | ☐ punctual | 284 |
| ☐ prohibit | 160 | ☐ puncture | 284 |
| ☐ prohibition | 160 | ☐ punish | 254 |
| ☐ project | 176 | ☐ punishment | 254 |
| ☐ prolong | 200 | ☐ purchase | 52 |
| ☐ prominence | 217 | ☐ purpose | 273 |
| ☐ prominent | 217 | ☐ pursue | 313 |
| ☐ promise | 221 | ☐ pursuit | 313 |
| ☐ promising | 221 | ☐ puzzle | 285 |
| ☐ promote | 226 | | |
| ☐ promotion | 226 | **Q** | |
| ☐ prompt | 107 | ☐ qualification | 286 |
| ☐ promptly | 107 | ☐ qualify | 286 |
| ☐ prone | 282 | ☐ quality | 286 |
| ☐ pronounce | 236 | ☐ quantity | 286 |
| ☐ pronunciation | 236 | ☐ quarrel | 286 |
| ☐ proof | 282 | ☐ quarter | 417 |
| ☐ proper | 282 | ☐ quarterly | 417 |
| ☐ properly | 282 | ☐ quest | 287 |
| ☐ property | 282 | ☐ question | 287 |
| ☐ prophecy | 259 | ☐ questionable | 287 |
| ☐ prophet | 259 | ☐ questionnaire | 287 |
| ☐ proportion | 250 | ☐ quiet | 287 |
| ☐ proposal | 273 | ☐ quit | 287 |
| ☐ propose | 273 | ☐ quite | 287 |
| ☐ proposition | 273 | ☐ quotation | 287 |
| ☐ prospect | 334 | ☐ quote | 287 |
| ☐ prosper | 336 | | |
| ☐ prosperity | 336 | **R** | |
| ☐ prosperous | 336 | ☐ race | 288 |
| ☐ protect | 362 | ☐ racial | 288 |
| ☐ protection | 362 | ☐ racism | 288 |
| ☐ protest | 368 | ☐ radiation | 288 |

432

|  |  |  |  |  |  |  |  |
|---|---|---|---|---|---|---|---|
| radical | 288 | recollect | 188 | release | 185 | reserved | 316 |
| radio | 288 | recollection | 188 | relevance | 191 | reside | 318 |
| radioactive | 288 | recommend | 76, 206 | relevant | 191 | residence | 318 |
| rage | 288 | recommendation | 76, 206 | reliable | 194 | resident | 318 |
| rainbow | 41 | reconcile | 292 | reliance | 194 | residential | 318 |
| raise | 297 | recover | 81 | relief | 191 | resign | 322 |
| random | 289 | recovery | 81 | relieve | 191 | resignation | 322 |
| range | 289 | recreation | 84 | religion | 193 | resist | 325 |
| rank | 289 | recruit | 83 | religious | 193 | resistance | 325 |
| rapid | 289 | rectangle | 293 | reluctance | 201 | resistant | 325 |
| rapidly | 289 | reduce | 103 | reluctant | 201 | resolution | 329 |
| rare | 289 | reduction | 103 | rely | 194 | resolve | 329 |
| rarely | 289 | refer | 126 | remain | 205 | resort | 331 |
| rate | 290 | reference | 126 | remark | 295 | resource | 332 |
| rating | 290 | refine | 130 | remarkable | 295 | respect | 334 |
| ratio | 290 | refined | 130 | remedy | 208 | respectable | 334 |
| rational | 290 | reflect | 133 | remember | 210 | respectful | 334 |
| raw | 290 | reflection | 133 | remind | 211 | respective | 334 |
| ray | 288 | reform | 139 | remote | 226 | respectively | 334 |
| reach | 290 | refrain | 293 | removal | 228 | respond | 338 |
| react | 13 | refuge | 144 | remove | 228 | response | 338 |
| reaction | 13 | refugee | 144 | Renaissance | 231 | responsibility | 338 |
| real | 291 | refusal | 145 | render | 100 | responsible | 338 |
| realistic | 291 | refuse | 145 | rent | 100 | rest | 343 |
| reality | 291 | regard | 146 | repair | 247 | restaurant | 347 |
| realization | 291 | regarding | 146 | repeat | 258 | restless | 343 |
| realize | 291 | region | 293 | repeatedly | 258 | restoration | 347 |
| realm | 300 | regional | 293 | repetition | 258 | restore | 347 |
| rear | 297 | register | 150 | replace | 261 | restrain | 349 |
| reason | 290 | registration | 150 | replacement | 261 | restraint | 349 |
| reasonable | 290 | regret | 294 | reply | 266 | restrict | 348 |
| reassurance | 356 | regretful | 294 | report | 271 | restriction | 348 |
| reassure | 356 | regrettable | 294 | represent | 111 | result | 353 |
| rebel | 35 | regular | 293 | representation | 111 | resume | 355 |
| rebellion | 35 | regularly | 293 | representative | 111 | retail | 359 |
| recall | 46 | regulate | 293 | reproduce | 103 | retain | 360 |
| recede | 57 | regulation | 293 | reproduction | 103 | retire | 295 |
| receipt | 50 | reign | 293 | republic | 284 | retirement | 295 |
| receive | 50 | reinforce | 137 | reputation | 285 | retreat | 375 |
| recent | 291 | reject | 177 | request | 287 | retrieval | 295 |
| recently | 291 | rejection | 177 | require | 286 | retrieve | 295 |
| reception | 50 | rejoice | 178 | requirement | 286 | reunion | 414 |
| recession | 57 | relate | 184 | rescue | 295 | reveal | 389 |
| recipe | 51 | related | 184 | research | 308 | revelation | 389 |
| recipient | 50 | relation | 184 | resemblance | 323 | revenue | 391 |
| recite | 69 | relationship | 185 | resemble | 323 | reversal | 393 |
| reckless | 291 | relative | 185 | resent | 312 | reverse | 393 |
| reckon | 291 | relatively | 185 | resentment | 312 | review | 400 |
| recognition | 153 | relax | 185 | reservation | 316 | revise | 398 |
| recognize | 153 | relaxation | 185 | reserve | 316 | revision | 398 |

433

| | | | | | | | |
|---|---|---|---|---|---|---|---|
| ☐ revival | 400 | **S** | | ☐ scratch | 307 | ☐ share | 309 |
| ☐ revive | 400 | ☐ sacred | 302 | ☐ script | 308 | ☐ sharp | 317 |
| ☐ revolt | 403 | ☐ sacrifice | 302 | ☐ search | 308 | ☐ sharply | 317 |
| ☐ revolution | 403 | ☐ sad | 304 | ☐ seat | 319 | ☐ shed | 309 |
| ☐ revolutionary | 403 | ☐ safe | 303 | ☐ secret | 85 | ☐ sheer | 317 |
| ☐ revolve | 402 | ☐ safely | 303 | ☐ secretary | 85 | ☐ shelter | 318 |
| ☐ revolver | 403 | ☐ safety | 303 | ☐ section | 308 | ☐ shift | 318 |
| ☐ reward | 404 | ☐ saint | 302 | ☐ secure | 88 | ☐ short | 309 |
| ☐ ride | 295 | ☐ salad | 302 | ☐ security | 88 | ☐ shortage | 309 |
| ☐ ridicule | 296 | ☐ salary | 302 | ☐ seed | 308 | ☐ shortcoming | 309 |
| ☐ ridiculous | 296 | ☐ salmon | 353 | ☐ seek | 310 | ☐ shrink | 318 |
| ☐ right | 294 | ☐ salt | 302 | ☐ segment | 309 | ☐ shrug | 318 |
| ☐ rigid | 296 | ☐ sample | 19 | ☐ seize | 310 | ☐ sigh | 321 |
| ☐ riot | 296 | ☐ sanctuary | 302 | ☐ seldom | 310 | ☐ sight | 321 |
| ☐ ripe | 296 | ☐ sane | 302 | ☐ select | 188 | ☐ sign | 321 |
| ☐ rise | 296 | ☐ sanitary | 302 | ☐ selection | 188 | ☐ signal | 321 |
| ☐ risk | 297 | ☐ sanitation | 302 | ☐ semester | 310 | ☐ signature | 321 |
| ☐ risky | 297 | ☐ sanity | 303 | ☐ semifinal | 310 | ☐ significance | 322 |
| ☐ ritual | 297 | ☐ satisfaction | 303 | ☐ Senator | 311 | ☐ significant | 322 |
| ☐ rival | 297 | ☐ satisfactory | 303 | ☐ senior | 311 | ☐ significantly | 322 |
| ☐ river | 297 | ☐ satisfied | 303 | ☐ sensation | 311 | ☐ signify | 321 |
| ☐ road | 296 | ☐ satisfy | 303 | ☐ sensational | 311 | ☐ silly | 322 |
| ☐ roam | 298 | ☐ satisfying | 303 | ☐ sense | 311 | ☐ similar | 322 |
| ☐ roar | 298 | ☐ save | 303 | ☐ sensible | 311 | ☐ similarity | 323 |
| ☐ rob | 298 | ☐ saving | 303 | ☐ sensitive | 311 | ☐ simple | 267, 323 |
| ☐ robber | 298 | ☐ say | 304 | ☐ sensitivity | 311 | ☐ simply | 267, 323 |
| ☐ robbery | 298 | ☐ scale | 304 | ☐ sentence | 312 | ☐ simultaneous | 323 |
| ☐ role | 299 | ☐ scarce | 304 | ☐ sentiment | 312 | ☐ simultaneously | 323 |
| ☐ roll | 298 | ☐ scarcely | 304 | ☐ sentimental | 312 | ☐ sin | 324 |
| ☐ room | 299 | ☐ scarcity | 304 | ☐ separate | 247 | ☐ sincere | 324 |
| ☐ root | 288 | ☐ scare | 305 | ☐ separately | 247 | ☐ sincerely | 324 |
| ☐ rot | 299 | ☐ scared | 305 | ☐ separation | 247 | ☐ single | 323 |
| ☐ rotate | 299 | ☐ scary | 305 | ☐ sequence | 313 | ☐ sit | 319 |
| ☐ rotation | 299 | ☐ scatter | 309 | ☐ series | 314 | ☐ site | 319 |
| ☐ rotten | 299 | ☐ scene | 325 | ☐ serious | 314 | ☐ situate | 319 |
| ☐ round | 299 | ☐ scenery | 325 | ☐ servant | 315 | ☐ situation | 319 |
| ☐ route | 299 | ☐ scent | 305 | ☐ serve | 315 | ☐ skeptic | 326 |
| ☐ routine | 300 | ☐ scheme | 305 | ☐ service | 315 | ☐ skeptical | 326 |
| ☐ row | 300 | ☐ scholar | 306 | ☐ session | 319 | ☐ skill | 310 |
| ☐ royal | 300 | ☐ scholarship | 306 | ☐ settle | 320 | ☐ skilled | 310 |
| ☐ rub | 300 | ☐ school | 305 | ☐ settlement | 320 | ☐ skin | 325 |
| ☐ rubbish | 300 | ☐ schooling | 305 | ☐ several | 248 | ☐ sky | 325 |
| ☐ rude | 300 | ☐ science | 306 | ☐ severe | 316 | ☐ slap | 326 |
| ☐ ruin | 300 | ☐ scientific | 306 | ☐ sew | 316 | ☐ slave | 326 |
| ☐ rule | 294 | ☐ scientist | 306 | ☐ sewage | 316 | ☐ slavery | 326 |
| ☐ rumor | 300 | ☐ scissors | 309 | ☐ shade | 317 | ☐ slight | 326 |
| ☐ run | 301 | ☐ scope | 306 | ☐ shadow | 317 | ☐ slightly | 326 |
| ☐ rural | 301 | ☐ score | 309 | ☐ shallow | 317 | ☐ smart | 326 |
| | | ☐ scorn | 307 | ☐ shame | 317 | ☐ sneer | 327 |
| | | ☐ scornful | 307 | ☐ shameful | 317 | ☐ sniff | 327 |

|  |  |  |  |  |  |  |  |
|---|---|---|---|---|---|---|---|
| snore | 327 | spot | 339 | strength | 349 | suicide | 67 |
| soak | 327 | spread | 332 | strengthen | 349 | suit | 313 |
| soar | 16 | spring | 332 | stress | 349 | suitable | 313 |
| sob | 327 | spur | 339 | stretch | 349 | sum | 354 |
| sociable | 327 | square | 417 | strict | 348 | summarize | 354 |
| social | 327 | squeeze | 339 | strictly | 348 | summary | 354 |
| society | 327 | stability | 341 | strike | 350 | summit | 354 |
| soil | 328 | stable | 341 | string | 349 | summon | 212 |
| soldier | 302 | staff | 344 | strive | 351 | superficial | 114, 355 |
| sole | 328 | stalk | 345 | stroke | 350 | superior | 355 |
| solely | 328 | stand | 339 | stroll | 351 | superiority | 355 |
| solemn | 328 | standard | 339 | strong | 349 | superstition | 343 |
| solid | 328 | stare | 344 | structure | 351 | superstitious | 343 |
| solitary | 328 | start | 344 | struggle | 352 | supervise | 355, 398 |
| solitude | 328 | startle | 344 | stubborn | 352 | supervisor | 355, 399 |
| solution | 329 | starvation | 344 | stuff | 352 | supply | 268 |
| solve | 329 | starve | 344 | stumble | 352 | support | 271 |
| somehow | 329 | state | 340 | stun | 371 | suppose | 273 |
| somewhat | 330 | statement | 340 | stupid | 352 | supposed | 273 |
| soothe | 330 | statesman | 340 | subject | 177 | supposedly | 273 |
| sophisticated | 330 | static | 340 | subjective | 177 | suppress | 278 |
| sophistication | 330 | statistical | 340 | submission | 220 | supreme | 355 |
| sore | 330 | statistics | 340 | submit | 220 | sure | 356 |
| sorrow | 330 | statue | 340 | subordinate | 241 | surely | 356 |
| sorry | 330 | status | 340 | subscribe | 307 | surface | 114, 355 |
| sort | 331 | stay | 340 | subscriber | 308 | surgeon | 356 |
| soul | 331 | steadily | 344 | subscription | 307 | surgery | 356 |
| sound | 331 | steady | 344 | subsequent | 312 | surpass | 251 |
| source | 332 | steal | 345 | subsequently | 312 | surplus | 355 |
| sow | 308 | steep | 345 | subsidy | 319 | surprise | 277 |
| spare | 333 | stem | 345 | substance | 342 | surprised | 277 |
| special | 335 | step | 345 | substantial | 342 | surprising | 277 |
| specialize | 335 | stereotype | 346 | substitute | 343 | surrender | 100 |
| species | 335 | stern | 345 | subtle | 368 | surround | 382 |
| specific | 335 | stick | 346 | suburb | 384 | surroundings | 382 |
| specify | 335 | sticker | 346 | suburban | 384 | survey | 399 |
| specimen | 335 | stiff | 347 | succeed | 57 | survival | 400 |
| spectacle | 335 | still | 343 | success | 57 | survive | 400 |
| spectacular | 335 | stimulate | 346 | successful | 58 | susceptible | 51 |
| spectator | 333 | stimulus | 346 | successfully | 58 | suspect | 334 |
| speculate | 335 | stir | 348 | succession | 57 | suspend | 255 |
| speculation | 335 | stock | 347 | successive | 57 | suspense | 255 |
| spend | 255 | store | 347 | successor | 57 | suspension | 255 |
| sphere | 336 | storm | 348 | suck | 327 | suspicion | 334 |
| spill | 332 | story | 348 | sue | 313 | suspicious | 334 |
| spirit | 337 | strain | 349 | suffer | 126 | sustain | 360 |
| spiritual | 337 | strange | 350 | sufficient | 118 | sustainable | 360 |
| spoil | 337 | stranger | 350 | sufficiently | 118 | swear | 356 |
| spontaneous | 338 | strategic | 350 | suggest | 150 | swell | 356 |
| spontaneously | 338 | strategy | 350 | suggestion | 150 | sympathetic | 251, 323 |

435

| □ sympathize | 251, 323 |
| --- | --- |
| □ sympathy | 251, 323 |
| □ symptom | 323 |

## T

| □ tackle | 357 |
| --- | --- |
| □ take | 357 |
| □ tale | 361 |
| □ talent | 361 |
| □ talented | 361 |
| □ talk | 361 |
| □ tame | 361 |
| □ tap | 361 |
| □ task | 358 |
| □ taste | 359 |
| □ tax | 358 |
| □ tear | 362 |
| □ tease | 362 |
| □ technical | 362 |
| □ technique | 362 |
| □ technological | 362 |
| □ technology | 362 |
| □ telescope | 307 |
| □ tell | 361 |
| □ temper | 363 |
| □ temperament | 363 |
| □ temperate | 363 |
| □ temperature | 363 |
| □ temple | 363 |
| □ temporary | 363 |
| □ tempt | 363 |
| □ temptation | 363 |
| □ tend | 364 |
| □ tendency | 364 |
| □ tender | 364 |
| □ tense | 366 |
| □ tension | 366 |
| □ term | 366 |
| □ terminal | 366 |
| □ terminate | 366 |
| □ terrible | 367 |
| □ terribly | 367 |
| □ terrific | 367 |
| □ terrify | 367 |
| □ territory | 367 |
| □ terror | 367 |
| □ terrorism | 367 |
| □ test | 367 |
| □ testify | 368 |
| □ testimony | 368 |
| □ the human race | 169 |
| □ theater | 369 |
| □ theme | 368 |
| □ theoretical | 369 |
| □ theory | 369 |
| □ thesis | 368 |
| □ thick | 369 |
| □ thirst | 369 |
| □ thirsty | 369 |
| □ thorough | 370 |
| □ thoroughly | 370 |
| □ thousand | 379 |
| □ thread | 369 |
| □ threat | 370 |
| □ threaten | 370 |
| □ thrive | 370 |
| □ through | 370 |
| □ thrust | 378 |
| □ thumb | 379 |
| □ thunder | 370 |
| □ tidy | 371 |
| □ tight | 371 |
| □ tighten | 371 |
| □ tightly | 371 |
| □ timid | 371 |
| □ tiny | 371 |
| □ tire | 371 |
| □ tired | 371 |
| □ tiring | 371 |
| □ tissue | 368 |
| □ title | 372 |
| □ together | 147 |
| □ tolerance | 372 |
| □ tolerant | 372 |
| □ tolerate | 372 |
| □ toll | 372 |
| □ tomb | 379 |
| □ tone | 366 |
| □ tongue | 183 |
| □ tool | 372 |
| □ toothache | 13 |
| □ torment | 373 |
| □ tortoise | 373 |
| □ torture | 373 |
| □ touch | 359 |
| □ tough | 373 |
| □ toxic | 373 |
| □ trace | 374 |
| □ track | 374 |
| □ trade | 375 |
| □ tradition | 99 |
| □ traditional | 99 |
| □ traffic | 118 |
| □ tragedy | 375 |
| □ tragic | 375 |
| □ trail | 374 |
| □ trait | 375 |
| □ transaction | 14 |
| □ transfer | 126 |
| □ transform | 140 |
| □ transformation | 140 |
| □ transit | 175 |
| □ transition | 175 |
| □ translate | 184 |
| □ translation | 184 |
| □ translator | 184 |
| □ transmission | 220 |
| □ transmit | 220 |
| □ transparent | 246 |
| □ transplant | 263 |
| □ transport | 271 |
| □ transportation | 271 |
| □ trap | 376 |
| □ trash | 376 |
| □ travel | 376 |
| □ treasure | 376 |
| □ treat | 375 |
| □ treatment | 375 |
| □ treaty | 375 |
| □ tremble | 376 |
| □ tremendous | 376 |
| □ trend | 376 |
| □ trial | 379 |
| □ triangle | 417 |
| □ tribe | 377, 417 |
| □ trick | 377 |
| □ trifle | 380 |
| □ trigger | 378 |
| □ triple | 417 |
| □ triumph | 378 |
| □ trivial | 395, 417 |
| □ troop | 378 |
| □ trouble | 380 |
| □ troublesome | 380 |
| □ true | 378 |
| □ trust | 378 |
| □ truth | 378 |
| □ try | 379 |
| □ tuition | 379 |
| □ tumor | 379 |
| □ tune | 366 |
| □ turn | 381 |
| □ tutor | 379 |
| □ twice | 415 |
| □ twilight | 415 |
| □ twin | 415 |
| □ twist | 415 |
| □ typical | 381 |
| □ tyranny | 381 |
| □ tyrant | 381 |

## U

| □ ultimate | 382 |
| --- | --- |
| □ ultimately | 382 |
| □ unable | 12 |
| □ uncertain | 61 |
| □ uncertainty | 61 |
| □ unconscious | 306 |
| □ uncover | 81, 382 |
| □ undergo | 383 |
| □ underlie | 383 |
| □ underlying | 383 |
| □ undermine | 218 |
| □ understand | 339 |
| □ undertake | 383 |
| □ undo | 382 |
| □ uneasy | 383 |
| □ unemployed | 267 |
| □ unemployment | 267 |
| □ unfold | 135, 382 |
| □ unfortunate | 140 |
| □ unfortunately | 140 |
| □ uniform | 140, 414 |
| □ union | 414 |
| □ unique | 414 |
| □ unit | 414 |
| □ unite | 414 |
| □ unity | 414 |
| □ universal | 393, 414 |
| □ universe | 393, 414 |
| □ university | 393, 414 |
| □ unless | 383 |
| □ unlike | 195 |
| □ unlikely | 195 |
| □ unprecedented | 57 |
| □ upset | 383 |
| □ urban | 384 |
| □ urge | 384 |
| □ urgency | 384 |
| □ urgent | 384 |

| | | | | | |
|---|---|---|---|---|---|
| ☐ used | 384 | ☐ violation | 396 | ☐ well-being | 408 |
| ☐ utility | 384 | ☐ violence | 396 | ☐ wheat | 407 |
| ☐ utilize | 384 | ☐ violent | 396 | ☐ wheel | 407 |
| ☐ utmost | 385 | ☐ violently | 396 | ☐ whisper | 407 |
| ☐ utter | 385 | ☐ virtual | 397 | ☐ whole | 166 |
| ☐ utterance | 385 | ☐ virtually | 397 | ☐ widespread | 332 |
| ☐ utterly | 385 | ☐ virtue | 397 | ☐ will | 408 |
| | | ☐ virus | 397 | ☐ willing | 408 |
| **V** | | ☐ visa | 398 | ☐ willingly | 408 |
| ☐ vacancy | 386 | ☐ visible | 398 | ☐ win | 408 |
| ☐ vacant | 386 | ☐ vision | 398 | ☐ wind | 404, 407 |
| ☐ vacation | 386 | ☐ visit | 398 | ☐ window | 407 |
| ☐ vacuum | 386 | ☐ visitor | 398 | ☐ wipe | 409 |
| ☐ vague | 387 | ☐ visual | 398 | ☐ wisdom | 409 |
| ☐ vaguely | 387 | ☐ vital | 401 | ☐ wise | 409 |
| ☐ vain | 386 | ☐ vitality | 401 | ☐ wit | 409 |
| ☐ valid | 388 | ☐ vivid | 400 | ☐ witch | 409 |
| ☐ valuable | 387 | ☐ vocabulary | 401 | ☐ withdraw | 101, 409 |
| ☐ value | 387 | ☐ vocal | 401 | ☐ withdrawal | 101, 409 |
| ☐ vanish | 386 | ☐ vocation | 401 | ☐ wither | 407 |
| ☐ vanity | 386 | ☐ vocational | 401 | ☐ withhold | 409 |
| ☐ vapor | 389 | ☐ voice | 401 | ☐ withstand | 410 |
| ☐ variable | 389 | ☐ volume | 403 | ☐ witness | 409 |
| ☐ variation | 389 | ☐ voluntary | 402 | ☐ witty | 409 |
| ☐ variety | 389 | ☐ volunteer | 402 | ☐ wizard | 409 |
| ☐ various | 389 | ☐ vote | 403 | ☐ wonder | 410 |
| ☐ vary | 389 | ☐ vow | 403 | ☐ wonderful | 410 |
| ☐ vast | 389 | ☐ voyage | 395 | ☐ word | 411 |
| ☐ vegetable | 401 | ☐ vulnerable | 403 | ☐ work | 411 |
| ☐ vehicle | 390 | | | ☐ world | 106 |
| ☐ vein | 395 | **W** | | ☐ worldwide | 106 |
| ☐ venture | 390 | ☐ wage | 404 | ☐ worm | 411 |
| ☐ verb | 392 | ☐ wander | 404 | ☐ worry | 411 |
| ☐ verbal | 392 | ☐ warn | 404 | ☐ worship | 410 |
| ☐ verdict | 93, 392 | ☐ warning | 404 | ☐ worth | 410 |
| ☐ verify | 392 | ☐ waste | 405 | ☐ worthwhile | 410 |
| ☐ version | 393 | ☐ way | 405 | ☐ worthy | 410 |
| ☐ very | 392 | ☐ wealth | 408 | ☐ wound | 410 |
| ☐ vest | 394 | ☐ wealthy | 408 | ☐ wrap | 411 |
| ☐ via | 395 | ☐ weapon | 406 | ☐ wreck | 411 |
| ☐ vice | 396 | ☐ wear | 406 | ☐ wrinkle | 411 |
| ☐ vice versa | 393 | ☐ weary | 406 | ☐ wrist | 411 |
| ☐ vicious | 396 | ☐ weather | 407 | ☐ wrong | 411 |
| ☐ victim | 396 | ☐ weave | 406 | | |
| ☐ victory | 396 | ☐ web | 406 | **Y** | |
| ☐ view | 399 | ☐ weed | 406 | ☐ yawn | 412 |
| ☐ viewpoint | 399 | ☐ weigh | 406 | ☐ yearn | 412 |
| ☐ vigor | 401 | ☐ weight | 407 | ☐ yell | 412 |
| ☐ vigorous | 401 | ☐ welfare | 122, 408 | ☐ yield | 412 |
| ☐ violate | 396 | ☐ well off | 408 | | |

# おわりに

　本書を書く原動力となった河合塾の塾生諸君、貴重な受験指導の場を与えて頂いている河合塾の職員の皆様、原稿の校正をお願いし、貴重な意見を頂いた河合塾講師であり親友の宇佐美喜一先生、本書の執筆に際して大いに参考にさせて頂いた参考文献の著者の方々、この本の企画に賛同し、出版の機会を頂いた明日香出版社の皆様、私の再三にわたる原稿の手直しにもかかわらず見事な本に仕上げて頂いた編集部の石塚幸子さん、私に教育を与えてくれた両親、そして本書の製作・出版にご協力頂いた多くの方々に、この場をお借りして心より感謝申し上げます。

2016 年 11 月　石川勝弘

＜参考文献＞
『羅和辞典（増訂新版）』田中秀央　研究社 1999
『ジーニアス英和大辞典』大修館書店
『ランダムハウス英和大辞典（第 2 版）』小学館
『ジーニアス英和辞典（第 5 版）』南出康世　大修館書店 2014
『ウィズダム英和辞典（第 3 版）』井上永幸　赤野一郎　三省堂 2013
『オーレックス英和辞典（第 2 版）』野村恵造　花本金吾　林龍次郎　旺文社 2014
『アンカーコズミカ英和辞典』山岸勝榮　学研 2008
『ロングマン英和辞典』池上嘉彦　柴田元幸　ピアソン桐原 2012
『ルミナス英和辞典（第 2 版）』竹林滋　小島義郎　東信行　赤須薫　研究社 2008
『英語語義語源辞典』小島義郎　岸暁　増田秀夫　高野嘉明　三省堂 2004
『英語語源辞典』寺澤芳雄　研究社 1997
『シップリー英語語源辞典』ジョーゼフ T. シップリー　大修館書店 2011
『英語多義ネットワーク辞典』瀬戸賢一　小学館 2007
『イメージ活用英和辞典』政村秀實　小学館 2008
『英語の語源事典』梅田修　大修館書店 2010
『英単語マニア』メルライン・フライダ　新日本教育図書 2005
『英単語マニア 2』メルライン・フライダ　新日本教育図書 2011
『英単語マニア 3』メルライン・フライダ　新日本教育図書 2013
Oxford Dictionary of ENGLISH, Second Edition revised：Oxford University Press
Oxford Advanced Learner's Dictionary, Ninth edition：Oxford University Press
Collins COBUILD Advanced Dictionary of English

■著者略歴
石川　勝弘（いしかわ　かつひろ）

早稲田大学教育学部卒業。河合塾講師。語源、語彙、熟語、文法の研究がlifework。好きなスポーツはサッカー（特に日本代表の試合は気合が入ります）。ボクシング（内山高志選手のファンです）。好きな歌手は城南海さん。趣味は manual transmission の車を操ること。

---

本書の内容に関するお問い合わせ
明日香出版社　編集部
☎(03) 5395-7651

〈決定版〉語源ですぐに覚える　Quick 英単語

2016 年 11 月 29 日　初版発行

著　者　石　川　勝　弘
発行者　石　野　栄　一

〒112-0005 東京都文京区水道 2-11-5
電話 (03) 5395-7650（代　表）
　　 (03) 5395-7654（FAX）
郵便振替 00150-6-183481
http://www.asuka-g.co.jp

明日香出版社

■スタッフ■　編集　小林勝／久松圭祐／古川創一／藤田知子／大久保遥／生内志穂
　　　　　　営業　渡辺久夫／浜田充弘／奥本達哉／平戸基之／野口優／横尾一樹／
　　　　　　田中裕也／関山美保子／藤本さやか　財務　早川朋子

印刷　株式会社フクイン
製本　根本製本株式会社
ISBN 978-4-7569-1868-0 C2082

本書のコピー、スキャン、デジタル化等の無断複製は著作権法上で禁じられています。
乱丁本・落丁本はお取り替え致します。
©Katsuhiro Ishikawa 2016 Printed in Japan
編集担当　石塚幸子

# 絵でわかる　似ている英単語の使い方

石井 隆之

日本語の「見る」は英語で see, look, watch、また「話す、言う」は talk, speak, say, tell などがあります。
日本人が間違えやすい単語のそれぞれのニュアンスの違いをまずイラストで説明し、イメージをつかめるようにします。
そして例文を紹介しながら、正しい使い方を解説します。英語を話す・書く力をつけたい人に役立つ一冊。

本体価格 1500 円＋税　Ａ５並製　256 ページ
ISBN978-4-7569-1833-8　2016/09 発行